U0700598

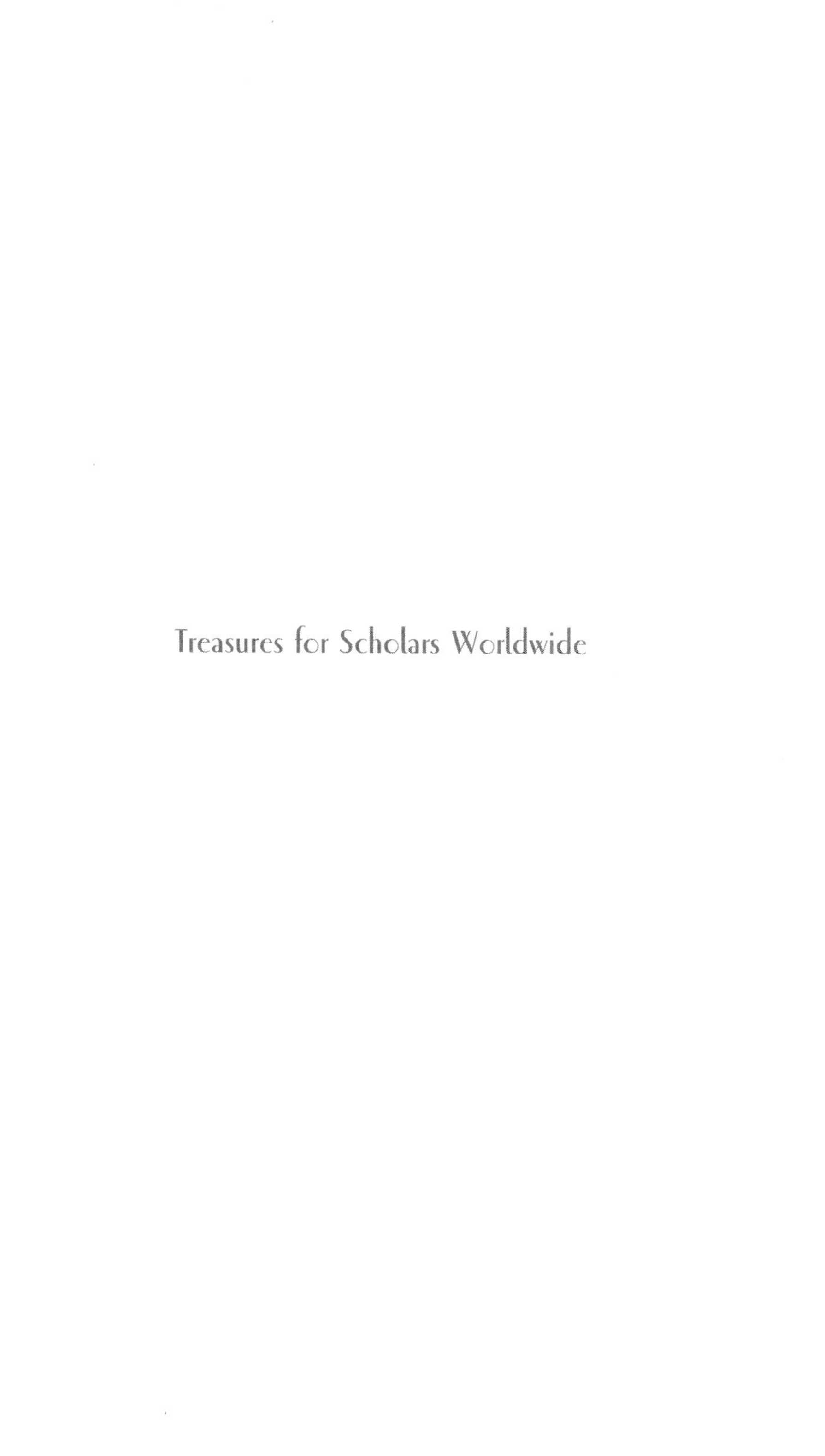
Treasures for Scholars Worldwide

師顧堂叢書

蔣鵬翔 沈楠 編

# 儀禮正義

〔清〕胡培翬 撰

胡肇昕 楊大堉 補

广西师范大学出版社
GUANGXI NORMAL UNIVERSITY PRESS

# 本册目録

## 卷十



## 卷十一



## 卷十二

記

卷十三

## 卷十四

# 儀禮正義卷八　　鄭氏注

受業江寧楊大堉補

## 鄉射禮第五

鄭目録云州長春秋以禮會民而射於州序之禮謂之鄉者州鄉之屬鄉大夫或在焉不改其禮射禮於五禮屬嘉禮大戴十一小戴及別録皆第五 疏 正義曰儀禮釋官曰案鄉射有二一是州長會民習射一是鄉大夫貢士後以此射詢衆庶其禮皆先行鄉飲酒禮但諸侯之鄉射鄉大夫是大夫州長是士記云大夫兕中士鹿中又鄉大夫射於庠州長射於序爲少異耳張氏爾岐云據注此州長習射而云鄉射者周禮五州爲鄉一鄉管五州鄉大夫或宅居一州之内來臨此射禮又鄉大夫比興賢能訖而以鄉射之禮五物詢衆庶亦行此禮故名鄉射禮也吳氏廷華云此當兼鄉大夫州長之射言注疏各舉其一耳州鄉之屬故亦曰鄉敖氏曰鄉射者士與其鄉之士大夫會聚於學宮飲酒而習射也此與上篇大同小異惟多射一節耳亦飲酒而但以射言者主於射也郝氏敬云洪荒之初禽獸逼人聖王以弧矢爲威教民自衛其來

尚矣此男子之業故古者天子至庶人莫不有事於射比其倣也相角而爭聖人制爲禮以教之讓於是乎射禮興焉其爲鄉射何也朝廷之上謂之國邦國之中謂之鄉鄭氏附會周禮以鄉飲酒爲鄉大夫賓興鄉射爲州長教民士大夫欲習射孰不可用此禮者何必鄉大夫與州長禮主善俗冠昏以士飲酒習射以鄉皆化民成俗之意鄭謂鄉飲於庠庠鄉學習射於序序州學庠序學校同地異名養則爲庠射則爲序豈養老一學習射又一學也盛氏世佐云此篇陳天子之州長春秋習射之禮鄉老及鄉大夫賓賢能詢亦用此禮詢衆庶侯國亦如之注專指諸侯之州長似未備先儒或目爲士大夫習射之通禮非葢以禮屬民而讀灋飲射皆有民社者之責也豈士大夫平居所常行乎士大夫相與燕飲其事有類於射者投壺是也又案庠序之說經傳各異鄉飲酒義云主人拜迎賓於庠門之外則庠爲鄉學矣周禮州長春秋以禮會民而射于州序黨正國索鬼神而祭祀則以禮屬民而飲酒于序則序爲州黨學矣鄭說葢本諸此又學記云黨有庠術有序術鄭讀爲遂孔疏云此葢鄉之所居黨爲鄉學之庠不別立序凡六鄉之內州學以下皆爲序六遂之內縣學以下皆爲序

也又云庾氏云黨有庠謂夏殷禮非周法義或然也孟子則謂夏曰校殷曰序周曰庠學則三代共之夫鄉學之設但聞鄉黨殊名不聞殷周異號且王制云有虞氏養國老於上庠養庶老於下庠夏后氏養國老於東序養庶老於西序殷人養國老於右學養庶老於左學周人養國老於東膠養庶老於虞庠明堂位亦云魯之米廩有虞氏之庠也序夏后氏之序也瞽宗殷學也頖宮周學也然則國學之名亦代不相襲矣乃云三代共之此皆不可曉朱子通解學制篇旣竝列諸說而斷之曰孟子說與上下數條皆不合未詳其故又云古者敎人其立法大意皆萬世通行不可得而變革若其名號位置節文之詳則自經言之外不出於諸儒之所記者今皆無以考其實矣然不敢有所取舍姑悉存之讀者亦不必深究也斯言眞得闕疑之旨矣然以諸說之時世先後考之竊謂當以鄉飲酒義及周禮之禮爲正蓋周之學制自春秋時已廢不復講故佻達成風子衿作刺魯僖能修泮宮史克至作頌以誇美之及其季世七國兵爭此制益蕩然矣故孟子所至輒惓惓以興復學校爲勸說然其名號沿革之詳容有得之傳聞而失實者又況漢儒攟摭灰燼之餘襍以夏殷之禮何怪其參差而

不相符乎乃若儀禮周禮皆周公制作時所定而鄉飲酒義卽儀禮之義疏也亦不容有誤鄭君據此極爲有見郝氏乃執孟子之言而詆之過矣且謂庠序學校同地異名則於鄉學國學之辨尤欠分曉不更爲無稽之譚乎褚氏寅亮云此篇及鄉飲酒敖氏以爲士與同鄉之士大夫飲酒於學宮之禮案之各經義都不合故不可從

**鄉射之禮主人戒賓賓出迎再拜主人荅再拜乃請**主人州長也鄉大夫若在焉則稱鄉大夫也戒猶警也語也出迎出門也請告也告賓以射事不言拜辱此爲習民以禮樂不主爲賓已也不謀賓者時不獻賢能事輕也今郡國行此禮以季春周禮鄉老及鄉大夫三年正月獻賢能之書于王退而以鄉射之禮五物詢衆庶諸侯之鄉大夫既貢士於其君亦用此禮射而詢衆庶乎

疏正義曰張氏爾岐云此射禮先與賓飲酒如鄉飲酒之儀及立司正將旅酬乃暫止不旅而射射已更旅旅酬坐燕並如鄉飲凡賓至之前賓退之後其儀節並不殊也此下言將射戒賓陳設速賓凡三節皆禮初事○校勘記曰注鄉大夫若在焉鄉

誤作卿不言拜辱辱下疏有者字　云主人州長也鄉大
夫若在焉則稱鄉大夫也者賈疏云　鄉大夫是諸侯鄉大
夫則此州長亦諸侯之州長以士爲之是以經云釋獲者
執鹿中記云士鹿中若天子州長中大夫爲之釋官日案
鄭注鄉飲酒義亦以州長爲士周禮州長次鄉大夫一等
諸侯之鄉大夫以下大夫爲之則諸侯之州長當上士爲
之內則州史獻諸州伯州伯命藏諸州府伯亦長稱州伯
卽州長也盛氏世佐云主人謂天子及諸侯之州長也若
其詢衆庶與則鄉大夫也鄉大夫所居之州州雖春秋習射
亦鄉大夫爲主人其戒賓也親之不合使州長疏謂大夫
來臨禮州長戒賓不自稱稱鄉大夫非胡氏肇昕云注云
鄉大夫若在焉則稱鄉大夫也謂鄉大夫若在州之中則
習射鄉大夫主之經所謂主人則稱鄉大夫非稱州長也
疏誤會注意妄爲盛氏所駁云人戒猶警之也語也者張氏
爾岐云賓以州中處士賢者爲之若大夫來爲遵則易以
公士方氏苞云冠之賓贊始汎戒之若前期三日筮之旣筮
而宿之前期一日告之鄉飲鄉射則並戒宿於卽事之日
何也冠子私家之事雖前期宿戒尙恐奪於公事興賢能
習射則國政也鄉大夫旣就先生而謀賓介則衆賓之當
與衆公卿大夫之來觀者預備之矣春秋習射其法有常

其人有定故可以及期戒速同日而畢事也吳氏廷華云射爲行禮之事最重謂當先期戒賓此與鄉飲俱不言先期亦文省耳鄉飲注乃造作夙興字遂有戒賓與射同日之說不知戒者先期告之使之致敬何等鄭重若與射同日則召賓足矣何必曰戒此皆因鄉飲酒有不宿戒之說故據之不知彼無所謂使能不宿戒者蓋謂諸職事皆能而嫺於禮故不必宿戒之若以賓言則何得曰使云出迎出門也者盛氏世佐云主人戒賓必詣賓家請之賓出己家大門門外迎主人疏謂出序之學門外非云請告也告賓以射事不言迎拜辱此爲習民以禮樂不主爲賓己也者敖氏曰請亦謂致戒辭而請之爲賓也請下似脫一賓字方氏苞云州長教民習射故賓不宿戒不固辭同鄉飲酒但不言拜其辱蓋此賓或在朝公士或不仕之君子與鄉大夫所舉賢能不盡同或用庠序中學士亦奉長吏之敎令而習禮無所爲拜其辱也盛氏世佐云鄉飲酒禮兩云賓拜辱此則云迎送者拜辱明其意迎送指其事無異也注說似求之過矣云不謀賓者時不獻賢能事輕也者郝氏敬云射必有賓教民序也不謀賓無介禮主射將觀德焉非專禮賓也胡氏肇昕曰此賓賢能之後將習射以合民儲材不能遽繩以觀德故注以不謀賓爲事輕也引周

禮者鄉大夫職文五物者一曰和二曰容三曰主皮四曰和容五曰興舞注云和載六德容包六行也庶民無射禮因田獵分禽則有主皮主皮者張皮射之無侯也主皮和容興舞則六藝之射及禮樂與當射之時民必觀焉因詢之也馬融論語注曰一曰和志言其平心志也二曰和容言其和威儀也三曰主皮言其審正鵠也四曰和頌言其合音節也五曰興舞言其中舞蹈也與鄭說異

**賓禮辭許主人再拜賓荅再拜主人退賓送再拜**退還射宮省錄射事 疏 正義曰賈疏云射宮鄉庠州序也省錄射事下文張侯等事也

**無介**雖先飲酒主於射也其序賓之禮略 疏 正義曰射義曰古者諸侯之射也必先行燕禮卿大夫士之射也必先行鄉飲酒之禮禮鄉飲有介此無介者鄉飲主於禮賓此主於射序賓之禮略故不立介介以輔賓也敖氏曰無介者以介尊次於賓同於大夫射時難爲耦也方氏苞云注與敖說皆近似而未得其情也謂略於序賓則賓長三人皆得受獻而獨略於介何義乎謂難與合耦則大夫雖衆皆與士爲耦介必學士之越其曹者乃不得儕於羣士而與大夫耦乎蓋大射鄉射公食大夫燕禮皆有賓無介有介者獨鄉飲酒耳五州之中德行道藝相次比者

必有數人故立賓及介而介之禮亞於賓俾衆賓觀感而益自矜奮焉若州長習射則立賓以與主人行禮而倡衆耦足矣無所用介鄉射無介則立黨正之正齒位可知大射燕禮則有位者皆在列賢者衆多不可以賓介盡之公食大夫則異國之臣惟正客當此盛禮而一介不與禮以義起各有所當耳萊此說可備一解

## 右戒賓

**乃席賓南面東上**不言於戶牖之閒者此射於序【疏】正義曰賈疏云鄉飲酒在庠庠有室此據州長射於序以其無堂無戶牖設席亦當戶牖之處耳敖氏云不言戶牖者可知也記云出自東方有東房西房則中有室而席賓於戶牖之閒也明矣凡席於此者皆東上經不悉見之也惟爲神席則西上方氏苞云燕禮司宮席賓于戶西東上昏禮主人筵于戶西西上將醴賓改筵東上則凡賓席皆在戶牖閒可知矣下經尊于賓席之東則在戶牖閒之常位明矣注疏說非高氏愈云賓席南面居尊位也鄉飲酒禮不及布席之面此詳之褚氏寅亮云下經云尊于賓席之東而不言房戶閒似州序實無室者盛氏世佐云此賓席亦當在牖前經不言者容射於序也鄉

大夫射於庠，庠有室云牖前可也，州長射於序，序無室云牖前不可也。序何以無室也，州之學小於鄉，其堂淺，去其室壁之限，堂斯深矣。無室則無房，本記曰出自東房，爲射於庠言之也。敖氏據此決其有室，非。序雖無室，然其制亦三門五架，與大夫士之私室殊，而謂席賓於戶牖閒，亦非

**衆賓之席繼而西**

言繼者，甫欲習衆庶，未有所殊別

〔疏〕正義曰：敖氏云衆賓亦衆賓之長三人也。繼，繼賓席也。云繼者，明其以次而西，衆賓之席亦皆不屬而東上。蔡氏德晉云衆賓之席以次相繼而西，皆南向，當西房之外也。注云未有所殊別者，褚氏寅亮云明所以相連屬之故，其不妨連屬者，升降可各由其席之西端，不必留隙地也。賓既升降由下，衆賓同可知。韋氏協夢云此所謂繼，即鄉飲所謂不屬，衆賓之席依次而西，不相接屬，以便升降也。張氏惠言云屬賓有席西拜知席不與衆賓繼。又禮云西序之席北上，疏謂大夫多，尊東不受，則於尊西。賓近於西，則三賓東面。案賓位不可移，當如大射小卿之位在賓西，衆賓之席繼而西，故有西序之席。胡氏肇昕曰：經言繼而西，言衆賓之席皆在賓之西，相繼而西，非謂衆賓與賓席相連屬也。鄉飲言衆賓之席不屬，此言繼而西，互爲詳略，非有異也。方氏苞謂鄉飲與賢能以獻於

君使出使長之入使治之故於興之之日卽辨其等列若春秋習射卽公士爲賓亦宜與鄉之學士齒無庸過爲區別說似太泥

**席主人于阼階上西面**阼階東階[疏]正義曰敖氏云阼階上東西節也南北當東序凡主位皆然褚氏寅亮云在階上少東而又少南於東序端韋氏協夢云主人席當東序則西面北上鄉飲有介席與主人席對此無介則主人亦無對席矣胡氏肇昕云西序雖無介席而衆賓多則亦席於西序但不得與主人席對耳張氏惠言云記云西序之席北上疏謂大夫多尊東不受則於尊西賓近於西則三賓東面案賓位不可移當如大射小卿之位在賓西衆賓繼而西故有西序之席

**尊于賓席之東兩壺斯禁左玄酒皆加勺篚在其南東肆**斯禁禁切地無足者也設尊者北面西曰左尚之也肆陳也[疏]正義曰敖氏云賓席之東卽房戶之閒也張氏爾岐云兩壺酒與玄酒篚以貯爵觶尊南東向陳之首在西高氏愈云設尊於賓席之東者賓與主人酌之皆便也盛氏世佐云鄉飲酒禮云尊兩壺于房戶閒此不言房戶閒而言賓席之東者容或有射於序者無房戶可言也賓席隨地而移故依之以見設壺之處且與前互

備此古人立言之法設洗于阼階東南南北以堂深東西當東榮水在洗東篚在洗西南肆榮屋翼也疏正義曰張氏爾岐云下篚亦以貯觶縣于洗東北西面此縣謂磬也縣於東方辟射位也但縣磬者半天子之士無鐘疏正義曰敖氏云縣不近階者宐辟東縣之正位也大射東縣在阼階之東蔡氏德晉云鄉飲無射事則縣於階間今辟射位故縣於洗東北也章氏協夢云水在洗東縣又在水之北於洗為東北注云此縣謂磬也又云但縣磬者半天子之士無鐘者賈疏云周禮小胥職云半為堵全為肆鄭云鐘磬者編縣之二八十六枚而在一簴謂之堵鐘一堵磬一堵謂之肆諸侯之卿大夫半天子之卿大夫天子之卿大夫判縣者東西各有鐘磬為肆諸侯之卿大夫判縣者分一肆於兩廂東縣磬西縣鐘若天子之士特縣者直東廂有鐘磬二簴為一肆諸侯之士分取磬而已故云無鐘敖氏云縣謂縣鐘磬與鎛於筍簴也鼓鼙之屬亦存焉周官小胥職凡縣鐘磬半為堵全為肆又曰天子宮縣諸侯軒縣卿大夫判縣士特縣然則凡為士者之樂皆得縣鐘與磬惟以特而別於其上耳大射儀言國君西方之縣先磬次鐘次鎛鼓鼙

在其南下經云不鼓不釋鐘師職云掌以鐘鼓奏九夏鏄師職云掌金奏之鼓此與上篇皆賓出奏陔陔夏金奏之一也然則是禮亦有鐘鼓鏄明矣褚氏寅亮云小胥云凡縣者知縣亦有時而堵者矣天子之宮縣諸侯之軒縣不待言卽天子卿大夫之判縣士之特縣亦皆肆也然則所謂堵者果何屬乎經雖無明文注及疏以義差之故知諸侯之卿大夫東縣磬西縣鐘士則有磬而無鐘也東磬西鐘合之乃成肆就東西分言則均之半爲堵士無鐘直半爲堵而已無鐘則無鏄矣然則陔夏乃金奏之一賓出奏陔而不用金奏可乎曰禮所不得用者雖專用鼓可也集說謂飲射皆有鐘鼓鏄恐未旳盛氏世佐云縣編縣也不言所縣者所縣非一等也天子之鄉大夫州長遂大夫皆判縣鐘磬二肆諸侯之鄉大夫半之鐘磬爲一堵天子之縣正特縣鐘磬一肆諸侯之州長半之唯磬一堵斯禮也賓兼此數者故也大夫判縣當東西分列今皆在洗東北者辟君也大射君禮本合三面皆縣以辟射位闕其北唯東西各一肆故於此亦辟之又案春秋襄十一年左傳云鄭人賂晉侯歌鐘二肆及其鏄磬晉侯以樂之半賜魏絳於是始有金石之樂禮也孔疏云以魏絳蒙賜始有金石之樂知未賜不得有也賜之而云禮也知禮法得賜之也

據此諸矦之大夫未蒙君賜在私家不得有鐘磬與鎛之樂其有之者葢出於特典此在公所行禮雖未賜亦合鐘磬俱有鎛未聞據賈疏則卿大夫以下皆無鎛也下經云不鼓不釋則鼓亦有之以其非金石之樂大夫士皆可用也此與上篇皆大夫士之禮敖氏禨引天子諸矦禮釋之誤經云西面則鼓之者東面矣若有鐘在其南鼓又在其南皆西面也鼙未聞

**乃張矦下綱不及地武** 矦謂所射布也綱持舌繩也武迹也中人之迹尺二寸矦象人綱即其足也是以取數焉

疏 正義曰敖氏云射布而曰矦者王朝射之以威不寧矦遂以名之也諸矦以下則因其名而不改與下綱謂已繫者也綱不及地武則下个亦然張氏爾岐云矦制有中有躬有舌有綱有縜中其身也方一丈倍中以爲躬半之上下横接一幅各二丈謂之躬倍躬爲左右舌用布四丈接於躬上左右各出一丈爲舌下舌半上舌用布三丈接躬下左右各出五尺也其持舌之繩謂之綱維其綱於幹者又謂之縜上下各有綱下綱去地之節則尺二寸程氏瑤田云司裘職王及圻內諸矦卿大夫大射皆皮矦也據大射儀列國諸矦與其羣臣大射亦張皮矦故司裘注云列國諸矦射之三矦卽引大射儀謂皮矦也然則大射未有不用皮矦者

若賓射天子亦張布侯據射人職王三侯五正諸侯二侯三正孤卿大夫一侯二正士豻侯二正注謂三侯者五正三正二正之侯二侯者三正二正之侯一侯者二正之侯則天子亦張畫布之侯梓人職所謂張五采之侯注謂五采畫正之侯是也又梓人職張獸侯則王以息燕注云畫獸之侯卽此下記所謂白質赤質布侯之等蓋皆以獸畫於布是天子於燕射亦張布侯也下記鄉侯乃此經鄉射之侯而不用下記之獸侯注以鄉侯采法無正文以其爲賓射之類故約之爲二正之采侯也獸侯詳是記者注云天子諸侯之燕射各以其鄉射之禮而張此侯然則雖詳是記而非鄉射之侯也又案鵠正二字散文雖通而實有別故司裘張大侯則曰設鵠大射儀張三侯則曰見鵠梓人張皮侯則曰棲鵠若射人職言正則非皮侯也是以注解鵠字云所射也以皮爲之又云以席豹熊麋之皮飾其側又方制之以爲辜謂之鵠著於侯中所謂皮侯其解正字但云所射也以其爲布侯也故孔沖遠齊風猗嗟詩正義云正之廣狹無文鄭於周禮考之以爲大射則張皮侯而設鵠賓射則張布侯而畫正也盛氏世佐云案鄉侯以布爲之侯中用布五幅幅長一丈廣二尺古者布幅廣二尺二寸以二寸爲縫諸幅皆以二尺計之又以一布幅橫接

於中之上下謂之躬躬各二丈其接於躬者謂之舌亦謂之个上舌四丈下舌三丈上廣下狹也合之用布十六丈下綱不及地武則上綱去地丈九尺二寸矣焦氏以恕云侯之上下方左右各有五尺之躬其上方又各有一丈之舌下方亦各有五尺之舌必綴以綱而繫之於兩植而後其侯得牢焉所謂張也

**不繫左下綱中**

**掩束之**事未至也

疏正義曰敖氏云侯以左爲尊故事未至則不繫左下綱也中掩束之者中掩左下个則而以綱束之也下个出於躬五尺中掩之是所掩者二尺五寸矣褚氏寅亮云以左下綱向上斜掩過侯中而束於右上綱故曰中掩束之也張氏爾岐云侯向堂爲面以西爲左射事未至故且不繫左下綱竝綱與舌向東掩束之待司馬命張侯乃脫束繫綱也盛氏世佐云案中讀如字釋文丁仲反非下舌三丈中掩之是所掩者丈五尺也姜氏訓中爲侯中之中謂掩其中而束之也亦是一解焦氏以恕云謂之中掩者侯中一丈而左右之躬與舌合長一丈引此一丈以向右方則適與侯中相掩故曰中掩也不繫左下綱猶若未張者然故下文比三耦之後更曰司馬命張侯也方氏苞云凡經文彼此互見者其見之各有所宜如畫物者司空之屬埽所畫者司宮其升降皆自北階

義當於大射見之大射旣詳則丹墨尺度升降所由不容有異而鄉射之畫者埽者或州之有司或州長之私人不言而可知矦綱去地之數掩束左下綱之度說左繫綱之節義當於鄉射見之俾學士私居習射具知其儀法鄉射旣詳則大射惟著三矦之高下與設張者量人與巾車而已聖人制禮審則宜類而使人曲得其情聖人之文隨事異形而揩之各有其地凡互見者皆可以是推之

**乏參矦道居矦黨之一西五步**

容謂之乏所以爲獲者御矢也矦道五十步此乏去矦北十丈西三丈

疏 正義曰注此乏去矦校勘記云乏之監本誤作之○敖氏云爾雅曰乏之謂之防說者云如今牀頭小曲屛風也矦黨指矦之西而言此乏參分矦道而居其一也乃云矦黨者明雖取數於矦道實取節於矦黨也西五步亦謂矦黨之西也然則此乏其南十丈其東三丈乃與矦黨相當與郝氏敬曰乏以皮爲之形如曲屛唱護者所隱蔽一名容容身於內以避矢矢力至此乏竭故名乏黨偏近也玉藻云侍坐引去君之黨鄉矦去射位五十步蓋三十丈也三分之而乏之偏近矦一分則去矦十丈去堂上二十丈也西五步謂去矦西三丈避矢道也張氏爾岐云乏之狀類曲屛以革爲之唱獲者於此容身故謂之容

矢力不及故謂之乏黨旁也三分矦道而居旁之一偏西
者五步此設乏之節也矦道五十步步六尺計三十丈乏之
居三之十西五步故云北十丈西三丈必於此者取可察
中否唱獲聲達堂上也盛氏世佐云此言設乏之法也參
矦道居矦黨之一者其南北節也西五步者東西節也黨
鄭訓偏近得之葢矦道三十丈若第云三分矦道而居其
一未知其近堂與近矦與惟云居矦黨之一而後知其去
矦十丈也先儒以矦旁釋之其義頗晦且經云西五步則
其在矦西偏明矣何必以黨爲旁乎高氏愈云矦道五十
弓參三之而近矦身者居其一則下以瞻中否而上得聞
唱獲聲於近遠爲得中也又居西偏五步則爲矢所不及
矣褚氏寅亮云聶氏崇義曰乏之縱廣七尺有半以牛革輓
漆之陳氏祥道云正面北乏之面南故文反正爲乏之謂之容
以獲者所扉也鄉矦五十弓則三十丈矦外門內又須有
餘地以容往來記云序則物當棟士制棟下至堂廉約三
丈六尺庭深三於堂士堂之深自室至堂廉約五丈四尺
三之則十六丈二尺合計不及二十丈不足以容矦道然
則州長雖士而州序之庭葢深於士廟及寢之庭也胡氏
肇昕云方氏苞亦云遠於堂而與矦近故曰矦黨與鄭説
同但以黨爲旁旣混於西五步之文而以黨爲偏近謂參

分矦道而居矦偏近之一義亦不顯三分矦道而居其一知其近矦矦非近堂者經以矦字明之非以黨字明之也考經文以矦黨與矦道對言皆實有所指若以黨爲偏近與上文道非同類矣今案黨所也左氏哀五年傳何黨之乎杜注黨所也公羊文十三年傳往黨衞矦何注黨所也劉熙釋名釋州國云上黨黨所也在山上其所最高故曰上黨也然則參矦道居矦黨之一者謂參矦道而居下矦所三分之一也王氏引之云之一二字當在乏參矦道下讀乏之參矦道之一也一爲句乏參矦道之一者乏之去矦之度參分矦道之一也矦道三十丈參分之一爲十丈經言乏參矦道之一故注言此乏去矦北十丈也乏在其西五步故云居矦黨西五步六尺爲步五六三丈也經言居矦黨西五步故注言去矦西三丈也不云北幾步者參分矦道之一爲去矦北十六步又六分步之四奇數不成步不可以步言故不云北幾步而云參矦道之一也云參矦道之一則南北之度已明而猶未及東西之度故又云居矦黨西五步也

右陳設

羹定肉謂之羹。定猶熟也。謂狗熟可食。疏正義曰：注「猶熟也」，校勘記云：「熟，徐本、通解俱作孰，下同。案此二字諸本錯出，宜從孰，後不具校。」主人朝服乃速賓，賓朝服出迎，再拜，主人答再拜，退，賓送，再拜。速，召也。射賓輕也。戒時玄端，今郡國行此鄉射禮皮弁服，與禮爲異。疏正義曰：敖氏云：「禮戒、速同服，此速賓朝服，則戒時亦朝服可知。鄉射而朝服，其義與鄉飲同。」盛氏世佐云：「於此乃言服朝服，則戒時不朝服明矣。鄉飲酒禮不言主人服，而其記云朝服而謀賓介，是戒、速亦皆朝服也。主人待賓輕重之差，於此可見，敖說非。」方氏苞云：「興賢能，國之重典也，故戒賓、宿賓皆不言所服，舍朝服無所服也。會民習射，疑可以常服，故於速賓特舉朝服，則前此皆常服可知矣。」淩氏廷堪云：「考鄉飲酒禮經文不言何服，唯記云『鄉朝服而謀賓介』，故知鄉飲酒之爲朝服。鄉射禮唯宿賓、拜賜、拜辱言朝服，他皆不言者，側見於此，故文不具也。則戒賓時當亦朝服，如鄉飲酒，非若息司正，注以爲服玄端，經有主人釋服之文爲可據也。公食大夫禮戒賓不言朝服者，亦文不具，其實皆服朝服。食禮盛於燕禮，燕禮用朝服，豈有食禮戒賓反用玄端者？敖氏之說當矣。」韋氏協夢云：「射義曰『鄉大夫之射也必先行鄉飲酒之禮此篇自立司正以前皆鄉飲禮也旣以鄉飲之禮則戒賓之服自同敖說是也胡氏肇昕云此經盛氏方氏從注說淩氏韋氏從敖說與注異考鄉射雖先行鄉飲酒之禮而其禮輕於鄉飲酒鄉飲經文不言何服則戒宿同爲一服可知鄉射於速賓特言朝服則戒賓非朝服可知如以鄉射唯宿賓拜賜拜辱言朝服他皆不言者例見於鄉飲故文不具夫鄉飲經文未嘗言朝服也記始言朝服而謀賓介耳記在作經者之後不得云例見於鄉飲也鄉飲介速同朝服鄉射與之同則當於戒賓時特言朝服以詳鄉飲之所略不得於速賓始言朝服令人疑宿戒之相殊也注說甚精不得據敖說而駁之

**賓及衆賓遂從之**

疏 正義曰敖氏云主人旣退衆賓乃至於賓之門而與之皆行也云遂者雖相去有閒而事則實相接也

## 右速賓

**及門主人一相出迎于門外再拜賓答再拜** 相主人家臣擯贊傳命者

疏 正義曰張氏爾岐云此下言飲賓之事迎賓拜至主人獻賓賓酢主人主人酬賓主人獻衆賓一人舉觶爲旅

酬之端遵入主人獻遵自酢工笙合樂樂賓主人獻工與笙乃立司正以安賓察衆凡十節皆與鄉飲酒禮同此爲射而飲其後卽詳射事○及門敖氏云門學門也韋氏協夢云鄉飲行禮於庠鄉射行禮於序庠序唯有一門故皆直言門而不言大門內門　注云相主人家臣擯贊傳命者盛氏世佐云若射於序則爲之相相者其黨正與吳氏廷華云飲射皆公事不當用家臣鄉飲注以相爲主人之吏蓋以屬官言是也

**揖衆賓**差卑禮宜異　疏　正義曰張氏爾岐云同是鄉人無爵者唯據立爲賓者尊故於衆賓云差卑

**主人以賓揖先入**以猶與也先入入門右西面　疏　正義曰高氏愈云能左右之曰以此云以者賓之進退似主人也胡氏肇昕云以與聲之轉主賓相接爲平等之稱故曰與也

**賓厭衆賓衆賓皆入門左東面北上賓少進**引手曰厭少進差在前也今文皆曰揖衆賓　疏　正義曰注云少進差在前也者敖氏云少進謂少東方氏苞云少進而東以獨與主人揖讓也鄉飲酒之賓介禮宜同盛氏世佐云少進謂少北旣云北上又云賓少進者衆賓雖皆北上其實比肩而立賓序在前去衆賓差遠也敖說非程氏瑤田云鄉飲酒禮注皆入門西

東面疏以主人至門內霤待賓則賓此時亦在門內霤矣然云北上賓少進者則賓與衆賓堂下西階西之位準此矣賓位直西序衆賓以次而南少退於賓據賓降辭洗降洗進退之節擬之則位不迫於階而遠在階南矣下經賓辭洗注云言東北面則位南於洗矣案位亦不得南於洗賓位必與主人位相對衆賓位必與兄弟位相對主人及兄弟之位見士冠禮主人立于阼階下直東序西面兄弟立于洗東西面然則兄弟退於主人旣曰洗東雖衆兄弟以次而南其長必略當洗主人位在兄弟上雖近於洗必少北於洗準此以定賓位南北之節北不迫於階南不踰於洗矣

**主人以賓三揖皆行及階三讓主人升一等賓升**三讓而主人先升者是主人先讓於賓不俱升者賓客之道進宜難也

疏 正義曰言皆行者賈疏云賓主旣行衆賓亦行敖氏云皆行言皆先後也郝氏敬云皆行主人與正賓同行也方氏苞云主人接賓前後儀法皆與鄉飲酒同惟此言皆行鄉飲酒主人與賓揖讓而升介至衆賓徐進至階下事不相連鄉射則衆賓皆隨賓而行也興賢能則全用賓主之禮故聽其自行教射則兼用有司之法故使之隨行黨正之正齒位賓入而衆賓從之亦此義也鄉飲

酒之衆賓主人不酬而鄉射則衆賓長亦受酬以大夫不與則長正當介位也敖氏似謂賓與主人同行果爾則竝稱竝不宜曰皆胡氏肇昕云案方氏從賈疏說然此節究以敖氏郝氏說爲當　注云三讓而主人先升者是主人先讓於賓不俱升者賓客之道進宜難也者敖氏云主人升一等賓乃升敵者之禮也方氏苞云凡敵者讓登主人先登客從之謂舉步少有先後耳此賓州民也故州長先升一等而後賓升燕禮則賓升公降一等而揖之義亦類此胡氏肇昕云鄉飲酒禮至於階三讓主人升賓升此盛其禮以尊賓爲敵者之禮也此言主人升一等賓升射禮賓較卑故不敢與主人竝升與鄉飲酒異也舊說多誤吳氏廷華云主人有道賓之義故先升然不讓則疑於倨故讓至於三又主人既先道賓自宜後升注以爲進宜難無謂

**主人阼階上當楣北面再拜賓西階上當楣北面荅再拜**主人拜賓至此堂

**右迎賓拜至**

**主人坐取爵于上篚以降**將獻賓也　疏　正義曰主人坐取爵校勘記云通解無坐字。

韋氏協夢云以降降洗也**賓降**從主人也**主人阼階前西面坐奠爵興辭降**重以主人事煩賓也今文無阼階〔疏〕正義曰韋氏協夢云坐奠爵奠爵於階前也　注云今文無阼階者胡氏承珙云今文無阼階似當作今文無阼階前葢今文但云主人西面坐奠爵而已若只無阼階二字則是以主人前爲句讀爲王前蠋前之前禮經無此文例矣下文賓以虛爵降主人降賓西階前東面坐奠爵興辭降彼有西階前此自當有阼階前故鄭從古文**賓對**對荅**主人坐取爵興適洗南面坐奠爵于篚下盥洗**盥手又洗爵飲潔敬也古文盥皆作浣〔疏〕正義曰注飲潔敬也校勘記云飲徐陳通解俱作致⊃古文盥皆作浣者說詳士冠禮**賓進東北面辭洗**必進者方辭洗宐違位也言東北面則位南於洗矣〔疏〕正義曰張氏爾岐云鄉飲酒此處注異彼於東字句此於進字句**主人坐奠爵于篚興對賓反位**反從降之位也鄉飲酒曰當西序東面〔疏〕正義曰當西序東西校勘記云下西字徐本通解敖氏俱作面**主人卒洗壹揖壹讓以賓升賓西階上**

北面拜洗主人阼階上北面奠爵遂荅拜乃降乃降將更盥也古文壹皆作一疏正義曰高氏愈云鄉飲主人奠爵不言西面賓拜洗主人奠爵不言北面故此詳之賓降主人辭降賓對主人卒盥壹揖壹讓升賓升西階上疑立疑止也有矜莊之色疏正義曰朱子云賓降案鄉飲酒曰當西序東面主人坐取爵實之賓席之前西北面獻賓進於賓也凡進物曰獻疏正義曰校勘記云賓席之前敖氏云席之當作之席注進於賓也進下徐本有酒字與單疏標目合通解無賓西階上北面拜主人少退少退猶少辟也疏正義曰注猶少辟也校勘記云少釋文作小賓進受爵于席前復位復位西階上位主人阼階上拜送爵賓少退疏正義曰高氏愈云賓西階上拜受爵北面則主人阼階拜送爵亦當北面矣薦脯醢薦進賓升席自西方賓升降由下也乃設折俎牲體枝解節折以實俎也主人阼階東疑立賓坐左執爵右

祭脯醢奠爵于薦西興取肺坐絕祭卻左手執本右手絕末以祭也肺離上爲本下爲末【疏】正義曰盛氏世佐云鄉飲酒禮云右手取肺卻左手執本坐弗繚右絕末以祭此亦同故文略耳胡氏肇昕云注卻左手執本右手絕末以祭用鄉飲酒文不云弗繚者以彼爲繚祭此絕祭也尚左手嚌之嚌嘗也右手在下絕以授口嘗之興加于俎坐捝手執爵遂祭酒興席末坐啐酒捝拭也啐嘗也古文捝作說降席坐奠爵拜告旨降席席西也旨美也【疏】正義曰降席坐奠爵方氏苞曰席南鄉北鄉以西方爲上升席自下賓不空由西以不欲與主人相背變其常故特著之降席本空自西故不言告旨者張氏爾岐云告主人曰旨酒執爵興主人阼階上答拜賓西階上北面坐卒爵興坐奠爵遂拜執爵興卒盡主人阼階上答拜

右主人獻賓

賓以虛爵降將洗以酢主人疏正義曰注以酢主人校勘記云酢釋文要義俱作酳○賈疏云鄉飲酒不言虛爵此不言洗互見爲義相兼乃備也主人降從賓也降立阼階東西面當東序賓西階前東面坐奠爵興辭降疏正義曰高氏愈云鄉飲酒賓辭降不言東面今詳之主人對賓坐取爵適洗北面坐奠爵于篚下興盥洗賓北面盥洗自外來

疏正義曰高氏愈云篚下當作下篚對前上篚而言以其設於阼階下故云下篚也方氏苞云注疏主人自內出故南面洗賓自外入故北面洗非也古者爲長道通於師鄉飲酒鄉射之主人長也師也賓民也弟子也故雖執賓主之禮而兼存師弟子之義也然則主人之獻賓西北面賓酢主人東南面何也尊賓之義既明著於戶牖間之面位矣其餘儀節又各有時揩之宁主人實爵於尊南而進獻賓之席前自宁北面賓實爵於尊南而降至主人之席前自宁南面然則燕與大射主人代君賜爵而洗皆北面何也君雖使膳宰爲獻主而膳宰所執則爲賓舉觶之禮若南面則嫌以主人自居其升也從賓之後而由西階亦此義也

主人阼階之東南面辭

洗賓坐奠爵于篚興對主人反位反位從降之位也主人辭洗進也疏正義曰注主人辭洗進也校勘記云徐本敖本俱無也字與單疏標目合通解有　云反位從降之位者案鄉飲酒禮云主人復阼階東西面上文主人降注云降立阼階東西面故云從降之位也云主人辭洗進也者蓋主人降在阼階東西面因辭洗進而東南面今復反從降之位也賈疏未明賓卒洗揖讓如初升疏正義曰張氏爾岐云如初者一揖一讓如初獻賓時主人拜洗賓荅拜興降盥如主人之禮賓升實爵疏正義曰盛氏世佐云升字疑衍鄉飲酒禮云賓實爵韋氏協夢云賓既降盥必升而實爵鄉飲酒文略當以此經爲正主人之席前東南面酢主人酢報疏正義曰校勘記云酢要義作酢注同魏氏云賓以虛爵降注將洗以醋主人賓東南面醋主人注醋報經與注以酢爲醋唯此如魏氏說則醋字經一見注兩見也釋文云醋主才各反報也劉云與酢同音義此當爲前注作音而不言下同則此節經注釋文仍作酢歟主人阼階上拜賓少退主人進受爵復位

賓西階上拜送爵薦脯醢主人升席自北方乃設折俎祭如賓禮祭薦俎及酒亦嚌啐疏正義曰注亦齊啐校勘記云齊徐陳通解俱作嚌不告旨酒己物

自席前適阼階上北面坐卒爵興坐奠爵遂拜執爵興賓西階上北面荅拜自由也啐酒於席末由前降便也主人坐奠爵于序端阼階上再拜崇酒賓西階上荅再拜序端東序頭也崇充也謝酒惡相充滿也疏正義曰張氏爾岐云奠爵序端擬獻衆賓用之韋氏協夢云鄉飲酒賓西階上荅拜不言北面此主人阼階上再拜不言北面亦互文也

右賓酢主人

主人坐取觶于篚以降將酬賓疏正義曰鄉飲酒云降洗此降亦降洗也賓降

主人奠觶辭降賓對東面立疏正義曰鄉飲酒云立當西序東面主人坐

取觶洗賓不辭洗不辭洗以其將自飲卒洗揖讓升賓西階上疑立主人實觶酬之阼階上北面坐奠觶遂拜執觶興酬勸酒賓西階上北面荅拜主人坐祭遂飲卒觶興坐奠觶遂拜執觶興賓西階上北面荅拜疏正義曰張氏爾岐云主人先自飲所以爲勸也韋氏協夢云鄉飲酒坐祭不言主人賓兩荅拜不言北面當從此文爲正主人降洗賓降辭如獻禮以將酌已升不拜洗酬禮殺也賓西階上立主人實觶賓之席前北面酬賓賓西階上拜主人坐奠觶于薦西疏正義曰盛氏世佐云鄉飲酒禮云主人少退卒拜進坐奠觶于薦西方氏苞云賓酢主人主人拜賓少退與鄉飲酒同主人酬賓賓拜而主人不少退與鄉飲酒異何也習射以明教卽公士爲賓致敬於州長亦宐與鄉大夫同鄉大夫爲國求賢故於賓介受酬之拜皆少退蓋過禮以明尊賢之義也以施於習射之賓則義無所取故無此節賓辭坐取觶以興

反位賓辭辭主人復親酌己主人阼階上拜送賓北面坐奠觶于薦東反位酬酒不舉

右主人酬賓

主人揖降賓降東面立于西階西當西序主人將與眾賓爲禮賓謙不敢獨居堂疏正義曰高氏愈云鄉飲酒此下有主人獻介介酢主人禮今射義無介其儀俱省遂獻眾賓也主人西南面三拜眾賓眾賓皆荅壹拜三拜示徧也壹拜不備禮也獻賓畢乃與眾賓拜敬不能竝疏正義曰壹拜校勘記云一徐本通解要義俱作壹敖氏作一石經補缺亦誤作一○方氏苞云注獻賓畢乃與眾賓拜敬不能竝近似而實非也禮有安分致者有安合致者賓主獻酢自不安使無事者立於其側如謂敬不可竝則四時朝覲諸侯旅見天子與天子大合諸侯爲壇於國外五等之君傳擯將幣饗禮同時而卒事君與臣皆爲相瀆矣主人揖升坐取爵于序端疏正義曰盛氏世佐云序端

之爵卽受酢時所奠者案鄉飲酒云坐取爵于西楹下**降洗升實爵西階上獻衆賓**

**衆賓之長升拜受者三人**長其老者言三人則衆賓多矣國以多德行道藝爲榮何常數之有乎**主人拜送**拜送爵於衆賓右**坐祭立飲不拜旣爵授主人爵**

**降復位**旣盡【疏】正義曰賈疏云降復賓南東面位敖氏云位亦堂下之位賓之南也**衆賓皆不**

**拜受爵坐祭立飲**自第四以下又不拜受爵禮彌略【疏】正義曰張氏爾岐云亦升受但不拜

**每一人獻則薦諸其席**諸於【疏】正義曰賈疏云此還據堂上三人有席者**衆賓辯**

**有脯醢**薦於其位【疏】正義曰賈疏云還據堂下無席者**主人以虛爵降奠于篚**

不復用

**右主人獻衆賓**

**揖讓升賓厭衆賓升衆賓皆升就席一人洗舉觶于賓**一人

主人之吏升實觶西階上坐奠觶拜執觶興賓席末荅拜舉觶者坐祭遂飲卒觶興坐奠觶拜執觶興賓荅拜降洗升實之西階上北面將進奠觶疏正義曰升實觶校勘記云賓石經補缺葛閎俱作賓賓拜拜受觶舉觶者進坐奠觶于薦西不授賤不敢也賓辭坐取以興若親受然疏正義曰敖氏云前篇言受此言取互文也舉觶者西階上拜送賓反奠于其所舉觶者降疏正義曰張氏爾岐云射後賓將舉之爲旅酬故奠於薦西方氏苞云特牲少牢之禮異者詳之同者則互見此篇自獻賓至舉觶於賓與鄉飲酒同而一一復見何也士大夫之祭禮衆所習知故可互見若鄉飲酒三年而一舉士不預教則始與於衆賓者或從於儀惟於州長教射詳之則進而與於賓興者可益浹於禮意下而與於蠟賓者亦衆習其節文矣

右一人舉觶

大夫若有遵者則入門左謂此鄉之人爲大夫者也謂之遵者方以禮樂化民欲其遵法之也其士也於旅乃入鄉大夫士非鄉人禮亦然主於鄉人耳今文遵爲僎

疏 正義曰若有遵者敖氏云謂若有與此會而爲遵者也張氏爾岐云言若有者或有或無不定也案鄉飲酒於篇末略言遵者之禮此經乃著其詳正所云如介禮也入門左者敖氏云入門左則鄉者賓入之位也也不俟於門外別於正賓　注云謂此鄉之人爲大夫者也者方氏苞云周官以三公爲鄉老鄉之地廣與賢禮重故諸公樂道化之行而臨觀焉春秋習射卽有居是州者亦無爲來觀故遵者唯大夫耳遵者之禮不詳於鄉飲酒而具於是篇何也獻酬揖讓大夫卽與賓同諸公雖貴禮無以加故獨著其加席辭洗去席之特異者至所自執之禮視賓主人每殺爲遵之道則然公大夫一也韋氏協夢云下記云有諸公則如賓禮可見諸公亦與焉此直舉大夫者大夫之爲遵者是其常諸公特偶有之故舉大夫以例遵者之禮也云其士也於旅乃入者盛氏世佐云據注則鄉中命士來觀禮者亦得謂之遵矣韋氏協夢云鄉飲酒記謂士旣旅不入則未旅以前皆可入矣蓋士賤旣不得爲遵者必主人請之爲衆賓而後得與其事雖或

有故不能與賓同來何必俟旅酬禮行而後入乎注非是胡氏肇昕云鄉飲酒禮言遵者有公大夫不言士而記云旣旅士不入是士亦爲遵也葢遵者爲觀禮而來不限夫貴賤而行禮之節則有別也此士謂命士與爲衆賓之士不同韋氏以爲衆賓之士當爲遵者之士用以駁注謬矣云鄉大夫士非鄉人禮亦然者盛氏世佐云謂他鄉之大夫士偶來爲遵者其待之之禮隆殺之宜亦如本然也

**主人降**迎大夫於門內也不出門別於賓

**賓及衆賓皆降復初位**不敢居堂俟大夫入也初位門內東面

疏 正義曰初位門內東面者賈疏云上文賓厭衆賓皆入門左東面北上故知之也敖氏云初位階西以南當序之位吳氏廷華云初位葢上獻畢降立之位在西階西以次而南盛氏世佐云此亦與鄉飲酒禮同復初位者復初降時西階下東面位也衆賓在賓南鄭解爲初入門內之位非韋氏協夢云注說非也主人祗於門內迎大夫而賓與衆賓何必降至門內乎且主人與大夫揖進時賓與大夫相等旣不可使賓厭大夫亦不可使大夫厭賓觀下文只言主人揖讓以大夫升而不言賓與大夫序升之禮則賓及衆賓不降至門內可知敖說較注爲長程氏瑤田云初位門內東面指謂賓入門左

與主人相面之處也竊以爲此卽賓與衆賓堂下直西席之位也　注云不敢居堂俟大夫入也者瑤田謂堂下之位有堂事乃升也事竟則復初位初位者堂下初立賓主直序之位也先是主人酬賓之後將獻衆賓主人揖降賓降東面立于西階西當西序注云將與衆賓爲禮賓謙不敢獨居堂瑤田謂斯時賓蓋以事竟復堂下之初位也冠禮冠者見母則堂事竟故賓降於直西序之位主人降復初位也是時冠者方適東壁賓主卽降非至字之之時始降也賓言直主人言復互相足也下經賓與主人及大夫取俎授司正及弟子以降矣必皆從之降者亦以旅酬事竟皆降而復堂下初位也

**主人揖讓以大夫升拜至大夫荅拜主人以爵降大夫降主人辭降大夫辭洗如賓禮**疏正義曰主人揖讓以大夫升敖氏云此賓禮自三揖三讓以至於一揖一讓之儀也主人以爵降盛氏世佐云亦取爵於上篚也

**席于尊東**尊東明與賓夾尊也不言東上統於尊也疏正義曰敖氏云此言尊東鄉飲酒言賓東亦文互見也盛氏世佐云遵者之席於庠則在東房前之西於序則在揀後第二架當左楹之左皆所謂尊東也此亦謂無諸公則

然若有諸公則大夫於主人之北西面方氏苞云鄉飲酒禮尊于房戶之間遵席于賓東或疑繼賓席而東此曰席于尊東然後東西之位次顯然竝遵席與賓正相對而尊之設也少南亦具見矣葢賓與遵之席必偏近於室尊必少南然後出入於房戶者可通而酌以獻酬亦便耳韋氏協夢云自大夫辭洗以前與賓禮同自升不拜洗以後與介禮同惟尊東之席異於賓介耳大夫雖與賓相等而鄉射以賓爲主自辭洗以前同於賓禮所以尊大夫也自升不拜洗以後同於介禮所以尊賓也辭洗以前大夫得如賓禮者以諸公不在也若諸公在則亦如介禮記云有諸公則如賓禮大夫如介禮是也**升不拜洗主人實爵席前獻于大夫大夫西階上拜進受爵反位主人大夫之右拜送大夫辭加席主人對不去加席**辭之者謙不以己尊加賢者也不去者大夫再重席正也賓一重席【疏】正義曰升不拜洗者高氏愈云凡所不者皆不以縟禮煩之所以優尊者也方氏苞云大夫之不拜洗與介不拜洗酬而賓不拜洗同恐重勞主人之荅拜非以其尊也鄉大夫之尊猶拜洗於學士州長與大夫位相近而以尊廢禮非所

安也工則弁不辭洗義可參觀胡氏肇昕云大夫如介禮
介不拜洗非以其尊則大夫之不拜洗亦非以其尊也且
不拜者主於遵者爲言則遵者自不以拜洗重勞主人之
荅拜也賈疏云以大夫尊故不拜洗不如方說之長主人
賓爵席前獻於大夫者敖氏云席前獻其西北面與主人
旣拜送則亦立於大階東盛氏世佐曰凡獻必向所獻者之
位獻大夫大夫當東北面以其位在東北故也敖云西北面非
大夫西階上拜進受爵韋氏協夢云鄉飲酒禮獻介時西
階上北面拜主人少退介進北面受爵此云進受爵則於
大夫拜時主人亦少退不言者文不具○注謙不以己
尊加賢者也校勘記云案不下疏有敢字 云不去者大
夫再重席正也賓一重席者敖氏云鄉飲酒 云大夫則如
介禮有諸公則辭加席委于席端主人不徹無諸公則大
夫辭加席主人對不去加席惟主言人無諸公之大夫則
是鄉射禮諸公不與盛氏世佐云本記云若有諸公則如
賓禮大夫如介禮無諸公則大夫如賓禮今觀此章所陳
正與上篇介禮相同盍爲有諸公之大夫而言也有諸公
則大夫之辭加席也亦當如上篇所云委于席端主人不
徹此乃云主人對不去加席是又與無諸公之禮同矣何
其互異若此歟盍遵者之來否及諸公之有無皆不可定

經故鎔舉一二以示例其隆殺信屈之詳必待記而後備記之所以有功於經也然觀乎此則其所謂如賓禮者亦可以類推矣敖氏據此遂謂鄉射之禮諸公不與并訾記者之失毋乃以辭害意歟

**乃薦脯醢大夫升席設折俎祭如賓禮不嚌肺不啐酒不告旨西階上卒爵拜主人荅拜**

凡所不者殺於賓也大夫升席由東方

疏 正義曰韋氏協夢云鄉飲酒禮不告旨下云自南方降席北面坐卒爵興坐奠爵遂拜執觶興主人介右荅拜此與鄉飲小異當以鄉飲爲正介席東面而南方爲上故降自南方大夫席南面以東方爲上當降自東方但大夫於西階上卒爵拜若降自東方不若自西方之便則當自西方矣敖氏云主人荅拜亦於大夫之右

注云凡所不者殺於賓也者賈疏云凡所謂經中三事以其殺於賓若然上云不拜洗亦是殺於賓之類也胡氏肇昕云注云凡所不者統上不拜洗爲言據此則不拜洗非以優尊者其義益明賈氏之說前後自異當以此疏爲正也

**大夫降洗**

將酢主人也大夫若衆則辯獻長乃酢

疏 正義曰盛氏世佐云大夫雖衆然受獻後須一一酢主人如經所陳也辯獻長乃酢唯主人尊賓賤

乃可今大夫尊於諸侯之州長於鄉大夫爲敵不可也賈疏引有司徹爲證非其倫矣**主人復阼階**

**降辭如初卒洗主人盥**盥者雖將酌自飲尊大夫不敢褻**揖讓升大夫授**

**主人爵于兩楹間復位**疏正義曰敖氏云授主人爵于兩楹間者大夫雖尊若與鄉飲鄉射之禮則屈於正賓其禮但比於介故此授受之節亦惟與介同**主人實爵以酢于西階**

**上**疏正義曰焦氏以恕云案注大夫若衆則辯獻之長乃酢賈疏此經據一大夫而言故獻大夫即酢有司徹主人洗爵獻長賓于西階上然後衆賓長升拜受爵宰夫獻主人主人酌若是以辯乃升長賓主人酌酢于主賓西階上北面是爲辯獻長乃酢也又主人辯一獻三賓惟長拜洗及主人辯獻衆大夫惟長一酢其義則一也若然則遵者兼有諸公亦當辯獻諸公大夫而後諸公一酢從可知矣**坐奠爵拜大夫荅拜坐祭卒**

**爵拜大夫荅拜**疏正義曰韋氏協夢云坐奠爵拜坐奠爵於大夫右也旣拜當如鄉飲酒禮執爵興然後大夫荅拜卒爵之下亦當如鄉飲酒禮坐奠爵遂拜執觶興然後大夫荅拜**主人坐奠爵于**

西楹南【疏】正義曰賈疏云此受大夫酢不奠於篚者爲士於旅乃入擬獻士故奠爵於此也褚氏寅亮云疏說非也旅用觶不用爵前奠東序端之爵獻衆賓訖已奠于下篚此更取上篚之爵獻大夫獻訖亦不復用至獻工又别取上篚之爵而今奠於此者或暫奠之後則奠於下篚而文略歟焦氏以恕云鄉飲酒之爵其奠于西楹南獻介之爵也以其介右拜送故也大夫拜送如介故所奠同處然彼西楹南之爵其繼以獻衆賓獻訖乃降奠于下篚此禮於降奠一節文不具疑主人于復阼階揖降時亦當以降奠歟 再拜崇酒大夫荅拜

主人復阼階揖降將升賓 大夫降立于賓南雖尊不奪人之正禮【疏】正義曰敖氏云必降者亦與賓序升也立於賓南下之也鄉射之禮大夫若與則下於賓鄉飲之禮公與大夫若與則皆下於介蓋其禮皆主於士故也張氏爾岐云賓及衆賓自大夫升堂時已立西階下程氏瑤田云大夫謂遵者其堂下西階西之位在賓南賓主之位必相對若伸其尊是奪正禮矣觀下文大夫及衆賓皆升則衆賓位又在遵者之南矣又下經賓大夫取俎降大夫立于賓南衆賓皆降立于大夫之南少退北上足以明其堂下之立位矣下記云

大夫與則公士爲賓注云不使鄉人加尊於大夫據此則易賓或不易衆賓歟衆賓若猶處士固不得加尊於大夫與

**主人揖讓以賓升大夫及衆賓皆升就席** 疏 正義曰敖氏云賓亦厭大夫大夫亦厭衆賓乃升也衆賓其長三人也

**右遵入獻酢之禮**

**席工于西階上少東樂正先升北面立于其西** 言少東者明樂正西側階不欲大東辟射位 疏 正義曰敖氏云少東據工之下席而言也樂正立於其西猶未至階也鄉飲酒禮云樂正先升立于西階東張氏爾岐云案鄉飲酒不射席工亦與此同此注云辟射位恐非經意或是欲其當賓席耳盛氏世佐云案蒲筵丈六尺工四人席六丈四尺也即謂周以八寸爲尺亦當今之五丈有奇此豈西階上少東所能容乎且鄉飲酒云樂正先升立于西階東此云樂正先升北面立于其西文互見也樂正立于工席之西猶于西階爲東則工席更東可知經云少東據工席之最西者言也工賤者先就事布工席亦先布其最西者故經據之而

言也敖說得之下經云樂正適西方命弟子贊工遷樂于下辭射也夫將射乃辭辭則此席不辭明矣注云辭射位固非張云欲其當賓席亦未爲得也褚氏寅亮云言少東則西於鄉飲酒工席故樂正逼近階而立遷樂在後此時已先辟其位者禮主於射示其意也方氏苞云鄉飲酒無射位工升自西階即北面坐故不言少東

**工四人二瑟瑟先相者皆左何瑟面鼓執越內弦右手相入升自西階北面東上工坐相者坐授瑟乃降**瑟先賤者先就事也相扶工也面前也鼓在前變於君也執越內弦右手相由便也越瑟下孔所以發越其聲也前越言執者內有弦結手入之淺也相者降立西方

【疏】正義曰注云面前也鼓在前變於君也者賈疏云鄉射與大射相對大射君禮後首此臣禮前首燕禮與鄉飲酒相對燕禮面鼓又與鄉飲酒後首相變張氏爾岐云面鼓者瑟首在前也鼓謂可鼓處與鄉飲酒不同者在鄉飲酒欲其異於燕在鄉射欲其異於大射皆爲變於君也姜氏兆錫云注疏變於君之說覺支鄉射禮輕於鄉飲燕禮輕於大射鄉飲賓賢大射選士其禮重矣故可鼓者皆在後主於將敬也若鄉射只習藝燕禮只達

情而巳故可鼓者皆在前以鳴豫也盛氏世佐云姜說與注疏合之其義乃備蓋以鄉飲與燕禮對鄉射與大射對與則爲變於君以鄉飲與鄉射對大射與燕禮對則又爲將敬與鳴豫之別儀禮一書此等至纖細之處亦精密周匝乃爾橫說豎說無所不通信非聖人不能爲也讀者幸以是求之云執越內弦右手相便也越瑟下孔所以發越其聲也前越言執者內有弦結手入之淺也者賈疏云瑟近首鼓處則寬近尾不鼓處則狹側持之法近鼓持之手入則淺近尾持之手入則深是以此禮與燕禮面鼓則云執之手入淺也大射與鄉飲酒後首則云挎越手入深也敖氏云前越去廉差遠故不可挎但執之而巳盛氏世佐云瑟體首寬尾狹內越內雖長廣狹亦等但弦居瑟上近首鼓處則寬近尾不鼓處并而狹此疏說也若然則側持之法近鼓持之手入得深宜云挎近尾持之手入得淺宜云執今以經文考之反是此與燕禮皆面鼓乃云執鄉飲酒與大射皆後首乃云挎鄭公內有弦結之說不可通矣當以敖說爲正蓋瑟體尾狹則後越去瑟廉差近可挎首寬則前越去瑟廉差遠故僅可執也○韋氏協夢云鄉飲工入升歌主人獻工然後笙入今射禮不升歌故工入笙卽入俟合樂之後始與笙竝獻之蓋主人之獻工與笙特爲

其有事於射而勞之耳若上未歌而得獻則與衆賓等矣此所以俟既合樂而後獻與**笙入立于縣中西面**堂下樂相從也縣中磬東立西面【疏】正義曰注云縣中磬東立西面者賈疏云鄭知不在磬西面面者若磬西西面則笙者背磬不可故知在磬東西面也蔡氏德晉云笙者入立于縣中當鐘磬之閒與鄉飲酒磬南北面立之文互見也縣在東階上立者西面蓋縣之東也盛氏世佐云案縣中磬南鐘北也此主大夫判縣而言鄉飲酒云笙入堂下磬南北面立與此異褚氏寅亮云笙磬相應豈可背磬而立鄉飲酒磬在階閒則立於其南亦鄉磬也敖氏欲與注異謂立於磬西不可從胡氏肇昕云敖氏謂縣中爲縣中之西然縣在洗東北而笙者立於縣之西則與磬相背既違笙磬同音之義且距階亦未嘗不遠也自宏以注說爲正又敖氏謂此與鄉飲立于磬南之意同考鄉飲酒云磬南北面立此云立于縣中西面其不同可知又此與鄉飲磬所縣不同處故盛氏不從其說

**乃合樂周南關雎葛覃卷耳召南鵲巢采蘩采蘋**不歌不笙不閒志在射略於樂也不略合樂者周南召南之風鄉樂也不可略其正也昔大王王季文王始居岐山之陽躬行以成

王業至三分天下乃宣周南召南之化本其德之初刑于寡妻至于兄弟以御于家邦故謂之鄉樂用之房中以及于朝廷饗燕鄉射飲酒此六篇其風化之原也是以合金石絲竹而歌之

疏 正義曰注躬行以咸王業校勘記云行下徐本有召南之教四字通解無瞿氏中溶云燕禮注有此四字此亦宜有胡氏肇昕云鄉飲酒注云昔大王王季文王居於岐山之陽躬行召南之教以行王業及文王而行周南之教以受命燕禮注同彼以召南之教屬大王王季周南之教屬文王故躬行下有召南之教四字此注合言大王王季文王下總承云乃宣周南召南之化若於躬行下加召南之教四字則上下文義不相通貫通解無者是也瞿說不可從

云不歌不笙不閒志在射略於樂也不略合樂者周南召南之風鄉樂也不可略其正也者方氏苞云獨奏合樂不惟志在射也鄉飲酒以興賢能故升歌閒歌備陳君臣相悅上下志同之樂使觀感而興起焉學士習射則歌二南使盡志於修身齊家之要可矣江氏筠云此禮與大射俱以射故略於樂而大射不略升歌而略笙閒合此禮不略合樂而略笙歌閒注疏謂二南是鄉大夫之正小雅是諸侯之正不可略其正是也但二禮於歌笙閒合中皆各取其一而用之而大射何以於升歌

外別添下管一節彼旣樂有二節則此竝亦如之又何以只用合樂一節豈以笙閒二者俱係雅詩之故邪玩下無算樂之文與息司正所云鄉樂惟欲者固不同也況鄉飮酒旣得備用四節則此竝亦可以上取以與大射儀相配矣曰大射儀雖二節實止足當此之一節此雖一節實不下大射之二節蓋大射鹿鳴三終新宮三終此則周南三終召南三終節雖不同篇則惟一此其所以異也然則鄉飮酒義孔疏合樂之說其不如賈疏之爲可信者此亦其一證乎又鄭氏於大射工歌謂所歌惟鹿鳴而四牡二篇則不之及合之此鄉射之樂可以定其失矣

**工不興告于樂正曰正歌備**不興者瞽矇禮略也疏正義曰注瞽矇校勘記云矇諸本俱誤作矇唯徐本不誤案單疏正作矇○盛氏世佐云正歌謂鄉樂也大夫士以歌風爲正鄉飮酒升歌笙閒用小雅禮盛者進取也於此益可見矣敖氏云凡歌至於合鄉樂乃爲備此合鄉樂矣故雖不歌小雅亦可謂之備方氏苞云鄉飮酒之樂四缺其三而曰正歌備何也凡樂歌必與禮事相應鄉大夫爲國興賢必爲忠爲孝使民物安阜上下和樂然後可爲邦家之基故必備升歌笙歌閒歌合樂而其義始全修業於鄉學之士則所以着其德行而烝於門內

者二南備矣故正歌不過合樂也

樂正告于賓乃降樂正降者堂上正樂畢也降立西階東北面

疏正義曰樂正告于賓 校勘記云張氏爾岐曰監本樂字誤細書混疏文內 注云樂正降者堂上正樂畢也者賈疏云云正樂者對後無算樂非正樂也下射雖歌騶虞亦是堂下非堂上故以堂上決之也○韋氏協夢云鄉飲有歌有笙故歌畢即獻工笙畢即獻笙更越閒合二節乃告備此不歌不笙不閒而即合樂故合樂即告備告備降然後獻工獻笙也

右合樂樂賓

主人取爵于上篚獻工大師則爲之洗尊之也君賜大夫樂又從之以其人謂之大師也

疏正義曰注謂之大師也 校勘記云徐本無也字與疏合通解有 云君賜大夫樂又從之以其人謂之大師也者方氏苞云州長習射不定有大師或大師即其州之人會公事之閒樂與於斯禮又或公卿有賜樂而從以工師者使來襄事耳儀禮釋官云案公賜大夫樂於傳有之從之以其人而謂之大師無所據也此工及

大師皆君之樂人鄉飲鄉射主於教民乃公家之事非若冠昏喪祭爲私事者可比或疑州射而君使樂人共其事恐官有不給不知一鄉五州大國三鄉爲州十五周禮大師下大夫二人小師上士四人瞽矇上瞽四十人中瞽百人下瞽百有六十人諸侯樂工之數雖無可考然人數必多當亦足供其事且諸侯之州長是士未必有賜樂之法下經云一人拜受爵注一人無大師則工之長者然則大師來否原自不定鄭氏以意爲說似未可從

**賓降**

**主人辭降**

大夫不降尊也

疏 正義曰注云大夫不降尊也者敖氏繼公曰大夫不降亦別於賓盛氏世佐云經不言大夫降以大夫或來或否也若來亦當從主人降大夫不尊於賓也注非鄉飲禮云賓介降大夫如介禮亦不得云云別於賓也方氏苞云凡辭而終降者必有對對後必更見降者階下之事唯主人爲工洗賓降則有辭而無對並不見賓階下之事蓋賓以降表意主人辭焉而遂止也使三賓大夫皆不降而賓獨降則其升也不可與主人同又不可後於主人與主人同升是與身受主人之獻無別也後主人而升則主人無以自安故惟辭焉而遂止爲宏胡氏肇昕曰注以大夫不降尊也微論大夫如介禮不尊於賓且階上尚有賓長三人經亦不言衆賓降豈

得亦以爲尊乎郝氏敬云獻大師洗爵主賓皆降不言大夫者有至有不至禮重主賓也盛氏本此爲說較注爲確褚氏寅亮云明無大師主人不降洗賓亦不降也

**工不辭洗卒洗升實爵工不興左瑟一人拜受爵**左瑟辟主人授爵也一人無大師則工之長者【疏】正義曰注辟主人授爵也校勘記云辟陳閩監葛俱誤作辭○敖氏繼公云主人卒洗亦與賓揖讓乃升此以上著大師之禮異也餘則與非大師者同張氏爾岐云左瑟者身在瑟右向主人也

**主人阼階上拜送爵薦脯醢使人相祭**人相者

**工飲不拜旣爵授主人爵眾工不拜受爵祭飲辯有脯醢不祭**祭飲不興受爵坐祭坐飲

**不洗遂獻笙于西階上**不洗者賤也眾工而不洗矣而眾笙不洗者笙賤於眾工正君賜之猶不洗也【疏】正義曰注而眾笙不洗者校勘記云眾徐本作著與單疏述注合通解作眾胡氏肇昕云敖氏集說亦云乃著笙不洗者似所據鄭注亦作著字然賈疏述注後又云況眾笙乎又云不取眾笙不爲洗也兩出眾笙字正解注之眾笙不洗也當以作眾字爲正○敖氏繼

公云非大師則工之長亦不洗矣乃著笙不洗者正使笙師猶不洗也諸侯之笙師蓋以下士爲之言遂者承工後也鄉飲酒禮笙入樂南陔白華華黍乃獻之此不笙亦獻之者主人自爲射故而略於樂耳不可以其無事而廢禮也江氏筠云歌笙閒合四節首二節係兩者分奏後二節係兩者竝爲閒則其所爲者各三合則其所爲者各六乃是自然之次第敖氏何得謂合樂無笙且閒字合字經俱蒙上立文始分奏者至是而閒代爲之故云乃閒閒猶其事兩分至末而二者幷合爲之故云乃合樂謂合非工笙之合則閒亦非一歌一吹之相閒邪據此經先著工之入次著笙之入而云乃合樂以承之其爲笙工之合奏甚明又考經之著笙入因樂南陔而著者著鄉飲禮燕禮與燕禮記文是也因合鄉樂而著此經是也不合樂則不復著故大射儀無笙入文若謂無算樂時所用則大射亦無算樂何以經不言笙入乎況諸凡樂工之獻俱以有事而獻未有無事獻者亦俱於卽事後獻未有先事獻者其必不然明矣蓋敖氏泥於燕禮遂歌鄉樂之文考經所云歌者實皆不止歌之一事鄉飲燕禮樂備四節而工告樂備但云正歌鹿鳴三篇歌瑟竝用而經唯云工歌云升歌蓋樂貴人聲以歌爲主言歌則足以該餘事也乃閒之所以必言

笙者以其歌笙異詩故須著之合樂則歌笙共之言歌可包笙在內故燕禮之文然耳且鄉飲酒之禮歌笙並著而其義但云閒歌三終益可見矣又案合樂周南召南之樂即樂南陔白華華黍樂也據注唯於笙以樂言鹿鳴三詩未有云樂者然則此樂之一字非以合笙而得名邪且樂謂人之樂之則所云合者明是指工言而非指詩言矣

**笙一人拜于下盡階不升堂受爵主人拜送爵階前坐祭立飲不拜既爵升授主人爵衆笙不拜受爵坐祭立飲辯有脯醢不祭主人以爵降奠于篚反升就席**亦揖讓以賓升衆賓皆升

疏正義曰注云亦揖讓以賓升衆賓皆升者賈疏云云亦者亦前主人共大夫行禮訖主人揖讓以賓升大夫及衆賓皆升就席也上賓降時雖不言衆賓降衆賓皐從降可知故今從賓升也褚氏寅亮云獻工奠爵訖而反升乃與賓揖讓而升故注釋於此時集說謂卒洗時以賓升者誤也方行實爵獻工之禮何得又參以與賓揖讓升之禮且尚有降奠爵事賓此時亦未便卽升盛氏世佐云主人揖讓以賓升之節當在此經不言者以大師或有或無也

若無大師不爲之洗賓亦不降也方氏苞云注謂兼以賓及衆賓升非也賓雖欲降以主人之辭而止三賓則竝無欲降之文則反升就席者惟主人耳樂以樂賓故大夫三賓不言欲降不敢與賓同受禮也蒸賓及三賓之爲大夫而降不獨以其尊也主人將與大夫爲獻酢崇酒之禮賓及衆賓席位偪介於大夫不安無事而相參若獻工與笙則賓與大夫三賓位在戶牖閒而主人別獻工於西階之上絶不相礙且其儀甚簡賓大夫衆賓何故又相牽率而辭降讓升費時失事以促正射之節使旅酬舉觶升堂無算爵之禮皆汲汲若不可逮乎胡氏肇昕云經反升就席承主人以爵降奠于篚則專指主人可知前獻工賓降主人辭降賓之因辭而卽止不終降也方説似可從

**右獻工與笙**

**主人降席自南方** 禮殺由便 疏 正義曰注云禮殺由便者上文主人受酢爵時禮盛故主人降席自北方此禮殺故降席自南方鄉飲酒禮注不由北方由便是也方氏苞云惟賓酢主人主人升席自北方用升席之正禮尊禮也立司正及將徹俎主人降席自南方臨屬吏及弟子乃特變其方以尊主人注皆曰由便似非禮

意胡氏肇昕云臨屬吏及弟子是禮殺於賓也特變其方不用升席之正禮此主人之所以可由便也注自可通褚氏寅亮云此降席之正注云禮殺由便未詳

**側降**賓不從降 疏 正義曰方氏苞云具樂以樂賓故主人洗獻工而賓從降不敢坐視主人之勤而自安也立司正以旅酬則主人側降而賓不從不敢謂禮專爲己也義不宊降而注以大夫尊爲義失之矣

**作相爲司正司正禮辭許諾主人再拜司正答拜**爵備樂畢將留賓以事爲有懈倦失禮立司正以監之察儀法也詩云既立之監或佐之史 疏 正義曰注爲有懈倦失禮校勘記云懈釋文徐陳通解俱作解○韋氏協夢云司正爲旅酬立也今未行旅酬禮先立司正者蓋相必主人作之爲司正然後以司正行司馬之事若未作則固不得干其事也

**主人升就席司正洗觶升自西階由楹內適阼階上北面受命于主人**洗觶者當酌以表其位顯其事也楹內楹北 疏 正義曰賈疏云受命于主人者謂受主人請安賓之命注云楹內楹北者敖氏繼公云楹謂兩楹盛氏世佐云楹謂前楹由楹內言其入堂之節也蔡氏德晉云由楹內適

阼階者以樂正坐階際故也**西階上北面請安于賓**傳主人之命 疏 正義曰敖氏繼公云賓爲射事而來此時未射若無嫌於不安乃亦請安于賓者飲酒之節宜然也方氏苞云立司正以糾儀而曰請安于賓蓋指不祭立飲不拜卒觶不洗而爲言禮辭之體然也而此篇更有隱義焉教射禮嚴司射執扑以臨不勝者以觥代扑賓大夫皆就不勝者之位而飲方是時賓大夫酬主人之禮未備衆賓皆未受酬先舉罰爵而後舉酬所以愧厲之者切矣先以主人之意請安于賓以示主人急於酬賓而會有司之請射禮之旁皇周浹曲得其次序如此類**賓禮辭許司正告于主人遂立于楹閒以相拜**相謂贊主人及賓相拜之辭 疏 正義曰敖氏繼公云賓辭者亦不敢必主人之終行射事也盛氏世佐云主人所以請安于賓者爲行禮既久恐賓身或有不安也賓辭亦恐主身有不安也禮之體人情也至矣如第曰爲賓欲去留之則此賓爲射而來事未至而故留之賓故辭毋乃文繁而詐乎胡氏肇昕云主人請安于賓賓必禮辭皆禮之節次宜然也盛氏泥於安字望文生訓非是**主人阼階上再拜賓西階上荅再拜皆**

儀禮正義卷六

**揖就席**為己安也。今文揖為升。【疏】正義曰：注云今文揖為升者，胡氏承珙古今文疏義云：案上文云賓升席，主人升席，言升則不言就，言就則亦不必言升。又云大夫及眾賓皆升就席者，謂自堂下升也。此賓主皆在階上，不必言升，今文蓋涉上主人升就席而誤，故鄭從古文。胡氏肇昕云：鄉飲酒禮皆揖復席，注不云今文揖為升，則鄉飲今文亦作揖可知，此作升乃字之誤也，故鄭不從之。

**司正實觶，降自西階，中庭北面坐奠觶，興，退，少立。**奠觶，表其位也。少立，自修正，慎其位也。古文曰少退立。【疏】正義曰：中庭北面坐奠觶，敖氏繼公云：此中庭，其阼階前南北之中與？蓋射時司正為司馬，至誘射之後，方易位於司射之南，則此位必不在階間，如鄉飲酒司正之位也。盛氏世佐云：案司正奠觶處，鄉飲酒禮云階間，此云中庭，互見也。其位同。及其為司馬也，乃位於司射之南，辟射也。敖說誤。焦氏以恕云：鄉射司正中庭北奠觶，及北面立于觶南，此為階間之中庭，與鄉飲一例，無可疑也。記司正既舉觶而薦諸其位，即此觶南之位也。燕禮立司正，南面坐奠于中庭；大射立司正，南面坐奠于中庭，亦在階間，與鄉飲同位也。至將射，則司正為司馬，下經設楅于中庭，亦司馬暫立於其南者正其處也至射事畢命弟子退楅則司馬反爲司正退復觶南而立此卽前者階閒奠觶之所也記云司馬階前命張侯遂命倚旌階前者西階前西面也弟子與獲者俱在西方故於此命之爾記又云命負侯者由其位則司射誘射之後又命獲者執旌以負侯鄭云於賤者禮略賈氏疏司馬自在己位遙命之此亦階閒中庭之位耳追初射之時司馬降自西階適堂西釋弓襲反位立於司射之南此則司馬離階閒之位而始定西方東面之位於司射之南也若阼階前中庭之位則敖氏鑿空說之而無所依據蓋有心於異同而不知其非也又曰鄭之主於階前者以鄉飲經文可證也燕禮大射皆不言其位於何所則皆主階閒爲東西節矣若敖氏之謂阼階前直自爲此說耳且司正爲司馬易位於司射之南乃西階前三耦之北也其未爲司馬之時位於階閒如鄉飲禮固無妨也何以決其必不在階閒乎若燕禮大射立司正時猶未射也臨射而始辟似亦無妨也何以決其必不在階閒乎然則經文於燕射之禮只言中庭而不言階閒者已見鄉飲則文不具也鄉飲之禮只言階閒而不言中庭者互見燕射故也朱氏大韶云敖此節注云中庭其阼階前南北之中歟蓋射時司正爲司馬至誘射之後方易位於司射之南則此

位必不在階閒如鄉飲酒司正之位案中庭據南北東西言南北之中謂之中庭東西之中亦謂之中庭敖以爲阼階前南北之中與經不合經凡言中庭無有偏指一階者且司正爲司馬易位於司射之南乃在西階前三耦之北其未爲司馬之前經但言階閒言中庭不言阼階前鄭於鄉射北面立於阼南注曰立觶南亦其故擯位疏聘禮擯者退中庭是擯者在中庭有位燕大射皆擯者爲司正此作相爲司正相卽擯也故知觶南者中庭故擯位也至將射則司正爲司馬鄉射司馬遂適堂前北面立於所設楅之南命弟子設楅乃設楅於中庭此司馬暫立於南者正其處也射事畢命弟子退楅則司馬反爲司正退復觶南而立此卽階閒奠觶之處也竝在階閒中庭惟初射時司馬降自西階適堂西釋弓襲反位立於司射之南此則司馬離階閒之位始定西方東面之位在司射之南若阼階前中庭之位固無此說鄉射云司馬命張侯又命獲者倚旌于侯中記云司馬階前命張侯遂命倚旌又云命負侯者由其位敖云階前卽觶南之處此云階前下云由其位文互見也案階前者西階前也以經不言其處故記著之曰階前蓋弟子及獲者皆在西方故司馬於西階前西面命之至負侯之命則仍自階閒中庭觶南也故疏云司馬

自在己位遥命之是也若在阼階前則離西方太遠況張矦倚旌之命其節次在司射降自西階階前西面命納射器下則其在西階前又可知乃移西階之前以就其阼階之說强爲之解曰此與前二命皆不離其位則記文於前二命何以云階前於一命負矦何以云由其位蓋故以奠觶之位在阼階中庭遂一誤而無不誤韋氏協夢云堂下至門內霤皆謂之庭通一庭言之則東西南北之中爲中以南北向言之則或東或西凡在南北之中者皆謂之中以東西向言之則或南或北凡在東西之中者亦謂之中此中庭蓋指東西之中而言卽鄉飲所謂階間也注知階間與中庭爲一而以階間爲東西節中庭爲南北節則誤矣中庭蓋東西一節也階間乃南北節耳褚氏寅亮云亦當階間南北之中而不在阼階前南北之中鄉飲曰階間此曰中庭互文見義　注云古文曰少退立者胡氏承珙古今文疏義曰案鄉飲酒禮云司正實觶降自西階階間北面坐奠觶退共少立注云共拱手也少立自正愼其位也燕禮云司正降自西階南面坐取觶升酌散降南面坐奠觶右還北面少立注云少立者自嚴正愼其位大射儀云司正降自西階南面坐取觶升酌散降南面坐奠觶興右還北面少立蓋此所奠之觶將以察儀須少立自愼而後取

觶以副司正之義，故言少者以爲少節，非以爲退節。少下立上不當有退字，鄭以鄉飲燕禮大射決知當從今文作少立也

**進坐取觶，興，反坐，不祭，遂卒觶，興，坐奠觶，拜，執觶興，洗，北面坐奠于其所。**今文坐取觶無進，又曰坐奠之拜 疏 正義曰：注云今文坐取觶無進，又曰坐奠之拜者，胡氏承珙古今文疏義曰：案進者蒙上退文，有進爲是。鄉飲酒退共少立下，但云坐取觶，不言進者，文不具耳。又執觶取觶皆言觶，此不應變觶爲之，故二者鄭並從古文。**興，少退，北面立于觶南。**立觶南，亦其故擯位 疏 正義曰：注云立觶南亦其故擯位者，賈疏云射禮擯者退中庭，是擯者在中庭有位，以燕禮大射皆擯者爲司正，此及鄉飲酒作相爲司正，相即擯也，故曰故擯位。**未旅。**旅，序也。未以次序相酬，以將射也。旅則禮終也 疏 正義曰：未旅，校勘記云：未，徐本作末，注同，恐誤。○張氏爾岐云：鄉飲酒立司正，即行旅酬，今此禮主於射，故且未旅，急在射也。敖氏繼公云：大射儀亦司正已定位，即行射事，然則射之正禮以此爲節，上下同也。經於射事旣畢，始見旅酬之儀，則是時未旅可知，乃言之者，亦經文過於詳耳。方氏苞云：司正所奠旅酬之觶

也直待三射事畢然後賓取所奠之觶以行酬故於此曰未旅以明射事未舉而預請安于賓之義又曰鄉飲酒立司正之後即舉旅故此言未旅以別之若不言未旅直承以三耦次于堂西則事之節次不明而辭氣亦不相貫敖氏之說前後皆失之

## 右立司正

**三耦俟于堂西南面東上**司正既立司射選弟子之中德行道藝之高者以爲三耦使俟事於此【疏】○正義曰注司射選弟子之中校勘記云選誤作遷○張氏爾岐云自此以下始言射事射凡三番第一番三耦之射獲而不釋獲第二番賓主大夫衆賓耦射釋獲升飲第三番以樂節射此下至乃復求矢加于楅言三耦之射司射請射于賓命弟子納射器比三耦司馬命張侯又命倚旌樂正遷樂器三耦取弓矢司射誘射乃作三耦射司馬命設楅取矢凡九節射之第一番也○郝氏敬云凡射司射二人爲耦天子六耦諸侯四耦大夫士三耦謂之正耦鄉射正耦三用六人司射選賓有行藝者充之未旅酬先俟于堂下之西南面立長幼以東爲上序立而西

雖有三耦之數尚未定同耦之人立於此待司射比耦也

司射適堂西袒決遂取弓于階西兼挾乘矢升自西階階上北面告于賓曰弓矢旣具有司請射

司射主人之吏也於堂西袒決遂者主人無次隱蔽而已袒左免衣也決猶闓也以象骨爲之著右大擘指以鉤弦闓體也遂射韝也以韋爲之所以遂弦者也其非射時則謂之拾拾斂也所以蔽膚斂衣也方持弦矢曰挾乘矢四矢也大射曰挾乘矢于弓外見鏃于弣右巨指鉤弦古文挾皆作接

疏正義曰有司請射者敖氏繼公云示己不敢擅其事也○注右巨指鉤弦校勘記云右諸本俱誤作南唯徐本與此同胡氏肇昕云案敖氏引注亦作右云司射主人之吏也者賈疏云大射諸侯禮有大射正爲長射人次之司射又次之小射正又次之皆是士爲之則此大夫士禮不得用士故知是主人之吏爲之儀禮釋官曰案射義孔子射於矍相之圃使子路執弓矢出延射注謂子路於時爲司射大夫士無射人之官臨事立一人以掌射事亦謂之司射也大射以射人爲司射又有大射正小射正共贊射事俱與此異方氏苞云注於相曰主人之家臣於司射曰主人之吏辭未別白以

義裁之皆非也周官王朝大禮皆大宗伯相戴記有發則
命大司徒教士以車甲司徒搢扑北面誓之州長會民而
習射於序亦禮事之大者相與司射必於黨正取之主人
之吏與家臣可使與賓大夫相揖讓且搢扑以涖羣士乎
程氏瑶田云此經挾矢矢在弓外居弣下故云見鏃下經
執矢矢兼諸弦則在弦上故云尙鏃也右手持矢且鉤弦
而見鏃於弣則弦矢中矩故曰方持左執弓右執矢後開
前合而以鏃交於弦則弦矢不中矩故曰側持也疏云有
司謂司馬故大射云爲政請射注云謂司馬司馬政官主
射禮諸侯之州長無司馬官直言有司以比司馬也案此
經之相注云主人家臣司正作相爲之司馬司正爲之是
三官一人兼也惟司射注云主人之吏今有司請射爲司
射告賓之詞其非司射爲之明矣州長無司馬官則司正
所作之司馬亦假偕之稱然則有司以比司馬或卽指爲
司正歟若大射儀大射正爲擯遂爲司正與此經相爲司
正略同此經命張侯命獲者倚旌執旌負侯去侯命設楅
設中取矢乘矢復求矢皆司馬所職而大射儀則司馬師
命負侯注云司馬師正之佐也司馬正命去侯注云司馬
正政官之屬司馬命取矢負侯者因之負侯命設楅司馬
師乘矢司馬正命復求矢此初一番射也其第二番射則

去矦者司馬也第三番射公將射則司馬師命負矦司馬命去矦云於堂西袒決遂者主人無次隱蔽而已者賈疏云主人無次對大射人君禮有次在東方不須適堂西也云袒左免衣也者郝氏敬云袒露左臂也賈疏云凡事無問吉凶皆袒左唯有受刑袒右云決猶闓也以象骨爲之著右大擘指以鉤弦闓體也者案闓與開同決鉤弦以利發故云猶闓也小雅車攻毛詩曰決鉤弦也云遂射韝也以韋爲之所以遂弦者也其非射時則謂之拾拾斂也所以蔽膚斂衣也者案文選李陵荅蘇武書引說文云韝臂衣也周禮膳人注云韝扞著左臂裏以韋爲之說文但言臂衣而不言射韝者段氏玉裁說文注云凡因射著左臂謂之射韝非射而兩臂皆著之以便於事謂之韝許不言射韝者言臂衣則射韝在其中矣胡氏肇昕云韝从韋故知以韋爲之韝著於臂以斂袖所以利弦也禮經作遂小雅作拾卽一物也故小雅毛傳曰拾遂也又案詩衛風童子佩韘毛傳韘玦也能射御則佩玦鄭箋云韘之言沓所以彄沓手指段氏玉裁云毛公釋韘爲決而箋云韘之言沓此以禮經之極釋韘也大射云朱極三注極猶放也所以韜指利放弦也以朱韋爲之食指將指無名指各一小指短不用鄭意以韘極沓三字雙聲且極用韋爲之故字

从韋決則用象骨爲之故不從毛而易其義淩氏次仲亦以鄭義爲長胡氏肇昕云鄭此注云決猶闓也拾斂也決著右擘指以鉤弦拾以蔽膚斂衣是二物用處不同大射注云極猶放也放義與闓相近與斂相反極所韜指以利放弦卽此經所謂決也段氏據以朱韋爲之遂謂鄭以韘沓極爲一非矣說文韘射決也所以拘弦以象骨韋系箸右巨指从韋枼聲詩曰童子佩韘從毛傳以韘決爲一陳氏長發稽古編曰案射禮右巨指著決以鉤弦㑹指中指無名指著沓以放弦決用棘及骨及象爲之沓用朱韋爲之亦名極極取其中於指沓取其沓於指也韘之爲決爲沓皆無明文而毛說較古又有許說相輔當得其眞胡氏肇昕云謂沓極所以彄指自與決爲一類與拾之斂臂者有殊賈疏亦引大射朱極三證決當有所本也又按段氏玉裁云決卽今人之扳指也胡氏承珙云毛傳韘玦也今之扳指如環無端古之玦則如環而缺其缺處當聯以韋系所以著指亦可以佩淩氏釋例云凡射者之器曰弓曰矢曰決曰拾鄉射禮司射降自西階階前西面命弟子納射器注射器弓矢決拾旌中籌楅豐也詩小雅車攻決拾既佽弓矢既調是弓矢決拾皆射者之器也周禮夏官司弓矢恆矢庳矢用諸散射後鄭注恆矢弓所用也庳矢弩

所用也又云二者皆可以徹射也謂禮射及習射也考禮
經之射用弓不用弩其矢葢恆矢歟又夏官膳人掌王之
用弓弩矢以服矰弋抉拾鄭司農云抉者所以縱弦也拾
者所以引弦也詩云抉拾旣佽詩家說或謂抉謂引弦彄
也拾謂韝扞也抉拾即決拾也云方持弦矢曰挾乘矢四
矢也大射曰挾乘矢于弓外見鏃于弣右巨指鉤弦者案
方持弦矢曰挾方持者竝持也下文左執弓右執一个注
云側持弓矢曰執側持者獨持也莊子山木篇方舟而濟
於河司馬彪注方猶竝也漢書敘傳下晉灼注亦云方竝
也兼弦矢而竝持之故曰方持此解挾之義下記云凡挾
矢于二指之閒橫之橫之別爲一義賈疏引橫之以釋方
持非是盛氏世佐云案挾矢之法葢以左手執弣右大指
鉤弦而并夾四矢於第二第三指閒於弓外見鏃於弣如
大射之儀也吳氏廷華云注以拾爲蔽膚葢誤認袒爲肉
袒耳據曲禮注袒而即衣曰裼孟子集說又以袒裼爲露
臂葢袒去左袖露臂衣非肉袒也凡人見射必袒因謂射
用力故肉袒不知禮射本不尚力左臂亦無所用力也且
據司射著遂注以遂爲射韝著之所以遂弦葢因發矢時
左臂衣袖礙弦故著此以遂之若旣肉袒則無礙於弦何
必著遂則射者之袒不過去上服左臂裼衣必去左臂裼

衣者以裼衣是禮服不宜夾禮服著遂故去之記人因大夫曰袒纁襦公曰袒朱襦士以下不言襦故誤以爲肉袒耳不知此止以辨襦之色士以下襦色相似故不言色惟以公與大夫有纁與朱之别故特言之非士以下無襦也云古文挾皆作接者胡氏承珙古今文疏義曰儀禮之挾矢周禮之挾日音皆子協反挾日于本作市日左傳作浹謂十日偏也禮注方持弦矢曰挾謂矢與弦成十字形也皆自其交會處言之古文禮挾皆作接然則接矢爲本字挾弓爲假借字與承珙案挾與接同聲亦同義説文挾俾持也孟子挾貴而問趙注挾接也此挾貴挾長謂有挾持訓接似不相近考廣雅云接持也是接挾皆有持義葢交接之處必有所持而後固故接得有持義趙注訓挾爲接猶訓挾爲持耳但挾之訓持是本義接訓持乃引申之義故鄭從今文作挾耳大射儀云卒射右挾之鄭注右挾之右手挾弦案卒射則無矢可挾故知爲挾弦是挾即持也徒弦亦可曰挾不必矢與弦接而後言挾也段説殊泥。

淩氏釋例云鄉射禮初射請射司射升自西階階上北面告于賓曰弓矢既具有司請射又曰司射適阼階上東北面告于主人曰請射于賓賓許三耦卒射司射升堂北面告于賓再射請射請釋獲司射皆升告于賓卒射及數獲

畢釋獲者皆升自西階盡階不升堂告于賓三射司射升請以樂樂于賓賓許諾餘皆如初大射初射請射司射自阼階前曰爲政請射三耦卒射司射適阼階下北面告于公再射請射司射升自西階東面請射于公公許遂適西階上命賓御于公又司射適阼階下北面請釋獲于公卒射及數獲畢釋獲者皆阼階下北面告于公三射司射適阼階下請以樂于公公許餘皆如初鄉射告于賓者尊賓也大射告于公者尊公也鄉射初射告賓復告主人者賓主人敵也大射再射告于公遂命賓者尊賓以耦公也告賓于西階者賓在西階也告公于阼階者公在阼階也大射再射升自西階請射于公者便于命賓也告賓于階上告公于階下者君臣之義也此鄉射大射之别也

賓對曰某不能爲二三子許諾

言某不能謙也二三子謂衆賓已下

疏 正義曰注云言某不能謙也者敖氏繼公云不能謂不善射也高氏愈云賓辭不能不能不欲以德藝先人也云二三子謂衆賓已下者賈疏云謂除三耦之外通射者而言章氏協夢云二三子謂有司也司射告賓以有司請射故賓言某本不能特爲二三子之請不得不許耳注專指衆賓恐未備胡氏肇昕云鄉射本爲衆庶習禮非爲賓一人故賓辭言某本不能

特爲衆庶習射已不得不許耳注言衆賓已下則已通射者而言矣韋說失之敖氏云爲二三子許諾見所以不辭而郎許之意向者賓爲射而來故至是不敢辭但謙遜詞而已高氏愈云爲二三子則以衆賓樂此不能獨異也

**射適阼階上東北面告于主人曰請射于賓賓許**疏正義曰敖氏繼公云不請射于主人惟告以賓許者緣主人尊賓之義也賓許之辭主人與聞之矣必告之者禮當然也阼階上告主人惟北面東似衍文上言司正阼階上北面受命于主人足以見之矣北面告變於君也大射儀司射東面請射于公褚氏寅亮云觀此知主人之席在阼階上少東矣敖氏謂東字衍文非也

**右司射請射**

**司射降自西階階前西面命弟子納射器**弟子賓黨之年少者也納內也射器弓矢決拾旌中籌楅豐也賓黨東面主人之吏西面疏正義曰注籌楅豐也校勘記云楅監本誤作福後竝同　云納內也者案內義與入同吳氏廷華云與射及執事者皆庠序中人何賓黨之可言至投壺爲燕法主歡此

亦有飲酒何獨不主歡卽曰習禮何賓黨習而主黨獨不習邪況此事是公事主人亦是公主人弟子斷應在習禮之內蓋鄉學中之學士不當以賓黨言也據疏以賓黨在西經言西面命之故知爲賓黨不知射事諸執事皆在西此納器於西故弟子在西以待事非賓黨在西之謂

**乃納射器皆在堂西賓與大夫之弓倚于西序矢在弓下北括衆弓倚于堂西矢在其上**

上堂西廉

疏 正義曰乃納射器皆在堂西者敖氏繼公云初納之時總置於堂西未有所分別旣則陳其弓矢如下文所云也賓與大夫之弓倚于西序矢在弓下北括衆弓倚于堂西矢在其上者敖氏云此以弓位之上下見尊卑也下文云東房東則此序下似脫一西字也序西堂西之弓其亦皆北上與堉案敖說是也堂西者西堂下也東序東者東夾之東也西序西者西夾之西也卽東堂西堂衆弓倚于西堂下而矢在堂廉賓主人大夫之弓則倚于東西堂廉之上故下文曰主人堂東袒決遂執弓賓于堂西亦如之謂賓主人各在堂下取弓于堂廉而執之也卒射賓序西主人序東皆釋弓謂釋於故處也則賓與大夫之弓在西序西明矣若西序則西夾之牆不應

賓與大夫之弓獨在堂皆在堂賓何以在西堂下執弓自唐石本始脫各本因之郝氏敬云西序堂上西牆括矢端受弦處括言會也矢與弦會也括向北鏃向南順也衆耦之弓倚于堂西階下矢在階上

**主人之弓矢在東序東**亦倚於東房也矢在其下北括[疏]正義曰姜氏兆錫云賓與大夫之弓矢亦在西序主人之弓亦倚於東序矢在其下北括皆互文也高氏愈云倚弓矢各有其地主賓不相混貴賤不相錙蓋禮貴有別如此

## 右弟子納射器

**司射不釋弓矢遂以比三耦于堂西三耦之南北面命上射曰某御于子命下射曰子與某子射**比選次其才相近者也古文曰某從于子[疏]正義曰郝氏敬云司射自初取弓挾矢至是不釋執所事也凡耦尊者立右爲上射武事尚右左爲下張氏爾岐云御進也侍也進而侍射於子尊辭也盛氏世佐云某字也某子氏也下射稱字上射稱子亦尊卑異辭也堉案義疏云堂西蓋堂之西偏所謂西堂下也大射有次在東故三耦俟于次次西出故耦亦西面此無次射位則

猶彼經之次堂西之位則猶彼經之次北也堂西當南出故耦亦南面大射西面北上尙右此南面東上乃尙左者大射之次與此經射位東西相向大射次中北上此經射位亦北上雖東西異面其北上則一堂西之位在未就射位之先與射位別則亦率其上射在左之常而已注云比選次其才相近也者敖氏繼公云比猶合也謂合之而爲耦也上下射相配謂之耦命上下射之辭異示尊卑也其命之惟以所立之序爲先後故不復變位旣命耦乃定所謂比也胡氏肇昕云敖氏解比字與注爲異然必選次其才相近者乃可合之爲耦周禮大司馬比軍衆注比校次之也又宮正以時比宮中之官府次舍之衆寡注比校次其人之在否此比耦與周禮同義故云選次其才相近者也云古文曰某從于子者胡氏承珙古今文疏義曰案大射儀云遂告曰大夫與大夫士御于大夫鄭彼注云御猶侍也大夫與大夫爲耦不足則士侍於大夫與爲耦也華嚴經音義引倉頡云侍從也故古文作從鄭以大射決之故從今文

右司射比三耦

**司正爲司馬**兼官由便也立司正爲涖酒爾今射司正無事疏正義曰敖氏繼公曰以其始與射事故名爲司馬此時之位其西面於觶南鄉司正爲司馬遠辟君禮也大射儀司馬二人司正如故郝氏敬云前立司正爲旅酬今未旅而射即以司正充司馬供射事高氏愈云飲則爲司正射則爲司馬蓋才之優者無不宜故皆使其人爲之儀禮釋官曰司正主飲酒之禮司馬主射禮以其同主禮事故職相兼此大夫士之禮大射儀則別有司馬不使司正爲之與此異也韋氏協夢云此時司馬之位巳在司射虛位之南下唯云反位則反巳立於此矣不著之者是時司射位未定不得先見司馬位也

**司馬命張侯弟子說束遂繫左下綱**事至也今文說皆作稅疏正義曰敖氏繼公云命之繫左下綱耳乃云張侯者以張侯之事成於此故也注云事至也者賈疏云上張侯時不繫左下綱中掩束之今命弟子說其東不致地遂繫左下綱於植事至故也云今文說皆作稅者詳見士昏禮

**司馬又命獲者倚旌于侯中**爲當負侯也獲者亦弟子也謂之獲者以事名之疏正義曰郝氏敬云射中者獲報中之人曰獲者旌獲者所執矢中揚旌唱獲時

司射將誘射司馬命獲者取旌倚侯北正中

獲者由西方坐取旌倚于侯中乃退〔疏〕正義曰敖氏繼公云坐取旌見其偃於地也侯中侯之中央也倚倚之於此若示射者以中地然退反於西方之位也倚旌而未負侯蓋當誘射之節則異於耦射也且行事亦空有漸郝氏敬云取旌由西方射器在堂西也

右司馬命張侯倚旌

樂正適西方命弟子贊工遷樂于下當辟射也贊佐也遷徙也〔疏〕正義曰敖氏繼公云適西方自西階東而往西階前也樂謂瑟也亦西面命之郝氏敬云樂正前降立西階至是適堂西命弟子相瞽遷樂于下辟射位也吳氏廷華云弟子工之弟子卽上相者也上縣於洗東則不必遷此云遷者蓋指瑟云

弟子相工如初入降自西階阼階下之東南堂前三笴西面北上坐笴矢幹也今文無南〔疏〕正義曰敖氏繼公云如初入謂何瑟之儀與後先之序也堂東堂也堂前三笴坐處之北也必空三笴也辟主人往來堂東之路也位於堂下而坐惟工耳亦無席盛氏世佐云坐必於

席蓋遷樂時并工席亦遷之也敖云無席非方氏苞云鄉飲酒禮著工之降降而不見所坐之地故互見於此彼注云降立於西方誤　注云笴矢幹也者賈疏云矢人注矢幹長三尺是去堂九尺也胡氏肇昕云考工記以笴厚爲之羽湥注笴讀爲稾謂矢幹古文叚借字又姈胡之笴注笴矢幹也是矢幹謂之笴也云今文無南者胡氏承珙古今文疏義曰敖氏謂堂爲東堂案阼階下之東南卽堂前不必以堂爲東堂但其南去堂之節以三笴爲度疏引矢人注矢幹長三尺三笴是去堂九尺然則經文堂前三笴正緣上南字而設今文無南字非是

**樂正北面立于其南**北面鄉堂不與工序也　疏　正義曰賈疏云工西面北上以南北爲序樂正北面則東西爲列故云不與工序也敖氏繼公曰北面者蓋變於堂上之位堂上則樂正與工同面盛氏世佐云以上三節皆一時事當司射比三耦之時司馬卽命張侯倚旌而樂正命遷樂矣經文序事不得不爾非眞有先後也

**右樂正遷樂**

**司射猶挾乘矢以命三耦各與其耦讓取弓矢拾**猶有故之辭拾

更也【疏】正義曰：敖氏繼公云讓者下讓其上也取云拾者謂更迭而取之也司射以此二者命之韋氏協夢云讓與至於階三讓之讓同謂上射讓下射也司射旣比三耦三耦上射先行下射從之上必讓下敵者之禮也敖氏謂下讓其上未確郝氏敬云三耦旣比司射先自射教之射者禮儀未閑司射挾乘矢命各與其耦揖讓迭取弓矢勿相襍越皆司射命也姜氏兆錫云命各與其耦讓取者射以觀德命之揖讓以審其比禮比樂之意此鄉大夫所謂退而以五物詢衆庶者也拾取弓矢亦其中和容之一徵故首命之張氏爾岐云各與其耦讓取弓矢拾卽司射之所以命三耦者胡氏肇昕云郝氏姜氏皆於讓字絶句張氏於矢字絶句拾字別一句盛氏世佐以郝姜爲得今案當以張氏爲長各以其耦讓取弓矢此命其取弓矢之辭拾者言其取之有次不相襍越也　注云猶有故之辭者案上文云司射兼挾乘矢又云司射不釋弓矢此云猶挾乘矢故云有故之辭

**三耦皆袒決遂有司左執弣右執弦而授弓**有司弟子納射器者也凡納射器者皆執以俟事【疏】正義曰郝氏敬云弣弓把也敖氏繼公云有司弟子主授受弓矢者如此授之是竝授也　注云有司弟子納射器者也

者方氏苞云經於前後弟子所有事皆質言之而別言有司獲者則非弟子明矣注以爲弟子非也禮必有義弟子所有事皆簡便而易供若授弓矢唱獲必有司習事乃能無愆於儀度使以弟子易之設倉皇失措而取航撻非所以誘敎也**遂授矢**受於納矢而授之疏正義曰敖氏繼公云遂則亦授弓者授之也上云衆弓倚于堂西矢在其上是旣納射器則陳之矣弟子乃眡于堂西主授受之事故此時復執以授之胡氏肇昕云經凡言遂者皆相因之辭上文言有司授弓授弓訖因遂授矢卽一人也當以敖說爲正**三耦皆執弓搢三而挾一个**未違俟處也搢插也插於帶右疏正義曰郝氏敬云插三矢於帶間挾一矢於第二指間備先射也一个謂一矢凡奇曰个○校勘記云注兩插字釋文陳本通解要義俱作定案今本釋文亦作插唯宋本作捷見張淳士冠禮識誤云搢插也插於帶右者賈疏云以其左手執弓右手抽捷而射故知插於帶右故詩云左旋右抽案插釋文作捷捷與插古字通用樂記注亦云搢猶捷也釋文捷本亦作插插又與扱通士冠禮鄭注建柶扱柶於醴中釋文扱作捷本又作插後人知搢之爲插不知捷之與插本同義也因改注中捷爲插幸有釋文猶可

見鄭注之舊也

**司射先立于所設中之西南東面**【疏】正義曰：敖氏繼公云：下經云設楅于中庭南當洗，又云設中南當楅西當西序。然則此時司射之位少南於洗而西當榮，與司射先立於此，欲三耦知其位也。張氏爾岐云：中謂鹿中，以釋獲者，其設之之處南當楅西當西序，此時尙未設中，云所設中之西南者，擬將來設中之處也。

**三耦皆進由司射之西立于其西南東面北上而俟**【疏】正義曰：敖氏繼公云：進亦每耦並行，上射在左，如退適堂西之儀也。立于其西南，又以司射所立處爲節也。俟，俟作射。案三耦本俟於堂西，至此始違俟處，進而立於司射之西南，以俟射也。

**右三耦取弓矢俟射**

**司射東面立于三耦之北搢三而挾一个**爲當誘射也。固東面矣，復言之者，明卻時還。【疏】正義曰：校勘記云：一个，單疏本標目作箇。注云固東面矣復言之者明卻時還者，賈疏云：司射先在中西南東面，今三耦立定，卻來向三耦之北東面，明司射卻時右還而南東面也。敖氏繼公云：復云東面者以其遠於舊處且明旣還而後揷三挾一也三耦之北其正位之西也立於此者示三耦以揖進之節耳張氏爾岐云據注及疏言司射本立於中之西南今命三耦已復還立此經上文先字非先後之先乃舊先之先愚詳經文似當仍作先後字爲妥此復言之者欲言其將誘射故復從立處說起耳姜氏兆錫云司射原在中之西南東面因三耦來立於其西南其時司射卻身遜避以便其進立至三耦立定隨復回向三耦之北東面而立注云復言之者明卻時還也味文義當是如此而疏說未明故順其意而發之盛氏世佐云司射自請射之後即於階前命弟子納射器比三耦于堂西又命三耦取弓矢其初固未有定位也經云先立者謂先三耦而立于所設中之西南以示射位也下經云司射先反位與此先字義同其非舊先之先明矣張氏辨之甚當然其自爲說亦非也案上經三耦立于司射之西南見司射之位在其東北也此云立于三耦之北則進而西南矣旣違故位嫌其所面亦異故復云東面以決之非複出也由三耦東北進而立于其北未嘗有所退卻回還也注云卻時還亦非堉案司射本位在三耦之東北至是將誘射故就射位立于三耦之北及射畢揖扑反位則反於本位不復向射位兩位蓋各自別

**揖進**

**當階北面揖及階揖升堂揖豫則鉤楹內堂則由楹外當左物北面揖**鉤楹繞楹而東也序無室可以深也周立四代之學於國而又以有虞氏之庠爲鄉學鄉飲酒義曰主人迎賓於庠門外是也庠之制有堂有室也今言豫者謂州學也讀如成周宣謝災之謝周禮作序凡屋無室曰謝宜從謝州立謝者下鄉也左物下物也今文豫爲序序乃夏后氏之學亦非也 疏 正義曰敖氏繼公云自揖進以下皆教三耦以射儀也誘射而就左物者亦以其爲主黨也序州黨之學堂卽庠也鄭氏以爲鄉學是也黨屬於州州屬於鄉以此言之則三者之學其小大深淺可知矣序則鉤楹內繞楹之東而北以其物當棟也堂則由楹外謂循楹之南而東以其物當楣也蓋射者必履物而物之在堂有深有淺故爾夫此篇以鄉射爲名而其禮乃及於州黨之學者其故何哉蓋君子之居是鄉或有近於庠者或有近於序者故其射也各隨其居之所近而因便會聚於其中以行禮焉此其所以不容不異也郝氏敬云司射東面立以下皆司射自射以教射也揖進卽所立之次東向一揖進當西階塗北向一揖及西階下一揖此堂下三揖也楹卽今廳中四柱負棟者鉤楹謂近檐

兩楹內可鉤行古人堂牖戶皆在後楹閒室與房在堂之北後楹中閒戶牖室也後楹東閒戶牖房也所謂東西階位皆在堂溓處而前當兩階非就檐下布席也淩氏釋例云凡射未升堂之前三揖曰耦進揖曰當階北面揖曰及階揖鄉射禮司射誘射東面立于三耦之北搢三而挾一个揖進當階北面揖及階揖大射儀司射誘射入于次搢三挾一个出于次西面揖當階北面揖及階揖此升堂之前三揖也鄉射初射上耦揖進上射在左並行當階北面揖及階揖再射一耦揖升如初又云賓主人大夫揖皆由其階降揖主人堂東袒決遂執弓搢三挾一个賓于堂亦如之皆由其階階下揖賓主人大夫揖猶耦進揖也由其階降揖猶當階揖也由其階下揖猶及階揖也又云大夫袒決遂執弓搢三挾一个由堂西出于司射之西就其耦大夫爲下射揖進耦少退揖如三耦三射皆如初此鄉射升堂之前三揖也大射初射上耦出次西面揖進上射在左並行當階北面揖及階揖再射一耦揖升如初又云諸公卿取弓矢于次中袒決遂執弓搢三挾一个出西面揖揖如三耦三射皆如初此大射升堂之前三揖也司射誘射者教射也故其儀與耦射同也大射有次在洗東南故出次西面揖鄉射無次但於堂西袒決遂故耦進東面

揖也大射賓侍君而射不揖者君尊不降階賓不敢與之耦也○校勘記云注而又以有虞氏之序爲鄉學序徐本通解俱作庠敖氏作序案敖引鄭注雖作序然其說云序州黨之學堂即庠也鄭氏以爲鄉學是也是敖氏所見本亦作庠偶誤寫作序耳讀如成周宣謝災之謝謝徐本通解要義楊氏俱作榭下並同案春秋左氏經作成周宣榭火公羊經作成周宣謝災鄭引公羊經而疏以左氏經釋之非鄭意也且說文無謝字左氏穀梁之作榭未必非後人所改當從言爲正　云鉤楹繞楹而東也序無室可以深也周立四代之學於國而又以有虞氏之庠爲鄉學鄉飲酒義曰主人迎賓於庠門外是也庠之制有堂有室也今言豫者謂州學也讀如成周宣謝災之謝周禮作序凡屋無室曰謝宐從謝州立謝者下鄉也今文豫爲序序乃夏后氏之學亦非也者賈疏云注云今言豫者謂州學也者周禮地官州長職云春秋以禮會民而射于序是也云凡屋無室曰榭宐從榭序乃夏后氏之學亦非也者鄭廣解榭名爾雅云闍謂之臺有木者謂之榭及成周宣謝及此州立榭皆是無室故云凡以該之不得從豫及序故云宐從榭也今文豫爲序序乃夏后氏之學亦非也不從今文者以其虞庠夏序皆是有室州之序則無室故云非言亦

者古文爲豫已非今文作夏后氏之序亦非盛氏世佐云禮記學記云術有序周禮州長職云春秋以禮會民而射于序本記云序則物當楣皆作序此古文作豫誤也鄭公從之者取其與榭字略似便改讀以求合於爾雅無室曰榭之文耳詎知榭是臺上之屋所以臨觀講武與此州黨學舍絶不相干不可援以爲據也若夫序之無室其證有三而爾雅不與焉蓋序爲一州黨學其規模制度必狹小於鄉學之庠而其器席陳設一與庠同又須留餘地以通行禮者之往來若復去四分之一以爲室其勢必不能容一也庠大於序而射者所履之物止於當楣楣棟前一架也序小於庠而物反當正中之棟若其有室則室之牖前爲賓席席前又設薦俎與物同在一架之內能無礙乎二也又以經文證之序本與庠對今以堂對言者互文也堂者對室之稱無室不可以言堂故言序則知堂之爲庠矣言堂則知序之無室矣其言簡而義該如此三也之三者皆足以明序之無室鄭公不一爲拈出而輕改經文以申己臆過矣若以序爲夏后氏之學其說出於王制明堂位與孟子異未知孰是然即謂周人立夏之學於州去室而仍取序名亦無不可何必改序爲榭邪淩氏釋例云注旣云周禮作序矣復以今文豫作序爲非且下記云序則物當

棟正作序字疑注說不然也胡氏承珙云鄭於經豫字但讀如謝不即破其字爲謝所以存古字古音此旣以序爲非而於禮記學記周禮州長幷下記諸序字皆不破之者葢以序榭字本通耳經義聞斯錄曰案鄭氏之意葢以豫序同爲叚借字本字當作榭故後注有云或言堂或言序亦爲庠榭互言自作庠榭然周以有虞氏之庠爲鄉學安知不又以夏后氏之序爲州黨學邪記云序則物當棟堂則物當楣記與禮之之堂皆謂庠古人屋皆五架中爲棟棟之前有楣有庋棟之後亦有棟有庋序無室庠則後楣之南爲堂北爲室故序則物當棟後餘兩架庠則物當楣後亦餘兩架而庋之入庭淺淺亦視此爲率以庋道之五十弓爲定也楹當楣下物當棟在兩楹北故鉤楹內物當楣在兩楹之閒故由楹外此篇司正洗觶升阼階亦由楹內適阼階受命于主人司馬升堂命去矦命去矢亦皆鉤楹內立於物閒葢此篇本州序習射之事也而鄉大夫詢衆庶亦用此禮故幷庠之物當楣由楹外言之或疑鄉庠州序之內各有序有堂似非胡氏肇昕云案諸家皆泥於州長射於序之文故說多窒礙而難通不知庠有室序無室此定制也而經於鄉射兼言堂者以禮或有兼行於庠者其制與序有異故因序而幷及之玩經文豫則鉤楹內堂則

由楹外豫言序堂言庠二則字明是分言庠序非專爲州長習射而言也鄉射記射自楹間注云自楹間者謂射於庠也此鄉射亦行於庠之明證禮經古文作豫今文作序豫序皆從予得聲古相通用鄭讀豫爲榭者以爾雅無室曰榭豫亦無室故讀從之說文無榭字古俗謝爲之故春秋成周宣榭火公羊經宣謝災鄭此注即本公羊之文謝與豫序古音亦相近孟子曰庠者養也校者教也序者射也皆取同音爲訓序之訓爲射猶豫之讀如謝也云左物下物也者張氏爾岐云物者以丹若墨畫地作十字形射者履之以射左物下射所履故云下物也姜氏兆錫云物者猶物色之物大射禮云若丹若墨畫物而午是也

**及物揖左足履物不方足還視侯中俯正足**方猶併也志在於射左足至右足還併足則是立也南面視侯之中乃俯視併正其足

疏 正義曰淩氏釋例云凡射既升堂之後三揖曰升堂揖曰當物北面揖曰及物揖鄉射禮司射誘射升堂揖豫則鉤楹內堂則由楹外當左物北面揖及物揖左足履物不方足還視侯中俯正足不去旌誘射將乘矢大射儀司射誘射升堂揖當物北面揖及物揖由下物少退誘射射三侯將乘矢始射干又射參大侯再發此升堂之後三揖

也鄉射初射上射先升三等下射從之中等上射升堂少左下射升上射揖竝行皆當其物北面揖及物揖皆左足履物還視侯中合足而俟再射賓主人射升堂揖主人爲下射皆當其物北面揖及物揖三射如初此鄉射升堂之後三揖也大射始射上射先升三等下射從之中等上射升堂少左下射升上射揖竝行皆當其物北面揖皆左足履物還視侯中合足而俟再射諸公卿升射如三耦三射如初此大射升堂之後三揖也又始射司射命曰毋射獲毋獵獲上射揖司射退反位再射司射命曰不貫不釋上射揖司射退反位三射司射命曰不鼓不釋上射揖司射退反位鄉射大射皆同此揖亦在升堂之後然唯第一耦之上射有之餘耦皆無也鄉射或於庠或於序故曰鈎楹內由楹外大射用三侯故曰始射干又射參大侯再發其禮既殊故誘射亦異也　注云方猶併也志在於射左足至右足還併足則是立也南面視侯之中乃俯視併正其足者朱子曰注意若曰左足履物而右足不併便還足南面視侯之中也若便併右足則是立矣以志在相射故未暇立而先視侯既視侯而後俯併其足也敖氏繼公云左足履物履從畫也大射儀曰司射由下物少退則履物者當履其從畫也不方足未暇北面而立也他時凡欲還者

必先立故言此以明之還謂右還而南面也右還者爲下射宊向上射也旣視矦中乃俯視而正足則視矦中之時右足其亦在從畫而少退與正足謂左右各履橫畫之兩端也亦左先而右亥之張氏爾岐云左足履物不及併足右足初旋已南面視矦乃俯正足而立是其志在於射也吳氏廷華云還者北面及物履物後乃還而面面立又轉首南視矦也不方足者未及併足即視也據此則古射者亦側立面向左手把弣向南與今同惟併足而立與今之不丁不八者異記所謂志正體直者非必正面向矦也褚氏寅亮云向北履物之時左足必履橫畫之距還身正足之時右足必履橫畫之隨其縱畫則虛而不履蓋兩足之間也故氏謂履縱畫者非左足履物勢必右還其身而後向南也謂下射向上射者亦非誘射而無分上下也盛氏世佐云射之立法與他時異他時併足而立可也而射者之足則不可併併則不可射聖人於此恐人或有未嫺也故先於射位畫爲一縱一橫之物而使之取正焉司射於誘射之時旣視矦中即俯而視足以察其合法與否皆所以敎也方足者併足而立也此常法也正足者正其足於物也物一縱一橫履之者亦左足縱而右足橫如其所畫也至今射者之立取象於丁猶古人畫午之遺意注於正足方

足之分范然莫辨而敖氏遂以左右各履橫畫之兩端釋之若然則其身正南面而立矣將何以支左詘右而射乎蓋自文武殊科而射爲武事於是習於射者旣不能講明容體以證於經而儒生學士游於藝者蓋寡又徒守紙上之空言謬誤相承莫能是正而義遂晦矣此愚之所以讀之而慨然也至於疏說之誤則由讀注之不審云左足至右足還者謂志在於射故左足甫至物右足卽還不及併足而立也又云併足則是立也者反言以明之耳疏以右足還三字連下爲句則非矣得朱子之解注意始明而近世又有謂左足至爲句右足還併足爲句則是立也三句皆是反言者亦失注意

**不去旌**　以其不獲

疏　正義曰賈疏云以其旌擬唱獲今以三耦誘射不唱獲故不去旌也敖氏繼公云倚旌於侯而不去者以誘射不主於中且不獲也郝氏敬云凡射獲者持旌侯西唱獲此教射不計獲故旌倚侯不去也褚氏寅亮云旌倚侯中蓋在正下誘射者必善射其中侯也必不中旌故可不去其不去也非不主於中也蓋見中侯不中旌也注以不獲釋之微矣方氏苞云注謂以不獲敖氏謂不主於中皆非也發而不中倘可以教射乎疑旌之高不揜正鵠倚於侯之中央在正鵠之下惟司射發必中的不失分寸故不去旌以中

為表儀使人則傚是以誘射畢始命獲者執旌以負侯三耦射則去之正恐矢或集於旌而貫於侯也胡氏肇昕云方氏慿几說經未可據當以舊說為正

**誘射**誘猶教也疏正義曰誘引導也亦有教之之意

**將乘矢**將行也行四矢象有事於四方疏正義曰敖氏繼公云言此者必四矢盡發也大射儀誘射以四矢射三侯胡氏肇昕云射義云男子生桑弧蓬矢六以射天地四方天地四方者男子之所有事也是注所本

**執弓不挾右執弦**不挾矢盡疏正義曰敖氏繼公云執弓左執弣也挾弓者以大巨指鉤弦也此不挾則但執弦而已也

**南面揖揖如升射降出于其位南適堂西改取一个挾之**改更也不射而挾之示有事也今文曰適序西疏正義曰改作一个校勘記云作唐石經徐本通解敖氏楊氏俱作取是也○敖氏繼公云南面揖揖退也揖如升射謂如其當物升堂之揖也云出于其位南見是時未有司馬西方之位也自賓與大夫之外凡南行而適堂西與堂西出而北行者皆由於此惟發於其位及反位者則否張氏爾岐云司射位在所射中之西南東面今乃出其位南北迴適堂西者疏以為教衆耦威儀之法故也衆耦

射畢皆當自此適堂西釋弓脫決拾也吳氏廷華云上司射立于中之西南東面三耦又立于司射之西南東面北上司射升堂誘射畢降階南行出于其位之南則當與三耦立處相當蓋三耦本立於其位之西南也司射至此乃西面行與上耦對至上耦前乃轉而北行至堂西取一个挾之卽從堂西取扑然後反位其反位仍由故處自階西至堂西自堂西南行至上耦前西向作之乃轉身東行轉北反位褚氏寅亮云乘矢已射訖故更取一矢以挾非與上相變之意 注云今文曰適序西者胡氏承珙古今文疏義曰案上文惟賓與大夫之弓倚于西序主人之弓矢在東序衆弓則皆倚于堂西矢在其上此司射取矢自當云適堂西又大射儀司射誘射畢亦云遂適堂西改取一个挾之鄭以彼決此故從古文

**遂適階西取扑搢之以反位** 扑所以撻犯教者書曰扑作教刑 【疏】正義曰敖氏繼公云搢扑者以三耦將射也張氏爾岐云反位所設中之西南東面也方氏苞云扑作教刑平時庠序之所用也至習射則必有大過而後撻其不中者飲之而已而司射非有事於堂上必搢扑正以示衆射者容體不比於禮節不比於樂皆由平時不盡志於此本當用扑而姑以觥代也而賓大夫主人亦因此各

繹己之志矣周官閭胥掌觥撻罰蓋功事役事庶人則以撻罰禮事則史士以觥罰耳

## 右司射誘射

卷八終

# 儀禮正義卷九

鄭氏注

受業江寧楊大堉補

**司馬命獲者執旌以負侯**欲令射者見侯與旌深有志於中 疏 正義曰張氏爾岐云上文命張侯倚旌疏云同是西階前至此未有他事當亦西階前命之也盛氏世佐云下記云命負侯者由其位正謂此也張氏云西階前命之非敖氏繼公云使之執旌于侯中以示射者若謂中侯則舉此而言獲然郝氏敬云旌先倚侯三耦將射乃命獲者執旌北向背侯立俟司馬命也

**獲者適侯執旌負侯而俟**俟待也今文俟爲立 疏 正義曰注云俟待也者賈疏云待司馬命去侯云今文俟爲立者胡氏承珙古今文疏義曰案大射儀云負侯者皆適侯執旌負侯而俟鄉射禮三耦俟于堂西南面東上鄭以彼此互決故皆從古文胡氏肇昕云今文俟爲立立蓋竢之壞字此經當今文作竢古文作俟說文俟大也从人矣聲竢待也从立矣聲古文多假借故作俟今文用本字故作竢說文於禮經多用今文云竢待也蓋本今文也此經及大射儀三耦俟于次北今

文俟俟作立皆卽竢竢之脫壞也大射儀皆適次而俟今文俟作待字雖異而義同知此亦不爲立字也經典竢字少見唯爾雅釋詁云竢待也左傳哀元年日可竢也用竢字爾雅釋文云竢又作俟詩鄭風俟我于著乎而漢書地理志引作竢是俟竢古相通用也後世不知俟之本訓爲大而以待義當之則俟失其本義而反以竢爲俟之古字故漢書竢待之字多作竢而師古於賈誼終軍彭宣司馬遷等傳皆云竢古俟字釋玄應衆經音義亦云俟古文竢𥿸𡚗三形幾不知俟竢之爲二字矣

**司射還當上耦西面作上耦射**還左還也作使也

疏 正義曰敖氏繼公云當謂上下射之閒張氏爾岐云三耦在司射之西南東面今欲西面命射故知左還蔡氏德晉云還左轉而西而向也時三耦猶在西階下西南與司射俱東面立司射還向上耦二人使之升堂而射也褚氏寅亮云經明云當上耦作上耦射敖氏云當上下射之閒與經違矣作之必正對之而後作獨作上耦則下耦亦隨之而竝行矣下經司射西階之東北面命上射曰無射獲無獵獲亦專命上射亦正對上射而下射自喻若在上下射之閒則空云階閒而何以云西階之東邪

**司射反位上耦揖進上射在左竝**

行當階北面揖及階揖上射先升三等下射從之中等中猶閒也疏正義曰：敖氏繼公云：上射在左，以其當就上物也。上射差尊，故先升。中等空一等也。同階升者前後相當，宜空一等以相遠爲敬，與異階升者之義不同，其降亦然。然則凡升階者必於其中央與？吳氏廷華云：揖進時東行，以北爲左，當階轉北，以西。中等者，上揖已升三等，下射乃升一等，中空一等也。上射升堂少左下射升上射揖竝行竝併也併東行疏正義曰：云少左者，賈疏云辟下射升階也。敖氏繼公云：爲下射升堂，則皆在右也。吳氏廷華云：北面以西爲左，東行以北爲左。升階少左，蓋略向西，讓下射升位也。既升竝行，則轉而東行也。張氏惠言云：上下射竝行，中間相去如兩物，容弓。升階相隨行，及上堂而後左右併，階隘故也。皆當其物北面揖及物揖皆左足履物還視侯中合足而俟疏正義曰：張氏爾岐云：當物，上射當右物，下射當左物。履物，還視侯中，皆倣誘射之儀。敖氏繼公云：不云不方足，省文耳。合卒左右竝立於橫畫，即上所謂正足也。吳氏廷華云：當物時，上下射尚東向，上射先當左物，乃俱轉身北面揖畢乃北行及物竝揖以左足履物尙北向也旣履物乃轉身西向卽南面向侯所謂還也還卽俟侯中乃幷足正立俟者俟司馬司射兩命然後射也此當與誘射參看又大射言執弓右挾之此無文可知盛氏世佐云合足猶正足也謂俯察其足之縱橫必合於所畫之物胡氏肇昕云左足履物右足還不及方足也至視侯中乃合足而俟合足而俟卽併足而立也上文所謂方足也盛氏謂合於所畫之物解合字義迂曲賈疏云俟俟司馬命去侯

**司馬適堂西不決遂袒執弓**不決遂因不射不備【疏】正義曰敖氏繼公云惟云適堂西是猶未出於司射之南也云執弓是亦不挾也不決遂不挾弓變於大射也云袒執弓則固不決遂矣乃先言之者嫌執弓者袒必決遂也經文亦或言袒以包二者故以此明之褚氏寅亮云注云因不射不備蓋此經之不挾矢而幷不決遂與大射之雖決遂而仍不挾矢者俱以不射故也其不挾挾矢與大射同而不決遂與大射異者變於君禮也方氏苞云致射而會鄉民儀可略不與射則不決遂執弓而不挾可矣大射則擇士以祭君親臨之故不射而決遂執弓而右挾禮宜嚴也

**出于司射之南升自西階鉤楹由上射之後**

**西南面立于物閒右執籥南揚弓命去矦**鉤楹以當由上射者之後也籥弓末也大射曰左執弣揚猶舉也【疏】正義曰敖氏繼公云去離也命去矦者令辟射且當獲也郝氏敬云時獲者南負矦所居之在西故西南面命之　注云鉤楹以當由上射者之後也者賈疏云于西楹西而北東行過由上射之後也云籥弓末也大射儀曰左執弣揚猶舉也者敖氏云右執籥爲欲揚弓也至是乃云執籥則初執弓之時左執弣右執弦矣南揚弓以弓之上端南向而舉之也必南之者爲獲者在矦故也吳氏廷華云去矦以將射也司馬不徑從堂西至階下升階乃從堂西南行出司射之西南然後轉東至當階階乃轉北行升階旣升又不徑從階上東行乃從西楹西而北始轉東由上射之後立于其後俱與司射示威儀之義同又上射在西下射在東司馬從西來故止由上射後立于其中也獲者在矦中面南面者令去矦至乏之乏在西也在物閒易隱故揚弓示之南揚者獲者在南也方氏苞云命去矦則揚弓揮之使行故高舉以爲招也命取矢則揖弓俯拾于地故下指以示意也胡氏肇昕云禮記曲禮云凡遺人弓者右手執簫注簫弭頭也釋名云弓其末曰簫言簫梢也是簫爲弓末也**獲者**

執旌許諾聲不絕以至于乏坐東面偃旌興而俟聲不絕不以宮商不絕而已鄉射威儀省偃猶仆也疏正義曰賈疏云而俟者待射者發矢當坐故下云獲者坐而獲也注云聲不絕不以宮商不絕而已鄉射威儀省者賈疏云大射云負侯皆許諾以宮趨直西及乏之南又諾以商至乏之聲止是其威儀多此不者威儀省故也敖氏繼公云此去侯亦乏趨直西乃折北而就乏之東面偃旌是旌亦東首矣胡氏肇昕云蔡氏德晉以執旌許爲句諾字屬下讀葢以大射之諾以宮又諾以商也然考鄉射大射二篇如賓許諾大史許諾皆以二字連讀葢諾者應之聲僅云執旌許則文義不了當以舊讀爲是

司馬出于下射之南還其後降自西階反由司射之南適堂西釋弓襲反位立于司射之南圍下射者明爲二人命去侯疏正義曰襲敖氏繼公云復衣也此襲對袒而言上衣雖裼猶爲襲也玉藻曰尸襲執玉龜襲非是則皆裼矣淩氏釋例云凡有事于射則袒無事于射則襲鄉射禮司射請射三耦將射三耦拾取矢衆賓將射賓主人大夫將射賓主人拾取矢大夫就其耦兼取矢皆袒決遂

司馬命獲者去侯命取矢司射命飲不勝者皆袒執弓大射儀司射請射三耦射司馬正命獲者去侯命取矢三耦拾取矢君與賓射諸公卿將射三耦及諸公卿大夫衆射者拾取矢皆袒也遂再射司馬命取矢司射命飲不勝者皆袒執弓是有事於射則袒也鄉射司馬命去侯命取矢加福訖賓主人大夫卒射飲畢賓主人大夫拾取矢訖射畢司射退射器皆襲大射司馬正命去侯訖命取矢加福訖三耦卒射君諸公卿卒射衆耦拾取矢訖飲畢射畢司射退射器皆襲是無事於射則襲也鄉射司馬獻獲者大射司馬正獻服不皆襲鄉射大射司射獻釋獲者亦襲此皆飲酒之禮無事於射者也司馬乘矢襲司射數獲襲者皆既射以後之事也飲罰爵勝者皆袒決遂示能射也不勝者皆襲說決拾示不能射也鄉射三射司射請以樂射則襲大射不云襲文不具也與前初射再射請射袒決遂不同者禮射異於能中故袒襲不相因而相變也反位立於司射之南者敖氏云反謂復其故道也司射之南皆指其虚位言也是時司射不在此反位而著其在司射之南則前此猶在解南之位也方有此位而言反以向者由是而往故也褚氏寅亮云經先言出於下射之南則是由物閒而出從下射南向東行也繼云還其後則是過下物

折向北又折向西而還下射之後也疏似倒釋經文且失注中圍下射之義又襲復衣也對袒而言故謂之襲與聘禮之襲有別司射之南之位司馬至此時乃改觶南之位而位於是焉不曰復初位而曰反位者位雖其位於此始立焉爾盛氏世佐云云反位則其在此位也不自此始矣方其爲司正也位在觶南及爲司馬則位在司射之南反爲司正復就觶南之位蓋觶南之位當階閒中庭故射則遷之也必於司射之南從其類也不於其爲司馬時著之者以司馬之位取節於司射彼時未見司射位故至此始言之也敖云前此猶在觶南之位非　注云圍下射者明爲二八命去侯者敖氏圍下射而降者往來交變以爲儀也盛氏世佐云圍下射者威儀之法宜爾也下文司射命取矢之時上下射皆不在亦圍左物而降則可見矣鄭解似迂當以敖說爲正方氏苞云司馬升降皆紆道而由司射之南何也升降經由堂東西者惟賓主人大夫不敢上擬又司馬位在司射之南三耦衆賓卒射而降皆由司馬之南適堂西釋弓說決拾故司馬先爲之儀又云司馬命去侯升由上射之後立于物閒故降還下射之後以適堂西與再射命去侯升自右物之後降還左物之後同理當如此別無深意注推說似迂遠

**司射進與司**

馬交于階前相左由堂下西階之東北面視上射命曰無射獲無獵獲上射揖司射退反位射獲謂矢中人也獵矢從傍

【疏】正義曰相左者賈疏云相左之時在西階之西司馬由北而西行司射由南而東行各以左相近故云相左也敖氏繼公云司射進與司馬交于階前著其進之節也相左著其行之方也司馬南行司射北行而相過故謂之交司馬在西司射在東故謂之相左蓋南行者以東為左北行者以西為左也盛氏世佐云凡升堂者皆自其位東行當階前乃直北至階反位亦如之上經云出于司射之南升自西階是其徵矣若然則相左之說當如敖解疏誤也江氏筠云仍是司馬由東而南行司射由西而北行司也射由其位進行至堂塗則折而北及行至近階始折而東耳由堂下西階之東者敖氏云由堂下者自堂下而少東行也西階之東當上物之南也其於堂中為少西故取節于西階也惟命上射者以其先發而下射從之且下射其聞之矣故不復戒戒其射獲獵獲而不及其他者獲近于矦舉近以見其遠也揖以揖受其戒○注獵矢從傍校勘記云陸氏曰傍或作旁案敖氏作旁云射獲謂矢中人也獵矢從傍者

賈疏云人謂獲者郝氏敬云司射不升堂由西階東北向上射命曰射無計獲善射者正己無爭勝之心則發必中度獵猶爭也不由拾發獵次爭勝射者所戒蓋初射誘習不釋算計獲故以此曉之盛氏世佐云無射獲戒其傷人也無獵獲戒其驚人也郝說非胡氏肇昕云射獲獲獵獲皆射不中度之最甚者故畢以爲戒射主于中不得戒其無計獲且射無計獲亦不得云無射獲也獵之言捷也文選景福殿賦獵捷相加注獵捷相接之貌矢從人旁而過是與人相接之皃皆恐其傷人也故戒之

**乃射上射既發挾弓矢而后下射射拾發以將乘矢**后後也當從后

疏 正義曰敖氏繼公云弓字衍文挾矢則挾弓可知不必言也大射儀無弓字既發而挾矢是射時乃傳矢也此亦可以見其節矣云拾發者亦見下射既發挾矢而後上射射也古之射者其序整齊而不紊其儀從容而不迫大抵類此張氏爾岐云其上射發第一矢復挾二矢下射乃發矢如是更發以至四矢畢盛氏世佐云弓字非衍也謂上射既發第一矢復于帶閒取第二矢傳于弓而挾之也大射儀無弓字省文耳蔡氏德晉云上射先發一矢俟再挾矢于弓而後下射發拾更迭也下射既發再挾矢于弓而後上射又

發各行四矢也○校勘記云注古文而后作後非也孝經說然后日后者後也當從后徐本如是與單疏標目合要義節錄注云古文后作後一非通解與今本同案依疏當作孝經說說然后日各本少一說字　云后後也當從后者案此注缺脫當從徐本賈疏云引孝經說者取孝經緯援神契文臧氏琳云案說文先後字作後君后字作后儀禮古文作後與說文合今文作后當是同聲假借字胡氏承珙云案經傳多借后爲後鄭非不知后爲後之假借聘禮記君還而后退注云而后猶然後也此注必云當從后者正以古文多假借當本作后孝經亦古文故引以爲證又大射儀而后下射射彼今古文蓋皆作后故以此古文作后者爲非謂是傳古文者之誤古文當本作后不作後也胡氏肇昕云此說是也鄭君於禮經多從古文許君於禮經多從今文古文多用假借字今文多用本字此經古文作後故鄭君辨之謂古文當作后不作後也云后者後也非以後釋后謂后卽後之假借耳亦以通古今字之異也古人訓詁多有此例如毛詩汝墳惄如調飢傳云調朝也非以朝訓調謂調卽朝之假借耳文選注引薛君章句曰朝飢最難忍是毛詩作調用假借字韓詩作朝用本字也又采蘩于沼于沚傳云于於于於二字經典多通用而有

古今文之別故經文多用于傳注多用於以於釋于所以通古今字異也舉此而此注之從后不從後以後釋后之故可推矣

**獲者坐而獲**

射者中則大言獲獲得也射講武師田之類是以中爲獲也

疏正義曰敖氏繼公云獲者於射時則坐以俟其中也中乃獲之必坐而獲者旌在地須坐乃舉之以獲也且示有所變○注則大言獲敖氏集說載鄭注作坐言獲講武田之類集說田上有師字案校勘記不載各本有如此者敖以意增改耳

**舉旌以宮偃旌以商**

宮爲君商爲臣聲和律呂相生

疏正義曰敖氏繼公云此一中而兩言獲也蔡氏德晉云一舉旌之聲高爲宮偃旌之聲下爲商蓋一唱而聲再變也

**獲而未釋獲**

但大言獲未釋其算

疏正義曰注大言獲敖氏集說引注無大字○敖氏繼公云是時未立釋獲者則未釋獲可知張氏爾岐云釋算所以識中之多寡注上下文皆言大言獲賈疏乃以宮爲大言獲商爲小言獲是一矢而再言獲恐未是或一聲漸殺各有所合與盛氏世佐云大射儀云三侯皆許諾以宮及乏之南又諾以商此獲者受去侯命之聲也亦宮商爲二聲非一聲而漸殺注兩言大言獲者據第一聲而言也張氏以此非疏誤韋氏協夢云上獲唱獲也下獲

獲之算也未釋獲者三耦之射不主於中也蔡氏德晉云初射雖有中否而不計勝負但唱獲而不釋算故曰未釋獲

**卒射皆執弓不挾南面揖揖如升射**不挾亦右執弦如司射

【疏】正義曰敖氏繼公云不挾者變於大射吳氏廷華云卒射承上將乘矢但每發必唱獲故夾敘之如升射者前揖處皆當揖也

**上射降三等下射少右從之中等竝行上射于左**降下

【疏】正義曰敖氏繼公云堂上竝行下射在左今降階必少右乃當上射之後也竝行上射于左者謂上射先降少左下射降乃竝行而上射於左也上射必於左者進時上射在左退亦宜然堂上各發於其物不可得而變降時有先後故因旣降而爲之此將適堂西也上射乃不於右便其反位者以有釋弓等事而未卽反故也吳氏廷華云卿大夫階五等降三等卽是中等與大射又不同又云從之隨上射後降階也中等竝行者旣降乃竝也上下射離物南行轉西當階轉南時上射在西下射在東南以西爲右少右隨上射後降階也旣降中等下射乃前至上射之西竝行上射在左褚氏寅亮云當發位竝行向西階時上射南下射北上射已於左矣不待降階時始易位經於階下著之

者明仍在左也張氏爾岐云並行旣降階而並行盛氏世佐云上經云上射升堂少左此云下射稍右從之互文也凡獨升者中階而升也共升則差尊者在左差卑者在右雖間一等如其並行之節也並行上射于左兼在堂上堂下言也張云旣降階而並行敖云堂上並行下射在左皆非胡氏肇昕云上經云上射升堂少左下射升上射揖並行此旣升堂而並行也此經云上射降三等下射少右從之中等並行上射于左乃旣降階而並行也張說不誤盛氏駁之非是

**與升射者相左交于階前相揖**

（疏）正義曰敖氏繼公云進退者交則相揖以其事同也張氏爾岐云相左者降者由西升者由東也蔡氏德晉云相左交者初耦自堂上降次耦自堂下升交遇乃于西階前南下就西以東爲左北升邊東以西爲左也淩氏釋例云凡射後二揖曰卒射揖曰降階與升射者相左交於階前揖鄉射禮初射三耦乃射上射旣發挾弓矢而后下射射拾發以將乘矢卒射皆執弓不挾南面揖揖如升射上射降三等下射少右從之中等並行上射于左與升射者相左交于階前相揖再射三射皆如初此鄉射之射後二揖也大射儀初射三耦乃射上射旣發挾矢而后下射射拾發以將乘矢卒射右挾之北面揖

揖如升射上射降三等下射少右從之中等竝行上射于左與升射者相左交于階前相揖再射諸公卿卒射降加三耦三射如初此大射之射後二揖也大射卒射北面揖不同鄉射南面揖者君在堂上故也司射誘射卒射北面揖注不南面者爲不背卿考下文諸公卿大夫卒射亦揖如三耦此時卿已降矣則非爲卿可知敖氏繼公云北面揖者爲下射與君同物不可南面揖于楹閒嫌也鄉射賓主人卒射南面揖皆由其階階上揖降階揖賓序西主人序東皆釋弓說決拾襲及位升及階揖升堂揖皆就席賓主人分階故多階上一揖旣降復升就席故又有及階升堂二揖也又大夫卒射揖如升射耦先降降階耦少退皆釋弓于堂西襲耦遂止于堂西大夫升就席大夫降無與升射者交于階前之揖者大夫旣降復升就席然後繼射者始升也鄉射司射誘射卒射南面揖揖如升射降此無升射故無交于階前之揖也大射司射誘射卒射北面揖及階揖降如升射之儀卒射揖後復有降階揖者大射諸侯禮威儀多也誘射無耦而亦揖者敎衆射者以行禮之節也

**由司馬之南適堂西釋弓說決拾襲而俟于堂西南面東上三耦卒射亦如之司射**

去扑倚于西階之西升堂北面告于賓曰三耦卒射去扑乃升不敢佩刑器即尊者之側

疏 正義曰升堂北面校勘記云北字誤在司射上○敖氏繼公云司馬之南即鄉者所謂司射之南也此時已有司馬之位又在司射之南正當往來者之北故以之爲節耳釋弓說決拾以已初射之事畢也說遂而言拾者別於用時也俟俟司射命也三當作二字之誤也二耦謂次耦下耦也下耦與此異者無與升揖者相左相揖之事耳胡氏肇昕云下三耦拾取矢節云三耦拾取矢亦如之敖氏亦云三當作二考大射三耦卒射亦如之作三二耦拾取矢亦如之作二細繹經文當以作二耦爲是蓋三與二字畫相似又涉下三耦卒射而誤耳蔡氏本義本之徑改經文爲二耦注云去扑乃升不敢佩刑器即尊者之側者敖氏云扑刑器也將告尊者必去之敬也士之射禮賓主之故司射獨以是告賓

賓揖以揖然之

右三耦射

司射降搢扑反位司馬適堂西袒執弓由其位南進與司

射交于階前相左升自西階鉤楹自右物之後立于物閒西南面揖弓命取矢揖推之也疏正義曰敖氏繼公云司射將反位司馬將升堂而交于階前則是其去扑與袒執弓之事亦相接爲之褚氏寅亮云司馬適堂西袒司射未降先司射甫降而司馬已至階故於此得相交堉案義疏云司射降自西階司馬方升南北相值故曰相交左則司馬在東司射在西也盛氏世佐云命取矢命取鄉誘射及三耦射之矢注云揖推之也者賈疏云推手曰揖引手曰厭故周禮司儀天揖時揖土揖鄭注皆以推手解之揖弓者向侯而推之以其命取矢故也揚弓者向之而揚之以其命去侯故也敖氏云揖弓與揚弓相變爲文則揖者其推而下之之謂與去侯取矢之事異故上下其弓以別之揖弓繼西南而言是弓亦西南鄉矣蓋以獲者與弟子皆在西南故也揖弓者蓋右執弦盛氏世佐云揖弓與揚弓相變揚者舉之向上也揖者推之向外也論語曰上如揖蓋揚則高而揖則平與敖以揖爲推而下之非獲者執旌許諾聲不絕以旌負侯而俟俟弟子取矢以旌指教之疏正義曰敖氏繼公云獲者許諾者取矢之事已

主之也獲者審於視矢雖不親取而主其事

**司馬出于左物之南還其後降自西階遂適堂前北面立于所設楅之南命弟子設楅**楅猶幅也所以承笴齊矢者

疏 正義曰敖氏繼公云司馬立于所設楅之南示弟子以設處也凡言所設某者皆謂器之未設者也鄉者射器納于堂西楅在其中今司馬北面命設之則是時弟子已奉楅而出與弟子在西司馬北面不必鄉而命之張氏爾岐云所設楅謂所擬以設楅之處塡案先命取矢後命設楅者蓋楅自堂西一設卽是矢則合三耦及誘射者總二十八矢須一一取之不能促致故必先命之使二射事竝舉於一時及設楅後又釋弓堂西襲而反位弟子乃得取矢加楅遂進撫而乘之庶幾禮成於敬焉其獲者負矦本爲弟子取矢而設往所謂以旌指教之也若北面負矦矦在其背何能指之以旌意必轉而向矦始可指示之又命取矢不言弟子應諾者可知已又弟子方委矢于楅及不備又命升堂西南命之者據下云弟子自西方應諾則委矢後弟子已西反故也韋氏協夢云下射履左物此云出于左物之南卽上出于下射之南也弟子位在西南此時奉楅而出已至堂前但未卽設耳故司

馬北面鄉而命之。注所以承笴齊矢者校勘記云徐本無齊字聶氏通解楊氏俱有朱子曰注注脫齊字據疏補之云楅猶幅也所以承笴齊矢者賈疏云義取若布帛有邉幅整齊之意故云所以承笴齊矢胡氏肇昕云大射儀總衆弓矢楅注楅承矢器說文無楅字本字作箙箙弩矢箙也周禮司弓矢曰中秋獻矢箙注箙盛矢器也以獸皮爲之蓋承矢之器本以竹木爲之而以獸皮爲飾故其字从竹爲箙或从木爲楅服與畐偏旁古多通用詩生民覃實匍匐釋文匐本亦作服爾雅釋鳥蝙蝠服翼方言蝙蝠自關而東謂之服翼皆其證也故輻通作輹猶覆訓爲服也偪通作伏猶服通作伏也福通作偪猶服通作犕也

**乃設楅于中庭南當洗東肆**

東肆統於賓 疏 正義曰敖氏繼公云中庭東西節也南當洗不言北文省也東肆龍首在西也必東肆者以上射在西也司馬不以弓爲畢者辟大射禮也盛氏世佐云中庭兩階之閒也南當洗亦南北以堂深也東肆向東陳之首在西也褚氏寅亮云陳祥道云考之於初奉楅者坐奠委矢者坐委乘矢者坐撫取東矢者坐說則楅卑而無足可知舊圖楅有足誤矣竊謂楅應有足但不高耳南當洗亦大判言之未必尺寸不爽如在洗西而稍南亦可云

當淩氏釋例云凡設楅于中庭南當洗東肆鄉射禮初射畢司馬適堂西袒執弓由其位南進與司射交于階前相交升自西階鉤楹自右物之後立于物閒西南面揖弓命取矢獲者執旌許諾聲不絕以旌負侯而俟司馬出于左物之南還其後降自西階遂適堂前北面立于所設楅之南命弟子設楅乃設楅于中庭南當洗東肆大射初射畢司馬正袒決遂執弓右挾之出與司射交于階前相左升自西階自右物之後立于物閒西南面揖弓命取矢負侯許諾如初去侯皆執旌以負其侯而俟司馬正降自西階北面命設楅小臣師設楅司馬正東面以弓爲畢注鄉射禮曰乃設楅于中庭南當洗東肆是大射設楅之處與鄉射同也鄉射旣設楅司馬由司射之南退釋弓于堂西襲反位弟子取矢北面坐委于楅北括乃退司馬襲進當楅南北面坐左右撫矢而乘之若矢不備則司馬又袒執弓如初升命曰取矢不索弟子自西方應曰諾乃復求矢加于楅大射旣設楅司馬正適次釋弓說決拾襲反位小臣坐委矢于楅北括司馬師坐乘之卒若矢不備則司馬正又袒執弓升命取矢如初曰取矢不索乃復求矢加于楅卒司馬正進坐左右撫之興反位蓋楅者承笴齊矢之器故設于中庭以備取矢委之且爲行禮之節又鄉射再射

畢取矢加楅大夫之矢則兼束之以茅上握焉三射同大射再射畢取矢加楅賓諸公卿大夫之矢皆異束之以茅三射同此則與衆耦異者也又案鄉射記云楅髤橫而奉之南面坐而奠之南北當洗此言設楅之儀也司馬由司射之南退釋弓于堂西襲反位弟子取矢北面坐委于楅北括乃退司馬襲進當楅南北面坐左右撫矢而乘之撫拊之也就委矢左右手撫而四四數分之也上既言襲矣復言之者嫌有事卽袒也凡事升堂乃袒

疏正義曰敖氏繼公云司馬所由者亦其位南也是時司射在其位之北故以司射爲節盛氏世佐云委加矢于楅上也北括則於楅爲橫也楅之東西設也於茲益信注云撫拊之也就委矢左右手撫而四四數分之也者賈疏云撫者撫拍之義以右手撫四矢於東以左手撫四矢於西是四四數而分之也胡氏肇昕云釋名云撫敷也敷手以拍之也拍搏也手搏其上也是左右撫矢而乘之者左右手相撫拍而四四數分之也云上既言襲矣復言之者嫌有事卽袒也者敖氏云司馬是時不執弓無嫌於不襲此襲字蓋衍胡氏肇昕云上襲以命弟子設楅退而釋弓是

無事卽襲也此進則有事矣而云襲者以在堂下也故曰嫌有事卽袒也經文所以詳言之敖氏謂爲衍文非是云凡事升堂乃袒者賈疏云堂下雖有事亦不袒若司射不問堂上堂下有事卽袒司馬與司射遞行事恐同故明之也淩氏釋例云凡射者之事及釋獲者之事皆司射統之鄉射禮司射適堂西袒決遂取弓于階西兼挾乘矢升自西階階上北面告于賓曰弓矢旣具有司請射賓對曰某不能爲二三子許諾司射適阼階上東北面告于主人曰請射于賓賓許大射儀司射適次袒決遂執弓挾乘矢于弓外見鏃于弣右巨指鉤弦自阼階前曰爲政請射遂告曰大夫與大夫士御于大夫此初射請射也鄉射司射倚扑于階西升請射于賓如初賓許諾大射司射適西階西倚扑升自西階東面請射于公公許此再射請射也鄉射司射去扑倚于階西升請射于賓如初賓許大射司射倚扑于階西適阼階下北面請射于公如初此三射請射也鄉射司射不釋弓矢遂以比三耦于堂西三耦之南北面命上射曰某御于子命下射曰子與某子射大射畫物畢司射西面誓之曰公射大侯大夫射參士射干射者非其侯中之不獲卑者與尊者爲耦不異侯大史許諾遂比三耦三耦俟于次北西面北上司射命上射曰某御于子命

下射曰子與某子射此初射比三耦也鄉射賓主人大夫若皆與射司射則告于賓適阼階上告于主人主人與賓爲耦遂告于大夫大夫雖衆皆與士爲耦以耦告于大夫曰某御于子又云司射降搢扑由司馬之南適堂西立比衆耦大射司射適西階上命賓御于公諸公卿則以耦告于上大夫則降卽位而後告司射自西階上北面告于大夫曰請降司射先降搢扑反位大夫從之降適次立于三耦之南西面北上司射東面于大夫之西比耦大夫與大夫命上射曰某御于子命下射曰子與某子射卒遂比衆耦衆耦立于大夫之南西面北上若有士與大夫爲耦則以大夫之耦爲正命大夫之耦曰子與某子射告于大夫曰某御于子命衆耦如命三耦之辭此再射比衆耦也鄉射大射司射誘射皆將乘矢此誘射也鄉射司射還當上耦西面作上耦射大射初射司射適次作上耦射再射三射作射如初此作射也鄉射大射初射司射命曰無射獲無獵獲再射命曰不貫不釋三射命曰不鼓不釋此命射也鄉射司射去扑倚于西階之西升堂北面告于賓曰三耦卒射大射適阼階下北面告于公此告卒射也皆射者之事也鄉射禮請射後司射降自西階階前西面命弟子納射器乃納射器皆在堂西大射儀司射請射後遂適西

階前東面右顧命有司納射器射器皆入君之弓矢適東堂賓之弓矢與中籌豐皆止于西堂下衆弓矢不挾總衆弓矢楅皆適次而俟此命納射器也鄉射司射命三耦拾取矢再射三射如初大射同此命拾取矢也亦射者之事而司射命之也故曰射者之事皆司射統之也又鄉射司射立于中南北面視算大射同此視算也鄉射大射再射畢司射襲適洗洗爵升實之降獻釋獲者于其位少南薦脯醢折俎有祭釋獲者薦右東面拜受爵司射北面拜送爵釋獲者就其薦坐左執爵祭脯醢興取肺坐祭遂祭酒興司射之西北面立飲不拜既爵司射受爵奠于篚釋獲者少西辟薦反位此獻釋獲者也皆釋獲者之事也鄉射司射命釋獲者設中大射同此命設中也鄉射數獲後司射命設豐三射如初大射同此命設豐也鄉射三射畢司射命釋獲者退中與算而俟大射同此命退中與籌也亦司釋獲者之事而司射命之也故曰釋獲者之事皆司射統之也凡獲者之事皆司馬統之鄉射禮初射後弟子取矢委楅說司馬襲進當楅南北面坐左右撫矢而乘之再射三射司馬乘矢如初大射儀初射後小臣委矢于楅說司馬師坐乘之卒若矢不備則司馬正又袒執弓升命取矢如初曰取矢不索乃復求矢加于楅卒司馬正進坐左右

撫之再射司馬正坐左右撫之三射司馬師乘之此乘矢也鄉射飲不勝者後司馬洗爵升實之以降獻獲者于侯薦脯醢設折俎俎與薦皆三祭獲者負侯北面拜受爵司馬西面面拜送爵獲者執爵使人執其薦與俎從之適右个設薦俎獲者南面坐左執爵祭脯醢執爵興取肺坐祭遂祭酒興適左个中亦如之左个之西北三步東面設薦俎獲者薦右東面立飲不拜旣爵司馬受爵奠于篚大射飲不勝者後司馬正洗散遂實爵獻服不服不侯西北三步北面拜受爵司馬正西面拜送爵反位宰夫有司薦庶子設折俎卒錯獲者適右个薦俎從之獲者左執爵右祭薦俎二手祭酒適左个祭如右个中亦如之卒祭左个之西北三步東面設薦俎立卒爵司馬師受虛爵洗獻隸僕人與巾車獲者皆如大侯之禮卒司馬師受虛爵奠于篚此獻獲者也皆獲者之事也又鄉射禮乃張侯下綱不及地武不繫左下綱中掩束之將射司馬命張侯弟子說束遂繫左下綱大射張三侯亦不繫左下綱將射不云司馬命張侯者文不具也此命張侯也鄉射司馬又命獲者倚旌于侯中大射不云亦文不具此命倚旌也鄉射司馬命獲者執旌以負侯大射司馬師命負侯者執旌以負侯此命負侯也鄉射耦升堂履物後司馬適堂西不決遂袒執弓

出于司射之南升自西階鉤楹出上射之後西南面立于物間右執籥南揚弓命去侯獲者執旌許諾聲不絕以至于乏坐東面偃旌興而俟再射三射去侯皆司馬命之大射耦升堂履物後司馬正適次袒決遂執弓右挾之出升自西階適下物立于物間左執弣右執簫南揚弓命去侯負侯皆許諾以宮趨直西及乏又諾以商至乏聲止再射三射及公射去侯皆司馬命之此命去侯也鄉射初射畢司馬適堂西袒執弓由其位南進與司射交于階前相左升自西階鉤楹自右物之後立于物間西南面揖弓命取矢獲者執旌許諾聲不絕以旌負侯而俟再射三射皆如初大射初射畢司馬正袒決遂執弓右挾之出與司射交階前相左升自西階自右物之後立于物間西南面揖弓命取矢負侯許諾如初去侯皆執旌以負其侯而俟再射三射皆如初此命取矢也鄉射司馬命弟子設楅大射司馬正北面命設楅此命設楅也鄉射畢司馬命弟子說侯之左下綱而釋之命獲者以旌退命弟子退楅大射畢司馬正命退楅解綱小臣師退楅巾車量人解左下綱司馬師命獲者以旌與薦俎退此命退楅說侯綱退旌也亦獲者之事而司馬命之蓋獲者之事統於司馬射時獲者去侯至射畢取矢委楅時獲者又許諾負侯故取矢設楅退

楅亦司馬命之也又案射器九注所云弓矢決拾旌中籌楅豐是也弓矢決拾四者射者之器也旌獲者之器也中籌二者釋獲者之器也取矢必獲者許諾以旌負侯然後設楅則楅亦獲者之器也飲不勝者必釋獲者數獲然後設豐則豐亦釋獲者之器也凡射者之事統於司射如請射比耦誘射作射命射告卒射皆司射之事而納射器拾取矢亦司射命之也凡獲者之事統於司馬如乘矢獻獲者皆司馬之事而張侯獲者倚旌負侯去侯及取矢設楅退楅說侯綱退旌亦司馬命之也凡釋獲者之事亦統於司射如視算獻釋獲者皆司射之事而設中設豐飲不勝者退中亦司射命之也射禮繁縟鄉射大射二篇司射與司馬迭爲進退學者幾於心目俱眩昌黎所以苦儀禮難讀也今比其例而觀之雖微文瑣節井井然若綱在綱有條而不紊始知禮經廣大精深非聖人必不能作也

**若矢不備則司馬又袒執弓如初升命曰取矢不索**索猶盡也

疏 正義曰敖氏繼公云此自適堂西以至揖弓皆如初也適堂西亦由其位南郝氏敬云矢不備有遺也三耦二十四矢乃備方氏苞云必餘於所用之數以備鉤折不可索盡及時求之而莫給也至此而後發命何也初射惟三耦矢

有定數再射則衆耦皆辯又初射之矢或有鉤折故宜多取以備乏匱也案此宜以取矢爲句不索爲句命曰取矢郎上文之命取矢也矢有定數取之者不容不給此云若矢不備者恐有鉤折之虞不可不備也不索者不令矢之盡也矢僅給所用之數則盡矣不索乃復命取矢之故

**弟子自西方應曰諾乃復求矢加于楅**增故曰加鄉獲者許諾至此弟子曰諾事同互相明〔疏〕正義曰敖氏繼公云弟子巳應郎往取矢司馬乃降由司射之南執弓反位如初弟子旣加矢于楅司馬進撫之如初此經文略也褚氏寅亮云不盡之矢必棲於隱蔽處須求乃得案求亦取也孟子勿求於心趙注求者取也　注云鄉獲者許諾至此弟子曰諾事同互相明者敖氏云此時獲者猶負侯而取矢之弟子巳退在西方之位故獨應之

**右取矢委楅第一番射事竟**

**司射倚扑于階西升請射于賓如初賓許諾賓主人大夫若皆與射則遂告于賓適阼階上告于主人主人與賓爲**

耦

言若者或射或否在時欲耳射者繹己之志君子務焉

大夫遵者也告賓曰主人御于子告主人曰子與賓射

疏 正義曰張氏爾岐云自此至釋獲者少西辟薦反位言賓主大夫衆賓耦射釋獲升飲之儀射之第二番也司射請射比耦三耦取矢于楅衆耦受弓矢序立乃設中爲釋獲之射三耦射賓主人射大夫射衆賓射司馬取矢乘矢司射視釋獲者數獲設豐飲不勝者獻獲者獻釋獲者凡十三節○釋請射于賓如初者敖氏繼公云請射請三耦之外皆射也其辭亦曰有司請射耳如初升自西階階上北面告也此請射與下請釋獲亦示聽命於賓之意韋氏協夢云鄉射以賓爲主故卒射必告始射必請則遂告於賓敖氏云言遂者謂承賓許諾之後也賓若不與射則雖許諾而司射亦不告然則上言請射于賓者非獨爲請賓射明矣　注云言若者或射或否在時欲耳射者繹己之志君子務焉者敖氏云若皆與射而後告是其或欲或不欲固已前告司射矣主人與賓爲耦禮也假令或有一人不欲射則缺此一耦蓋不可與餘人爲耦故爾焦氏以恕云記云衆賓不與射者不降是凡在堂上者或射或否各順其欲初無一定也義疏云案主人以射故而請賓賓以射故而應主人之請必無不與之事而經云若者蓋不爲

必然之詞且爲大夫及三賓言之耳愚案射者繹己之志君子務焉是射者其宜也特此禮爲鄉人習射則賓主大夫及衆賓無妨以不能自謙也云必無不與者明與經戾矣又義疏云案大夫與三賓之或射或否疑已前定於納射器之時故此時司射得據以告于賓愚案納射器在初請射之後司射堂下命之弟子納之堂西及東西序也當請射于賓賓對曰某不能爲二三子許諾則賓一己之射否尚未定也蓋姑陳射器而射否則俟其自擇前定之說恐未然也然則與射及否直定於司射升階再請射之後未告賓之前而經不具言之耳大夫三賓蓋亦如之胡氏肇昕云初請射節司射告于賓曰弓矢旣具有司請射賓對曰某不能爲二三子許諾此云請射于賓如初賓許諾是賓之或射或否卽于賓對司射時明之經文固顯著之矣至若主人與大夫衆賓之射否蓋卽繼賓而告于司射注所謂在時欲耳是也下文賓主人大夫若皆與射若者承賓許諾言之許諾則告有一不許諾者則不告其人也蓋主人大夫衆賓之許諾與否皆於賓許諾中括之經文簡而義該當以意推之也

遂告于大夫大夫雖衆皆與士爲耦以耦告于大夫曰某御于子大夫皆與士爲

耦謙也來觀禮同爵自相與耦則嫌自尊別也大夫爲下
射而云御于子尊大夫也士謂衆賓之在下者及羣士來
觀禮者也禮一命【疏】正義曰校勘記云告于大夫曰告上
已下齒於鄉里石經徐陳通解楊氏敖氏俱有以耦
二字○注及羣士來觀禮者也來徐誤未　云大夫皆與
士爲耦謙也者敖氏繼公云大夫不自爲耦者變於君所
之射也此賓主人皆士於衆耦之上下射不敢俱以大夫
爲之郝氏敬云主人耦賓尊賓爲上射也大夫耦士以貴
下賤也韋氏協夢云大射大夫與大夫爲耦此大夫與士
爲耦在大夫則爲自謙在主人則爲尊君兼鄭敖兩說乃
備云士謂衆賓之在下者及羣士來觀禮者也禮一命已
下齒於鄉里者敖氏云士謂衆賓也大夫宜與衆賓長爲
耦若衆則以次而爲之不足乃及於堂下者旁盛氏世佐
云士謂命士士來觀禮者非衆賓也敖云衆賓長亦非
此注所言則士之來觀禮者亦與衆賓齒可見矣讀鄉飲
酒禮者亦當參考也褚氏寅亮云有大夫則以公士爲賓
然則衆賓之中無士矣蓋既爲士則不在詢衆庶之中也
若堂下一命之士齒於鄉里者有之故鄭以此士解與大
夫爲耦蓋亦觀禮而非習射者也敖氏誤以衆賓爲士不
知此固秀民而非士矣方氏苞云士當爲學士之有德行

道藝者，注疏必以爲在官之士，非也。鄉大夫之尊，可與所興之學士爲賓主，州之良士即異日所賓興也。大夫雖尊，所而爲遵，則有主道焉，故可與學士耦而爲下射。若在官之士而居大夫之右，則悖矣。

**西階上北面作衆賓射。**作，使。疏 正義曰：敖氏繼公云：「云作衆賓射，使之降而爲射事也。」盛氏世佐云：「衆賓謂堂上三賓也。」案衆賓，盛氏專謂堂上三賓，以下文衆賓將與射者皆降，衆賓在堂上，故降也。然此節爲司射比衆耦，當兼堂下衆賓言之爲是。

**司射降，搢扑，由司馬之南，適堂西，立，比衆耦。**衆耦，大夫耦及衆賓也。命大夫之耦曰：「子與某子射。」其命衆耦，如三耦。疏 正義曰：敖氏繼公云：「立比衆耦，謂立於此爲比衆耦耳，比之之事，俟衆賓降而後爲之。」盛氏世佐云：「是時衆耦猶未比也，先言之者，明司射立此之意耳。經中此例閒有之，如鄉飲酒及此篇獻賓禮，皆云『南面坐奠爵于篚，下盥洗』，亦非謂遽已洗也。敖說是。此注若移於下經『司射乃比衆耦』之下則得矣。」吳氏廷華云：「上倚扑升，此復搢之也。下衆賓在堂，乃至堂西比之者，蓋將比，未比，俟皆降始比之。下經『衆賓皆降，適堂西，司射乃比衆耦』是也。此注疏宜在彼下。又大夫之耦，上經已告大夫，不待比，注兼及之，以其與比者一時同命之也**衆賓將與射者皆降由司馬之南適堂西繼三耦而立東上大夫之耦爲上若有東面者則北上**言若有者大夫士來觀禮及衆賓多無數也【疏】正義曰敖氏繼公云將與則或有不與者矣記曰衆賓不與射者不降是也降者由司馬之南適堂西而堂下之衆賓皆從之不言者可知也此雖未執弓矢亦必由司馬之南者異於大夫也繼三耦而立居其西也衆賓之立以齒則大夫之耦爲上可知乃著之者嫌其不與耦竝立則或變於有耦者也衆賓若多堂西南面之位不足以盡之則當東面於西壁而北上也言若有者見堂下之士多寡無定數也張氏爾岐云司馬位在司射之南若有東面者或賓多南面列不盡也**賓主人與大夫皆未降**言未降者見其志在射【疏】正義曰敖氏繼公云尊者事至乃降也賈疏云言未降後有降階之理故下云三耦卒射賓主人大夫揖皆由其階降與耦俱升射也注云見其志在射者盛氏世佐云注意葢曰經不言不降而言未降者見其志在於射俟三耦卒射乃降也此於義未爲失疏家不曉而爲之說曰言志在射者以其射在堂上故也郝氏遂

從而誣之其誣鄭公也實甚故特爲白之大射儀云諸公卿皆未降鄭注亦云言未降者見其志在射疏云言未者後當降故云未若終不射不得言未則得注意矣

**司射乃比眾耦辯**眾賓射者降比之耦乃徧

疏 正義曰敖氏繼公云乃者言其方有事也眾耦謂眾賓自爲耦者也大夫之耦亦存焉是時眾賓皆已立于司射之北若西然後可比之不言命之之辭者如上耦可知也大夫之耦則先命之其辭曰子與某子射與他耦上射之辭異云辯者爲下節

## 右司射請射比耦

**遂命三耦拾取矢司射反位**反位者俟其袒決遂來

疏 正義曰張氏爾岐云遂命者承上比耦畢遂命之也郝氏敬云始誘射三耦命司射其矢二十八箇是三耦餘一乘也皆收委於楅故就楅取之拾取上射取一下射取一彼此更迭至四也注云反位者俟其袒決遂來者蔡氏德晉云反立西階東面司馬北之位也

**三耦拾取矢皆袒決遂執弓進立于司馬之西南**必袒

決遂者，明將有射事。疏正義曰：朱子曰：此拾取矢疑衍。王氏引之云：以上文旣云命三耦拾取矢，則自皆袒決遂以下皆言三耦拾取矢之事，故承上文以起下文曰三耦拾取矢，言三耦之拾取矢也。始而袒決遂執弓以待拾取矢，旣而上耦拾取矢，旣而中下二耦相繼拾取矢，是之謂三耦拾取矢矣。三耦拾取矢五字之意直貫至下文三耦拾取矢亦如之句，非特爲皆袒決遂三句而設也。皆袒決遂之時尙未拾取矢也，而其事歸於拾取矢，則統謂之三耦拾取矢。且下文衆賓未拾取矢皆袒決遂執弓，與此三耦拾取矢皆袒決遂執弓相對爲文，不得以爲衍字。與吳氏廷華云：袒決遂在堂西，乃至司馬西南之位，蓋卽上射時立於司射西南之位也。盛氏世佐云：於此言拾取矢者，明其袒決遂執弓擬爲此事耳，卽上文司射立比衆耦之例也。韋氏協夢云：三耦拾取矢，題下事也，下乃序其事而言之，與前一人洗舉觶于賓同意。敖氏繼公云：惟云執弓，是亦不挾也，亦變於大射者與。此所立者，卽其故位，更以司馬爲節，近故爾。鄉者司馬未在此，故以司射爲節。賈疏云：案上司射位在中西南，司馬位在司射南，今立於司馬之西南，亦東南北上也。案義疏云：三耦取矢位，卽是前番射位，司馬已就位，故經云司馬之西南。賈疏以爲異位，非也。

注云必袒決遂者明將有射事者賈疏云始取未有射事而袒決遂者以其取矢訖即有射故豫著之

**司射作上耦取矢**作之者還當上耦如作射疏正義曰上司射作射時左還當上耦西面作上耦射今作上耦取矢亦如之

**司射反位上耦揖進當福北面揖及福揖**當福福正南之東西疏正義曰敖氏繼公云當福北面揖者當福南則折而北行故北面揖也及福揖者爲上下射將折而西東也張氏爾岐云上耦一發位東西時一南一北竝行及至福南北面向福亦一東一西相竝也姜氏兆錫云及福揖不言北北者下賓主人及福揖注所謂當福之東西主西賓東面相揖也前後互推之可見盛氏世佐云及福揖謂及福之東西而揖也姜說得之下云上射東面下射西面即謂此揖之時也經文句法倒耳敖說非淩氏釋例曰凡拾取矢前四揖曰耦進揖曰當福北面揖曰及福揖曰上射進坐揖鄉射禮初射畢三耦拾取矢上耦揖進當福北面揖及福揖此拾取矢以前之三揖也又云上射東面下射西面上射揖進坐此揖唯上射有之下射進坐不揖也再射畢三耦拾取矢如初又云大夫袒決遂執弓就其耦揖皆進如三耦耦東面大夫西面大夫進坐說矢東興反

位而后耦揖進坐大夫爲下射故耦進坐揖大夫不揖也三射畢拾取矢如初此鄉射拾取矢前之四揖也賓主人拾取矢皆進階前揖及楅揖拾取矢如三耦此時賓東面主人西面故無當楅北面揖也大射儀初射畢三耦拾取矢一耦出西面揖當楅北面揖及楅揖此拾取矢以前之三揖也又云上射東面下射西面上射揖進坐此上射之進坐揖也再射畢三耦拾取矢如初諸公卿大夫皆降如初位與耦入于次皆袒決遂執弓皆進當楅進坐說矢束上射東面下射西面拾取矢如三耦若士與大夫爲耦士東面大夫西面大夫進坐說矢束退反位耦揖進坐三射畢拾取矢如初此大射拾取矢前之四揖也諸公卿大夫耦進當楅進坐不云揖者文不具也蓋拾取矢耦進揖猶射時耦進之揖也當楅北面揖猶射時當階北面揖也及楅揖猶射時及階揖也拾取矢在庭不升堂且無物故無升堂當物及物三揖也進坐獨上射揖者亦猶射時司射命射上射揖也然命射之揖唯第一耦之上射有之此拾取矢進坐之揖凡耦之上射皆有之則與射時異也

**上射東面下射西面**疏正義曰敖氏繼公云上射在西下射在東如其物之位也胡氏肇昕云經文此二句盛氏以爲與上及楅揖爲倒裝句法是也蓋經

文於此必倒引者上以明及楅揖爲上射在楅之面而東面下射在楅之東而西面下以領起上下射之進坐亦一東面一西面也**上射揖進坐橫弓卻手自弓下取一个兼諸弣順羽且興執弦而左還退反位東面揖**橫弓者南踏弓也卻手由弓下取矢者以左手在弓表右手從裏取之便也兼幷矢於弣當順羽旣又當執弦也順羽者手放而下備不整理也不言毋周在阼非君周可也【疏】正義曰敖氏繼公云進坐不言北面可知也矢南鄉人于楅南北面取之便也盛氏世佐云此揖進謂自其楅西東面之位揖進就楅也此時上射仍東面于楅西面取矢敖說非取矢必坐者以楅卑故也以下記楅制考之則其不高大可見矣　注云橫弓者南踏弓也卻手由弓下取矢者以左手在弓表右手從裏取之便也者敖氏曰橫弓踏弓也此橫弓覆手也覆手橫之以上端向下射敬之也弓下弓弦弣之下也盛氏世佐云橫弓注云南踏弓是也蓋東西向者以南北爲橫卻仰也手右手也弓下弓弦之下也東面坐而南踏弓則執弓之手必覆覆者手在弓背之上而弦向下也左手覆弓上執之而仰右手自弓下取矢兩手相對爲便也經言右手之卻則左手

之覆可知言右手自弓下則左手在弓上亦可知此立言之法也焦氏以愆彙說曰放云上射覆手橫弓以弓之上端向下射者敬之也下射卻手橫弓以弓之上端向上射也人北面弓東西俱爲橫也案義疏云弓之兩端皆簫也而有上端下端之別者弨側有撻士喪禮設依撻焉是也撻在上則爲上端執弓者必以上端向人爲敬愚案敖氏依此以釋則爲特見然君子於射事則尙敬楅處侯之北亦統於侯也故上射卻手取矢則覆手執弓下射覆手取矢則卻手執弓並以弓之上端鄉侯亦所以著其敬而不徒相變爲容之謂矣褚氏寅亮云拾取矢時經無北面之文因不必還周異於大射故於反位時著其面位而曰東面揖然則取矢東西一面位不改不過進而近楅耳非北面也唯取矢者一向東一向西故左手踣弓有卻手覆手之異勢右手取矢亦有弓上弓下之不同若皆北面則其儀不異矣敖氏以上端向人爲敬之說似是實非吳氏廷華云東西面以在楅之兩旁也言進者從楅兩旁東西面至楅也疏云卻仰也謂左手執弣右手取矢也弓上下者順橫矢直北括而南鏃括有羽未向右括取矢者執鏃則羽出於當而無損執括則逆矣東面者右手當鏃便於弓下取之仰手者以手在矢下也不覆手者弓下矢上無餘地

也西面者右手羽不可執故必從弓上向左執鏃順羽而出之矢在手下故手覆也右手仰則左手當在弓上而覆右手覆則左手當在弓下而仰也兼矢于弣便再取也順羽者以手順之恐委矢或逆也且興者隨順隨興也左還者上射左手向外轉而南乃西反東面位下射轉左向南乃東反西面位也又上射東面當西踣弓而橫于南北若南踣弓則弓在楅矢外尙何弓上下之可言云兼幷矢於弣當順羽既又當執弦也順羽者手放而下備不整理也者敖氏云兼諸弣明左手幷執矢也凡執弓者左執弣兼矢於弣卽順羽興則是橫弓者惟取矢之時則然也執弓者言不挾也盛氏云兼幷也弣弓弝也幷矢于左手弓弝閒而以右手順其羽且興者疏云謂順羽之時則興也郝氏敬云矢羽在北右手仰取矢身左轉向南羽順在北非執弦亦右手也云不言毋周在阼非君周可也者大射云左還毋周反面揖注云左還反其位毋周右還而反東面也君在阼還周則下射將背之此對彼爲言彼有君在阼周則背君此在阼非君故周可也敖氏曰左還者以左體向右而還也于楅前必左還者以楅東肆空順之反位不言毋周是亦左還也此與順羽且興皆變於大射云盛氏世佐云左還向左而還也敖氏云以左體向右而還非反

位反其福面東面之位也復云東面者嫌其因左還而變也蓋東面者以北爲左左還則面北矣於是遂西轉南向至其故處而仍東面焉此則左還而周也與大射異者大射威儀多此則惟取其便故也注在阼非君之說似迂焦氏彙說曰通解朱子曰燕禮司正右還疏云以右手向外者以奠觶處爲內也此三耦左還疏云以左手向外者以所立處爲內也大射云毋周者旣以左手向外繞其所立之處及至將匝之時乃復以右手向外而轉身也此注云周可也則以左手向外繞其立處以至於匝乃不復以右手向外而卽便轉身也燕禮則右還而未至於匝故不言周與不周案朱子此條論還周最爲明析而注家下射背阼之由正可由此思之也又曰燕禮司正南面坐奠觶右還北面及少立左還南面坐取觶鄭云右還必從觶西爲君之在東也北面而左還還者亦從觶西也敖氏謂堂上堂下背君毋嫌而南面右還北面左還皆從觶東往來則不惟鄭異解而鄭之右還正敖之左還敖之右還乃鄭之左還其左右適相反也然考毋周之戒大射於上射下射皆詳之不言其他如上射也此必非無關得失而但取相變爲容者矣況皆內還者言東面殊面而內還則同故特辭以明之也如皆北面則當言左還而無取乎異其文而曰

內還也。又曰：大射毋周，義疏云：毋周，變於鄉射之周者也。君在堂上，取矢者在堂下，固無背之之嫌，且司射、司馬師亦時有南面者，不嫌也。案司射與司馬師亦時有南面者，此只一人微背於君，則何所嫌？若取矢于楅，先弟子之三耦，繼乃諸公卿大夫之衆耦，多人還周而背君，安得不爲嫌邪？敖之立義，其與鄭異而失之者，莫此爲甚矣。又曰：天體至圓，繞地左旋，常一日一周而過一度，日行少遲，故一日繞地一周而在天爲不及一度，月行尤遲，一日不及天十三度，二十八宿左轉，故春則中星南方朱鳥七宿也，夏爲東方蒼龍，秋爲北方玄武，冬爲西方白虎，中星迭移，是從東而左行也。依此言之，則鄭之左還，還爲合，敖之左還與鄭正相反者，謬可知矣，未知何所依據也。敖箋燕南面右還而北面云從觶東而行，及北面左還而南面云亦從觶東而行，是直目左還爲右還，目右還爲左還耳。

**下射進坐，橫弓，覆手自弓上取一个，興，其他如上射。**覆手由弓上取矢者，以左手在弓裏，右手從表取之，亦便。【疏】正義曰：注云以左手在弓裏，右手從表取之亦便者，張氏爾岐云：亦南踣弓，左手執弓，仰而向上，故右手覆搭矢爲便也。朱子曰：上文東向覆手南踣弓，則弦向身，此云西向卻手西踣弓，則弦向外敖氏繼公云此横弓卻手也卻手横之亦以上端向上射也人北向弓東面向于人于弓皆爲横也弓上弦弣之上也凡覆手卻手而横弓其弦皆向身與盛氏世佐云下射進謂自其楅東西面之位而進也不云揖者文省耳坐西面坐也横弓亦南踣弓也西面坐而南踣弓則執弓之手自仰矣仰手執弓者手在弓下而弦向上也執弓之手既仰則取矢之手不得不覆亦取其便也弓上弓弦之上也案朱子弦向身向外之説卽自注中手在弓表弓裏悟來今不從者葢以卻手與覆手相對卻手取矢則執弓之手必覆覆手取矢則執弓之手必卻若謂上射横弓之法手在弓表而弦向身是左手未全覆也謂下射横弓之法手在弓裏而弦向外是左手未全卻也與經覆卻相對之意未合故不敢棄經而任傳也敖云凡覆手卻手而横弓其弦皆向身亦非其他如上射者敖氏云他謂兼諸弣而下也惟西面揖異爾吳氏廷華云此東踣弓也如上射者左還退反位是也惟揖則西面面與上不同盛氏云所異者位面耳西面者以南爲左則其左還之法正與上射相反也淩氏釋例曰凡拾取矢上射下射各四揖若兼取矢則上射下射各一揖鄉射禮初射畢三耦拾取矢上射揖進坐横弓卻手自弓下取一个兼諸弣順羽且興執弦

而左還退反位東面揖此上射取第一矢之揖也又云下射進坐橫弓覆手自弓上取一个興其他如上射此下射取第一矢之揖也取第二第三第四矢經雖無文皆揖可知再射畢三耦拾取矢如初賓主人拾取矢如三耦三射畢拾取矢如初是鄉射拾取矢上射下射各四揖也又再射畢大夫與其耦拾取矢大夫進坐說矢束興反位而后耦揖進坐兼取乘矢順羽而興反位揖此上射兼取四矢之揖也又云大夫進坐亦兼取乘矢如其耦此下射兼取四矢之揖也三射畢如初是鄉射兼取矢上射下射各一揖也大射儀初射畢三耦拾取矢上射揖進坐橫弓卻手自弓下取一个兼諸弣興順羽且左還毋周反面揖此上射取第一矢之揖也又云下射進坐橫弓覆手自弓上取一个兼諸弣興順羽且左還毋周反面揖此下射取第一矢之揖也亦四矢皆揖再射畢三耦拾取矢如初又諸公卿大夫拾取矢如三耦三射畢拾取矢如初是大射拾取矢亦上射下射各四揖也又再射畢諸公卿大夫拾取矢若士與大夫為耦士東面大夫西面大夫進坐說矢束退反位耦揖進坐兼取乘矢興順羽且左還毋周反面揖此上射兼取四矢之揖也又云大夫進坐亦兼取乘矢如其耦此下射兼取四矢之揖也三射畢如初是大射兼取矢

亦上射下射各一揖也大射毋周者恐背君也上射取矢自弓下下射取矢自弓上禮相變也以禮例考之與相敵者爲耦則拾取矢卑者與尊者爲耦則兼取矢示不敢與之拾也又案鄉射大射初射三耦拾取矢畢後者遂取誘射之矢兼乘矢而取之以授有司是誘射之矢末耦之下射代爲取之亦兼取矢也鄉射記取誘射之矢者旣拾取矢而后兼誘射之乘矢而取之注謂反位已禮成乃更進取之不相因也

**旣拾取乘矢揖皆左還南面揖皆少進當福南皆左還北面搢三挾一个**福南鄉當福之位

疏 正義曰張氏爾岐曰拾取乘矢更遞而取各得四矢也敖氏繼公云不捆矢不兼挾皆左還亦變於大射進謂東西行而相近也盛氏世佐云進謂各自其福東西之位而南行也當福南將折而西矣故以是爲搢挾之節也吳氏廷華云四矢俱拾畢左還反位然後南面揖竝左還上射東南行下射西南行將至福南竝左轉而北搢且挾然後轉而南行下經左還上射于右是也敖氏謂上當福之地尙在南此特上及福之地以經言少進則去福近也若向當福處則遠矣不可言少進也褚氏寅亮云北面下搢三上大射儀有揖字此似脫方南面射時上下

射皆已離東西之位一在楅西南一在楅東南矣至少進則西南者向東東南者向西仍俱至鄉者當楅揖之處於是皆左還北面揖而搢三挾一个當北面時上射在西是于左也下射在東是于右也至再左還而竝行向西以反位下射乃退而從上射之南竝行則反在上射左矣故經於皆左還之下而明之曰上射于右注云下射左還少南行乃西面也敖氏云上射固已居右殊不可解又取矢時上射在北是居左反位時上射仍在北是居右猶升階進射時上射在西是居左及南面射時上射履西物是居右也　注云楅南鄉當楅之位者張氏云楅南前者進時北面揖之位也今退至此皆左還北面搢三矢而挾一个胡氏肇昕云敖氏以當楅南爲鄉及楅之位故與鄭異不知經明云當楅南是爲鄉當楅之位無疑以爲及楅之位固已與經文相戾矣

揖皆左還上射于右

上射轉居右便其反位也下射左還少南行乃西面

疏 正義曰注云上射轉居右便其反位也者張氏爾岐云搢挾已而揖皆左還西面竝行前者進時上射在北在左今仍在北是于右取其反位北上爲便也敖氏繼公云上射固居右矣復言之者嫌或當如卒射而退轉居左也凡每耦旣射若旣取矢而退者其曲折皆與進時同云

下射左還少南行乃西面面者賈疏云以其初北面時東西相當今西行空竝故下射少南行乃西面面也吳氏廷華云揖爲將左還也左還者左手向外自北面而西而南也南面以西爲右上射本在西又言之者嫌降在左也又上射射本在右嫌降或居左故特明之注云上射轉居右若上射本左至此始轉而右者誤矣下射左還少南行云云其說亦合但係西折時事此時方南行亦不可遽以爲說**與進者相左相揖退反位**相左皆由進者之北【疏】正義曰校勘記云經文揖下唐石經有退字案錢氏大昕云宋本亦有之大射云退者與進者相左相揖退釋弓矢于次說決拾襲反位較此文稍詳此處退字亦不可少○敖氏繼公云相揖者亦以事同也盛氏世佐云位司馬西南之位　注云相左皆由進者之北張氏爾岐云進者自南東行反位者自北西行故得相左淩氏釋例云凡拾取矢四揖曰既拾取矢揖曰左還揖曰北面揖三挾一个揖曰既還與進者相左揖鄉射禮初射畢三耦既拾取乘矢揖皆左還南面揖皆少進當福南皆左還北面搢三挾一个揖皆左還上射于右與進者相左相揖退反位再射畢三耦拾取矢如初又云衆賓繼拾取矢皆如三耦此鄉射拾取矢後之四揖也大射儀初射畢

三耦既拾取矢捆之兼挾乘矢皆內還南面揖適楅南皆左還北面揖搢三挾一个揖以耦左還上射于左退者與進者相左相揖退釋弓矢于次說決拾襲反位再射畢三耦拾取矢如初又云諸公卿大夫拾取矢如三耦又云眾射者繼拾取矢皆如三耦此大射拾取矢後四揖也鄉射三射畢三耦及賓主人大夫眾賓皆袒決遂拾取矢如初矢不挾兼諸弦弣以退不反位遂授有司于堂西大射三射畢三耦及諸公卿大夫眾射者皆袒決遂以拾取矢如初矢不挾兼諸弦面鏃退適次皆授有司弓矢襲反位矢不挾則無北面搢三挾一个之揖射禮終故節文亦異也鄉射再射畢賓主人拾取矢卒北面搢三挾一个揖退賓堂西主人堂東皆釋弓矢襲及階揖升堂揖就席賓主人拾取矢畢皆升就席故無與進者相左之揖而有及階升堂二揖也又云大夫兼取乘矢如其耦北面搢三挾一个揖退耦及位大夫遂適序西釋弓矢襲升即席此大夫獨升耦不升故幷無及階升堂之揖也大射再射畢拾取矢若士與大夫爲耦大夫亦兼取乘矢如其耦北面搢三挾一个揖進大夫與其耦皆適次釋弓說決矢拾襲反位此即鄉射大夫與其耦兼取矢之例故亦無與進者相左之揖也

**三耦拾取矢亦如之後**

者遂取誘射之矢兼乘矢而取之以授有司于西方而后反位取誘射之矢挾五个弟子逆受於東面位之後

疏 正義曰：校勘記云而后反位，后誤作後。○敖氏繼公云三亦當作二，大射云二耦是也。朱子曰後者遂取誘射之矢，則是下耦之下射也。張氏爾岐云以授者，以誘射之矢授之也。注云取誘射之矢挾五个弟子逆受於東面位之後者，賈疏云弟子即納射器者，下耦將司射乘矢來向位西面，面弟子即往逆受之，下射乃反東面。敖氏繼公云下耦之下射於旣拾取之後，又兼取誘射之四矢，皆兼諸弣至楅南，乃北面搢三挾五个，至西方以四矢授有司，而挾一个以反位，此見其異者也。此西方即堂西也，士喪禮以東堂下西堂下爲東方西方，亦其徵也。有司即弟子之納射器者，因圅主授受于堂西，故此下射出于其東面位之後，以乘矢就而受之也。大射儀曰以授有司于次中，皆襲反位，亦謂就而授之。盛氏世佐云以授有司于西方而后反位，則是下耦之下射就而授之也。注云弟子逆受，非。褚氏寅亮云逆受者，卑賤之分也，此往則彼逆矣，未有傚然俟其至而受者。胡氏肇昕云經云以授，就後者言，注云逆受，就弟子言，相互成文也。葢後者就而授之弟子，弟子

逆而受之與經文義正相成敖氏說殊偏而盛氏反據以駁注非也

右三耦拾取矢

衆賓未拾取矢皆袒決遂執弓搢三挾一个由堂西進繼三耦之南而立東面北上大夫之耦爲上

未猶不也衆賓不拾者未射無楅上矢也言此者嫌衆賓三耦同倫初時有射者後乃射有拾取矢禮也【疏】正義曰注云未猶不也衆賓不拾者未射無楅上矢也者賈疏云以第一番唯有三耦射無賓射法不得云未是以轉爲不以其全不拾取矢也敖氏云未拾取矢謂于堂西取矢不拾也堂西取矢固不拾矣乃言之者以繼三耦拾取之後嫌當如之也其後取矢于楅乃拾故此云未也是時雖未拾取矢亦讓取弓矢拾如鄉者三耦之爲進立射位以射事至也張氏爾岐云衆賓初射當于堂西受弓矢于有司故不拾取矢案三耦初射時亦云各與其耦讓取弓矢拾則衆賓不拾取矢又不僅以未射也盛氏世佐云此衆賓于堂西受弓矢如有司皆如三耦初取弓矢之儀其取之之法亦更迭取之上經云三

耦各與其耦讓取弓矢拾是其徵也云未拾取矢者謂不如三耦之拾取矢于楅耳不言不而言未者以第三番射時亦有拾取矢于楅之事故也張云衆賓不失取矢不僅以未射非云嫌衆賓三耦同倫初時有射後乃射有拾取矢禮也胡氏肇昕云此節賈疏說多未明析詳注意蓋以經言衆賓未拾取矢者以上言三耦拾取矢此繼言衆賓受弓矢事嫌與三耦同倫以衆賓亦拾取矢也故經特著之曰衆賓未拾取矢拾取矢之禮必初時有射者後乃有此禮故上有三耦射後乃有三耦拾取矢之禮此時衆賓未射故不拾取矢至第三番衆賓射乃亦有拾取矢之禮也經文衆賓未拾取矢對上三耦拾取矢爲言至三射衆賓亦拾取矢是不以其全不拾取矢故不曰不而曰未注就本節言之故轉未爲不而下又推言之以盡其義也

右衆賓受弓矢序立

司射作射如初一耦揖升如初司馬命去侯獲者許諾司馬降釋弓反位司射猶挾一个去扑與司馬交于階前升

請釋獲于賓猶有故之辭司射既誘射恆執弓挾矢以掌射事備尚未知當教之也今三耦卒射衆足以知之矣猶挾之者君子不必也

疏正義曰如初者蔡氏德晉云謂與誘射之儀同也方氏苞云射事畢皆以弓矢授有司于堂西誘射之矢三耦之後者以授有司則司射之射事畢矣故再射第舉作射如初示不復誘射也三耦三射皆與賓主人大夫與再射三射司射則一射而止何也誘射者教之射也賓大夫主人與焉則不敢一教也弟子筋力方進故三射皆與以强教之賓大夫主人三賓則有年長者矣故射止於再而不欲與者亦聽焉皆禮之曲盡乎人情也命去矦不言如初者敖氏繼公云可知也胡氏肇昕云賈疏云此臣禮威儀省司馬初命去矦時獲者許諾聲不絶以至于乏之再番三番命去矦直許諾無不絶聲故不言如初大射君威儀多故第二番與前同獲者亦宮商趨之故言如初初於第三番禮殺復不以宮商直許諾又不得言如初賈氏推究頗詳較敖說爲精去扑與司馬交于階前者敖氏云先去扑乃進與司馬交于階前則去扑當于西方而不于階下矣不言相左不言升及堂上所立處亦文省吳氏廷華云司馬降反位司射將升故交于階前亦當相左去扑亦當倚于西階釋獲者郝氏敬云

釋籌於地計射者所中獲射中也堉案大射以弓爲畢此經無文辟君禮也○注衆足以知之矣校勘記云矦徐本通解楊氏俱作矣陳本作矣案矣卽矣之譌今本據此遂誤作矦胡氏肇昕云疏述注亦作矣　云猶有故之辭司射旣誘射恆執弓挾矢以掌射事備尚未知當教之也者敖氏云司射于誘射之後改挾射一个至此時猶然也必云猶者嫌旣久則可以不挾也官以司射爲名故執弓必挾矢以掌射事也云今三耦卒射衆足以知之矣猶挾之者君子不必也者言一君子不必人之已知而遂不挾也故必猶挾一个備尚未知當教之也

**賓許降搢扑西面立于所設中之東北面命釋獲者設中遂視之**視之當教之

疏正義曰敖氏繼公云西面立於所設中之東亦示以設之之處如前設楅之爲之釋獲者在堂西故北面命之旣則復西面視之中實算之器也名之曰中者取其中於矦而後釋算也此不以弓爲畢亦辟大射禮　注云視之當教之者賈疏云謂教其釋算安置左右及算數告勝負之事

**釋獲者執鹿中一人執算以從之**鹿中謂射於謝也於庠當兕中

疏正義曰張氏爾岐云中形如伏獸鑿其背以受八算算射

籌也。敖氏繼公云：釋獲者自執中而不執算，亦變於君禮。注云鹿中謂射於謝也於庠當兕中者，敖氏曰：鹿中者以主人士也。記曰：士鹿中。盛氏世佐云：鹿中特爲諸侯之州長言耳，若天子之州長射于序，亦兕中。吳氏廷華云：鄉大夫、州長皆大夫，其待賓大概皆大夫禮，至射則各有其算。主人及大夫同兕中，士用鹿中，賓衆賓不在三等，士中則攝用鹿中可也，二者當兼有，經第言鹿中者，蓋據賓言之。

**釋獲者坐設中，南當楅，西當西序，東面。興，受算，坐，實八算于中，橫委其餘于中西，南末，興，共而俟。**興，還北面受算，反東面實之。

疏 正義曰：坐設中南當楅西當西序東面者，盛氏世佐云：中蓋東西設之，首在東也。知此以經言餘算委于中西，其末在南，而于中爲橫，則中之東西設可知矣。下記云鹿中，釋獲者奉之先首，而此云釋獲者坐設中東面，則其首在東，亦可知矣。淩氏釋例云：凡設中，南當楅，西當西序，東面。鄉射禮再射，司射西面立于所設中之東，北面命釋獲者設中，遂視之。釋獲者執鹿中，一人執算以從之，釋獲者坐設中，南當楅，西當西序，東面，興受算，坐實八算于中，橫委其餘于中西，興共而俟。大射儀再射，司射命釋獲者設中以弓爲畢北面大史釋獲小臣師執中先首坐設之東面退大史實八算于中橫委其餘于中西興其而俟注鄉射禮云設中南當楅西當西序是大射設中之處與鄉射同也又鄉射大射司射命射射訖釋獲者坐取中之八算改實八算于中興執而俟乃射射若中則釋獲者坐而釋獲每一个釋一算上射于右下射于左若有餘算則反委之又取中之八算改實八算于中興執而俟此釋獲也卒射取矢加楅訖司射立于中南北面視算釋獲者東面于中西坐先數右獲二算爲純一純以取一實于左手十純則縮而委之每委異之有餘純則橫于下一算爲奇奇則又縮諸純下興自前適左東面坐兼斂算實于左手一純以委十則異之其餘如右獲司射復位釋獲者遂進取賢獲執以升自西階盡階不升堂告于賓若右勝則曰右賢于左若左勝則曰左賢于右以純數告若有奇者亦曰奇若左右鈞則左右皆執一算以告曰左右鈞此數獲也蓋中者實算之器設之當西序以爲行禮之節也算者郝氏敬曰籌也中制鑿背可容八算一耦八矢一算直一矢也南末者敖氏繼公云南末象矢之北括而南鏃也褚氏寅亮云末實算者東面算于庭爲縱于人爲橫矢北括則南首算則南末與矢相變吳氏廷華云東面言實獲者東面設之也大

射執中先首則中亦東面也南末末柱南也算有本末下記握素其本也又云中當西序西序之西爲西堂又西爲西堂下釋獲者來自西堂下當東南行及東面設中執算者亦應東面隨其後釋獲者當西南取之蔡氏德晉云南末則算縱矣而曰橫委者統于中而言也蓋算于庭則縱于中則橫也其而俟者敖氏云待其將射乃執算 注云興還北面受算反東面實之者賈疏云以其所納射器皆云當西執中與算皆從堂西來向西序之南南面故執中者旣東面坐設訖興還向北面受算迴而東面實之也胡氏肇昕云注知北面受算者以設中旣東面而必興者知還北面而受算也敖氏謂興受算東面竝受也非

**司射遂進由堂下北面命曰不貫不釋**貫猶中也不中正不釋算也古文貫作關

疏 正義曰盛氏世佐云司射亦於西階之東視上射命之經文省也 注云貫猶中也不中正不釋算也者敖氏繼公云貫謂中而不脫言此者明雖中而不貫猶不釋算褚氏寅亮云中而又脫則巧力俱全安有不釋算之理命辭蓋期其貫不期其必脫也敖氏求淡反失郝氏敬云不貫矢不穿布也禮射布侯中必貫布則釋算不中不貫則不釋盛氏世佐云鄉射射質不貫質不釋算方氏苞云注

謂不中正不釋是也而於貫之義尚未切著蓋必射甲革椹質而後可貫必矢貫於鵠的而後有白矢裹尺剡注井儀之形故詩曰四鍭如樹也王制鄉簡不帥敎者習射尚功習鄉尚齒州長之習射黨正正齒位正簡不帥敎者之法也曰尚功則當以貫革爲賢尚書傳所云貫革之射閑于蒐狩者謂甲革也周官圉人充椹質以習射于澤宮州長習射宜用澤宮之禮則所貫椹質也疑士大夫雖畫布爲侯必以木爲匡蒙以布實草於其中而著於侯之背面以受矢故以翦草之工充椹質也若但畫布以爲正則數貫之後不可復射且所謂貫者特穿之而過無所白矢襄尺剡注井儀之式矣古文貫作關者惠氏棟古義曰呂氏春秋云中關而止謂關弓弦正半而止即儀禮所謂不貫也貫與關古字通史記伍子胥傳云五胥貫弓執矢嚮使者注云一貫鳥還反後漢祭彤傳能貫三百斤弓司馬貞曰滿張弓一曰貫謂上弦也古串與患通又讀爲貫故古文患作悶从心關省聲也胡氏承珙古今文疏義曰案惠說非是鄭注云貫猶中也不中正不釋算也此貫卽貫革之貫詩猗嗟射則貫兮傳亦云貫中也貫从毌說文毌穿物持之也从一橫貫象寶貨之形凡毌之屬皆从毌禮記注云貫革謂射穿甲革也古文作關者亦穿物橫持之義說

文關以木横持門戶也禮記襍記見輪人以其杖關轂而輠輪者疏云關穿也若呂覽之中關史漢之貫弓則皆彎字之俗說文彎持弓關矢也故孟子越人關弓而射之文選注引作彎弓賈誼書士不敢彎弓而報怨史記陳涉傳引作貫弓要皆非訓中之義也胡氏肇昕云字有正義有假義有引申之義而皆以聲爲主聲近而義亦隨之也古音貫與關相近滿張弓謂之貫亦謂之關因之而張弓中革謂之貫亦謂之關義本相成此經當用中革義如惠說謂不滿張弓者則不釋獲其義未顯胡氏駁之是也盛氏學標用惠說以解孟子關弓本不誤而依惠氏云即儀禮所謂不貫也牽合禮經則不惟誤解儀禮并誤解孟子矣又案張弓本字作彎彎亦有横持之義說文彎持弓關矢也是也又說文毌讀若冠毌可讀爲冠猶貫可讀爲關也

**上射揖司射退反位釋獲者坐取中之八算改實八算于中興執而俟**執所取算

疏正義曰賈疏云八算者人四矢一耦八矢雖不知中否要須一矢則一算改實八算擬後來者用之敖氏繼公云右取算以予左手執二手共執之也俟謂俟射中乃釋算

## 右司射作射請釋獲

**乃射若中則釋獲者坐而釋獲每一个釋一算上射于右下射于左若有餘算則反委之**委餘算禮尚異也委之合於中西疏正義曰敖氏繼公云乃射謂堂下拾發矢也若中則獲者言獲此則釋之釋謂置算於地獲則用此算故因名此算曰獲坐而釋獲既獲則與云每一个釋一算覆言釋獲之法也一个謂一矢中也于右于左象其堂上南面之位也下言數獲謂奇者縮之然則此每釋一算亦縮之與蓋中西之算橫則釋者縮亦宜也餘算釋之不盡者也於一耦卒射乃反委之既則與共而俟吳氏廷華云釋者釋於手置地以待算也上二耦射射上射在右下射在左尊右也故釋釋亦如之八矢不必盡中故有餘反委之者釋算于中西之位委之也亦南末張氏爾岐云釋猶舍也以所執之算坐而舍於地中首東向其南爲右其北爲左中西其後也　注云委餘算禮尚異也者謂餘算釋之不盡者委之於地別取中八算以禮尚異不用其餘也云委之合於中西者敖氏云中西謂中西之算胡氏肇昕云中西中之後也中後

故云反委之每一个釋一算上射釋于中之右下射釋于中之左此謂矢之中者矢不中則不釋算故手中得有餘算餘算則反委之合於中西也合於中西謂不於左右於中西爲空也賈疏謂橫委其餘於中西手中餘者與之合夫中西本無算以手中餘者委之方有算也而云與之合非已**又取中之八算改實八算于中興執而俟三耦卒射**（疏）正義曰敖氏繼公云言此者著繼射者之節也自上耦乃射至二耦卒射皆不言其儀亦不以如初蒙之者亦以其可知故省文也吳氏廷華云改後言興則取時坐也俟俟下耦射也下耦射與中耦同故經不言第言卒射也卒射下當有司射告賓之文與第一番同

**右三耦釋獲而射**

**賓主人大夫揖皆由其階降揖主人堂東袒決遂執弓搢三挾一个賓于堂西亦如之**（疏）正義曰敖氏繼公云司射不告賓主人射者辟君禮也皆由其階謂主人東階賓大夫西階也堂東東堂之下也堂西亦然賓主人之弓各倚於其序矢在其下而二人

乃皆於堂下執弓挾矢蓋有司取以授之大夫亦降者別於不與射者也盛氏世佐云賓主人之弓矢本在東西牆之外堂廉之上豈得於堂上取之哉敖說始誤矣 皆由其階階下揖升堂揖主人爲下射皆當其物北面揖及物揖乃射 疏 正義曰敖氏繼公云復言皆由其階者賓主射禮嫌主人從之而升降於西階也既揖乃升階乃豫言之耳主人爲下射者尊賓且不失其位也不言履物及射之儀者如三耦可知盛氏世佐云復言皆由其階者三耦同階而升嫌此亦如之也堉案義疏云衆射者升降皆由司馬之南惟賓主人第言階而無司馬之南之文則升降皆近於堂與衆別也 卒南面揖皆由其階階上揖降階揖 疏 正義曰敖氏繼公云凡耦之升降皆上射先而下射後此賓爲上射主人爲下射乃分階而行又不別見其升降之序則是主人先而賓後如常禮亦與其他爲耦者不同也 賓序西主人序東皆釋弓說決拾襲反位升及階揖升堂揖皆就席或言堂或言序亦爲庠謝互言也賓主人射大夫止於堂西 疏 正義曰敖氏繼公云賓序

西主人序東自釋弓於故處也反位升謂反位而後升也位者主人階東賓階西當序之位也反立於此相待而升也此升堂揖揖就席也凡自側階升降者經皆不見之江氏筠云鄭謂此賓主人俱釋弓于堂之下敖氏則謂爲堂上案經於賓主人之袒決遂則言堂東堂西於大夫則執弓釋弓俱言堂西至下拾取再射加于楅之矢賓主人之袒決及襲亦俱言堂東堂西其言序者獨此大夫之取矢揖進耳記云凡適堂西皆出入于司馬之南惟賓與大夫降階遂西取弓矢蓋以尊者宜逸故也然則既有有司主授受何以勞賓主大夫之自釋前後釋弓已明見優尊之法何以獨此時不然乎則鄭謂堂序互言自是不易之論矣蓋說者多泥序東序西惟堂上得稱不知經固不專以目堂上也士喪禮襲經于序東注序東東夾前疏釋曰經云主人降自西階更無升降之文而云序東東夾前者謂鄉堂東東西當序牆之東又當東夾之前非謂就堂上東夾前也觀此說可以知之矣　注云或言堂或言序亦爲庠謝互言也者經義聞斯錄云注意蓋以堂屬庠以序屬謝然考古人鄉與州黨之學皆有堂有序平地謂之庭尚上謂之堂有階爲堂無階爲庭此篇州序之禮而屢言升階降階當階及階阼階西階是有堂矣爾雅云東西牆謂

之序此篇凡言序端東序西序序東序西皆非州序之義乃堂上之東西牆耳士冠禮主人直東序西序賓直西序亦與此篇之序同觀納射器賓與大夫之弓倚于西序矢在弓下衆弓倚于堂西矢在其上主人之弓矢在東序東則主人堂東賓堂西以弓矢在序東序西也故射畢而主人與賓釋弓仍在序東序西後文又云賓堂東主人堂西皆釋弓矢襲與此經文異而事正同不然豈賓主大夫之弓矢據州學言衆賓之弓矢又據鄉學言乎堂東堂西指堂廉下言序東序西指堂廉上言倚于東西序則在序外堂廉之上衆弓倚于堂西矢在其上則弓在堂廉下而矢在堂廉上耳云云賓主人射大夫止於堂西者案記云大夫降立于堂西以俟射注以此決之也

右賓主人射

大夫袒決遂執弓搢三挾一个由堂西出于司射之西就其耦大夫爲下射　疏　正義曰敖氏繼公云大夫與賓同降止于堂西至是乃袒決遂執弓矢亦尊者事至而後爲之也大夫執弓亦有司授之于堂西就其耦亦由其西而立于其南也大夫爲下射者以貴下賤

之義也大夫于士尊固尊矣若復爲上射則大不敵故與士爲耦則必爲之下射方氏苞云大夫雖尊爲遵則有主道故於衆賓亦遜焉案義疏云大夫尊與賓主等乃一升一降由司馬之南者蓋就其耦於射位不得不與衆射者同至釋弓堂西其耦已止則大夫自當徑至階下如賓主之禮不必由司馬之南也又大夫弓矢倚于序此執搢挾乃在堂下者案賓主人有司自東西堂上授之大夫當亦然

**揖進耦少退揖如三耦及階耦先升卒射揖如升射耦先降降階耦少退皆釋弓于堂西襲耦遂止于堂西大夫升就席**耦於庭下不竝行尊大夫也在堂如上射之儀近其事得申

疏 正義曰敖氏繼公云此經言士與大夫爲耦之儀其異於三耦者惟於庭少退耳則其他皆同可知褚氏寅亮云耦先升三等而大夫從之上射之禮也皆釋弓于堂西亦過司馬之南而後爲之以與耦俱行故也○注耦於庭下校勘記云徐本通解楊氏俱無下字 云耦於庭下不竝行尊大夫也者謂揖進耦少退降階耦少退不與大夫竝行所以尊之也云在堂如上射之儀近其事得申者謂及階耦先升升三等而大夫從之揖

如升射謂堂上三揖耦先降與先升同皆上射之儀也以近射事故得中上射之禮也

右大夫與耦射

**衆賓繼射釋獲皆如初司射所作唯上耦**於是言唯上耦者嫌賓主人射亦作之大射三耦卒射司射請於公及賓【疏】正義曰衆賓繼射韋氏協夢云此衆賓謂不與大夫爲耦者敖氏繼公云不言如三耦可知也釋獲皆如初敖氏曰皆皆賓主人以下也 注云於是言唯上耦者嫌賓主人射亦作之者敖氏曰嫌作射亦在如初中故以明之韋氏曰司射作上耦則二耦三耦至賓主衆賓皆與聞矣故不必更作之案經言司射所作唯上耦在衆賓繼射下明衆賓射非一耦而所作唯上耦其餘耦不更作也唯上耦對衆耦言不對賓主言也注推及賓主明餘耦不作賓主亦不作也引大射者賈疏曰記云賓主人射則司射擯升降是雖不作猶爲擯相之但不請也

**卒射釋獲者遂以所執餘獲升自西階盡階不升堂告于賓曰左右卒射降反位坐委餘獲于中西興**

共而俟司射不告卒射者釋獲者於是有事宜終之也餘獲餘算也無餘算則空手耳俟俟數也疏正義曰敖氏繼公云後射者旣由司馬之南而適堂西釋獲者乃告卒射也執獲以告己所有事者也不升堂降於司射也左右猶言上下射也此亦據其所立之物而言之注云司射不告卒射者釋獲者於是有事宜終之也者以前番射司射告卒射此不告是使釋獲者終其事也云餘獲餘算也無餘算則空手耳者以一耦八矢盡中則釋八算無餘算則空手以告無所執也云俟俟數也者敖氏云謂俟司射視算乃數之

右衆賓繼射釋獲告卒射

司馬袒決執弓升命取矢如初獲者許諾以旌負侯如初司馬降釋弓反位弟子委矢如初大夫之矢則兼束之以茅上握焉兼束大夫矢優之是以不拾也束於握上則兼取之順羽便也握謂中央也不束主人矢不可以殊於賓也言大夫之矢則矢有題識也肅愼氏貢楛矢銘其括今文上作尙疏正義曰敖氏云禮無決而不遂

者此決字當爲衍文上經云司馬適堂西不決遂袒執弓
此宎如之也司馬降亦由司射之南釋弓于堂西襲乃反
位○注貢楛矢校勘記云楛釋文作枯云字又作楛　云
兼束大夫矢優之是以不拾也者郝氏敬云大夫之矢束
以茅使大夫弁取不煩拾取也盛氏世佐云矢兼束之以
茅者大夫之禮宎然非以其不拾取故也大射儀賓諸公
卿大夫之矢皆異束之以茅而其取之也亦拾則可見矣
大射云異束以每人各一以茅而言也此云兼束以四矢共
一束而言也姜氏兆錫疑此誤當從大射作異束非云束
於握上則兼取之順羽便也握謂中央也者朱子云注疏
上握之說未明宎束之羽之處當在中央手握處之下使
在上握則去鏃近而去羽遠取之便易也敖氏云上握謂
於手握之處也矢以鏃爲上括爲下下經云面鏃是也盛
氏云上矢鏃也四寸曰握下記云箭籌八十長尺有握是
也上握焉者謂束之之處去鏃四寸也矢笴長三尺羽六
寸刃二寸束之去鏃四寸則去羽尺有八寸矣必於此者
恐其傷羽也褚氏寅亮云取矢必先脫束然當其束時亦
必遠羽而近鏃斯不損羽故云上握焦氏以恕云大夫爲
下射則西面取矢所謂覆右手自弓上取北括之矢者也
然必進坐說束而後取之則敖氏上於手握之說爲得之

胡氏肇昕云：握在手之中央，故云握謂中央也。束於握上謂以茅束之於手所握處之上，卽敖氏所謂上於手握之處也。盛氏據穀梁注握四寸之文解說雖新，然非經上握之意矣。云不束主人矢不可以姝於賓也者，韋氏協夢云：兼束大夫矢者，以異爵尊之也。主人士也，安得束之？注以不束主人矢爲不姝於賓，始指鄉大夫賓賢能時行此禮者，亦不束主人矢與？盛氏云：雖鄉大夫爲主人亦不束者，以賓故俯從士禮也。云言大夫之矢則矢有題識也者，敖氏云：周官鄉師職曰黨共射器，州共賓器，鄉共吉凶禮樂之器。然則古之射于學宮者，其射器亦皆公家共之與？此大夫之矢未必大夫所自有也，但於衆矢之中取乘矢而兼束之，卽爲大夫之矢矣。胡氏肇昕云：案盛氏謂當從敖說。今案前弟子納射器云賓與大夫之弓倚于西序，矢在弓下北括；衆弓倚于堂西，矢在其上；主人之弓矢在東序東。賓大夫主人衆賓弓矢各分別言之，是其弓矢皆必有所題識，始可知也。雖其弓矢不必皆其人所自有，然其有識別而不混於所施，則有可懸擬者，注云未可非也。肅愼氏貢楛矢銘其括，事見國語，注引以證矢之有題識也。云今文上作尚者，胡氏承珙疏義云：案上下字作上，尊尚字作尙。鄭於上握從古文作上，於覲禮尙左從今文作尙者

皆取其當文易曉耳

司馬乘矢如初疏正義曰敖氏繼公云乘矢惟言如初則是不進東矣亦異於大射禮也

右司馬命取矢乘矢

司射遂適西階西釋弓去扑襲進由中東立于中南北面視算釋弓去扑射事已疏正義曰敖氏繼公云遂者由釋獲者之西而北行也由中東明于階西直進也盛氏世佐云司射視設中命上射訖卽反中西南之位至是云遂適西階西者謂自其位而北行也進由中東則于階西東行而出于中之北矣注云釋弓去扑射事已者視算旣在射之後射訖而視其算故云射事已也敖氏云釋弓并矢去之去扑而視算爲算中有尊者之獲不敢佩刑器以視之敬也必釋弓矢者射事已矣因去扑之時可以并去之也不執弓則不宜袒故襲不言說決拾文省韋氏協夢云司射命取矢之時本未決遂故此不云說決拾敖謂文省非褚氏寅亮云注云射事已明甚敖氏謂不敢佩刑器以視之迂甚中西之地有算而釋獲者又在故由

中東

**釋獲者東面于中西坐先數右獲**固東面矣復言之者爲其少南就右獲

疏正義曰張氏爾岐云右獲上射之獲敖氏繼公云先數右獲尊上射也

**二算爲純**純猶全也耦陰陽

疏正義曰耦陰陽者謂陰陽相合也

**一純以取實于左手十純則縮而委之**縮從也於數者東西爲從古文縮皆爲蹙

疏正義曰敖氏繼公云取謂以右手數即取之委之當在所釋右獲之南　注云於數者東西爲從者賈疏云凡言從橫者南北爲從東西爲橫今釋算者東面則據數算東爲正故云於數者東西爲從也云古文縮皆爲蹙者詳鄉飲酒禮

**每委異之**易校數

疏正義曰敖氏繼公云異之者又在其南

**有餘純則橫于下**又異之也自近爲下

疏正義曰賈疏云此則以南北爲橫也敖氏繼公云有餘不成十者也下謂委之西橫之者空變於上純自二以上則亦每純異之以次而西此橫者亦南末也其縮者東末與盛氏世佐云橫南北設也下中西少南也純之縮者順中而設故亦以西爲下敖氏云縮者東設非注云自近爲下者謂以近釋獲者爲下也

**一算爲奇奇則又縮諸純下**

奇猶虧也又從之【疏】正義曰盛氏世佐云純下謂餘純之南也

**興自前適左東面**起由中東就左獲少北於故東面鄉之【疏】正義曰起由中東案集釋本由中西誤集說本更端故起由中東更端故三字當是敖氏所添注云少北於故者賈疏云故則又算也又移至左算之後東面鄉之

**坐兼斂算實于左手一純以委十則異之**變於右【疏】正義曰校勘記云十誤作實注云變於右者張氏爾岐云於右獲則自地而實于左手數至十純則委之于左獲則自左手而委于地數至十純則異之是其變也其縱橫之法則同

**其餘如右獲**謂所縮所橫【疏】正義曰敖氏繼公云謂如其所縮所橫及每委異之也異之則亥而北與盛氏世佐云敖說每委二字當作十純

**司射復位釋獲者遂進取賢獲執以升自西階盡階不升堂告于賓**賢獲勝黨之算也齊之而取其餘【疏】正義曰注云賢獲勝黨之算也者敖氏云勝黨所餘之算也言賢者因下文也張氏爾岐云賢猶多也賢獲所多之算云齊之而取其餘者敖氏云旣數左獲少退當中之正西校其算之多寡卒進取其所餘者

二手共執之以升

**若右勝則曰右賢于左若左勝則曰左賢于右以純數告若有奇者亦曰奇**

賢猶勝也言賢者射之以中爲雋也假如右勝告曰右勝于左若干純若干奇

疏 正義曰賈疏云若干者數不定之辭凡數法一一已上得稱若干奇則一也一外無若干鄭亦言若干者因純有若干奇亦言若干奇言若干者衍字也孔氏穎達投壺正義曰勝者若雙數則曰若干純隻數則曰若干奇猶十算則云五純九算則云九奇也朱子曰孔說差勝然或是九算則曰四純一奇也盛氏世佐云孔疏與注合若朱子所言則奇仍不可言若干矣又案投壺曰遂以奇算告曰某黨賢于某黨若干純奇則曰奇若然則釋獲之取賢獲無論多寡止一算而已亦不盡所餘而執之胡氏肇昕云投壺某黨賢于某黨若干純奇則曰奇純言若干奇不言若干者承純而省之也蓋所餘之算盡純數則曰若干純若有奇數則不除其純數而唯曰若干奇也賈疏疑爲衍文非是褚氏寅亮云告則分左右而總計之歛則仍視各耦之勝負假令十算則曰五純假令九算則曰四純一奇蓋算有二即曰純矣孔氏穎達謂九算則曰九奇恐未然

**若左右鈞則左右**

皆執一算以告曰左右鈞降復位坐兼斂算實八算于中委其餘于中西興共而俟疏正義曰賈疏云此將爲第三番射故豫設之或實或委一如前法敖氏繼公云兼斂算者兼斂左右之算及橫于中西者而執之也○淩氏射禮數獲卽古算位說一篇今錄於後曰鄉射大射數獲之位卽古籌算之位也禮記投壺卒投請數數鄭氏亦引射禮以注之考鄉射禮第二次射畢數獲釋獲者東面于中西坐先數右獲二算爲純一純以取實于左手十純則縮而委之鄭注縮從也于數者東面爲從孔氏穎達投壺疏滿十純則從而委之每十雙則東西縮爲一委經又云每委異之鄭注易校數案此籌皆東西直引也經又云有餘純則橫于下鄭注又異之也自近爲下孔穎達投壺疏有餘謂不滿十雙或八雙九雙以下則橫于純下謂一橫在十純之西南北置之案此籌皆南北橫引也經又云一算爲奇奇則又縮諸純下鄭注奇猶虧也又從之孔穎達投壺疏若唯有一算則縮之零純之下在零純之西東西置之案此籌又東西直引也數右獲畢則數左獲亦東面坐兼斂一算實于左手一純以委十則異之鄭注變於右賈疏右則一一取之于地實于左手此則

總斂于左手一一取之于左手委于地是變也必變之者禮以變爲敬也經又云其餘如右獲鄭注謂所縮所橫楊信齋曰釋算之法先數右獲其算在地以右手取之于地二算爲純實于左手十純則縮而委之于地有餘純則橫于下奇則又縮諸純下及其數左獲也總斂其算于左手以右手取之二算爲純卽委之于地十純則異之其餘如右獲謂有餘純則橫于下奇則縮于純下如右獲之法也是數右獲左獲雖有于地于手之異而其先直列次橫列又次復直列則皆同也大射儀數獲亦然其法滿十位則直橫遞列恐其易淆也蓋古九數布籌列位之本法凡算皆用之不獨射禮數獲也故旣夕禮云讀書釋算則坐鄭注必釋算者榮其多然則數多皆釋算可知也元郭若思授時草乘除之位正如此唯其位平列爲小異耳自珠算盛行古算籌算位皆已不傳僅此見于禮經者尚可推見聖人遺制梅氏古算器考但引周易揲著以證古算籌而不及此蓋未之深考也

右數獲

司射適堂西命弟子設豐將飲不勝者設豐所以承其爵也豐形蓋似豆而卑【疏】正義

曰敖氏繼公云命設豐乃不揞扑者以尊者亦當飲此豐上之觶故也褚氏寅亮云敖說非也賓主大夫之飲固執爵者酌授于席前卒觶而授執爵者也不在豐堉案設豐不言面位據大射儀司宮士奉豐由西階升北面坐設于西楹西則此亦北面設之也　注云設豐所以承其爵也豐形蓋似豆而卑者蔡氏德晉云豐以木爲之其形似豆所以承罰爵者聶氏崇儀禮圖曰舊圖引制度云射罰爵之豐作人形豐國名其君坐酒亾國戴杅以爲戒張氏鎰云鄭注鄉射與燕禮義同以明其不異也制度之説何所據乎且聖人一獻之禮賓主百拜此其所以備酒禍也豈獨於射事而以亾國之豐爲戒哉恐非也

**弟子奉豐升設于西楹之西乃降勝者之弟子洗觶升酌南面坐奠于豐上降袒執弓反位**

勝者之弟子其少者也耦不酌下無能也酌者不授爵略之也執弓反射位不俟其黨已酌有事

疏正義曰　注酌者不授爵校勘記云授誤作授　云勝者之弟子其少者也者賈疏云以其執弟子禮使令故知少者也敖氏曰弟子不待司射命之而洗觶升酌者設豐實觶其事相因可知也此不命之而弟子知其爲勝黨者蓋於釋獲者升告之

時已與聞之矣勝者之黨實觶者主于飲不勝者也然亦惟發端以見其意耳故後有執爵者爲之云耦不酌下無能也者方氏苞云注非也非獻非酬本無親酌之義投壺禮勝者曰敬養而亦使他人酌則非下無能審矣蓋勝者張弓而先升不勝者弛弓而先降彼此相形實有難爲情者雖法行於有司而同儕猶略見獻酬之意故使子弟洗酌坐奠于豐亦曰敬養之義耳吴氏廷華云少謂勝者之少者卒射已立于堂西升酌畢降立于堂西與衆射者同奉司射北面之命遂俱袒決拾執張弓反于司射西南之位不言決拾張弓可知又云耦不酌説可解不可解罰爵自取飲故不授非略之也凡射者儀節皆俟有司之命行之弟子之升酌因設豐之命也則執弓反射位亦當在下射命之之後與衆俱袒而反位也云酌者不授爵略之也者敖氏云辟飲尊者之禮也云執弓反射位不俟其黨已酌有事者敖氏云反位反堂西之位此時袒執弓於禮無所當疑衍大射儀無之盛氏世佐云勝者之弟子亦與于射者也其洗觶升酌也自堂西而來則其反位也亦反于堂西耳注乃以爲反射位者因經袒執弓三字在反位之上而誤也夫衆射者之弓皆釋于堂西禮未有于階前袒執弓者敖氏所以有衍文之疑也以愚考之則亦非衍也

葢云降袒執弓則其適堂西可知矣反位者反南面東上之位就其耦也先袒執弓而後反位者爲其耦已執弛弓而俟也經言此者遂著司射遂袒執弓以下事與此洗觶升酌同節也且以見此弟子之亦與射也不言決遂文省也褚氏寅亮云經云勝者之弟子則即射賓中之年少者矣以是勝黨故袒執弓降時始執者前洗酌有事也先反射位者事畢也注皆因依經立訓敖氏以此弟子爲設楅設豐之輩位在堂西而不與射故以袒執弓三字爲衍文而以反位爲反堂西之位非也

**司射遂袒執弓挾一个搢扑北面于三耦之南命三耦及衆賓勝者皆袒決遂執張弓**執張弓言能用之也右手執弦如卒射

疏 正義曰敖氏云司射袒亦決遂經文省耳方氏苞云不言決遂下適階西釋弓矢說決遂有明文也注云執張弓言能用之也右手執弦如卒射上文卒射執弓不挾右執弦此亦如之也敖氏曰執張弓射時執弓之常法也

**不勝者皆襲說決拾卻左手右加弛弓于其上遂以執弣**固襲說決拾矣復言之者起勝者也執弛弓言不能用之也兩手執弣又不得執弦

疏 正義

曰敖氏云此亦司射以是命之也　注云固襲說決拾矣復言之者起勝者也者以前降堂時既襲說決拾矣此復言之者以不勝者之襲說決拾起勝者之袒決遂也敖氏曰不勝者固襲脫決拾矣復言之者承命勝者之後宜明言之不然則嫌亦袒決遂與之同也云執弛弓言不能用之也者案說文張弛弓弦也弛弓解弦也是張弓爲弛弦之弓故言能用之也弛弓爲解弦之弓故言不能用之也云兩手執弣又不得執弦者敖氏云左手卻執弣則右手其覆執簫焉

**司射先反位**居前俟所命來疏正義曰俟所命來者張氏爾岐云所命謂三耦衆賓

**三耦及衆射者皆與其耦進立于射位北上**疏正義曰敖氏云三耦以下皆如司射所命而後進也大夫之耦亦當進立于三耦之南郝氏敬云射位始序立作射之位司射與司馬位之西南也

**司射作升飲者如作射一耦進揖如升射及階勝者先升升堂少右**先升尊賢也少右辟飲者也亦相飲之位疏正義曰淩氏釋例云凡飲不勝者未升堂之前三揖曰耦進揖曰當階北面揖曰及階揖鄉射禮再射飲不勝者司射作升飲者如作射一耦進揖如升

射三射飲不勝者如初大射儀再射飲不勝者小射正作升飲射爵者如作射一耦出揖如升射三射飲不勝者如初經云揖如升射則亦當如射時未升堂之前耦進揖當階北面揖及階揖之三揖也　注云先升尊賢也者敖氏云先升道之勝者升三等而不勝者從之也上下射在庭如初儀至階乃以勝負分先後蓋屈信之節然爾韋氏協夢云耦不酌不授而同升者不敢自矜其功也但勝者先升則已有別矣云少右辟飲者也者朱子曰右自北面而言則東也所以辟當飲者使當升取觶也敖氏云少右辟飲者變於射時也云亦相飲之位者賈疏云相飲者皆北面于西階授者在東飲者在西朱子曰相飲之位謂飲之者立於飲者之右也**不勝者進北面坐**

**取豐上之觶興少退立卒觶進坐奠于豐下興揖**立卒觶不祭不拜受罰爵不備禮也【疏】正義曰敖氏云進固北面矣乃言右手執觶左手執弓之者嫌南面奠觶則亦當南面取觶也少退者欲與勝者並乃飲也豐下豐下之南方氏苞云投壺禮不勝者奉觴勝者跪曰敬養主賓相歡無所謂榮辱也此則同耦相視絕無禮與辭有司行法私禮無所施　注云右手執觶左手執弓者賈疏云此無正文以祭

禮皆左手執爵用右手以祭此亦可知也**不勝者先降**後升先降略之不由次 疏 正義曰敖氏云後升者先降亦變於射時也此禮以勝者爲主故勝者先升不勝者先降勝者從降亦中等不勝者若下射也則旣降而少右上射則少左庭中之行如射時**與升飲者相左交于階前相揖出于司馬之南遂適堂西釋弓襲而俟**俟復射 疏 正義曰淩氏釋例曰凡飲不勝者旣飲之後二揖曰卒觶揖曰降階與升飲者相左交于階前揖鄉射禮再射飲不勝者耦進及階勝者先升堂少右不勝者進北面坐取豐上之觶興少退立卒觶進坐奠于豐下興揖不勝者先降與升飲者相左交于階前相揖出于司馬之南遂適堂西釋弓襲而俟三射飲不勝者如初大射儀再射飲不勝者耦出及階勝者先升升堂少右不勝者進北面坐取豐上之觶興少退立卒觶進坐奠于豐下興揖不勝者先降與升飲者相左交于階前相揖適次釋弓襲反位又云衆皆繼飲射爵如三耦三射飲不勝者如初是飲不勝者旣飲之後二揖也此二揖猶射時卒射揖降階與升射者相左交于階前揖及拾取矢時旣拾取矢揖旣退與進者相左揖也拾取矢在庭故曰進退射

與飲在堂故云升降也此飲在西楹之西勝者不與故無升堂揖當物揖及物揖三揖與升射時不同也又鄉射賓主人不勝則不執弓執爵者取觶降洗升實之以授于席前受觶以適西階上北面立飲卒觶授執爵者反就席鄉射記主人亦飲于西階上疏云此謂主人在不勝之黨受罰爵之時也賓主人飲罰爵其禮異於衆耦者優之也敖氏繼公云不勝者釋弓而已勝者又說決拾而襲也經文省耳　注云俟復射者謂俟第三番射敖氏曰俟謂南面東上以俟司射之後命

**有執爵者**

主人使贊者代弟子酌也於既升飲而升自西階立於序端

疏 正義曰注云主人使贊者代弟子酌也者案弟子亦與於射者故主人使贊者代之贊者不射者也方氏苞云向有三射弟子多與焉如每耦之弟子皆一升洗酌費時而失事矣故別使執爵者代之惟於初升之一耦見其義執爵與獲者同稱則亦州之屬士耳云於既升飲而升自西階立於序端者敖氏繼公云執爵者之升似當在上耦未升飲之時立於序端以俟之也胡氏肇昕云弟子洗觶升酌南面坐奠于豐上以後階上弟子無事遂降至上耦升飲既訖將飲衆耦於是有取觶實之之事而執爵者代弟子以升自西階立于序端以執其事不必於上耦未升飲之時

而立以俟之也敖說與鄭異非是**執爵者坐取觶實之反奠于豐上升飲者如初**每者輒酌以至於徧疏正義曰敖氏繼公云取觶北面奠之亦南面　注云每者輒酌以至於徧者敖氏曰注意蓋每人既飲則執爵者輒爲酌之以至於徧也**三耦卒飲賓主人大夫不勝則不執弓執爵者取觶降洗升實之以授于席前**優尊也

疏正義曰敖氏繼公云上射勝則酌主人大夫下射勝則酌賓授于席前賓主人則於其右大夫則於其左皆邪鄉之　注云優尊也者郝氏敬云賓主人大夫飲不執弛弓不親取觶觶必洗必授之席前不反奠殊尊也方氏苞云雖優尊者實與不勝者同罰蓋古者武事莫重於射君臣長幼莫不盡志於此無事則以習禮樂有事則以決戰勝所以保國衛民將於是乎在大夫州長卽有事時之軍帥師師帥也故老病不能射者可辭於請射之初而與於射則不敢寬其罰蓋法不行於貴者則無以肅其下也又曰媵酬爵以奠而不敢授爲敬舉射爵則反之何也以飲爲罰非獻酬以將慶敬之比故奠于豐俾自取飲使尊者自降而取飲則義不安故又使執爵者升授也**受觶**

以適西階上北面立飲受罰爵者不亟自尊別疏正義曰敖氏云西階上亦楹西少南此飲罰爵者之正位也以是禮主于罰爵故雖尊亦當就此而飲郝氏敬云飲不于席于西階亦北面亦立飲其示罰同也胡氏肇昕云執爵者實觶授于席前優尊者若不敢罰之也受觶以適西階上不敢以尊者自別故不于席飲而必適西階上從其罰也

卒觶授執爵者反就席大夫飲則耦不升以賓主人飲耦在上嫌其升疏正義曰敖氏云不升立于射位也大夫既飲則徑適堂西而釋弓與褚氏寅亮云耦不升堂徒執張弓立于射位甚無謂也況大夫之耦不勝大夫並不執張弓也而謂大夫不勝耦乃執張弓乎既不執又何釋敖氏說似臆撰胡氏肇昕云上文賓主人大夫不勝則不執弓是大夫與賓主人同禮也大夫既飲亦反就席不執弓也敖說非郝氏云大夫飲耦不升賓主人飲勝者同升可知

若大夫之耦不勝則亦執弛弓特升飲尊者可以孤無能對疏正義曰敖氏云言特升飲明大夫在席自若也大夫飲而耦不升則耦飲而大夫不與亦亟爾執弛弓而升飲衆賓之不勝者其禮然故不得以所與爲耦者之異

而變也郝氏敬云大夫耦飲大夫不升則賓主人耦飲同可知○注無能對校勘記云徐本無對字　云尊者可以孤無能對者盛氏世佐云注意葢謂不勝者特升飲是以其無能而孤之也大夫與其耦尊卑不敵故可耳其敵者則必與之偕也

**衆賓繼飲射爵者辯乃徹豐與觶**　徹猶除也設豐者反豐於堂西執爵者反觶於篚

疏　正義曰校勘記云衆賓繼飲繼誤作旣○敖氏云衆賓繼飲皆如三耦也自命設豐以下皆言勝者飲不勝者之禮若左右鈞則無此而卽獻獲者與郝氏敬云射爵卽罰爵也

**右飲不勝者**

**司馬洗爵升實之以降獻獲者于侯**　鄉人獲者賤明其主以侯爲功得獻也

疏　正義曰敖氏云獲者受命于司馬故司馬主獻之　注云鄉人獲者賤明其主以侯爲功得獻也者敖氏云是時獲者負侯未退就而獻之辟君禮也獻時葢西南面大射之禮獻獲者于侯西北三步吳氏廷華云大射服不與獲者並稱則二者等耳卿大夫不備官此獲者亦當以其屬攝之周禮服不下士攝者雖卑未必賤於下士但大射

設尊此不設尊大射獻服不于侯西三步此卽獻之于侯者彼諸侯禮詳此大夫禮略也注以賤爲說非是埴案獲者之位八負侯也右个也左个也侯中也左个之西北三步也薦右也再負侯也乏南也八者以負侯始亦以負侯終方氏苞云獲者不並得獻且有俎獻于侯示以侯而得獻也大射則服不先受獻于侯之西北設薦俎而後轉以祭侯示不寧侯本不當祭而服不私獻之也示獲者以侯得獻並於鄉人校射見之明不寧侯本不並祭並於諸侯之大射見之禮之變必有義而置之各有其所如此

**薦脯醢設折俎俎與薦皆三祭**

皆三祭爲其將祭侯也祭侯三處也〔疏〕正義曰敖氏云先設薦俎乃受爵亦變於君禮也其設之亦當侯中在獲者之前注云皆三祭爲其將祭侯也祭侯三處也者賈疏云三處下文右與左中是也敖氏曰皆三祭爲其將祭於侯之三處也薦有三祭謂脯之半膱者三也俎祭謂扐肺也薦俎皆北面設之俎在薦南吳氏廷華云諸經獻後乃設薦俎此在獻前者蓋將設猶未設下左右中及西北三步乃設之下注薦之於位是也薦祭脯醢俎祭肺脯則下記祭半膱橫于上是也祭祭食也禮食必有祭也三祭者注所謂獲者以侯爲功也侯有中及左右故必歷三處

祭薦俎及酒示三處皆其所也又經明言獻服不其受爵乃祭酒祭薦祭俎皆獻禮耳注因此經祭字遂以祭侯言之周禮注亦以此爲說據夏官射人祭侯則爲位則祭侯固有其禮但不可以獻服不卽爲祭侯據此爵及薦俎皆一蓋專爲獲者設耳若謂祭侯三處則應三爵三薦俎不應止用一爵一薦俎爲移此就彼之計且獲者亦不應代侯卒爵以尸禮言則侯北面尸亦不應南面也又據經先獻獲者後獻釋獲者兩獻俱有祭若以此祭爲祭侯豈下釋獲者亦可謂之祭中乎張氏爾岐云皆三祭脯之半脡俎之離肺皆三也蔡氏德晉云三祭謂祭侯之左右中三處故俎之肺與脯之半職皆用三也

獲者負侯北面拜受爵司馬西面拜送爵

負侯負侯中也拜送爵不同面者辟正主也其設薦俎西面錯以南爲上爲受爵於侯薦之於位古文曰再拜受爵

【疏】正義曰敖氏云固負侯北面矣復言之者明其還而倚旌乃拜且嫌受獻或異面也　注云拜送爵不同面者辟正主也者賈疏云上文正主獻賓獻衆賓皆北面與受獻者同面今此與受獻者不同面故云辟正主也敖氏云拜送爵不同面明其異於常禮也云其設薦俎西面錯以南爲上爲受爵於侯薦之於位者賈疏云此云負侯

北面拜受爵是受爵於侯下云左个之西北三步東面設薦是薦之於位也經云東面注云西面鍇者據設人而言盛氏世佐云注意蓋謂上文設薦俎之法設者西面鍇之以南爲上俎在薦南也知西面鍇者以送爵者亦西面面故也先設於此者爲其受爵於侯故亦於其負侯之位薦之也獲者北面而設俎在薦南者以其暫鍇於此且變於祭侯也疏誤吳氏廷華云儀禮之側獻受在階上及席前受訖就席乃設薦俎是注所謂薦之於位不在此受爵之所也又云設薦俎薦在內俎在外注所謂鍇謂俎鍇出在外則是由南而北鍇注以爲西面鍇失之矣又陳設必因乎位獲者北面則薦俎當以北面爲準北面以東爲上注以爲南上亦不合據疏云據文東面蓋指下文左个西北之設言不知彼是獲者東面故可以爲南上且亦不可謂之西面鍇也疏爲之解曰據設人而言然據此經獲者北面送爵者不南面相向則下文獲者東面薦者亦未必西面相對也少牢特牲尸東面故南上爲下獲者東面同但下面設在左於西北此射在侯旁得以彼證此云古文曰再拜受爵者胡氏承珙古今文疏義曰案大射儀獻服不云服不侯西北三步北面拜受爵與此獻獲者事同知古文再字衍也

**獲者執爵使人執其薦**

**與俎從之，適右个，設薦俎。**

獲者以侯爲功，是以獻焉。人謂主人贊者，上設薦俎者也。爲設籩在東，豆在西，俎當其北也。言使設，新之。

【疏】正義曰：郝氏敬云：「侯北向，以東爲右，偏則爲个。」姜氏兆錫云：「獻爵於侯，負侯拜受，謂居一侯北三步而不西耳。若謂於侯拜受，則侯中與左右个皆一侯之內也，相去幾何？何以云使人執其薦與俎從之適右个邪？惟去其侯三步，東往右个，故曰執而從之，又曰適。」盛氏世佐曰：「經云獻獲者於侯，又云獲者負侯北面拜受爵，則其於侯中明矣。侯中與右个在一侯之內，乃云使人執其薦與俎從之而適者，禮以變易爲敬，不徑自中而移於東也。下經云適左个，中亦如之，然則自右而移於左，自左而復移於中，皆使人執其薦俎從之而適也，豈必去侯三步而後可云適哉？姜說誤矣。」注云「獲者以侯爲功，是以獻焉」者，敖氏曰：「獲者因射侯而得獻，故就侯而祭其薦俎以與酒焉，示不忘本也。」云「人謂主人贊者，上設薦俎者也」者，以前使爲獲者設薦俎是主人贊者，故知此亦同也。云「籩在東，豆在西，俎當其北」者，賈疏云：「侯以北面爲正，依特牲、少牢皆籩在右，故知籩在東，右廂，豆在西，左廂也。」敖氏云：「下言獲者南面坐祭薦，乃祭俎，則是俎在侯北，薦在俎北，而獲者又在薦北，如常禮矣。其設薦之位亦脯西而醢東蓋上右也薦俎不統於侯者此獻主於獲者非爲侯故耳焦氏以恕云祭侯之祭以今時例之亦如旗纛神之祭相似但今則加嚴敬而古之祭侯頗略直與始爲飲食之祭相準然始之設薦蓋設之於侯而不在西北三步之位繼之設薦豆統於侯以北面爲正而遵在右者得之矣至於獻獲之禮不參祭侯者始非禮意也經云獻獲者於侯乃通下文而言之不必過泥此一語也云言使設新之者賈疏云鄭意嫌更使人設之其實薦此者仍前人而云使人設薦俎示新之而已

**獲者南面坐左執爵祭脯醢執爵興取肺坐祭遂祭酒**

爲侯祭也亦二手祭酒反注如大射　疏　正義曰注反注校勘記云反徐本作及通解楊氏俱作反○敖氏曰必云執爵興者見其所取者非離肺也取離肺者必奠爵乃興　注云爲侯祭也者賈疏云此正祭侯故獲者南面鄉侯祭也云亦二手祭酒反注如大射者大射儀云獲者左執爵又祭薦俎二手祭酒此不云二手者文不具耳

**興適左个中亦如之**

先祭左个後中者以外即之至中若神在中也　疏　正義曰中亦如之校勘記云亦唐石經徐本楊氏俱作皆通解敖氏作亦案敖云謂適左个又適侯中皆

如適右个而祭之儀也則敖所見本亦作皆刻集說者誤改爲亦耳　注云先祭左个後中者以外卽之至中若神在中也者敖氏曰先右次左後中禮之序然爾士虞禮曰主人扱米實于右三實一貝左中亦如之其序正與此同

**左个之西北三步東面設薦俎獲者薦右東面立飲不拜旣爵**不就乏者明其享矦之餘也立飲薦右近司馬於是司馬北面【疏】正義曰敖氏云左个之西北三步獲者受獻之正位也鄉以有爲而受於矦今執爵空居正位故執爵先立於此而東面執薦俎者又從之而西面設於其東也薦右臑南也飲於薦右亦變於大射禮也以違其位而南故復言東面盛氏世佐云東面設薦俎謂主人之贊者東面設也舊說獲者東面設者西面非張氏句讀以此五字爲句今從之褚氏寅亮云左个西北三步獲者之位也注以爲受爵於矦薦之於位獻薦異處敖氏謂獻薦皆在矦細玩此經及大射儀其言獻也則異其文此則曰獻獲者於矦矦又曰獲者負矦北面拜爵明其在矦也大射儀則曰獻服不氏服不矦西北三步北面拜受爵明獻之於位也兩處經文不同也至其言薦也則同於獲者將祭時俱曰薦俎從之於旣祭後俱曰左个之西北三步東面

設薦俎竝無異詞然則兩禮所設薦俎俱在其位明矣如薦俎先設於侯中乃獲者不先祭中反令徹其薦俎先祭右个左个然後仍設故處而祭中何邪故當以注爲正至所以獻薦雖主獲者實兼爲侯是以俎有三祭旣有三祭則當爲侯侯祭矣故注於其祭酒而日反注反注者向身內注與凡禮外注異所以明其爲侯祭也然則祭侯時薦俎之設亦當順侯北面之位而不當從南面之位矣敖氏亦誤又大射之獻亦當在侯因大侯前參干二侯故移獻就其位異於此　注云立飲薦右近司馬於是司馬北面者

欽定義疏云是時獲者東面司馬必北面乃得受爵於獲者之右也受爵必於其右者以送爵時由其右故也

**司馬受爵奠于篚復位獲者執其薦使人執俎從之辟設于乏之南**遷設薦俎就乏明己所得禮也言辟之者不使當位辟舉旌偃旌也設於南右之也凡他薦俎皆當其位之前

疏　正義曰敖氏云司馬於此方言復位則是旣獻獲者於侯之後卽北面立於侯之西北以俟獲者之來與獲者於此自執其薦者己授爵則不敢徒手而勞人也　注云遷設薦俎就乏明己所得禮也者賈疏云前設近侯見享侯之餘此近乏之者己所有事之處遷近乏之是明

其己所得禮故也云言辟之者不使當位辟舉旌偃旌也設於南右之也者敖氏云辟如辟覲之辟謂離於故處也此改設于乏南故云辟設必就乏之者宜近其位也不當其位辟旌云凡他薦俎皆當其位之前者凡他薦俎謂燕及食幷祭祀之薦俎皆當其位之前與射異也

獲者負侯而俟疏正義曰敖氏云事未畢而受獻故反而卒之俟俟命去侯張氏爾岐云俟後復射也

右司馬獻獲者

司射適階西釋弓矢去扑說決拾襲適洗洗爵升實之以降獻釋獲者于其位少南薦脯醢折俎有祭不當其位辟中疏正義曰敖氏云釋弓矢說決拾爲將洗酌而行禮也不執弓矢則當襲矣去扑者獻則不可佩刑器也說決拾襲當於堂西不言者文省也釋獲者聽命於司射故司射主獻之獻時蓋西北面旣授乃北面也折上當有設字蓋文脫也有祭脯與切肺也獲者與釋獲者皆賓之弟子以有勤勞之事於此乃得獻則其他弟子於獻衆賓之時亦不與明矣

盛氏世佐云司射作升飲者訖卽爲此獻釋獲者之事亦與司馬獻獲者同節也經中此類甚多若必一事畢乃爲一事則一日之間有不能終禮者矣階西司射倚弓矢與扑之所說決拾襲當于堂西不言者從省文方氏苞云賓主人大夫而外衆賓薦惟脯醢而獲者釋獲者乃有俎有祭何也以祭侯宜有薦俎也獲者釋獲者有俎而司馬司射無俎何也事有所專以主祭侯而有加俎猶大射所先薦者惟司正與射人而司馬則與羣士偏獻薦燕所先薦司正射人司士執幕者而大射正則與羣士偏獻薦也特牲少牢衆賓兄弟皆有薦脀何也祭自尸食以後皆與祝侑賓兄弟獻酬之時三射禮成餘時無多人人皆備祭肺祭酒之節日亦不暇給矣燕禮若射則不獻庶子義可類推也埴案釋獲者之位在中西本位也少南就其薦也薦右也司射之西也辟薦少西也　注云不當其位辟中者賈疏云以釋獲者位在中西故獻之於其位少南所以辟中也

**釋獲者薦右東面拜受爵司射北面拜送爵釋獲者就其薦坐左執爵祭脯醢興取肺坐祭遂祭酒興司射之西北面立飲不拜旣爵司射受**

爵奠于篚釋獲者少西辟薦反位辟薦少西之者爲復射妨司射視算也亦辟俎

疏 正義曰敖氏云就其薦謂於薦西也司射之西則又少南於薦西之位矣蓋與司射俱北面則宜竝立也拜受立飲不同面者異於堂上之獻也獲者亦然 注云亦辟俎者據上獻獲者獲者執其薦使人執俎從之辟設于乏之南是辟薦兼辟俎也此但云辟薦不云辟俎省文耳以與獲者同故云亦辟俎敖氏云辟與上經辟設之意同惟云辟薦據釋獲者所執而言也辟俎則有司爲之

右司射獻釋獲者第二番射事竟

司射適堂西袒決遂取弓于階西挾一个搢扑以反位爲將復射

疏 正義曰張氏爾岐云司射獻釋獲者事畢反位自此下至退中與算而俟言以樂節射之儀司射又請射命耦三耦賓主人大夫衆賓皆拾取矢司射作上射升射請以樂爲節三耦賓主人大夫衆賓卒射又命取矢乘矢又視算數獲又設豐飲不勝者又拾取矢授有司乃說矦綱退旌退楅退中與算其九節射之第三番也 ○韋氏協

夢云司射既負畜于箙卽適堂西釋獲者亦卽辞薦此二節蓋同時爲之經因敘獻釋獲者禮而先言釋獲者辞薦之儀非謂釋獲者既辞薦然後司射適堂西也

**司射去扑倚于階西升請射于賓如初賓許司射降搢扑由司馬之南適堂西命三耦及衆賓皆袒決遂執弓就位**位射位也不言射者以當序取矢

疏正義曰注云位射位者賈疏云下云各以其耦反于射位故知此是射位在司射之西南東面者也張氏爾岐云位司馬之西南東面位也

**司射先反位**言先三耦及衆賓也既命之卽反位不俟之也鄉不言先三耦未有拾取矢位無所先

疏正義曰注云鄉不言先三耦未有拾取矢位無所先者張氏爾岐云初三耦在司射西南及司馬立司射之南三耦拾取矢移位於司馬之西南是拾取矢時射位始定故注云未有拾取矢位無所先也又射者堂下凡三位堂西南面比耦之位司射西南東面三耦初射之位司馬西南東面則拾取矢以後至終射之位也盛氏世佐曰上經于三耦初取弓矢之時已云司射先立于所設中之西南及其將飲不勝者也又云司射先反位幷此凡三言先矣

其義一也第二番將射命三耦拾取矢司射反位不言先文有詳略耳注說非又案射者堂下止有二位堂西南面比耦之位一也司射之西南射位二也司馬之西南卽司射之西南也疏以此位分爲二非韋氏協夢云疏謂鄉射有堂西取矢及比耦之位有三耦射位在司射西南有拾取矢及再番射位是三位考經文初番射時射位在司射西南再番射時射位在司馬西南拾取矢位亦在司馬西南疏以司射司馬之文異遂分爲二位不知司馬西南之位卽司射西南之位觀司馬旣命去侯之後立于司射之南而再番射時遂云立于司馬之西南蓋始射司馬未有定位故以司射爲節再射遂以司馬爲節也若然則鄉射唯有二位而已較大射少一位者大射有次此無次故也

**三耦及衆賓皆袒決遂執弓各以其耦進反于射位**以猶與也今文以爲與

【疏】正義曰注云以猶與也今文以爲與者賈疏云春秋之義能東西之曰以若存以字謂言尊卑不同任意以之故轉爲與則平敵之義也胡氏承珙云疏說是也上文主人以賓揖大射儀以耦左還注皆云以猶與也胡氏肇昕云敖氏云以其耦進謂上射先而下射從之也進亦竝行若大夫之耦則亦以序而獨進下文云大

夫就其耦是也敖蓋因經以字因有先後之別不知以與一聲之轉故古多通用鄭君以今文之與注古文之以以其音義相同不煩改字也

右司射又請射命耦反射位

司射作拾取矢三耦拾取矢如初反位賓主人大夫降揖如初主人堂東賓堂西皆袒決遂執弓皆進階前揖南面相俟而揖疏正義曰蔡氏德晉云作拾取矢就射位西南使之行也也所作亦惟上耦其餘以次進也郝氏敬云前射委楅惟二十八矢故三耦拾取餘皆取諸堂西今賓主大夫眾耦矢皆委楅故自三耦至眾賓皆取矢于楅三耦爲正先拾如初反射位注云南面相俟而揖行也者盛氏世佐云賓主人各於堂下之東西方袒決遂執弓訖乃皆進賓進而東主人進而西及階各於其階前南面揖而行蓋楅在中庭之南當洗故自堂東西來者皆須南行就之也疏云各於堂上南面相見而揖非及楅揖拾取矢如三耦及楅當楅東西也主人西面賓

東面相揖拾取矢，不北面揖由便也 疏 正義曰：注云「及楅當楅東西面也」者，賓主人東西行及楅所，主人乃西面，賓乃東面拾取矢。敖氏曰：階前揖而南，及楅揖而止，所止之處即拾取矢之位也，是其位猶未離乎階前矣。然則衆耦於楅東西面之位亦宜如是也。云「不北面揖由便也」者，以三耦及衆賓皆於楅南北面揖，賓主人各由東西，是由便也。褚氏寅亮云：階前之揖，各向南揖也；及楅之揖，則東西相向矣。敖氏謂亦南面揖，非。吳氏廷華云：據上三耦拾取矢，先東行當楅南，北面揖，然後上射東面，下射西面，進拾取矢。此經先言階前，乃言及楅，是從堂東西逕至階前南行，直東西當楅之處，主人轉向楅西行，賓轉向楅東行，及楅乃揖，則與三耦面位不同。三耦在楅之南，故須北面揖，此在楅之東西，故無北面揖由便之說。非也。疏謂賓主出堂，則不可解矣。

**卒北面搢三挾一个**

亦於三耦爲之位 疏 正義曰：注云「亦於三耦爲之位」者，張氏爾岐云：與三耦搢三挾一之處同也。敖氏云：此儀異於三耦者，蓋退於北與退於南者不同也。案盛氏以敖說爲是。

**揖退**

皆已揖左還，各由其塗反位 疏 正義曰：賈疏云：賓主北面揖退之時，皆左還相背，各向堂塗，反堂東西之位。盛氏世佐云：賓主人北面揖訖，各由其故道而反堂東西之位此進而北行也乃云退者自楅而言也注云已揖左還非案拾取矢以上經固以如三耦說該之矣迨既拾取矢據三耦當有南面揖少進當楅之文經第言北面揖三挾一个揖退而已省文可知

**賓堂西主人堂東皆釋弓矢襲及階揖升堂揖就席**將袒先言主人將襲先言賓尊賓也（疏）正義曰敖氏云賓主人釋弓矢不於序之西東者變於卒射時也不言說決拾者可知也○注尊賓也校勘記云尊閩誤作是　云尊賓也者以上將袒先言主人袒是盡敬之事也此將襲先言賓襲是修容之禮也

**大夫袒決遂執弓就其耦**降袒決遂於堂西就其耦於射位與之拾取矢（疏）正義曰敖氏云袒決遂蓋於賓既出堂西而爲之

**揖皆進如三耦**（疏）正義曰敖氏云如三耦則耦不少退也以其行事於庭無堂上堂下之異故不得如升射之儀也

**耦東面大夫西面大夫進坐說矢束**說矢束者下耦以將拾取（疏）正義曰注云說矢束者下耦以將拾取者盛氏世佐云注蓋原大夫說矢束之意亦欲如三耦之拾取是以敵者之禮待其耦故云下耦也吳氏廷華云注下耦下同於耦也

東矢亦尊大夫也說之不敢當其尊也故曰下於耦敖氏曰凡大夫之取矢于楅者必說其矢束以當拾取也其自爲耦者竝行至楅南卽爲之其與士爲耦者卽位而後爲之此其異者也說矢束不言北面亦文省盛氏云此大夫之說矢束言於西面之下則亦西面說也敖云北面非

**興反位而后耦揖進**疏正義曰而後校勘記作后云后作後○敖氏云大夫進及反位皆不揖以非及耦行禮之事也方氏苞云自大夫以上矢有束必矢與其人之志慮血氣相應而不可混也脫束以矢當拾取也其自爲耦則竝行至楅南而脫之以拾取而同升就席也與士爲耦則脫束而反位其耦乃進取矢俟耦反其位而後大夫釋弓矢以升故取矢時卽分先後也大夫先脫束示欲與耦拾取也耦進而兼取乘矢示不敢與之拾也然後大夫亦兼取焉則尊不陵而卑不偪矣

**坐兼取乘矢順羽而興反位揖**兼取乘矢者尊大夫不敢與之拾也相下相尊君子之所以相接也疏正義曰敖氏云耦兼取乘矢不敢拾取者以其非敵也凡敵者皆取矢于楅則拾以爲儀言順羽是亦兼諸弣矣此與三耦異者惟不拾取矢耳餘則同

**大夫進坐亦兼取乘矢如其耦**

北面搢三挾一个亦於三耦為之位揖退耦反位大夫遂適序西釋弓矢襲升即席大夫不序於下尊也疏正義曰韋氏協夢云耦反位反司馬西南之位也大夫不與耦同反位故遂釋弓矢于序西而升即席優尊者也堉案言耦反位大夫不反位可知言大夫適序西耦不適序西可知反位者反射位也必取道于司馬之南上經大夫與其耦射其可證者此大夫獨適序西則揖退之後耦自南行轉西以反位大夫則自轉而西行北折至堂西眾賓繼拾取矢皆如三耦以反位

右三耦賓主人大夫眾賓皆拾取矢

司正猶挾一个以進作上射如初一耦揖升如初進前也鄉言還當上耦西面是言進終始互相明也今文或言作升射疏正義曰敖氏云進由司馬之東而進也此以適南為進者凡進退之文無常大抵以有事於彼為進卒事而反為退也　注云鄉言還當上耦西面是言進終始互相明

也者賈疏云上番將射時云司射還當上耦西面作上耦射不言進明還當上耦時者進近上耦乃作之此直進作射不言還當上耦明進時亦還當上耦而作之故言終始互相明也云今文或言作升射者敖氏曰經文上字似衍否則其下當有耦字今文或言作升射蓋後人亦疑其誤而易之矣胡氏承珙曰敖謂上字衍是也疏云此直進作射似經文但云作射如初本無上字鄭不從今文作升射者大射儀司射猶挾一个以作射如初亦不言作升射也

**司馬升命去侯獲者許諾司馬降釋弓反位司射與司馬交于階前去扑襲升請以樂樂于賓賓許諾**

（疏）正義曰敖氏云司射惟去扑耳其決遂執弓挾矢自若也似不宜襲此言襲蓋衍文以樂樂者用樂爲歡樂也以此請之於賓故曰請以樂樂于賓大射儀曰請以樂盛氏世佐云此襲字非衍也蓋射武事也故請射則袒樂文事也故請樂則襲言襲則其說決拾可知矣不釋弓矢者射未畢也方氏苞云初射再射欲其容體比於禮也至三射又欲其節比於樂初射再射欲其不失正鵠也至三射又欲其循聲而發射之初弓矢未調三射而後樂作俾循序而益致其精也射之終

筋力旣乏三射而樂始作俾嚴終而彌斂其氣也孔子曰射者何以射何以聽其事至難故聖人陶冶羣材而磨礲其德性者如是其曲盡焉其辭曰請以樂賓不敢質言之也賓喩其意故不辭而遂諾案義疏云凡司射升堂進去扑而已其袒決遂如故未聞變袒而爲襲也注疑襲爲衍文是也

**司射降搢扑東面命樂正曰請以樂樂于賓賓許**東面於西階之前也不就樂正命之者傳尊者之命於賤者遙號命之可也樂正亦許諾猶北面不還以賓在堂

疏 正義曰敖氏云必搢扑而後命樂正者辟併敬也義疏云大射司射東面命樂正樂正應曰諾此經亦諾可知注謂樂正猶北面未還蓋上遷樂時樂正立於工南北面至是聞命許諾位猶未變與大射同也○注號命之可也校勘記云命徐陳通解楊氏俱作令 云樂正亦許諾者據大射儀有樂正曰諾也云猶北面不還以賓在堂者賈疏云樂正位東階東南北面大師位東北西面面賓在堂南面樂正猶北面不還西面是以下文特云東面命大師明此時不西面受命矣吳氏廷華云經不言樂正受命面位下東面命大師是正面相向以示所命之重也則受命亦當西面向司射與大射同可知但文不具耳

**司射遂**

適階閒堂下北面命曰不鼓不釋不與鼓節相應不釋算也鄉射之鼓五節歌五終所以將入矢一節之閒當拾發四節四拾其一節先以聽也疏正義曰注云鄉射之鼓五節歌五終所以將入矢者周禮射人云王以騶虞九節諸侯以貍首七節卿大夫以采蘋五節士以采蘩五節鄉射為大夫士禮故鼓五節歌五終者下記云歌騶虞若采蘋皆五終是也云一節之閒當拾發四節四拾其一節先以聽也者賈疏云尊卑樂節雖多少不同四節以盡乘矢則同其餘外皆以聽以知樂終始長短也王九節者五節先以聽諸侯七節者三節先以聽卿大夫士五節者一節先以聽皆四節拾將乘矢但尊者先以聽則多卑者先以聽則少優至尊先知審故也敖氏云鄉射之歌五終而鼓五節其三節先以聽而二節之閒拾發乘矢焉射人職所謂五節二正是也王之大射九節五正諸侯七節三正卿大夫與士同盛氏世佐云此當以疏說為正敖氏好立異而引周禮射人職為證以愚考之則不然蓋自敖說推之則王之九節五正五節之閒拾發乘矢而其先以聽者四節也諸侯之七節三正三節之閒拾發乘矢而其先以聽者亦四節也夫天子以下降殺以兩禮之大凡也今其先以聽者天子諸侯同為

四節而大夫士僅減其一旁圍已不倫矣且其拾發乘矢一也而乃有五正三正二正之不同是節之多者似促數而節之少者反舒長此亦理之不可通者蓋射人所云九節七節五節者以其樂節言也所云五正三正二正者以其侯采言也鄭注蓋不可易矣

**上射揖司射退反位樂正東面命大師曰奏騶虞閒若一**

東面者進還鄉大師也騶虞國風召南之詩篇也射義曰騶虞者樂官備也其詩有壹發五豝五豵于嗟騶虞之言樂得賢者眾多嘆思至仁之人以充其官此天子之射節也而用之者方有樂賢之志取其宮也其他賓客鄉大夫則歌采蘋閒若一者重節

疏 正義曰校勘記云樂正東面命大師曰命字誤在東上○敖氏曰言命大師者見所命者必其長也此惟據有大師者言之　注云射義曰騶虞者樂官備也其詩有壹發五豝五豵于嗟騶虞之言樂得賢者眾多嘆思至仁之人以充其官者朱子曰據詩但取壹發五豝之義耳騶虞則為仁獸之名以庶類蕃殖美國君之仁如之也樂官備云者諸儒有以騶為文王之囿虞為主囿之官故立此義而鄭注因之與其詩義自相違異胡氏肇昕云周禮鍾師疏引異義今詩韓魯說騶虞天子掌鳥獸官文選魏都賦

注引魯詩傳云古有梁騶梁騶者天子之田也賈誼新書禮篇云騶者天子之囿也虞者囿之司獸者也凡此諸說皆與毛詩異而與射義合鄭志張逸問傳曰白虎黑文又禮記曰樂官備何謂荅曰白虎黑文周書王會云備者取其壹發五豝言多賢也考異義許愼從毛說而鄭無駁亦以毛爲是注禮則用韓魯說者以與樂賢之意相近也褚氏寅亮云詩孔疏謂射義注引詩斷章斯言最的可釋朱子箋注相異之疑然注云思得仁如騶虞之人以充其官則未始以騶虞爲官與箋義亦無大異至賈誼新書云騶者文王之囿虞者囿之司獸又云騶廄官虞山澤之官二者皆不失人官備可知則以官備釋騶虞與小序異鄭固未嘗取其說以注禮也云此天子之射節也而用之者方有樂賢之志取其宜也者案鄉射得奏騶虞說者不一郝氏敬云國風小雅上下或可通用也高氏愈云意其音節有可相假用者也蔡氏德晉云周官射人王射以騶虞九節大夫以采蘋士以采蘩皆五節今雖奏騶虞而仍如采蘋采蘩之五節則其等未嘗辯且周南召南爲鄉樂用之鄉人用之邦國天子歌騶虞亦不必天子獨用不可以僭禮律之也盛氏世佐云禮射有三大射賓射燕射是也士無大射大夫以下無燕射有鄉射射義及射人職所言以

樂節射之差皆賓射也故與此異鄉射得歌騶虞者二南爲鄉樂騶虞篇亦在召南內故得用之且大夫士去天子遠無嫌於僭也若諸侯之大射與賓射同大射儀云奏貍首是也以是推之則天子及大夫之大射與其賓射同樂可知矣又投壺云命弦者曰請奏貍首投壺大夫士燕射之類是也乃奏貍首者燕禮殺故變而與諸侯之賓射同所謂禮窮則同也然但以瑟奏之而不用金石之樂亦異也鄉射與投壺雖奏騶虞貍首而其節則止於五下記云歌騶虞若采蘋皆五終是也胡氏肇昕云騶虞爲鄉樂故鄉樂得用之且與樂賢之志相宜也盛氏推論說多未確不如蔡說爲精矣云其他賓客鄉大夫則歌采蘋者賈疏云采蘋是鄉大夫樂節其他謂賓射與燕射若州長他賓客自奏采蘩此篇有鄉大夫州長射法則同用騶虞以其同有樂賢之志也云閒若一者重節者賈疏云閒若一謂五節之閒長短希數皆如一則是重樂節也

**大師不興許諾樂正退反位**【疏】正義曰盛氏云反位反工南北面位也

**右司射請以樂節射**

乃奏騶虞以射三耦卒射賓主人大夫衆賓繼射釋獲如初卒射降皆應鼓與歌之節乃釋算降者衆賓疏正義曰注云降者衆賓者賓主人大夫卒射皆升堂惟衆賓降也敖氏曰降指衆耦之最後者而言以見釋獲者升告之節也吳氏廷華云夾番射賓主人大夫亦降脫決拾乃升升則降者不獨衆賓也釋獲者執餘獲升告左右卒射如初卒已也今文曰告于賓疏正義曰注云今文曰告于賓者胡氏承珙古今文疏義曰案上文已云卒射釋獲者遂以所執餘獲升自西階盡階不升堂告于賓曰左右卒射矣此云升告左右卒射如初亦是告于賓不言可知猶大射儀於再射時旣云卒射釋獲者遂以所執餘獲適阼階下北面告于公曰左右卒射其後三射旣畢亦但云釋獲者執餘獲進告左右卒射如初不復言告于公矣胡氏肇昕云升告左右卒射六字爲句謂以左右卒射升告之也若作告于賓當有曰字如上文告于賓曰左右卒射其義方顯若僅作告于賓似左右卒射爲告賓後事矣故鄭不從今文

右三耦賓主人大夫衆賓以樂射

司馬升命取矢獲者許諾司馬降釋弓反位弟子委矢司馬乘之皆如初

右樂射取矢數矢

司射釋弓視算如初算獲算也今文曰視數也疏正義曰注云今文曰視數者胡氏承珙曰說文云筭長六尺計歷數者从竹从弄言常弄乃不誤也算數也从竹具聲讀若筭是二字音同而義別禮經執筭受筭之類當作筭無算爵無算樂之類當作算然經典每多錯出筭是計數之物雖亦可通爲數義究不得卽以數字代筭字鄭此注云筭獲筭也今文視筭作視數則是以訓詁字代經文者故不用與

釋獲者以賢獲與鈞告如初降復位疏正義曰敖氏云言如初又言降復位爲司射命設豐之節也亦以見其所如者止於此無復實算於中之事矣蓋以其不復射故也

右樂射視算告獲

司射命設豐設豐實觶如初遂命勝者執張弓不勝者執弛弓升飲如初疏正義曰校勘記云通解設豐二字不重出案大射設豐不重通解因彼而誤敖氏注大射云當更有設豐二字如鄉射之文胡氏肇昕云升飲如初下敖氏云大射儀云卒退豐與觶如初此脫一句也

右樂射飲不勝者

司射猶袒決遂左執弓右執一个兼諸弦面鏃適堂西以命拾取矢如初側持弦矢曰執面猶尙也并矢於弦尙其鏃將止變於射也疏正義曰賈疏云言猶袒者亦是有故之辭以其常袒恐不袒故言猶以連之也盛氏世佐云司射之請以樂樂於賓也經旣云襲矣至是言猶袒者蓋自其命勝者不勝者之時而袒也其閒命樂正及視算皆襲胡氏肇昕云以樂樂賓節敖氏以襲爲衍文韋氏協夢據此節猶袒決遂明司射前此皆袒以敖說爲是然考初番射訖數獲司射適西階西釋弓矢去

扑襲則三番射訖視筭亦必襲矣經不言者互文相見也視筭旣襲命勝者不勝者又袒而此因之云猶袒決遂也盛氏說推究頗精當從之 注云側持弦矢曰執者對方持弦矢曰挾而言張氏爾岐云方持弦矢曰挾者矢横弦上而持之側持弦矢曰執者矢順幷於弦而持之云面猶尙也者尙與向通尙其鏃者張氏曰鏃向上也

**司射反位三耦及賓主人大夫衆賓皆袒決遂拾取矢如初矢不挾兼諸弦弣以退不反位遂授有司于堂西**不挾亦皆執之如司射也不以反射位 疏 正義曰注云不挾亦皆執之如司射授有司者射禮畢也者謂亦側持弦矢也賈疏云兼諸弦弣則與司射異司射直執一个無三矢兼於弣三耦以下則執一个幷於弦又以三矢幷於弣敖氏曰拾取時猶皆兼諸弣至楅南北面則不挾一矢但取一矢兼諸弦餘三矢則兼諸弣自若亦象揖三挾一之儀且如司射之戒也賓與主人則亦于楅東西面之位爲之云不以反射位授有司者射禮畢者敖氏云不反位但由司馬之南而過也授有司授之以弓矢也必授之者射事止則宜反於所受者也此文主于三耦及衆賓大夫與其耦亦存焉若賓則自

階下以授有司于堂西主人則以授有司于堂東也**辯拾取矢揖皆升就席**謂賓大夫及衆賓也相俟堂西進立於西階之前主人以賓揖升大夫及衆賓從升立時少退於大夫三耦及弟子自若畱下疏

正義曰注云衆賓謂堂上三賓也云相俟堂西進立於西階之前者以上授有司弓矢于堂西故知相俟於此也云主人以賓揖升大夫及衆賓從升立時少退於大夫三耦及弟子自若畱下者賈疏云皆依上文獻後升及畱在下之法敖氏曰揖皆升就席謂衆賓三人也衆賓三人必俟拾取矢者辯而後升若主人賓大夫則旣授弓矢卽升如初禮固不俟其辯也胡氏肇昕云經文云皆自謂賓主人大夫及衆賓也正承上文賓主人大夫衆賓而言不得專屬衆賓也敖氏故與鄭立異非郝氏敬亦曰賓主大夫以下席在堂上者皆復升盛氏世佐云賓主人大夫必俟辯拾取矢而後升者以射事至是而終故變於初也

右拾取矢授有司

**司射乃適堂西釋弓去扑說決拾襲反位**疏正義曰司射之扑在階西

今來去扑于堂西之等以其不復射也敖氏曰反位其猶在中西南與不言釋矢可知也**司馬命弟子説矦之左下綱而釋之**説解也釋之不復射掩束之疏正義曰注掩束之校勘記云掩諸本俱作奄　云説解也釋之不復射掩束之者敖氏曰釋則是不束也説而釋之變於射與未射之時郝氏敬曰凡矦未射左下綱不繫掩束之射畢又脱繫復掩之盛氏世佐云説矦之左下綱異於射時也釋之謂不掩束異於未射時也其不全去之者見此禮主為射也疏云備復射非也**命獲者以旌退命弟子退福司射命釋獲者退中與算而俟**諸所退皆俟堂西備復射也旌言以者旌恆執也獲者釋獲者亦退其薦俎疏正義曰注云備復射者張氏爾岐云謂旅酬後容欲燕射也云獲者釋獲者亦退其薦俎者敖氏曰此據大射儀而言也退薦俎各當其位之前與

**右退諸射器射事竟**

**司馬反為司正退復觶南而立**當監旅酬疏正義曰張氏爾岐云此下言射訖飲

酒之事旅酬二人舉觶徹俎坐燕燕送賓以至明日拜賜息司正諸儀竝同鄉飲酒禮○敖氏曰射事已而復其故職也云復觶南見射者觶觶不徹是時司射亦當復東方之位郝氏敬云初司正揚觶退立于中庭觶南未旅而射改爲司馬今射畢旅行復爲司正仍立觶南以監旅也張氏爾岐云觶南者司正北面監衆之位

**樂正命弟子贊工即位弟子相工如其降也升自西階反坐**贊工遷樂也降時如初入樂正反自西階東北面

【疏】正義曰儀禮釋官曰案樂正公臣見燕禮大射儀周禮樂師職曰令相與此經合敖氏曰命弟子亦適西方命之也郝氏敬云樂正初自西階命弟子贊工遷東階下辟射今射畢復命弟子贊工升西階東北面坐初不言樂不言樂正者正樂告備則降立堂下今工反而樂正仍立階下縣閒可知也注云降時如初入者敖氏云謂後先反相之之儀也郝氏曰如其降時謂如降往東階時左荷右相也云樂正反自西階東北面者張氏爾岐云西階東北面樂正告樂備後降立之位遷樂於下則立阼階東南北面今當命弟子又復來此也遷工反位爲旅酬後將有無算樂也敖氏曰反坐謂反其故位而坐也工既坐弟子亦降立于西方高氏愈云

反坐復其舊時之坐也前因將射工降坐于阼階下之堂前矣此則因行旅酬而工復升各復其舊時之坐以待舉樂也賓北面坐取俎西之觶興阼階上北面酬主人主人降席立于賓東賓坐奠觶拜執觶興主人荅拜賓不祭卒觶不拜不洗實之進東南面所不者酬而禮殺也賓立飲【疏】正義曰俎西之觶張氏爾岐云將射前一人舉觶於賓賓奠于薦西者也主人阼階上北面拜賓少退少退少逡遁也主人進受觶賓主人之西北面拜送旅酬而同階禮殺也【疏】正義曰據獻酬之時賓主各於其階也賓揖就席主人以觶適西階上酬大夫大夫降席立于主人之西如賓酬主人之禮其既實觶進西南面立鄉所酬【疏】正義曰注鄉所酬校勘記云鄉徐陳通解楊氏俱作鄉云其既實觶進西南面立鄉所酬者賈疏云以上賓酬主人阼階上實觶進東南面則知此主人酬大夫西階上實觶而亦進西南面也主人揖就席若

無大夫則長受酬亦如之長謂以長幼之次酬衆賓疏正義曰注云長謂以長幼之次酬衆賓者謂堂上三賓以長幼之次而酬也敖氏云此惟據主人所酬者而言大夫若衆則相酬辯乃及長盛氏世佐云大夫若衆則大夫長受主人酬訖卽實觶酬衆賓長衆賓長酬次大夫交錯以辯也敖說非蔡氏德晉云此主人酬大夫及衆賓之長也與鄉飲酒酬介之禮同司正升自西階相旅作受酬者曰某酬某子某者字也某子者氏也稱酬者之字受酬者曰某子旅酬下爲上尊之也春秋傳曰字不若子此言某酬某子者射禮略於飲酒飲酒言某子受酬以飲酒爲主疏正義曰敖氏云此謂大夫酬長若長相酬之時也盛氏世佐曰此謂無大夫而衆賓長相酬之時也賓主人及大夫旅酬皆不相至衆賓乃相之若主人之酬長相之之辭當曰主人酬某子猶主人與賓爲耦而告賓曰主人御于子也若大夫酬長辭當曰某子酬某猶大夫爲下射而以耦告之曰某御于子也受酬者自大夫右大夫如介禮也○注此言某酬某子者校勘記云此葛本誤作化云稱酬者之字受酬者曰某子旅酬下爲上尊之也者敖氏云司正稱酬者之字稱受酬者曰某子彼此

之辭也此主爲酬者命受酬者緣酬者意欲尊敬之故於此言字於彼言子所以不同引春秋傳曰者莊公十年公羊傳文以證子之尊於字也云此言某酬某子者射禮略於飲酒飲酒言某子受酬以飲酒爲主者明射禮之異於飲酒也吳氏廷華云此特主人及大夫獻賓長之禮即尊之亦非下爲上之可言敖氏謂稱字稱子彼此之辭是也要之司正作受酬者則某子是相對者之稱故辭有彼此且酬者與受酬者較則又以受酬者爲主故稱其字也方氏苞云有司教射自當序賓以齒而射者私家之行輩又各有少而尊長而卑者設以父族母族之尊行次酬卑者而司正代爲尊之之稱義無所取況以次相酬受酬者必少而轉爲尊稱亦未見其安夫子孫祭告以字呼祖考則不得爲卑稱明矣蓋因衆賓姓同者甚多設曰某子酬某子則不辨其誰何惟酬者稱字則所酬者雖以姓舉而不慮其相混矣但其中有同姓遞酬者則字竝稱字而記無文蓋旣明於異姓相酬之稱則同姓之不得更稱姓者竝以字舉可知矣韋氏協夢云某子受酬據受酬者而言也此云某酬某子據酬者而言也其意蓋曰某酬某子某子受酬經特互文見義耳注非胡氏肇昕云旅酬之禮以次相酬則此酬者即先受酬之人故司正但作受酬者而受

酬者之爲某子不稱其字而但稱其氏緣酬者之意以尊之也要之酬者之爲某受酬者之爲某子其敘本自秩然不至相混而司正必作之者禮貴防其末然也**受酬者降席司正退立于西序端東面**退立俟後酬者也始升相立階西北面【疏】正義曰注云退立俟後酬者也者以酬時司正不與其事故必退立至後酬者又始升相也**衆受酬者拜興飲皆如賓酬主人之禮辯遂酬在下者皆升受酬于西階上**在下謂賓黨也鄉飲酒記曰主人之贊者西面北上不與無算爵然後與此異於賓【疏】正義曰引鄉飲酒記者賈疏云欲見主黨不與酬之義吳氏廷華云在下謂諸執事即鄉飲酒記謂主人之贊者賓與禮重故酬不及贊此謂衆禮輕故亦與酬耳**卒受者以觶降奠于篚**

右旅酬

**司正降復位使二人舉觶于賓與大夫**二人主人之贊者【疏】正義曰張

氏爾岐云以起無算爵韋氏協夢云大夫若衆亦唯舉觶於其長若有諸公則舉觶於諸公而大夫亦不與矣褚氏寅亮云鄉者二人所舉之觶賓與大夫奠于薦右未飲今仍使二人終此上事俟其飲畢受觶酌酬主人及長塡案使二人舉觶使之者未詳敖氏謂司正使之是也至二人所舉卽前奠於賓與大夫薦西之觶舉此二觶以發之後之交錯以辨皆其所舉可知

舉觶者皆洗觶升實之西階上北面皆坐奠觶拜執觶興賓與大夫皆席末荅拜舉觶者皆坐祭遂飲卒觶興坐奠觶拜執觶興賓與大夫皆荅拜舉觶者逆降洗升實觶皆立于西階上北面東上賓與大夫拜舉觶者皆進坐奠于薦右坐奠之不敢授疏正義曰注云坐奠之不敢授者對獻酬時皆親授此云坐奠以贊者卑不敢授也

賓與大夫辭坐受觶以興辭辭其坐奠觶疏正義曰必辭者賓與大夫不敢以尊自居也

舉觶者退反位皆拜送乃降賓與大夫

**坐反奠于其所興**不舉者盛禮已崇古文曰反坐 疏 正義曰校勘記云大夫下石經徐本要義楊氏敖氏俱有坐字通解無　注云不舉者盛禮已崇者此釋經反奠之義敖氏云此奠於其所亦皆少違其故處而在其俎之西也方氏苞云未請安于賓未命弟子徹俎而預奠酬觶何也進退拜送坐興之禮說屨升堂後不可復行故預拜送坐奠于其所然後升坐而取飲可以不興不拜也吳氏廷華云舉觶者堂上無位此云反位者其西階上之位與云古文曰反坐者胡氏承珙古今文疏義曰此賓與大夫當舉觶者奠于薦右之時旣坐受觶以興矣至此乃坐而反奠于其所反奠者謂還奠于薦右上文一人舉觶亦云舉觶者西階上拜送賓反奠于其所彼不言坐者省文然反奠連文與此正同古文作反坐者誤倒鄭所不從

**若無大夫則唯賓**長一人舉觶如燕禮媵爵之爲 疏 正義曰燕禮初二大夫媵觶至旅酬復使二人君命長媵一爵於君此若無大夫則唯賓一人其一人舉觶之禮當如燕禮之媵一爵故引以況之敖氏云言此者明不舉觶于賓長此二人舉觶雖曰正禮然若無大夫則缺一人以其禮唯當行於尊者耳方氏苞云大夫不與衆賓長可同於介之受酬而不可同於爲介

舉觶何也鄉飲酒之介乃德行道藝亞於賓以待後舉者故禮多同於賓而與大夫等鄉射之衆賓長非必德行道藝遠過其曹也主人繼賓而酬之乃所以達其意於衆賓若特爲舉觶則義無所取而受者轉不能安矣

右司正使二人舉觶

司正升自西階阼階上受命于主人適西階上北面請坐于賓請坐欲與賓燕盡殷勤也至此盛禮已成酒清肴乾强有力者猶倦焉【疏】正義曰注至此盛禮已成校勘記云已徐本通解俱作以　云酒清肴乾强有力者猶倦焉者本禮記聘義之文引以證請坐于賓之意也

賓辭以俎俎者肴之貴者也辭之者不敢以燕坐褻貴肴反命于主人主人曰請徹俎賓許【疏】正義曰韋氏協夢云上言請坐于賓亦傳主人之辭也下言主人曰亦傳辭于賓也此與鄉飲酒皆五文上言請坐于賓此言主人曰互相備耳

司正降自西階階前命弟子俟徹俎弟子賓黨也俎者主人贊者設之今賓辭之使其黨俟徹順賓意也【疏】正義曰注順賓意也校勘

記云賓重脩監本誤作濱云上言請坐于賓此言主人曰互相備者以上言請坐于賓亦司正傳主人之辭此言主人曰亦傳主人之辭于賓也互相備文乃相足也**司正升立于序端賓降席北面主人降席自南方阼階上北面大夫降席席東南面**俟弟子升**賓取俎還授司正司正以降自西階賓從之降遂立于階西東面司正以俎出授從者**授賓家從來者也古者與人飲食必歸其盛者所以厚禮之疏正義曰注云古者與人飲食必歸其盛者所以厚禮之者以鄉飲酒燕射皆有徹俎之禮俎爲肴之貴者徹以歸之故云歸其盛者**主人取俎還授弟子弟子受俎降自西階以東主人降自阼階西面立**以東授主人侍者疏正義曰敖氏云主人取俎未必在司正出門之後上文蓋終言之耳注云以東授主人侍者者盛氏世佐云鄭爲此說者所以成其爲賓黨弟子耳姜云弟子當是主黨則其以俎而東也無授主人侍者之事矣**大夫取俎還授弟子弟**

子以降自西階遂出授從者大夫從之降立于賓南凡言還者明取俎各自鄉其席【疏】正義曰韋氏協夢云此三節皆同時爲之蓋賓取俎之時主人與大夫卽皆取俎授弟子經特各終言其事耳非有先後也衆賓皆降立于大夫之南少退北上從降亦爲將燕

右請坐燕因徹俎

主人以賓揖讓說屨乃升大夫及衆賓皆說屨升坐說屨者將坐空屨褻賤不宜在堂也說屨則摳衣爲其被地【疏】正義曰韋氏協夢云賓主人說屨之時大夫及衆賓亦皆說屨畢主人乃揖賓升賓厭大夫大夫厭衆賓衆賓亦序升也　注云說屨則摳衣爲其被地者賈疏云曲禮云摳衣趨隅彼謂升席者引之證說屨低身若不摳衣被地屨之案少儀云排闔說屨於戶內一人而已矣注云雖衆敵猶有所尊也彼尊卑在室則尊者說屨在戶內其餘說屨於戶外若尊卑在堂則亦尊者一人說屨在堂其餘說屨

於堂下是以燕禮大射臣皆說屨於階下公不見說屨之文明公舄在堂矣此及鄉飲酒臣禮賓主人行敵禮故皆說屨於堂下也

**乃羞**羞進也所進者狗胾醢也燕設啗具所以案酒

**無算爵使二人舉觶**

**賓與大夫不興取奠觶飲卒觶不拜**二人謂鄉者二人也使之升立于西階上賓與大夫將旅當執觶也卒觶者固不拜矣著之者嫌坐卒爵者拜既爵此坐於席禮既殺不復崇

【疏】正義曰注云使之升立于西階上賓與大夫將旅當執觶也者敖氏云使之亦司正也此舉觶謂取而酌之即下文所云執觶者受觶遂實之之事也方氏苞云二人舉觶即舉賓大夫前奠于其所之觶也賓大夫不興而取奠觶飲則命舉觶者取之明矣敖說失之胡氏肇昕云賓主人大夫衆賓說屨升飲則興拜之儀多省故必使二人舉觶凡堂上舉觶執觶之事皆其所掌鄭注故渾括言之云卒觶者固不拜矣著之者嫌坐卒爵者拜既爵據上正旅酬時賓酬主人卒觶不拜故云卒觶者固不拜矣又獻酬時皆坐卒爵拜既爵此則卒觶不拜故云著之者嫌坐卒爵者拜既爵云此坐于席禮既殺不復崇者據正獻酬時言之也淩氏釋例云凡無算爵不拜唯受爵于君者拜案鄉飲酒鄉射旅

酬以前燕禮大射爲大夫舉旅行酬以前皆是立行禮禮盛故拜至無算爵則坐行禮禮殺故不拜考鄉射禮無算爵使二人舉觶賓與大夫不與取奠觶飲卒觶不拜執觶者受觶遂實之賓觶以之主人大夫之觶長受而錯皆不拜辯卒受者與以旅在下者于西階上長受酬酬者不拜乃飲卒觶以實之受觶者不拜受辯旅皆不拜執觶者皆與旅卒受者以虛觶降奠于篚執觶者洗升實觶反奠于賓與大夫無算樂是無算爵皆不拜也以鄉射推之則鄉飲酒無算爵是賓與介取奠觶餘當與鄉射儀同經不云者文不具也燕禮大射無算爵卒受爵者興以酬士于西階上士升大夫不拜乃飲實爵士不拜受爵大夫就席士旅酌亦如之又云士終旅于上如初無算樂是燕禮大射無算爵亦不拜也特牲饋食禮賓弟子及兄弟弟子各舉觶于其長長皆奠觶於其所皆揖其弟子弟子皆復其位爵皆無算注賓取觶酬兄弟之黨長兄弟取觶酬賓之黨唯己所欲亦交錯以辯無次第之數有司徹賓尸之禮賓及兄弟交錯其酬皆遂及私人爵無算不賓尸之禮賓兄弟交錯其酬無算爵經雖不云不拜準以飲酒正禮則皆不拜可知也唯受爵于君者始拜燕禮大射無算爵士也有執膳爵者有執散爵者執膳爵者酌以進公公不拜受

是酌膳進公公不拜也又云執散爵者酌以之公命所賜所賜者興受爵降席下奠爵再拜稽首公荅拜受賜爵者以爵就席坐公坐爵然後飲執膳爵者受公爵酌反奠之受賜爵者興授執散爵者執散爵者乃酌行之唯受爵于公者拜然亦降席拜而不降階拜則已殺於旅酬之禮矣鄉射無算爵受酬者不拜受注禮殺雖受尊者之酬猶不拜而燕禮大射受君之酬則拜者君尊異於常人也又燕禮大射公有命徹冪則賓及諸公卿大夫皆降西階下北面東上再拜稽首公命小臣辭公荅再拜大夫皆辟遂升反坐此則命徹冪之拜而非無算爵之拜也此拜亦降階拜公雖命小臣辭而不升成拜示禮有終也

**執觶者受觶遂實之賓觶以之主人大夫之觶長受**長眾賓長**而錯皆不拜**錯者實主人之觶以之次賓也實賓長之觶以之次大夫其或多者迭飲於坐而已皆不拜受禮又殺也

疏正義曰張氏爾岐云大夫與眾賓等則得交相酬或大夫多於賓或賓多於大夫則多者無所酬自與其黨迭飲也敖氏云錯謂以次更迭而受也大夫若惟一人則眾賓長先受其觶以次錯行之大夫若有二人以上則皆及於大夫乃及眾賓蓋先尊而後卑也云大夫之觶長

受而鍇則賓觶但至主人而止與所以然者以二觶竝行難爲旅也若無大夫乃行主人之觶爲其無二觶故爾埼案注曰實曰以則皆執觶者爲之矣大夫之觶長受雖不言以亦二人以之可知至旅在下者於西階上卒受者旣奠于篚始云執觶者洗酌反奠于賓與大夫則堂上相酬皆自酌也胡氏肇昕云經文賓觶以之主人大夫之觶長受二句相對而鍇總承賓觶大夫之觶言之敖氏乃讀長受而鍇爲句而爲賓觶但至主人而止之言以與注爲異不知鍇之爲義言其交鍇也以二觶交鍇相酬始易盡旅酬之法乃云二觶竝行難爲旅也何哉若無大夫止有一人舉觶則以次迭相酬耳

辯卒受者興以旅在下者于西階上眾賓之末飲而酬主人之贊者大夫之末飲而酬賓黨亦鍇焉不使執觶者酌以其將旅酬不以己尊孤人也其末若皆眾賓則先酬主人之贊者若皆大夫則先酬賓黨而已執觶者酌在上辯降復位

疏正義曰注眾賓之末校勘記云之誤作至末徐葛俱作未似誤下兩末字徐亦俱作未葛本其末仍作末不以己尊於人也於徐葛陳閩通解楊氏俱作孤與單疏合是也　云不使執觶者酌以其將旅酬不以己尊孤人也者盛氏世佐云堂上皆坐飲故使執觶

者酌在下者于西階上立飲若使坐者自若而飲者特升是以己之尊孤人也所以卒受者必升自酌以旅在下者此當與大夫三耦不勝則特升飲參看彼是罰爵故云尊者可以孤無能此方旅酬義取弟長而無遺故云不以己尊孤人也淩氏釋例云凡無算爵堂上堂下執事者皆與案鄉射禮無算爵卒受者興以旅在下者于西階上又云執觶者皆與旅此注主人之贊者即鄉飲酒記所謂主人之贊者者西面北上不與無算爵然後與是也注云贊佐也謂主人之屬佐助主人禮事徹鼏沃盥設薦俎者蓋據鄉飲酒義終於沃洗者言之也以此推之則燕禮大射執膳爵者執散爵者亦皆與於無算爵也特牲饋食禮宗人獻與旅齒於衆賓佐食於旅齒於兄弟有司徹遂及私人爵無算是祭畢飲酒堂上堂下執事者皆得與於無算爵與飲酒之正禮同也中庸云旅酬下爲上所以逮賤也鄭注謂逮賤者宗廟之中以有事爲榮亦謂宗廟之中堂上堂下雖執事之賤者亦得以與於無算爵爲榮也

**長受酬酬者不拜乃飲卒觶以實之** 言酬者不拜者嫌酬堂下異位當拜也古文曰酬酬者不拜

疏 正義曰盛氏世佐云長謂堂下衆賓之長也酬者卽三賓之卒受者胡氏肇昕云長當兼主人贊者之長

言○注古文曰酬者不拜校勘記云曰下徐本通解俱有受字　注云嫌酬堂下異位當拜也者以堂上酬者不拜上已明之此酬堂下異位嫌其當拜故復著之敖云嫌親酬當拜也非云古文曰受酬者不拜者胡氏承珙云此酬者謂堂上酬堂下者下乃云受酬受酬者不拜受則此古文受字衍也

**受酬者不拜受**禮殺雖受尊者之酬猶不拜

疏正義曰注雖受尊者校勘記云禮殺雖徐本楊氏俱作進通解作雖○敖氏曰鄉者旅酬有拜而飲者拜而受者故於此一一明之韋氏協夢云受酬者不拜指長受酬而言也下皆不拜指其次受酬者以下而言方氏苞云日暮人倦受酬而拜尊者將荅焉故轉以不拜爲敬

**辯旅皆不拜**主人之贊者於此始旅嫌有拜

疏正義曰鄉飲酒記云主人之贊者不與無算爵然後與故云於此始旅贊者統諸執事以及於沃洗者尤卑嫌有拜故著之

**執觶者皆與旅**嫌已飲不復飲也上使之勸人耳非逮下之惠也亦自以齒與於旅也

疏正義曰上文舉觶者于西階上卒觶是已飲也中庸曰旅酬下爲上所以逮賤也所謂逮下之惠也

**卒受者以虛觶降奠于篚執觶者洗升實觶反奠于賓與**

大夫復奠之者燕以飲酒爲歡醉乃止主人之意也今文無執觶及賓觶大夫之觶皆爲爵實觶觶爲之

疏正義曰張氏爾岐云旅于西階上故卒受者降奠觶敖氏云此以降者一觶也然則主人所飲之觶執觶者其先以奠于篚與盛氏世佐云上文及此兩言卒受者依注二觶竝行則卒受者二人也敖氏主唯行大夫之觶故云然今亦不取竊謂堂上旅酬皆執觶者酌以送之受者各於其席坐飲故二觶可以竝行至於旅在下者之時同在西階上酬者又須親酌若復二觶竝行頗覺其襍糅而無次況一階之上而行禮者常四人焉能曲盡其進退雍容之度乎然則旅在下者蓋用一觶也所用之觶毋論賓與大夫但取行至三賓之末者三賓之末飲而酬堂下衆賓之長堂下賓長飲而酬主人之贊者亦以次交錯而辯也其一觶則執觶者以降奠于篚注云執觶者酌在上者辯降復位其在斯時與敖謂堂上唯行一觶注謂堂下亦行二觶皆未合讀者試以上下經文反復玩味必有能辨之者褚氏寅亮云俟再舉也飲酒至末雖不行酬亦必酌而奠之蓋不敢必其不舉也胡氏肇昕云盛氏自立新說謂堂上行二觶堂下行一觶非也考堂上旣二觶竝行則卒受者各執一觶以旅在下者安見其襍糅而無次且經言旅酬

而終之以執觶者皆與旅酬酬則受酬終於執觶者執觶者二人二觶竝行二人旣各受酬乃各以虛觶降奠于篚而復洗升以反奠于賓與大夫其始終之序不相淆亂宜如此上文注云執觶者酌在上者辯降復位謂執觶者將與旅酬而盛氏遂據以爲以一觶降奠于篚其在斯時姝屬牽合要之敖氏故與鄭立異盛氏又斟酌於鄭敖之閒均無當也自宜以注說爲正　注云復奠之者燕以飲酒爲歡醉乃止主人之意也者敖氏云此後酒行終而復始至醉而止所謂無算爵也云今文無執觶及賓觶大夫之觶皆爲爵實觶觶爲之者賈疏云今文此經云執觶者無此執觶又今文無執觶及賓觶大夫之觶皆爲爵不從者以其皆在無算爵之科明不爲爵云實觶觶爲之者亦不從也胡氏承珙古今文疏義曰此節注疏皆譌舛不可讀許氏宗彥云此注今文無執觶及賓觶大夫之觶皆爲爵十五字當在上執觶節下承珙案此經卒受者以下竝無賓觶大夫觶字注何得爲此語自是上節執觶者受觶以下之注誤移於此但云今文無執觶亦誤彼經云執觶者受觶遂實之賓觶以之主人大夫之觶長受而錯皆不拜注皆云今文執觶及賓觶大夫之觶皆爲爵葢總言執觶以下諸觶字今文皆爲爵今文下衍無字耳若今文無執觶

二字則者字無所屬不成文義矣至此節注文或謂但當有今文實觶觶爲之七字承珙案疏云實觶觶爲之者亦不從也言亦則不止此語可知詳疏意此經執觶者洗升實觶注云今文無執觶者實觶觶爲之鄭以無執觶者嫌於卒受者洗升固所不從實觶觶爲之則今文字誤亦所不從故疏云亦不從也章氏平云注今文無執觶案執觶上疑脫虛觶二字今文蓋作卒受者以降奠于篚執爵者洗升實之疑者今文若無執觶則亦必無者字旣無執觶者則下文洗字是卒受者洗卽上文不當云奠于篚又注及字連執觶故疑注文有脫字案此說亦通然於賓觶大夫之觶終無說以解矣

**無算樂**合鄉樂無次數

**右坐燕無算爵無算樂射後飲酒禮竟**

**賓興樂正命奏陔**陔陔夏其詩亾周禮賓醉而出奏陔夏陔夏者天子諸侯以鐘鼓大夫士鼓而已疏正義曰引周禮者鐘師注杜子春云客醉而出奏陔夏

**賓降及階陔作賓出衆賓皆出主人送于門外再拜**拜送賓於門東西面賓不荅拜禮有終疏正義曰敎

氏云降謂降堂及階至階上也韋氏協夢云降謂降席也胡氏肇昕云降與及階連當以敖說爲是方氏苞云拜送衆賓異異於鄉飲酒禮何也鄉大夫同鄉也惟旣獻於主之賢能乃以賓禮寵異之故雖介不拜送若州長教射則概執主賓之禮可矣韋氏協夢云大夫之出當在賓及衆賓之後主人旣送賓與衆賓然後入揖大夫乃出再拜送之下記云大夫後出主人送于門外再拜是也

右賓出送賓

**明日賓朝服以拜賜于門外** 拜賜謝恩惠也（疏）正義曰盛氏世佐云朝服者據公士爲賓言也處士則曰鄉服方氏苞云賓爲公士則朝服其正也卽州之學士而攝用之亦宵雅肄三之義惟隱居之君子不必朝服但旣抱道不仕自不得以鄉射之賓強之 **主人不見如賓服遂從之拜辱于門外乃退** 不見不褻禮也 拜辱謝其自屈辱（疏）正義曰注云不見不褻禮也者賈疏云禮不欲數數則瀆主人不見恐相褻也方氏苞云別記云無辭不相接也鄉飲酒及射禮旣畢更無辭可致故拜于門

外而不見士相見禮主人復見以還贄有禮與辭也敖氏云拜賜之禮賓至於門外擯者出請入告主人辭不見賓乃拜主人拜辱亦如之

**右明日拜賜**

**主人釋服乃息司正**釋服說朝服服玄端也息猶勞也勞司正謂賓之與之飲酒以其昨日尤勞倦也月令曰勞農以休息之【疏】正義曰注引月令者見息司正者亦勞以休息之也江氏筠云飲立司正至射則轉爲司馬正射時有司馬又有司射二者皆主人之吏司射主射事其勞較司馬始有甚焉又擯相係司正之職而賓主人射則司射擯其升降似勞之亞亞於司正而姝於餘執事者矣士冠禮有賓有贊冠者至醴賓時則贊冠者爲介嫌此禮或當放之而用司射爲介故經特明之也**無介**勞禮略貶於飲酒也此已下皆記禮之異者【疏】正義曰注云勞禮略貶於飲酒也者賈疏云謂貶於鄉飲酒鄉飲酒有介此無介也敖氏曰昨日正禮已無介則此可知矣乃言之者嫌不射而飲或用介也**不殺**無俎故也**使人速**速召賓【疏】正義曰賓即司

正敖氏云亦當使人戒乃速經文略也方迎于門外不拜氏苞云司正無所用戒故速亦不必親也入升不拜至不拜洗薦脯醢無俎賓酢主人主人不崇酒不拜衆賓既獻衆賓一人舉觶遂無算爵言遂者明其閒闕也賓坐奠觶于其所擯者遂受命于主人請坐于賓賓降說屨升坐矣不言遂請坐者請坐主於無算爵疏正義曰敖氏云言不殺復言無俎者嫌不殺者亦或有俎也士冠士虞以乾肉折俎主人不崇酒則賓亦不告旨矣不拜衆賓謂不拜之於庭指將獻之時也若獻則衆賓亦拜受爵而主人荅之　注云言遂遂者明其閒闕也者敖氏云謂舉觶之後無算爵之前其閒工入升歌等禮皆闕也此一人舉觶在獻衆賓之後雖與正禮之舉觶爲旅酬始者同實爲無算爵始也言遂無算爵明其說屨升坐即取此觶故也無司正使擯者而已不立之疏正義曰方氏苞云息司正而更立司正則於敬賓之義微若有嫌不若無之爲安賓不與昨日至尊不可褻也古文與作豫徵唯所欲徵召也謂所欲請呼以告于鄉先生君子可也告請也鄉先生鄉大

夫致仕者也君子有大德行不仕者【疏】正義曰方氏苞云鄉飲酒鄉射至息司正乃告于君子何也君子抱道不仕賓興習射自不敢相屈至息司正則聞鄉之後進有成有造未必不惠然肎來耳鄉先生宖兼大夫以公事不得爲遵及樂作而未入者鄉飲酒疏謂老人教於鄉學者尚未該教於鄉學唯士大夫退休者耳於**羞唯所有**用時見物【疏】正義曰謂其時所有之物即用之也**鄉樂唯欲**不歌雅頌取周召之詩在所好

**右息司正**

卷九終

# 儀禮正義卷十

鄭氏注

受業江寧楊大堉補

## 記

大夫與則公士爲賓不敢使鄉人加尊於大夫也公士在官之士鄉賓主用處士〔疏〕正義曰賈疏云鄉射使處士無爵命者爲賓有大夫來不以加尊於大夫故易去之使公士爲賓敖氏云記言此者恐其或用處士也所以不可用處士者以處士去大夫之尊遠故也鄉飲酒之禮大夫若與其賓介亦當以公士爲之大夫不與則公士若處士皆可舊說謂鄉飲酒鄉射大夫自來觀禮非也大夫於一人既舉觶於賓乃入主人必無臨時易賓之理然則大夫之與此會者乃亦主人請之明矣江氏筠云疏說以上篇專是賓賢能禮此固未必然但彼云主人就先生而謀賓介則彼爲賓與此異矣此賓爲主人所自定故不敢使人加尊於大夫彼賓介定於先生於主人可以無嫌也且既經先生審定主人亦何得更改易之敖氏以主人當預知大夫之來否然恐未必先請大夫

而後就先生也竊詳注疏於大射儀有射禮辨貴賤之說觀賓主立于門外北面等文顯與燕禮之主歡者有殊此鄉射雖不與彼同疑亦當因其禮故其爲賓如此惟其如此故主人不就先生謀之盛氏世佐云公士鄉人之爲命士者明非主人之屬也大夫雖入於一人舉觶之後而其有無來否主人必預知之其用公士處士蓋自戒賓之時而已定矣非俟大夫至而後易之也此與鄉飲酒異者彼所以賓賢不可以大夫故易也方氏苞云注以公士爲在官之士似未盡將取於國中上中下士則彼有官中之士不能棄其職業而爲鄉遂之賓且春秋習射三鄉之賓十有五人遂亦如之公邑則又倍焉安得每州皆有六官之士若本州在官者則惟黨正族師乃州長之屬助主人以涖事者也不可以爲賓然則所謂公士者蓋鄉大夫所興之賢能升於國學而未升於司馬故作以爲賓俾羣士取法焉注又謂不敢使鄉人加尊於大夫故使在官之士蓋誤矣大夫與衆士耦且爲下射以遵有主道也乃慮其爲賓屈乎敖氏謂記言此明不可用處士大夫尊處士去之遠亦非也處士抱道者經所謂君子是也不敢以國法戒速乃尊賢之道宜然故息司正必以告而至與否聽之至則當與大夫之遵者同禮儀禮釋官曰案公士有二義對

處士無爵命者言則公士爲有位之士此經是對士臣於大夫者言則公士爲公家之士玉藻云公士擯則曰寡大夫寡君之老是也胡氏肇昕云方氏不知注公士在官之士之謂而妄爲辨駁至其所自言者又於經典無據敖氏故與注相反而與經文多相違戾皆非也蓋鄉射之賓本用處士若大夫與則以有位之士易之大夫之來或因主人之請則其來否主人已預知之而先使公士爲賓無慮於臨時易賓也若鄉飲則處士爲賓大夫雖與亦不易又韋氏協夢云此據州長春秋以禮會民而射于州序用此鄉射禮者也若行此禮於賓與賢能之後則賓即鄉飲所舉之賓烏可易乎

**使能不宿戒**能者敏於事不待宿戒而習之【疏】正義曰亦云使能者此賓雖輕然必以有才德者爲之不可使不賢而居尊位也不宿戒者亦以國之公禮詢衆庶習射皆有定期故也注誤方氏苞云不能則不能與於射不待勝負分而已有所愧厲矣能者始得與於射則鄉大夫興賢能非德行道藝有可觀不得與於衆賓可知矣州長教射而徵學士事有故常無用先期而戒之

**其牲狗也**狗取擇人【疏】正義曰敖氏云用狗者大射之牲也其義與鄉飲酒同方氏苞云注與敖說皆未安狗所以養老鄉黨莫如齒卽與賢能

三賓遵者必有耇老故曰習鄉尚齒射雖尚功而爲鄉禮燕與大射則國之老臣必與焉故牲皆以狗胡氏肇昕云注說當有所本若方說則失之鑿矣

**亨于堂東北** 鄉飲酒義曰祖陽氣之所發也 疏 正義曰校勘記云祖徐本作俎

**尊綌冪賓至徹之** 以綌爲冪取其堅潔

**蒲筵緇布純** 筵席也純緣

**西序之席北上** 衆賓統於賓 疏 正義曰張氏爾岐云堂上自正賓外衆賓三人而已今乃有西序東面之席豈三人非定法與賈疏以爲大夫多尊東不受則於尊西賓近於西則三賓東面未知然否要之爲地狹不容者擬設耳褚氏寅亮云衆賓三人耳今乃有西序之席者豈以無介而賓不拘於三與然决非位遵於此如疏說也北上固統於賓亦見異於介席吳氏廷華曰賓在尊西南面東上此中堂之位所以尊賓也大夫席于尊東者蓋大夫在賓之西則非所以尊大夫在賓之東又非所以尊賓故以尊間之使各成其尊而不相礙然大夫在東而賓居中位則兩尊之中仍以尊賓爲主卽大夫多尊東不足容則亦當以上經堂西東面之側側之尊東南面之外以次轉而東序西面此理之正者張氏惠言云賓位戶牖間不得以公卿大夫多而移近西當如大射小卿之席

在賓之西衆賓繼而西故有東面席也盛氏世佐云此爲射於州序言之也序之制狹有於序賓席有定位不可移而東三賓之席四丈八尺有非右一間所能容者於是又繼而南所以有西序之席也疏說非大夫若多亦當席於主人之北西面北上其不於尊西干賓之正位也必矣胡氏肇昕云記此句解者多不得其故賈疏之說本不可從而敖氏直決以衆賓三人南面未必有西序之席北上者是以記爲不可信矣蔡氏德晉謂如賓多容有席於西序者堂上衆賓衹三人不得云如賓多也方氏苞謂記所述乃西階下衆賓立位而誤爲席則尤非矣細繹記與注之文張氏盛氏謂由地狹不容因又繼而南所以有西序之席其說當矣張氏惠言儀禮圖云案賓位不可移當如大射小鄉之位在賓西衆賓繼而西故有西序之席焦氏以恕云筵席之制短不過尋長不過常中者不過九尺匠人度九尺之筵是也今庠序之制未詳東西闊狹之數宏亦不一其制賓之位於中者既無可易矣繼賓而西者當設三席則地不可以狹明矣或者三賓之席亦有繼之而東西未可知也

**獻用爵其他用觶**爵尊不可褻也【疏】正義曰校勘記云通解句首有凡字

**以爵拜者不徒作**以爵拜謂拜旣爵徒猶空也作

起也不空起言起必酢主人

**薦脯用籩五膱祭半膱橫于上醢以豆出自東房膱長尺二寸**

脯用籩籩宐乾物也醢以豆豆宐濡物也膱猶脡也爲記者異耳祭橫於上殊之也於人爲縮膱廣狹未聞也古文膱爲胾今文或作植

疏　正義曰注膱猶脡也校勘記云膱陳本作職案釋文曰膱音職若以鄉飲記音義正之此膱乃樴之誤云膱猶脡也爲記者異耳者案脡與挺同鄉飲酒記作五挺注云挺猶膱也此記作五膱注云膱猶脡也見膱與脡同物爲記者異故一作膱一作挺耳云祭橫於上殊之也於人爲縮者敖氏云曲禮曰以脯脩置者左朐右末是膱長二尺而中屈之也士虞記有乾肉折俎亦曰朐朐在南此可以見其制矣祭半膱則不屈之云古文膱爲胾今文或作植者胡氏承珙古今文疏義曰案膱當作樴脡挺皆當作梃宋本鄉飲酒記釋文云猶樴本亦作膱可見注文原作樴字鄉飲鄉射注梃樴互訓說文樴杙也梃一枚也二字皆从木凡从才从肉者皆誤聘禮記注膱脯如板然者或謂之脡皆取直貌焉蓋膱脡無正字以其直貌故取訓杙之樴一枚之梃名之後人因其爲脯脩改木从肉耳古文樴爲胾者段玉裁云戠聲𢦏聲同部也惟胾爲大臠與

三

臑義別故鄭不從今文或作植者直聲戠聲亦同鄭注考工記讀樴如脂膏膸敗之膸是也

**俎由東壁自西階升**狗既亨載於東方**賓俎脊脅肩肺主人俎脊脅臂肺肺皆離皆右體也進腠**以骨名肉貴骨也賓俎用肩主人用臂尊賓也離猶挂也腠膚理也進理謂前其本右體周所貴也若有尊者則俎其餘體也【疏】正義曰注謂前其本校勘記云前陳閩監葛俱誤作首云以骨名肉貴骨也者俎用臑皆肉也而以脊脅肩臂名之是以骨名肉祭統曰凡爲俎者以骨爲上故云貴骨也云賓俎用肩主人用臂尊賓也者肩臂臑爲前三體祭統云周人貴肩賓用肩是尊賓也云右體周所貴也者此對左股而言也云若有尊者則俎其餘體也者張氏爾岐云尊者當作遵者經云大夫若有遵者此所指正大夫也餘體謂臑若膞若胳也

**凡舉爵三作而不徒爵**謂獻賓獻大夫獻工皆有薦**凡奠者于左**不飲不欲其妨**將舉者于右**便其舉也**眾賓之長一人辭洗如賓禮**尊之於其黨【疏】正義曰張氏爾岐云疏云獻三賓之時主人唯謂長者一人洗爵愚謂此爲眾賓統一洗

但辭之者一人耳

**若有諸公，則如賓禮，大夫如介禮。無諸公，則大夫如賓禮。**尊卑之差。諸公，大國之孤也。疏正義曰：敖氏云：「賓禮介禮，亦謂其受獻時之儀耳。云有諸公則如賓禮，大夫如介禮，其言略與鄉飲酒之經合，似也。云無諸公則大夫如賓禮，其言大與此經違，則非矣。此經所言遵者大夫之儀，正指無諸公者也，而其儀亦無以異於介，烏在其爲如賓禮乎？蓋大夫之禮，宜降於賓，固不以諸公之有無而爲隆殺。又經惟屢見大夫禮，而略不及公，則無諸公明矣。記乃著有諸公之禮，皆似失之。」盛氏世佐云：「經不見如賓禮之儀，略也。猶賴此記之存，得以考其隆殺之大凡，而敖氏反疑之，過矣。」張氏爾岐云：「鄉射無介，此以飲酒禮中之賓介明其差等也。」

**樂作，大夫不入。**後樂賢也。

**樂正與立者齒。**謂其飲之次也。尊樂正，同於賓黨。鄉飲酒記曰：「與立者皆薦以齒。」疏正義曰：鄉飲酒記注云：「不言飲而言薦，以明飲也。既飲皆薦於其位。」此記不言薦，故引鄉飲酒記以證之。

**三笙一和而成聲。**三人吹笙，一人吹和，凡四人也。爾雅曰：「笙小者謂之和。」疏正義曰：敖氏云：「三人吹笙而一人歌其所吹之詩以和之，而後笙之辭顯且成聲也此其在無筭樂之時乎笙之入也以將射之故不奏之郝氏敬云三笙一和謂三人吹笙一人歌以和之也鄭據爾雅笙小爲和爾雅多後人附會三大笙一小笙於義何取豈四笙幷吹無一歌者乎盛氏世佐云此當以注說爲正爾雅曰笙十九簧曰巢十三簧曰和傳曰大笙音聲衆而高也小者音相和也說文曰笙正月之音物生故謂笙列管匏中施簧管端宮管在中央三十六簧曰竽宮管在左旁十九簧至十三簧曰笙其他皆相似也陳氏樂書曰笙爲樂器其形鳳翼其聲鳳鳴其長四尺大者謂之巢以衆管在匏有鳳巢之象也小者謂之和以大者唱則小者和也以上諸說皆此記之箋疏也豈鄭一人之私言哉蓋聲者宮商角徵羽也笙之管應乎律大小相調五聲乃成此吹笙之法所謂律以平聲也國語曰匏竹利制又曰匏竹尚議韋昭注曰利制以聲音調利爲制議從其調利也然則大小相調匏竹之器類然若竽若簫若籥若管若箎皆有大小豈以笙而獨無之今其音雖不可考其義猶可推而知也宋李照作巢笙合二十四聲以應律呂正倍之聲作和笙應笙竽合清濁之聲識者稱其能復古制若謂於義無取後人何以能師其意而作作而調乎若夫敖說之誤有不得不辨者夫有志而後有詩有詩而後

有歌於是五聲以依之十二律以和之然後被之八音而爲樂此帝舜命夔之言所以爲千古論樂之原本也笙特八音之一耳歌乃人聲也謂笙以和歌則可謂歌以和笙可乎哉其誤一也記曰歌者在上匏竹在下貴人聲也堂下安得有歌其誤二也況此篇無升歌笙閒但有合樂謂堂上歌瑟堂下笙磬合奏二南六篇之詩也堂上旣有二人之歌安得堂下又有一人歌乎其誤三也敖氏亦自知其說之不可通而謂此在無算樂之時則其辭遁矣郝氏襲其謬而反譏鄭失豈公論乎胡氏肇昕云盛氏駁敖郝以伸注說其識卓矣但其所引證亦多謬誤案爾雅釋樂云大笙謂之巢小者謂之和舍人注云大笙音聲衆而高也小者聲相和也郭璞注云列管匏中施簧管端大者十九簧小者十三簧者鄉射記曰三笙一和而成聲說文云笙十三簧象鳳之身也笙正月之音物生故謂之笙大者謂之巢小者謂之和古者隨作笙盛氏所引皆非

**獻工與笙取爵于上篚旣獻奠于下篚其笙則獻諸西階上**奠爵于下篚不復用也今文無與笙　疏　正義曰注云今文無與笙者胡氏承珙云案經文云主人取爵于上篚獻工其下云遂獻笙于西階上其下又云主人以爵降奠于

篚此記取爵上篚眞于下篚當總記獻工與笙鄉飲酒禮記亦云獻工與笙故鄭不從今文無與笙也**立者東面北上**賓黨【疏】正義曰賈疏云此謂來觀禮者與堂下衆賓齒盛氏世佐云此謂堂下衆賓也士之來觀禮者亦在焉**司正旣舉觶而薦諸其位**薦於觶南**三耦者使弟子司射前戒之**弟子賓黨之少者也前戒謂先射請戒之【疏】正義曰賈疏云謂請射之前戒之敖氏云三耦射則在先立則居前乃以弟子爲之者爲司射當誘射故也誘射有教之之意故以少者爲三耦而誘之不使長者嫌其待之淺也惟前戒故不待命而先俟于堂西張氏爾岐云請射于賓之前卽戒之也**司射之弓矢與扑倚于西階之西**便其事也【疏】正義曰司射取弓挾矢取扑經皆著其在階西惟誘射訖改取一个挾之則著其適堂西葢堂西與階西相近記故統而言之**司射旣袒決遂而升司馬階前命張侯遂命倚旌**著竝行也古文曰遂命獲者倚旌【疏】正義曰敖氏云階前卽觶南之處也盛氏世佐云階前西階前也觶南位在中庭敖說非　注云著竝行也者敖氏云謂此時司射

司馬同時行事非相繼爲之經不明言故記著之也經言司馬命張矦及倚旌乃在司射比三耦之後記言此以明其在司射升請射于賓之時非若經文之次也然經文所以如彼者欲終上事乃言下事故爾張氏爾岐云司射升堂告賓請射之時司馬階前即命張矦倚旌經文序司射事訖乃及司馬故記著其行事相並也韋氏協夢云射禮同時行事者似不止此如司馬命張矦司樂即當命遷樂司馬獻獲者司射即當獻釋獲者大約二人所行之事不至相窒礙者皆可同時而行若一人行一事必相繼爲之則日力有不給矣記蓋舉一以見其餘耳云古文曰遂命獲者倚旌者胡氏承珙云案經文云司馬命張矦弟子說束遂繫左下綱司馬又命獲者倚旌于矦中記又言此者疏云司馬命張張矦與命倚旌其事相因故云遂明同是而階前然則今文不言獲者從可知也

**凡矦天子熊矦白質諸矦麋矦赤質大夫布矦畫以虎豹士布矦畫以鹿豕**

此所謂獸矦也燕射則張之鄉射及賓射當張采矦二正而記此者天子諸矦之燕射各以其鄉射之禮而張此矦則經獸矦是也由是云焉白質赤質皆謂采其地其地不采者白布也熊麋虎豹鹿豕皆正面畫其

頭象於正鵠之處耳君畫一臣畫二陽奇陰耦之數也燕射射熊虎豹不忘上下相犯射麋鹿豕志在君臣相養其畫之皆正義曰校勘記云注則經獸侯是也徐本通解毛物之【疏】楊氏俱無此句案此乃疏文誤入皆謂采其地地誤作也射熊虎豹熊閩監俱誤作燕不忘上不相犯下不字徐本通典聶氏通解俱作下朱子曰疏解忘爲苟然則乃妄字也案疏云不苟相從輒當犯顏而諫正是不忘相犯之意似非妄字又案禮記射義疏引作上下相犯志在君臣相養徐本養下有也字與射義疏引亦合　云此所謂獸侯也燕射則張之鄉射及賓射當張采侯二正者張氏爾岐云侯制有三大射賓射燕射大射之侯用皮王三等虎熊豹諸侯二等熊豹卿大夫用麋所謂侯皮之鵠梓人云張皮侯而棲鵠則春以功是也賓射之侯用布畫以爲正王五正中朱次白次蒼次黃而玄在外諸侯用三正損玄黃大夫士二正去白蒼畫朱綠所謂畫布曰正梓人云張五采之侯則遠國屬是也燕射之侯畫獸以象正鵠此記所言是也梓人亦云張獸侯以息燕也胡氏肇昕曰周禮司裘職曰王大射則共虎侯熊侯豹侯設其鵠諸侯則共熊侯豹侯卿大夫則共麋侯皆設其鵠注大射者爲祭祀射王將有郊廟之事以射擇諸侯及羣臣與邦國所

貢之士可以與祭者諸侯謂三公及王子弟封於畿內者卿大夫亦皆有采地焉其將祀其先祖亦與羣臣射以擇之凡大夫射各於其射宮侯者其所射也以虎豹熊麋之皮飾其側又方制之以爲辜謂以鵠著於侯中所謂皮侯王之大射虎侯王所自射也熊侯諸侯所射豹侯卿大夫以下所射諸侯之大射熊侯諸侯所自射豹侯羣臣所射卿大夫之大射麋侯君臣共射焉又射人職曰王以六耦射三侯三獲三容樂以騶虞九節五正諸侯以四耦射二侯二獲二容樂以貍首七節三正孤卿大夫以三耦射一侯一獲一容樂以采蘋五節二正士以三耦射犴侯一獲一容樂以采蘩五節二正先鄭注云三侯虎熊豹也正所射也詩曰終日射侯不出正兮二侯熊豹也犴侯者獸名也獸有貙犴熊虎後鄭注云三侯者五正三正二正之侯也二侯者三正二正之侯也一侯者二正而已此皆與賓射於朝之禮也考工梓人職曰張五采之侯則遠國屬遠國謂諸侯來朝者也五采之侯即五正之侯也正之言正也射者內志正則能中焉畫五正之侯中朱次白次蒼次黃玄居外三正損玄黃二正去白蒼而畫以朱綠其外之廣皆居侯中參分之一中二尺大射禮犴作干讀如宂犴宂獄之犴犴胡犬也士與士射則以犴皮飾侯下大夫也

大夫以上與賓射飾矦以雲氣用采各如其正又梓人張五采之矦則遠國屬注云五采之矦謂以五采畫正之矦也射人職曰以射法治射儀王以六耦射三矦三獲三容樂以騶虞九節五正下曰若王大射則以貍步張三矦明此五正之矦非大射之矦明矣其職又曰諸矦在朝則皆北面遠國屬者若諸矦朝會王張此矦與之射所謂賓射也又張獸矦則王以息燕注云獸矦畫獸之矦也引此記爲證又云息者休農息老物也燕謂勞使臣若與羣臣飲酒而射又孔氏穎達射義正義曰凡天子諸矦及卿大夫士禮射有三一爲大射是將祭擇士之射二爲賓射諸矦來朝天子而與之射也或諸矦相朝而與之射也三爲燕射謂息燕而與之射天子諸矦大夫三射皆具士無大射故司裘職云大射惟明王及諸矦卿大夫不及於士其賓射燕射士皆有之故射人云士射豻矦二正是士有賓射也又鄉射記云士布矦畫以鹿豕是士有燕射矣其矦天子大射則張虎矦熊矦豹矦畿內諸矦大射則張熊矦豹矦若畿外諸矦大射亦張三矦一曰大矦二曰糝矦三曰豻矦若畿內卿大夫射麋矦其畿外卿大夫射矦無文於諸矦既得三矦其卿大夫蓋降君一等則糝矦豻矦也大射之矦皆有鵠鵠則三分矦中而居其一其賓射之矦謂之

正天子賓射用五正三正二正之侯諸侯用三正二正之侯卿大夫用二正之侯士亦用二正之侯又飾以豻畿外諸侯以下賓射其侯無文若天子以下燕射則尊卑皆用一侯此三射之外又有鄉射其侯並同賓射之法故鄭注云鄉侯二正云而記此者天子諸侯之燕射各以其鄉射之禮而張此侯者此謂記言鄉射而以燕射之獸侯爲言故明之也張氏曰此鄉侯當張采侯二正而記燕射之侯者以燕射亦用此鄉射之禮但張侯爲異耳盛氏世佐云記曰古者諸侯之射也必先行燕禮卿大夫士之射也必先行鄉飲酒之禮燕禮曰若射則如鄉飲酒之禮蒸諸侯以上無鄉射其燕射之侯則自鄉射等而上之也大夫以下無燕射其鄉射之侯則自燕射等而下之也故獸侯之名通乎上下而鄉射之記兼及王侯皆以此耳圖說曰大射射鵠賓射射正鄉射射質而燕射則因鄉射之侯注以燕張獸侯鄉射當張采侯誤矣云由是云焉自質赤質皆謂采其地其地不采者白布也者盛氏世佐云凡侯中棲之以皮曰鵠司裘所云設其鵠是也畫之以采曰正射人所云五正三正二正是也塗之以土曰質此記所云白質赤質丹質是也各隨其所宐而命之其實皆射之的而已梓人云參分其廣而鵠居一焉則鵠又侯中之總名也鄭

解此質爲質地之質非凡侯皆以布爲之而飾之以皮此於鄉射之侯獨曰布者明其不以皮飾也於鄉射之侯曰布則熊麋二侯之非純布可知矣於鄉射之侯曰畫則熊麋二侯之非畫可知矣或謂凡侯皆以布爲之而飾之以皮則三射之侯何别乎曰别之以其侯中而已皮侯以鵠采侯以正獸侯以質或又謂燕射之侯旣不畫何以謂之獸也曰若以其所飾而謂之皮則無以别於大射也且其中未嘗棲皮也以其所塗而謂之采則無以别於賓射也且其中未嘗畫采也燕侯雖不畫而熊麋之屬皆獸名故以其名命之且大夫士之畫者則固有獸象旁又以見此名之通乎下也皮侯采侯取義於中獸侯取義於側亦相變也經義聞斯錄曰案射侯皆以布爲地故大射儀注云侯謂所射布也天子諸侯以皮飾側故考工記謂之獸侯惟大夫士不飾皮故此記云大夫布侯士布侯也然云畫以虎豹畫以鹿豕則熊侯麋侯非畫可知畫者丹質故非畫者則白質赤質也人有大夫士之異獸有虎豹鹿豕之分故曰凡以統之人有天子諸侯及大夫士之異侯有飾皮及畫皮之分故曰凡畫者以别之也小雅賓之初筵篇發彼有的傳云的質也毛公解是詩爲燕射則所謂質者即指白質赤質丹質之質漢初訓詁簡括不備引此經耳

質侯中志射之處其猶大射之鵠賓射之正與注解爲地非矣又云熊侯用熊皮麋侯用麋皮將何以別於大射之皮侯乎考工記何以特謂之獸侯乎葢大射用虎熊豹麋之皮皮飾侯側而中又方制皮以爲鵠側中皆皮故曰皮侯賓射亦用虎熊豹麋之皮飾侯側而中用布畫五采以爲正故曰五采之侯燕射則天子諸侯張熊麋皮而中設質焉大夫士則畫虎豹鹿豕於布亦有獸之形故統曰獸侯又云禮謂之質詩謂之的說文謂之埻云射臬也讀若準案司裘注云侯者其所射也以虎熊豹麋之皮飾其側又方制之以爲𦎧謂之鵠著於侯中所謂皮侯疑𦎧乃埻之誤故釋文云本亦作準也疏解𦎧作質云質者正也所射之處故名爲質又案小爾雅謂之槷槷卽臬也說文臬射準的也云熊麋虎豹鹿豕皆正面畫其頭象於正鵠之處耳者賈疏云案梓人云參分其廣而鵠居一焉據大射之侯若賓射之侯則三分其侯正居一焉若燕射之侯則獸居一焉故云象其正鵠之處胡氏肇昕云經於熊麋侯不言畫則以熊麋之皮飾其側耳畫者唯虎豹鹿豕云君畫一臣畫二陽奇陰耦之數也者以天子諸侯唯熊與麋大夫則有虎豹士則有鹿豕是取陰陽奇耦之數也經義聞斯錄曰其云大夫畫以虎豹士畫以鹿豕者大夫或虎或

豹士或鹿或豕耳非大夫兼虎豹士兼鹿豕也注說涉附會胡氏肇昕云案郝氏亦云畫虎則無豹畫鹿則無豕非一矦畫二物也敖氏云一矦而畫獸二者亦宓夾其質也不畫一獸者變於用皮者也其說亦非云燕射射熊虎豹不忘上下相犯射麋鹿豕志在君臣相養者此鄭謂用熊虎豹麋鹿豕之意也胡氏肇昕云鄭氏司裘注云用虎熊豹麋之皮示服猛討迷惑者射者大禮故取義衆也較此注爲精云其畫之皆毛物之者謂所畫者皆毛物也方氏苞云謂象其淺深純駁之物色也

**凡畫者丹質**賓射之矦燕射之矦皆畫雲氣於側以爲飾必先以丹采其地丹淺於赤〔疏〕正義曰案注以畫爲畫雲氣凡畫者總天子諸矦大夫士而言丹質謂丹采其地非也考經文於熊矦曰白質麋矦曰赤質則丹質者自謂大夫士之布矦也大夫與士同爲布矦則同爲丹質而虎豹鹿豕又皆以畫故以凡畫者統之質謂其識射之處也此注多誤後儒故多駁之敖氏云凡畫者丹質謂畫虎豹鹿豕之矦皆以丹質言其質異也姜氏兆錫云據本記白質爲天子之熊矦赤質爲諸矦之麋矦則丹質當屬大夫士虎豹鹿豕之矦經云凡者凡大夫與士非並凡王矦也孔氏廣森云此質謂矦中受矢之處毛詩發彼有的傳曰的質也

考工記曰利射革與質蓋獸矦有質猶皮矦有鵠采矦有正矣天子熊皮爲矦白塗中以爲質諸矦麋皮爲矦赤塗中以爲質凡大夫士皆布矦而但畫爲獸象丹塗中以爲質於大夫士獨言布矦明君之獸矦亦眞獸皮爲之所別於皮矦者在質與鵠耳

**射自楅閒物長如笴其閒容弓距隨長武**

自楅閒者謂射於庠也楅閒中央東西之節也物謂射時所立處也謂之物者物猶事也君子所有事也長如笴者謂從畫之長短也笴矢榦也長三尺與跬相應射者進退之節也閒容弓者上下射相去六尺也距隨者物橫畫也始前足至東頭爲距後足來合而南面爲隨武跡也尺二寸

疏 正義曰注云自楅閒者謂射於庠也楅閒中央東西之節也者張氏爾岐云榭鉤楹內堂由楹外雖不同皆以楹中央爲東西之節注謂射於庠恐未是云長如笴者謂從畫之長短也笴矢榦也長三尺與跬相應射者進退之節也者郝氏敬云物長如笴與八步一跬相應三尺爲跬六尺爲步從長半步不言橫同也云閒容弓者上下射相去六尺也者敖氏云其閒容弓爲從畫言也胡氏肇昕云物長如笴爲從畫言其閒容弓者謂上下射各履一物兩物之閒相去容弓弓六尺也敖說非郝氏云其閒謂兩物

相去中閒可容弓六尺曰弓卽一步也兩人麗立中空一步以便射也云距隨者物橫畫也始前足至東頭爲距後足來合而南面爲隨武跡也尺二寸者敖氏云射者南面還視侯中之後先以左足履物之東端乃以右足履其西端而合之故名東端爲距西端爲隨取其左足至則右足隨之也距至也隨猶從也郝氏云左足先履物距其外而右足來合曰隨足跡曰武武長尺有奇兩足收斂迫狹方可容一武也盛氏世佐云名橫畫曰距隨者蓋先以左足距從畫之南端而後以右足隨之履其橫畫胡氏肇昕云距之本字當作歫歫說文云止也又止下云止下基也象草木出有阯故以止爲足是古亦謂足爲止故士昏禮北止注云止足也歫訓爲止亦可爲足之稱也隨讀如父之齒隨行之隨

**序則物當棟堂則物當楣** 是制五架之屋也正中曰棟次曰楣前曰庪

【疏】正義曰敖氏云當棟當楣其以庭之深淺而異與堂之庭深於序故進退其物以合侯道之數此侯道五十弓之張氏爾岐云序無室堂有室故物深淺異設此物南北之節也吳氏廷華云大射大侯九十此諸侯之侯道也司裘注本之而又以天子之侯道亦九十案白虎通天子之侯道百二十步雖俱無可考據而白虎通之說爲長

**命**

**負侯者由其位**於賤者禮略〔疏〕正義曰：賈疏云：司馬自在己位遙命之，由負侯者賤略之故也。敖氏云：位，觶南也。此與前二命皆不離其位者，以射事未至，略之，由便也。盛氏世佐云：此謂司馬命獲者執旌以負侯之時也。位，司射之南也。此時司馬位已不在觶南矣。敖說非。吳氏廷華云：司射請射後，司馬初命倚旌，次命負侯，皆不言位，則皆由其位也。不言命去旌，可知。又位本北面，而獲者在西，是卽其位西向命之也。**凡適堂西，皆出入于司馬之南，唯賓與大夫降階遂西取弓矢。**尊者宜逸由便〔疏〕正義曰：敖氏云：凡，凡司射、司馬、三耦、衆耦也。必出入於此者，近於其位也。此於司射、司馬之位爲南，於耦之射位爲北，故以之爲節。云賓無射位，大夫不立於射位，故取弓矢於堂西，不由之。大夫卒射而退，乃由此者，統於上射，非正禮也。郝氏敬云：凡司射、三耦、衆耦往來堂西，皆由司馬之南而西。惟賓與大夫取弓矢於堂西下階，卽折而西，不由司馬之南，尊者可直遂，不出卑者之下也。賓、大夫非取弓矢，不往堂西，故申明之。盛氏世佐云：凡適堂西，皆出入於司馬之南，蓋威儀之法，有不得由便者。唯賓與大夫則否，優尊也。敖氏近於其位之說失之。**旌**

**各以其物**旌總名也襍帛爲物大夫士之所建也言各者鄉射或於庠或於謝

疏云正義曰注也者周禮司常云九旗通帛爲旜襍帛爲物全羽爲旞析羽爲旌物物與旌别云旌旌總名者賈疏謂散文則通是也云襍帛爲物大夫士之所建也者本司常文賈疏云通帛者通體並是絳帛襍帛者中絳緣邊白也云各者鄉射或於庠或於謝者賈疏云大夫士同建物而云各者大夫五仞士三仞不同也吳氏廷華云周禮司常惟有大夫士建物及襍帛之文以此記言之則物字當卽司常所謂九旗之物蓋交龍熊虎九者及下龍旜之類若止以襍帛言非各以之義要知此卿大夫禮如鄭賈說又有州長鄉大夫是卿當在孤卿建旜中州長當在州里建旟中豈得專以襍帛爲訓至五仞三仞之說據司常疏謂本禮緯則尤不可以緯訓經且記亦止言物不言杠也要之人各有物故曰各不必辨其物之異同也張氏爾岐云旌射時獲者所執各用平時所建故云各以其物也敖氏云記據士之爲主人者言也士之物云各則是三等之士其物亦有不同者矣士喪禮云爲銘各以其物亦此意也胡氏肇昕云敖氏之說盛氏謂其非記意也

**無物則以白羽與朱羽糅杠長三仞以鴻脰**

韜上二尋無物者謂小國之州長也其鄉大夫一命其州長士不命不命者無物此翿旌也翿亦所以進退衆者糅者襍也杠橦也七尺曰仞鴻鳥之長脰者也八尺曰尋今文糅爲縮韜爲翿

疏正義曰注云無物者謂小國之州長也其鄉大夫一命其州長士不命不命者無物者郝氏敬云周禮司常云析羽爲旌襍帛爲物大夫士建物春秋傳曰采謂之物無物謂士之未命者旌無帛則不得畫物姜氏兆錫云旌各以其物即司常職掌九旗之名物之物故云各以其物物而無物則以朱白羽糅杠乃因不命之士無九旗之名物而爲之也注誤解物爲襍帛曰物之物則各字不可通而疏乃以杠之長短別之則所謂順而爲之詞而不自知其率矣盛氏世佐云春秋傳曰采謂之物采即襍帛也襍帛非一色也郝謂帛上畫物似失之姜以物爲名物之物而究不能指言何物不如仍以大夫士建物之文爲證也云此翿旌也翿亦所以進退衆者賈疏云此據下文下文士鹿中翿旌也下云國君中射則皮樹中以翿旌獲此不命士與國君同者士卑不嫌命士以上尊卑自異也翿非直用之於獲喪大記君葬時執翿居前詔傾虧亦所以進退衆人也云糅者襍也者敖氏云以白羽朱羽相襍而綴於杠之首亦象析羽爲旌之意也張

氏爾岐云不命之士不得用物則以赤白襍羽爲翿旌以射姜氏兆錫云糅訓爲襍襍不可解糅謂交纏之也胡氏肇昕云姜説無據大夫士建物襍帛爲物無物則以白羽朱羽襍綴爲旌亦象其襍帛之物也故注訓糅爲襍説文無糅錢氏大昕以爲卽粈字考説文粈襍飯也段氏玉裁曰食部曰餌襍飯也廣韻曰餌亦作粈然則餌粈一字今之糅飯字也是粈本爲襍飯之名引伸之凡襍亦可曰粈丑聲與柔聲古音同部也云杠橦也者後漢書馬融傳注云橦者旌之竿也故禮記檀弓以練綢旌之杠注又云杠竿也云七尺曰仞者賈疏云此無正文王肅則依小爾雅四尺曰仞孔君則八尺曰仞所見不同也胡氏承珙小爾雅疏證曰仞數諸儒各異漢書食貨志注又引應劭以五尺六寸爲仞此仍與七尺曰仞者合蓋用八寸爲尺以七乘八故爲五尺六寸褚氏寅亮云鄭云七尺曰仞蓋本包咸論語注不從趙岐孟子注八尺爲仞八尺則仞七尺矣小爾雅四尺爲仞如是則仞有三尺之牆止高七尺尤難信云鴻鳥之長脰者也者郝氏曰脰頸也鴻大鴈長頸云八尺曰尋者賈疏云此亦無正文胡氏肇昕云小爾雅云四尺謂之仞倍仞謂之尋尋舒兩肱也説文云尋度人之兩臂爲尋八尺也一切經音義引淮南天文訓曰音以八

相生人修八尺尋自倍故八尺而爲尋是皆以八尺爲尋也張氏爾岐云其杠三仞又以鴻脰韜杠之上長二尋鴻脰之制注不言疑亦縫帛爲之其圓長若鴻項然也盛氏世佐云杠長三仞以下又言旌竿之制度物與無物者所同也以鴻脰韜者執旌所以唱獲故取其飛鳴之象說者謂縫帛爲之非上二尋謂在其杠二尋之上也此與經云上握焉句法相似或以上字絕句非杠長二丈一尺韜於二尋之上則所韜者五尺矣方氏苞曰二尋以上乃韜則所韜五尺也曰韜上二尋其制已明而曰以鴻脰則五尺中必微曲如鴻之脰也云今文糅爲縮韜爲翿者胡氏承珙古今文疏義曰注云糅襍也一切經音義糅古文粈餌二形說文粈襍飯也引伸之爲凡相襍之偁丑聲柔聲竝通故又變爲糅今文糅爲縮者如周禮甸師祭祀共蕭茅鄭大夫云蕭或爲莤莤或爲縮是也鄭以糅縮聲雖近而縮字無襍義故不從今文韜爲翿者亦聲近假借鄭以韜義爲正故亦不從今文

**凡挾矢于二指之間橫之**

二指謂左右手之第二指此以食指將指挾之

【疏】正義曰賈疏云第二指爲食指左傳云子公之食指動是也第三指爲將指左傳云吳王闔廬傷將指是也敖氏云云凡者謂挾矢或多或寡其法皆然寡則

挾以食指將指多則以餘指分挾之凡挾矢有挾一矢者有挾四矢五矢者韋氏協夢云食指將指之外除兩臂指有拓弓鉤弦之事其無名指小指皆可挾矢挾一个者挾於食指將指之間挾四个則分挾將指無名指之間挾五个則又分挾無名指小指之間也褚氏寅亮云無問矢之多寡挾之總於第二指第三指之間故不曰指間而曰二指之間敖氏謂多則餘指分挾之失記意

**司射在司馬之北司馬無事不執弓**以不主射故也【疏】正義曰敖氏云司馬將升堂而有事乃執弓非是則亦有有事而不執弓之時記蓋大略言之耳

**始射獲而未釋獲復釋獲復用樂行之**君子取人以漸【疏】正義曰敖氏云始射謂第一番三耦射時復又射也前言復謂第二番射時後言復謂第三番射時三耦始射志在於中中則當言獲未釋獲者此如習射然未定較勝負且三耦之外皆未射難以相飲亦不可以徒釋之也至次射則賓主而下皆繼射乃可以釋獲及第三射則其事已熟乃可以樂為節也此皆行事有漸且示先質後文之意吳氏廷華云第一番射未釋獲第二番射始釋獲第三番射又釋獲故曰復復當據第三番射言又第三番始用樂曰復者對樂

賓時言

**上射于右**於右物射疏正義曰韋氏協夢云上射于右則下射當於左不言者可知也

**楅長如笴博三寸厚寸有半龍首其中蛇交韋當**博廣也兩端爲龍首中央爲蛇身相交也蛇龍君子之類也交者象君子取矢於楅上也直心背之衣曰當以丹韋爲之司馬左右撫矢而乘之分委於當疏正義曰校勘記云注司馬左右誤作左右司馬云博廣也者敖氏云長如笴兩端相去之度也盛氏世佐云楅承矢架也長如笴博三寸厚寸有半皆謂其乘矢之橫木也蓋楅身屈曲如蛇交必以此木橫設於上乃可以安矢云兩端爲龍首中央爲蛇身相交也者楊氏復曰兩端爲龍首所以限矢也其中爲蛇身兩兩相交相相對則置之於地而安也敖氏云龍首者刻其上端作龍首之狀爲識且以飾也上端爲首則下端爲尾明矣經云東肆是其証也蛇交者兩木屈曲爲之狀如蛇交然必屈曲爲之者象弓也盛氏云其中蛇交則兩端皆爲龍首鄭必有所傳矣敖說非云蛇龍君子之類也者賈疏引易龍戰于野其血玄黃鄭注云聖人喻龍君子喻蛇是也云直心背之衣曰當以丹韋爲之者聶氏崇義引舊圖云楅長三尺有足置韋當於背郝氏云韋皮也當中也與

楅通中衣袴曰襠兩腹如半圜交處脊起如衣襠撫矢乘之則分委兩腹以韋韝之如襠衣也姜氏兆錫云以當爲楅衣固似但謂當爲直心背之衣則當須讀作襠而歷攷字典初無襠作當之文郎當字義解數十條又無通當作襠之義也況本記以楅字領起全文下文又著楅字覺上下文義不協而獨以楅梟二字合於下節義例彌復未安或讀當爲當車之當當楅爲句梟句謂韋當楅中而色則梟也此於義爲穩宜從之盛氏云當底也韓非子曰玉巵無當是也以皮爲底防傾欹也注誤敖說尤鑿胡氏肇昕云釋名釋衣服云裲襠其一當胸其一當背是直心背之衣曰當也鄭以當爲襠者蓋古人字少得相假借且裲襠之爲名以一當胸一當背故曰裲襠是襠正由當得名也古蓋即以當字爲之姜氏據後世之字書律古人之假義可謂妄矣又後漢書鮑永傳有當匈李賢注云當匈以韋爲之是襠之通作當又有明証姜氏何考之未審邪考楊氏禮圖楅之制兩端作龍首中爲蛇身兩兩相交以丹韋爲當設於其上以承矢楊氏本於注說注必有據也敖氏乃以上端爲首下端爲尾不知楅者橫設非直設也有兩端之形無上端下端之形也盛氏以當爲底引韓非子以爲據竟不知當之形何若其用韋於何所也且楅之分承

乘矢者經不得不一明之也是其說皆不可從當以注說爲是云司馬左右撫矢而乘之分委於當者楊氏云以丹韋爲當則四四分矢而委之於其上也

**楅髤橫而奉之南面坐而奠之南北當洗**髤赤黑漆也

疏正義曰楅髤橫而奉之校勘記云奉釋文唐石經徐本俱作拳通解楊氏敖氏俱作奉朱子曰拳當作奉字之誤也陸氏云拳亦非是石經考文提要曰拳訓曲言制楅之法漆而橫曲之其蛇交之處著地龍首尾拳曲向上更設韋當於其背與上蛇交韋當文義相屬非設楅時兩手奉之也釋文明注拳音權通解但云拳當作奉而注仍作拳不改字案朱子云拳當作奉則未嘗改經也今本通解經文竟作奉卻於疏末綴楅橫而拳之五字疑非朱子原文○盛氏世佐云此再言楅者以其通體言也若以韋當楅爲句則髤但爲韋色不知楅體更作何色耶　注云髤赤黑漆也者案髤之本字作髹云髤桼也段氏玉裁注曰韋昭曰㕞桼曰髤髤師古曰以桼桼物謂之髤今關東俗謂之捎桼捎即髤聲之轉耳以桼桼物皆謂之髤不限何色也鄉射禮注云赤黑桼也巾車注云髤謂赤多黑少之色韋也漢書中庭彤朱殿上髤桼西都賦謂之彤庭玄墀然則或赤或黑或赤黑兼或赤多

黑少皆得云髤桼張氏爾岐云楅用漆爲飾設之者横而奉之南面坐奠中庭其南北與洗相直**射者有過則撻之**過謂矢揚中人凡射時矢中人當刑之今鄉會衆賢以禮樂勸民而射者中人本意在侯去傷害之心遠是以輕之以扑撻於中庭而已書曰扑作教刑〔疏〕正義曰敖氏云射時司射搢扑以涖事然則撻之者其司射與注云過謂矢揚中人凡射時矢中人當刑之者以矢中人爲過之大者本當刑之但其本意在侯非故有傷害人之心也故僅用扑撻於中庭鄭引漢時鄉會衆賢事以證之也引書者古文尚書堯典文吳氏廷華云過本不一注特舉其重言之賓主大夫無撻理或爲三耦及諸執事設也**衆賓不與射者不降**不以無事亂有事〔疏〕正義曰敖氏云衆賓在三人之中者也經古文與爲豫言賓主人大夫若皆與射之禮則是賓主人大夫或有時不與矣此記又言衆賓不與射者不與皆以堂上者言也以是觀之則堂上者可以不與而在下之衆賓無有不與者乎褚氏寅亮云大夫尊不與射不降可知嫌衆賓不與射因賓主大夫降而亦降故特明之**取誘射之矢者既拾取矢而后兼誘射之乘矢而取之**謂反位已

禮成乃更進取之不相因也【疏】正義曰賈疏云不相因者既自拾取已之乘矢反位東西望詎上射乃更向前兼取誘射之矢禮以變爲敬故不相因朱子曰上經云後者遂取誘射之矢此注乃云反位禮成乃更進取之似相矛盾其上射字亦與後者二字不相應當作下耦之下射敖氏云經云後者遂取誘射之矢此則一見其於旣拾取己矢乃爲之吳氏廷華云己之四矢一遍一取故曰拾後者旣拾取己矢詎又進兼四矢取之以一人取故不言拾疏云東西望者謂東西面位相望也張氏爾岐云注所謂反位已者非司馬西南東面之位乃楅東西取矢之位前經所云上射東面下射西面者也但彼處疏云是下射取之此乃云上射未審何者爲是盛氏世佐云此注顯與經背當以朱子及敖說爲正

**賓主人射則司射擯升降卒射卽席而反位卒事**擯賓主人升降者皆尊之也不使司馬擯其升降主於射【疏】正義曰敖氏云擯謂以辭贊之射時擯升降則取矢亦當然也將擯而去扑搢之乃反位注云不使司馬擯其升降主於射者賈疏云司馬本是司正不主射事也

**鹿中髤前足跪鑿背容八筭釋獲者奉之先首**前足跪者

象教擾之【疏】正義曰張氏爾岐云先首首向前也盛氏世
佐曰此於奉之者爲縮注云前足跪者象
獸受負也者賈疏云服不氏教擾猛獸不堪受負
教擾之獸受負也者賈疏云服不氏教擾猛獸不堪受負
其有合負物者教擾則屈前足以受負若今駞受負則四
足俱屈之類也胡氏肇昕云孔穎達禮記投壺正義曰
中之形刻木爲之狀如兕鹿而伏背上立圜圈以盛算大

夫降立于堂西以俟射尊大夫不使久列於射位【疏】正義曰張氏爾岐云賓主人大夫同
時降賓主先射大夫且立於堂西其耦在射位俟當射大
夫乃就其耦升射韋氏協夢云尊者事至乃爲之故大夫
立於堂西而不立於射位優之也若然則大夫未射俟射
至乃降亦可而必先降者賓主人旣降而大夫獨立於堂上
則是以尊者自處矣此又自謙之意也大夫與士射袒纁襦不肉袒姝於耦【疏】正義曰袒
纁襦校勘記云纁唐石經徐本通解楊氏敖氏俱作薰案
宋本釋文亦作薰前有司請射疏亦引作薰據士冠禮纁
裳注云今文纁皆作熏則此薰當作熏盛氏世佐云纁石
本作薰張氏以爲誤敖同石本且釋之曰薰讀爲纁古字
通用也始不免郢書而燕說矣胡氏肇昕云據敖說正可
證古本皆作薰非石本之誤盛氏反席敖之非適見其陋

○敖氏曰袒纁襦尊者不見體也襦先著於衣內袒時則出之大夫非射於君所固不肉袒矣乃以與士射爲言者嫌爲下射或當統於上射不空異之也吳氏廷華云裏衣上加襦襦上加遂經第言袒故記之**耦少退于物**下大夫也既發則然疏正義曰郝氏云耦謂士爲大夫耦則士居右物爲上射每既發一矢輒少退辟尊也敖氏云經言耦於大夫射時之禮在下則屈在上則伸然則似未必有此少退於物之儀也且侍射於君乃退於物尊君也大夫之耦此禮亦不空與君之耦同記似過矣盛氏世佐云此亦貴貴之禮則然然云少退則與侍君射之禮有閒矣敖氏議之非也**司射釋弓矢視算與獻釋獲者釋弓矢**惟此二字休武主文釋弓矢耳然則擯升降不釋疏正義曰敖氏云司射於射未畢而釋弓矢惟此二事故記者併言之也視算而去弓矢者爲射事已因去扑之節而并去之也獻釋獲者而釋弓矢者爲有洗酌荅拜等事故也二者之意義不同**禮射不主皮主皮之射者勝者又射不勝者降**禮射謂以禮樂射也大射賓射燕射是矣不主皮者貴其容體比於禮其節比於樂不待中爲雋也言不勝者降則不復升射

也主皮者無侯張獸皮而射之主於獲也尙書傳曰戰鬭不可不習故於蒐狩以閑之也閑之者貫之也貫之者習之也凡祭取餘獲陳於澤然後卿大夫相與射也中者雖不中也取不中者雖中也不取何以然所以貴揖讓之取也而賤勇力之取嚮之取也於囿中勇力之取今之取也於澤宮揖讓之取也澤習禮之處非所於行禮其射又主中此主皮之射與天子大射張皮正義曰注不待中爲侯賓射張五采之侯燕射張獸侯疏雋也校勘記云雋徐本要義俱作備案備蓋雋字之誤則不復升射也要義脫升字凡祭取餘獲陳於澤凡要義作已與單疏述注合取上要義有則字案凡祭當從要義作已祭案段玉裁云射義天子將祭必先習射於澤下文又云射中者得與於祭不中者不得與於祭是射澤必在祭之先況禽待祭後而班則委積日久已字非也許氏宗彥云苟非已祭何稱餘乎當作已嚮之取也嚮釋文作鄉勇力之取下徐本通解要義俱有也字　云禮射謂以禮樂射也大射賓射燕射是矣敖氏云禮射謂此篇所載與大射燕射之類也云不主皮者貴其容體比於禮其節比於樂不待中爲雋也云者以其合於禮樂爲主不以中爲雋故曰不主皮也云言不勝者降則不復升射也者此主皮之射若禮射二番不

勝三番仍升射也云主皮者無侯張獸皮而射之主於獲也者敖氏曰禮射則張皮侯若采侯與獸侯而加正鵠主皮之射則不用正鵠但欲射中其皮耳此皮與所謂皮侯者之皮不同葢以中甲之革爲之周官云射甲革樂記云貫革之射皆指此而言也中甲之革犀兕若牛之皮也其爲物堅厚惟强有力者乃能貫之故禮射則不主皮爲力不同科故也張氏爾岐云不主皮當依論語作主皮於中而不主於貫革爲確胡氏肇昕云論語禮射不主皮馬融注曰主皮能中質言射者不但以中皮爲善亦兼取和容是馬氏亦不以主皮爲貫革也周禮鄉大夫以鄉射之禮五物詢衆庶三曰主皮鄭注云庶人無射禮因田獵分禽則張皮射之是主皮爲田獵之射亦在鄉射五物之中特爲庶人言之耳陳氏祥道謂主皮之射庶人之禮也鄉大夫或用之於澤宮或用之以詢衆庶用之於詢衆庶在一曰和二曰容之後則主皮之射雖君子用之所不廢亦非其所尚也晚周之時射尚主皮故孔子譏之是也至貫革之射見於樂記乃軍旅之射也周禮司弓矢所謂射甲革椹質是也與主皮之躬各別朱子注論語合主皮貫革爲一不及馬鄭說之精敖氏張氏從之誤矣引尚書者此伏生尚書大傳之文自戰鬬至揖讓之取也鄭引之疑其爲主

皮之射言也云凡祭取餘獲陳於澤然後卿大夫相與射也中者雖不中也取不中者雖中也不取者朱子曰蓋謂取蒐狩之餘獲陳於澤今之中者鄉雖不中亦取也今之不中者鄉雖中亦不取也云澤習禮之處非所於行禮其射又主中此主皮之射與者言澤雖習禮之處而其射則又主於中此是非所於行禮故疑其爲主皮之射也

**主人亦飲于西階上**就射爵而飲也己無俊才不可以辭罰

疏正義曰賈疏云此謂主人在不勝之黨受罰爵之時也

**獲者之俎折脊脅肺臑**臑若膊胳觳之折以大夫之餘體

疏正義曰校勘記云敖氏刪經臑字其正誤曰今本肺下有臑字繼公謂臑在肺下非其次且與折文不合蓋傳寫者有因注首言臑而衍也大射注引此無臑字今據以刪之周學健云臑在折中不應又出臑字但賈疏自作有臑字解故仍其舊而加圈別之案此與鄉飲酒介俎肫字同意皆以用體無常故立文不定且此文變例臑在肺下其意尤明故鄉飲酒肫字可刪而此經臑字不可去　又大射注云卿折俎用脊脅臑折肺與此正同明無衍字　注云臑若膊胳觳之折以大夫之餘體者張氏爾岐云見科取其一不定有臑則用臑無臑則三者皆可用之雅視大夫之有

無多寡取其餘體而已吳氏廷華云記止言臑則不用膞胳可知蓋折不用全體大夫用臑亦折不全用則獲者亦得用臑不必易臑用膞盛氏世佐云士虞用專膚爲折俎注云折俎謂主婦以下俎也體盡人多折骨爲之又特牲主婦俎觳折佐食俎觳折然則體盡人多乃折牲體以充俎今此唯賓主人用肩臂其餘體尚多而獲者之俎用折者獲者賤也折謂自臑以下也脊脅骨多不須折言臑於肺下者舉所折之例也此特謂無大夫言之耳若有大夫則以大夫之餘體也記若云獲者之俎折脊脅臑折肺豈不文順而意顯今其文若此者欲見此俎之折於禮爲宜不因大夫多而然也又以見自臑以下皆可折以爲俎不限於臑也

**東方謂之右个**侯以鄉堂爲面也

疏 正義曰韋氏協夢云此明經之左个右个東方謂之右个則西方謂之左个矣○校勘記云注鄉堂堂誤爲黨

**釋獲者之俎折脊脅肺皆有祭**皆皆獲者也祭祭肺也以言肺謂刌肺不離嫌無祭肺

疏 正義曰注云皆皆獲者也者謂獲者與釋獲者之俎同也云祭祭肺也以言肺謂刌肺不離嫌無祭肺者敖氏云經於二俎已見其有祭記復言之者以此云肺嫌爲祭肺也是以明之二俎有離肺復有祭肺者爲獲

者祭於三處而加之釋獲者俎遂因之亦加祭肺一也盛氏世佐云此及上文所謂肺皆舉肺也祭則祭肺也祭祀之時二肺俱有其他則惟有舉肺而已舉肺亦皆以祭今此有舉肺復有祭肺者爲獲者之祭矦而設也釋獲者亦有祭則又因獲者之禮也獲者之祭肺三釋獲者之祭肺一

**大夫說矢束坐說之** 明不自尊別也【疏】正義曰張氏爾岐云謂拾取矢時

**歌騶虞若采蘋皆五終射無算** 謂衆賓繼射者衆賓無數也毋一耦射歌五終也【疏】正義曰賈疏云用騶虞以化民下用采蘋大夫之樂節亦可皆五終者大夫士皆五節一節一終故云五終也方氏苞云疑賓主人衆賓之射皆歌騶虞有司學士竝安助流王化也大夫則歌采蘋以職位旣有定耳疏以上下爲別義不可通韋氏協夢云經止言歌騶虞此云歌騶虞若采蘋者補經所未及也疑行鄉飲禮於賓賢能則用騶虞注所謂有樂賢之志取其相安是也若州長春秋以禮會民而射于州序行此鄉射之禮則用采蘋以鄉大夫或來也盛氏世佐云騶虞說見前采蘋卿大夫賓射所歌也故亦得用之然則諸侯之州長歌騶虞若采蘩與五終卽周禮所謂五節騶虞亦五終何嫌於僭乎蔡氏德晉云案先儒皆以

此爲與周官異不知此正與周官互相發明耳周官王射以騶虞九節大夫射以采蘋士射以采蘩皆五節今鄉射乃士禮則用采蘩五節宜矣然二南乃鄉樂自天子以至於士皆可通用則騶虞可下逵於大夫士但其節當五終耳推之則采蘋采蘩可上達於天子但其節則當九終可知也胡氏肇昕云方氏謂賓主人衆賓射皆歌騶虞大夫則歌采蘋其說疑可從大夫或來或不來未定故經但言歌騶虞記則爲補言之耳

**古者於旅也語** 禮成樂備乃可以言語先王禮樂之道也疾今人慢於禮樂之盛言語無節故追道古也 疏 正義曰校勘記云注禮成樂備諸本俱作種成樂億唯徐本同此○敖氏云言古者以見周禮之不然古謂殷以上也于旅而語以敬殺也盛氏世佐云此云古者蓋謂周之盛時也然則記之作也其在春秋之際乎胡氏肇昕云敖氏以禮經爲周公所作故謂古爲殷以上也但經爲周公所作記則孔子與七十子之所作也觀論語子曰禮射不主皮爲力不同科古之道也與此之追道古初以概今時者相似則古當謂周之盛時爲是

**凡旅不洗** 敬殺 **不洗者不祭** 不盛 **既旅士不入** 從正禮也既旅則將燕矣士入齒於鄉人 疏 正義曰注從正禮也校勘

記云從徐本作後通解作從張氏爾岐云從正禮當是後正禮

大夫後出

下鄉人不干其賓主之禮疏正義曰校勘記云注不干干誤作于○敖氏云大夫後出與其後入之意同亦欲使主人各得盡其待賓與大夫之禮而賓與大夫亦各得伸其尊也主人送賓入門大夫乃出

主人送于門外再拜

拜送大夫尊之也主人送賓還入門揖大夫乃出拜送之疏正義曰敖氏云大夫雖多亦唯拜送其長而已鄉飲酒尊者之禮亦當如此胡氏肇昕云敖氏推鄉飲酒主人拜送賓于介則否以解此經唯拜送大夫之長其說未安方氏苞云鄉射衆賓出主人皆拜送況衆大夫乎韋氏協夢云再拜送大夫合衆大夫而拜送也

鄉矦上个五尋

上个謂最上幅也八尺曰尋上幅用布四丈疏正義曰注云用布四丈者以五乘八得四丈也張氏爾岐云橫長之數

中十尺

方者也用布五丈今官布幅廣二尺二寸旁削一寸考工記曰梓人爲矦廣與崇方謂中也疏正義曰張氏爾岐云中卽方也盛氏世佐云此謂矦中也鄉矦之質居矦中三分之一蓋方三尺三寸有奇矣正鵠亦然但其尺寸則隨矦中之大小以爲準耳張說非郝氏云中中幅矦心也十尺方一丈也矦中心

儀禮正義卷十　鄉射三　三

視侯道遠近爲廣狹。褚氏寅亮云：布幅之廣，當以漢志二尺二寸爲正，故注據之。淮南子云二尺七寸，巡狩禮以爲三尺二寸，俱未旳。○注考工記校勘記云：工誤作功。云方者也。用布五丈者，張氏曰：廣崇皆十尺，布幅廣二尺，故用布五丈。云今官布幅廣二尺二寸，旁削一寸者，者敖氏云：葢謂周布之廣當如漢布也。賈疏云：此言十尺，用布五幅，幅廣二尺二寸，兩畔各削一寸爲縫，幅各二尺在，故五幅爲一丈也。漢法幅二尺二寸，亦古制存焉，故舉以爲況。引考工記梓人之文者，證中之爲方者也。

**侯道五十弓，弓二寸以爲侯中。**

言侯中所取數也。量侯道以貍步，而云弓者，侯之所取數宜用射器也。正二寸者，骹中之博也。今文改弓爲肱也。

【疏】正義曰：注宜用射器也。校勘記云：用射，徐作於躬，聶氏通解、楊氏俱作於射。正二寸者，諸本俱無者字，唯監本同此。云量侯道以貍步，而云弓者，侯之所取數宜用射器也者，大射儀云以貍步張三侯，是量侯道以貍步也。六尺爲步，弓之制與步相應，侯之取數宜於射器，故此經不云貍步而云弓也。云正二寸者，骹中之博也者，考工記弓人云：茭解中有變焉。注云：茭讀如齊人名手足掔爲骹之骹，謂弓弰把側骨之處，博二寸。鄭氏此注作骹，用其所改之字也。正之數取於骹中之博故二寸褚氏寅亮云此中一丈三分其一以爲鵠則三尺三寸有奇七十弓之侯中丈四尺鵠四尺六寸有奇九十弓之侯中丈八尺鵠六尺張氏爾岐云侯之遠近五十弓弓取二寸以爲侯中之數故十尺也云今文改弓爲肱者胡氏承珙古今文疏義曰案古肱字本作厷與弓字爲同音假借故骬臂子弓骬姓臂名當字厷而作子弓左傳邾黑肱公羊作黑弓皆其側鄭云侯之所取數宜用射器故不從古文改作肱也

**倍中以爲躬**躬身也謂中之上下幅也用布各二丈　疏　正義曰賈疏云身爲中上中下各橫接一幅布者也

**倍躬以爲左右舌**謂上个也居兩旁謂之个左右出謂之舌　疏　正義曰張氏爾岐云即最上四丈之橫幅隨所目而異名左右出各一丈

**下舌半上舌**半者半其出於躬者也用布三丈所以半上舌者侯人之形類也上个象臂下个象足中人張臂八尺張足六尺五八四十五六三十以此爲衰也凡鄉侯用布十六丈數起侯道五十弓以計道七十弓之侯用布二十五丈二尺道九十弓之侯用布三十六丈　疏　正義曰校勘記云注半其出於躬者也躬徐本作射似誤用布二十五丈二尺用徐本作田誤　云半者半其出於躬者也用

布三丈者張氏爾岐云用布三丈橫綴下弓之下左右出於躬各五尺云所以半上舌者侯人之形類也上个象臂下个象足中人張臂八尺張足六尺五八四十五六三十以此爲衰也者敖氏曰下舌所以半上舌者慮其植之妨於往來者也下舌之長若如上舌則兩植相去五丈六尺有餘矣故須半之也盛氏世佐云侯制上廣下狹便射也蓋侯植於庭而射者從堂上射之則其所平視者侯中以上而已其下無取乎廣也禮器云天子之堂九尺諸侯七尺大夫五尺士三尺此堂高於庭之度也侯之下綱去地僅尺二寸下舌所以半上舌者始爲是與注說非敖說亦似迂胡氏肇昕云鄭注考工記梓人亦云侯制上廣下狹蓋取象於張臂八尺張足六尺是取象率焉考侯之爲字从人从厂厂象張布矢在其下人則取象於人也凡侯之名曰躬曰左右舌上舌下舌皆於人身取之則象人之說鄭有所受之矣盛氏駁之非也云凡鄉侯用布十六丈數起侯道五十弓以計者賈疏云中五幅幅一丈用布五丈上下躬總用布四丈上个四丈下个三丈是通用布十六丈也云道七十弓之侯用布二十五丈二尺者賈疏云中七幅幅丈四尺用布九丈八尺上下躬總用布五丈六尺上个五丈六尺下个四丈二尺通用布二十五丈二尺也

云道九十弓之侯用布三十六丈者，賈疏云中九幅幅丈八尺用布十六丈二尺上下躬總用布七丈二尺上个亦七丈二尺下个五丈四尺通用布三十六丈也

**箭籌八十**

箭篠也籌算也籌八十者略以十耦為正貴全數其時衆寡從賓

疏 正義曰校勘記云注箭篠也篠誤从竹籌八十者籌徐本楊氏俱作筭其時衆賓從賓上賓字徐本通典通解俱作寡　云箭篠也籌算也者張氏爾岐云箭竹也以竹為籌釋獲者所執之算也云籌八十者略以十耦為正貴全數其時衆寡從賓者張氏云人四矢耦八籌也敖氏云上記云射無算而箭籌惟止於八十則是此射者雖多亦不過十耦也釋獲者之執算各視射者之矢數盛氏世佐云經云釋獲者執鹿中一人執算從之此記云箭籌八十以一人所執言也中一个釋一算射者未必皆中故經又云若有餘算則反委之則此八十籌固不止供十耦之用矣如不足則射器之納於堂西者可復取也豈必以十耦為限哉敖說非

**長尺有握**

**握素**

握本所持處也素謂刊之也刊本一作膚

疏 正義曰注刊本一作膚校勘記云徐本通解楊氏俱無作刊字與單疏標目及述注合通典作刊本一云膚敖氏作刊一本膚許氏宗彥云此猶云刊本四寸耳與下經文刊本

尺義同禮作扶鄭用公羊膚字故疏述公羊而曰引之者証握膚爲一也　云握本所持處也者敖氏云尺有握猶言尺有四寸也必云握者亦見其爲所握處也張氏爾岐云握四指卽四寸算長尺四寸云素謂刊之也者郝氏云握素謂手捉處刊削使素外加髤飾也張氏云其四寸則刊之使白也云握本一作膚者惠氏棟古義曰張稷若節解云握本以作膚以字疑誤別本刊本一作膚亦費解或刊本一讀義屬上句一作膚指握字有作膚者四指曰膚與握義同愚謂案文當云握本或作膚張氏以爲刊本一讀屬上句非也胡氏肇昕云惠說非也張氏謂握本一讀是也謂一作膚指握字有作膚者非也作字係淺人不得其解而妄加之也下記云刊本尺此注云刊本一膚句法相同盛氏謂刊本一膚謂刊此箭籌之本一膚耳是也賈疏云公羊傳僖三十一年云膚寸而合何休云側手爲膚又投壺云室中五扶注云鋪四指曰扶一指案寸四指則四寸引之者証握膚爲一也

**楚扑長如笴**

**刊本尺**

刊其可持處

疏正義曰校勘記云注可通典作持○韋氏協夢云長如笴亦如笴長三尺也刊本尺亦刊之使白也胡氏肇昕云楚扑者學記云夏楚二物收其威也扑與夏楚蓋其物相同故扑亦曰楚扑也

君射則爲下射上射退于物一笴旣發則荅君而俟荅對也此以下襍記也今文君射則爲下 疏 正義曰敖氏云君爲下射者降尊以就卑則不宜與卑者序而從尊卑爲耦之常法也且下射之物在東亦不失其主位也上射賓也荅君謂東面立而對之射時進左手微背於君故旣射則還對之俟待君發也 注云此以下襍記也者韋氏協夢云襍記燕射大射之儀蓋因射而類及也云今文君射則爲下者胡氏承珙云言君射則爲下射者謂君就下射之物大射儀公將射則賓降適堂西袒決遂執弓搢三挾一个升自西階先待於物北一笴東面立注云不敢與君併東面立鄉君也卽此記所謂君射則爲下射上射待於物一笴者也若如今文無射字於義不明故鄭從古文

君樂作而后就物君袒朱襦以射君尊 疏 正義曰郝氏云君樂作而后就物爲耦者先就物待也君射袒朱襦爲耦者肉袒也敖氏云樂爲奏貍首也此記先言樂乃後見君之射儀則是君之燕射於再射卽用樂行之亦變於大射也投壺之禮因飲酒而爲之於其再投卽用樂此意其類之乎鄉射三射乃用樂行之方氏苞云敖說未安記於鄉射附載君射之儀卽謂大

射之禮三射樂作君乃就物耳燕禮附載燕射語亦甚略然曰如鄉射之禮則亦至三射然後用樂何所據而知再射卽以樂行乎

**小臣以巾執矢以授**君尊不搢矢不挾矢授之稍屬【疏】正義曰敖氏云以巾執矢敬君物不敢褻也大射儀曰小臣師以巾內拂矢而授矢於公稍屬蓋以巾拂之而又藉手以執之也儀禮釋官曰小臣見大射儀周禮大僕職云王射則贊弓矢注贊謂授之受之諸侯小臣兼大僕之職故君射執矢以授

**若飲君如燕則夾爵**謂君在不勝之黨也賓飲君如燕賓媵觚於公之禮則夾爵夾爵者君既卒爵復自酌【疏】正義曰敖氏云夾爵謂夾君爵而自飲也以大射儀考之飲君之禮其所以異於燕賓之媵觶者非獨夾爵而已記但以此言之亦大略之說也盛氏世佐云如燕謂自降洗升酌以至酌膳下拜諸儀皆如之也則夾爵此異於燕者也侍射者先酌散自飲乃酌膳奉君君飲訖又酌自飲故曰夾爵燕禮賓媵觶于公惟先自飲而已敖云非獨夾爵而已者燕禮賓酌膳坐奠于薦南拜畢反位此則酌膳以致侯公卒觶而進受之亦其異也

**君國中射則皮樹中以翿旌獲白羽與朱羽糅**國中城中也謂燕射

也皮樹獸名以翿旌獲尚文德也今【疏】正義曰校勘記云文皮樹爲繁豎糅爲縮古文無以以翿旌獲翿誤作劃今文皮樹爲繁豎徐本無爲字豎作豎通解兩見二十一卷有爲字二十卷無爲字豎俱从豆古文無以文鍾本誤作今　注知城中是燕射者賈疏云以賓射大射不在國中故國中是燕射燕在寢故也云以翿旌獲尚文德也者賈疏云燕主歡心故旌從不命之士云今文皮樹爲繁豎糅爲縮古文無以者胡氏承珙云古音皮讀爲婆繁讀爲蟠皮繁聲之轉樹與豎音義竝同鄭以皮樹爲獸名必有所受之今文繁豎蓋假借字故不從糅爲縮者詩生民或簸或蹂說文臼部引作或簸或舀糅之爲縮猶蹂之爲舀亦聲近故借鄭亦不從之古文無以文不備故又從今文胡氏肇昕云皮樹未詳何獸鳥獸之名字多假借如此之類鄭據古文即從古文作之非必以今文爲假借而古文爲本字也

**於郊則閭中以旌獲**於郊謂大射也大射於大學王制曰小學在公宮之左大學在郊閭獸名如驢一角或曰如驢岐蹏周書曰北唐以閭析羽爲旌【疏】正義曰校勘記云注如驢通典作大於驢岐蹏陳本通解作歧徐閭監本作岐案釋文宋本亦作歧是俗字　云大射於大學者賈疏云據諸侯而言也

天子大射則虞庠小學以天子大學在國中小學在郊云閭獸名如驢一角或曰如驢岐蹏者案山海經縣雍之山其獸多閭郭璞注云閭卽羭也似驢而岐蹏角如麢羊名山驢引周書者逸周書王會解文

**於竟則虎中龍旜**於竟謂與鄰國君射也畫龍於旜尙文章也通帛爲旜

疏 正義曰校勘記云虎中下通典有以字

注云於竟謂與鄰國君射也者賈疏云此則賓射也以其君有送賓之事因送則射盛氏世佐云諸侯相朝於是乎有賓射賓射不必於竟也天子賓射在朝則諸侯可知矣於竟會遇也曲禮曰諸侯未及期相見曰遇相見於郤地曰會是也因會遇而射其禮亦以賓射行之記蓋據此而言也春秋傳云嘉樂不野合謂燕享也射雖亦以樂節然非合樂之謂故得行於竟與

**大夫兕中各以其物獲**兕一獸名似牛一角

疏 正義曰敖氏云其指大夫而言大夫有上中下之異故物亦有差張氏爾岐云大國小國大夫命數不同故云各以其物

注云兕獸名似牛一角者爾雅釋獸云兕似牛劉氏欣期交州記云兕出九德有一角角長三尺餘形如馬鞭柄是也說文云兕如野牛青毛其皮堅厚可制鎧古者射兕以服猛故鄉射禮云大夫兕中兕善觝觸故又以比戰士

**士鹿中翿旌以獲**謂小國之州長也用翿爲旌以獲無物也古文無以獲〔疏〕正義曰校勘記云記七字唐石經徐本通典通解楊氏敖氏字俱有今本竝脫注二十一字今本俱脫徐本通解俱有通典引謂小至無物十五字敖氏云翿旌卽白羽與朱羽糅者也上記言士禮云旌各以其物無物則以白羽與朱羽糅此直見翿旌而已　注云古文無以獲者胡氏承珙云無以獲則文不備故鄭不從

**唯君有射于國中其餘否**臣不習武事於君側也古文有作又今文無其餘否〔疏〕正義曰敖氏云其餘否謂人臣不爲射主於國中也君有射於國中者以其於公宮爲之也若人臣之家其庭淺隘器用又未必備故射則必於鄉州之國行事焉是雖居於國器而欲射於其中亦不可得也此不惟見尊君之意亦其勢然爾胡氏肇昕云注臣不習武事於君側也一語立尊卑之準定君臣之分得先王制禮之精意敖氏之說故與鄭異乃不自知其謬也焦氏以恕曰春秋二百年中臣淩其君者有之臣不習武事於國中設爲此制以杜漸防微以此坊民猶有跋扈恣睢尾大不掉者若之何而有中庭淺隘器用不備之說也謬亦甚矣云古文有作又今文無其餘否者胡氏承珙云古有又字多通此

有射於國中對大夫士不得在國射故當作有今文無其餘否亦文不備故鄭不從胡氏肇昕云有之言或也君有射於國中者言君或射於國中也若大夫士則否矣

**君在大夫射則肉袒**

不袒纁襦厭於君也今文無射【疏】正義曰胡氏承珙云不從今文無射者亦以文不備

卷十終

# 儀禮正義卷十一

鄭氏注

受業江寧楊大堉補

## 燕禮第六

鄭目錄云諸侯無事若卿大夫有勤勞之功與羣臣燕飲以樂之禮燕禮於五禮屬嘉禮大戴第十二小戴及別錄皆第六

疏 正義曰賈疏云案上下經注燕有四等目錄云諸侯無事而燕一也卿大夫有王事之勞二也卿大夫有聘而來還與之燕三也四方聘客與之燕四也方氏苞云疏所分四類似未安本國之臣入貢獻功於王朝出聘於鄰國而還勞之一也有大勳勞功伐而特燕賜之二也無事而燕羣臣三也燕聘賓四也聘賓則入大門而奏肆夏以主君出迎於大門之內也本國之臣入至庭而奏肆夏以君於是時始降階而揖之也無事及出聘者不宜以樂納其諸有大勳勞者與儀禮釋官曰周禮大宗伯以饗燕之禮親四方之賓客賈疏饗亨大牢以飲賓獻依命數在廟行之燕者其牲狗行一獻四舉旅降脫屨升坐無算爵以醉爲度行之在寢饗禮今亾此篇所載是諸侯燕其臣之禮其天子之燕禮亦亾矣又有與族人燕及

祭畢之燕皆與此禮別褚氏寅亮云待賓之禮有三饗也食也燕也饗重於食食重於燕饗主於敬燕主於歡而食以明善賢之禮饗則體薦而不食爵盈而不飲設几而不倚致肅敬也食以飯爲主雖設酒漿以漱不以飲故無獻儀燕以飲爲主有折俎而無飯行一獻之禮脫屨升坐以盡歡此三者之別也饗食於廟燕則於寢其處亦不同矣考之諸經諸侯於己臣有燕而無饗食意者饗之禮自待賓客外惟施之於耆老孤子歟吳氏廷華云大射亦行燕禮注遺之耳抑以大射之燕別見於彼經故未及之歟又注疏以此燕禮兼己臣與聘使言下記及庭之賓當亦合己臣及聘使言之鄭以王事之勞爲重故詳重而略輕耳據郊特牲疏亦以己臣及聘賓爲說則二說本無異同也此疏因此記言及庭彼言入門遂斷爲己臣及聘使之分不知禮莫重於九夏既竝許其奏肆夏則及庭入門其輕者耳而必致辨於其閒恐制禮者不如是之煩也

**燕禮小臣戒與者**　小臣相君燕飲之法戒與者謂留羣臣也君以燕禮勞使臣若臣有功故與羣臣樂之小臣則警戒告語焉飲酒以合會爲歡也

〔疏〕正義曰張氏爾岐云自此至公升就席皆燕初戒備之事

有戒與設具有納諸臣立於其位有命大夫爲賓有請命執役有納賓凡五節○戒與者校勘記云徐本無戒字集釋通解楊氏俱有　注云小臣相君燕飲之法者賈疏云周禮大僕職云王燕飲則相其法小臣職云凡大事佐大僕則王燕飲大僕相小臣佐之此諸侯禮降於天子故直使小臣相是以下云小臣師一人在東堂下注云師長也小臣之長一人猶天子大僕正君之服位者也是諸侯小臣當大僕之事云戒與者謂畱羣臣也者賈疏謂羣臣畱在國不行者朱子曰畱羣臣謂羣臣朝畢將退君欲與之燕使小臣畱之疏說非是李氏如圭云畱羣臣謂羣臣畱在國不出使者若君臣無事亦有燕魯頌振鷺之詩是也敖氏云與者羣臣之與此燕者也君所主與之燕者亦存焉郝氏敬云與與燕諸臣未定爲賓皆曰與焦氏以恕云燕之正賓則卿大夫士聘來還者至於與燕之臣乃畱在國不行者故鄭公畱羣臣是也至朱子所云則不同於注疏之說也吳氏廷華云下卿大夫入門後君始命賓此時尚無賓也廣戒之耳

**膳宰具官饌于寢東**　膳宰天子曰膳夫掌君飲食膳羞者也具官饌具其官之所饌謂酒也牲也脯醢也寢路寢

疏正義曰寢路寢校勘記云路徐本作露張氏云注云寢露寢案疏露路

作路後記之注亦作路從疏案後注路堵父國語作露路古多通用○褚氏寅亮云此禮先設君與賓之席獻後乃設卿大夫之席故具饌之文在設席前大射儀則君賓卿大夫諸公皆同時先定位故官饌之文在設席後賓皆止一次饌也敖氏因少牢禮有改饌之節遂謂先具諸官所當饌之物既設賓席官乃改饌之恐未然玩官饌二字專指諸臣薦羞而言諸臣薦羞無論貴賤皆在寢東大射儀官饌不言其處以在學也饌公薦俎之處兩篇俱空其文尊君也然大射儀云宰胥獻脯醢由左房庶子設折俎升自西階則知君之薦俎饌于東房矣此篇但云士薦脯醢膳宰設折俎升自西階而不言由左房以互見於大射儀也至公食禮宰夫之具饌于東房者尊賓而同於君饌也庶羞自門外入則又食禮之異於燕禮也堵案義疏云儀禮具饌或在房或在東西堂下或在門外東西經俱分別言之如云薦脯出自左房又云亨于堂東北又云視爨西堂下又云亨于門外東方側亨于廟門外之右皆是也此經明言寢東而不言門及堂則在寢外東壁之東可知

注云膳宰天子曰膳夫掌君飲食膳羞者也者李氏如圭云天子之宰夫下大夫膳夫上士諸侯膳宰蓋亦卑於宰夫燕禮膳宰具饌而公食大夫宰夫具饌者彼食異國

之大夫敬之異於己臣子也。釋官曰：天子曰膳夫，諸侯曰膳宰，名異實同，與宰夫無涉。春秋時侯國宰夫之官廢，因通謂膳宰爲宰夫，注家不能辨別二職，由是遂亂。不知周公制禮時，諸侯有膳宰，有宰夫，職守不同，此經固自可證也。膳宰見禮記文王世子、玉藻、左傳、公羊傳、國語，皆當天子膳夫之職。云「具官饌，具其官之所饌，謂酒也，牲也，脯醢也」者，敖氏云：具官饌，具諸官所當饌之物也。此時所具者其薦羞乎？及旣設賓席，官乃改饌之，大射云「官饌」是也。方氏苞云：官饌，謂籩人、醢人、庖人、外饔所共薦羞牲體也。不曰命諸官具饌，而曰膳宰具官饌，見膳宰親監視而具陳寢東，以俟時而進也。韋氏協夢云：此膳宰具官饌，具之而未設，大射儀設席後之官饌，乃設之也。云「寢，路寢」者，賈疏云：以其饗在廟，服朝服，下記云「燕，朝服于寢」，正處在路寢，不在燕寢可知。敖氏云：寢東，蓋其東壁之東也。郝氏寢東，路寢東房，鄉飲亦云東壁，云左房，羞由東出也。

樂人縣。縣鐘磬也。國君無故不撤縣，言縣者，爲燕新之。

疏 正義曰：校勘記云：注「縣鐘磬也」，鐘，徐、葛、集解、通解俱作「鍾」。後「賓執脯以賜鍾人于門內霤」。周氏學健云：鍾鼓之鍾，古皆作鍾，三禮無鐘字，俗本或作鐘，皆後人所改也。案：後凡鍾字放此，不悉校。磬，徐本作罄，後同。宮縣者，宮，徐本、集釋楊氏俱作言與單疏合○賈疏云周禮春官大司樂云凡樂事宿縣又樂師云凡樂成則告備是天子有大司樂并有樂師之官諸侯無大司樂直有大樂正小樂正以其諸侯兼官此二者皆當天子樂師縣樂之法周禮眡瞭職云掌大師之縣鄭注云大師當縣則爲之案下僕人相大師則諸侯無眡瞭則使僕人縣樂大師以聲展之樂師又監之盛氏世佐云此縣亦使眡瞭疏誤說見後韋氏協夢云疏說盛氏已辨之矣然則所謂樂人者即眡瞭與眡瞭而謂之樂人者以其爲掌樂事之人而已人者賤辭也方氏苞云燕與大射使小臣僕人相工所以崇賓祭大射所相不過大師小師上工耳燕禮工四人瑟二人小臣不能徧相非眡瞭孰任之且小臣授瑟而降相祭者何人乎凡大祭祀聲樂備具卽事之工甚多非用眡瞭不能使有位者徧相小祭祀及學校中樂事君或不親則小臣僕人未必與且眡瞭所自共之樂事將孰使代之釋官云案周禮樂師凡樂掌其序事小胥正樂縣之位是縣樂諸官皆有其事故總言樂人疏謂諸侯無眡瞭非是周禮眡瞭職云凡樂事相瞽序官瞽矇上瞽四十人中瞽百人下瞽百有六十人共三百人眡瞭之數亦如之然則每瞽一相自不可少諸侯眡瞭之數不可知亦必有專其職者燕禮小臣相

工大射僕人相工因賓射重其事耳非其常職且考之於經小臣相工不過納工之頭至工旣升堂小臣授瑟而降主人獻工西階上相祭者又何人乎是工別有相明甚左傳師慧過宋朝將私焉相曰朝也慧曰無人焉相曰朝也何故無人是諸侯樂工亦有相可知夫瞽之於相不可須臾離周公設官使眂瞭專其職因兼習樂事作樂之際工與相兩相諳熟而器數之用亦從而不亂此相工所以使眂瞭之意也周禮注云瞭目明者官名眂瞭當卽取爲瞽眂之義若小臣僕人之屬固各有其職安得專以相工爲事乎　注云縣鍾磬也者敖氏云此縣蓋在階閒磬在阼階西南面鍾鑮次而西建鼓在西階東南鼓鼙在其東國君燕禮輕於大射故不備樂且於其日乃縣之而與常時同鄉飲酒記曰磬階閒縮霤北面鼓之盛氏云縣軒縣也軒縣之法見大射禮敖引鄉飲酒禮特縣況之非張氏惠言儀禮圖云樂人縣不言所賜注以爲常縣新之則此軒縣也大射禮一建鼓在西階之東南面注云備三面則耳無鍾磬有鼓而已疏云諸侯軒縣皆有鼓與鍾磬鑮然則大射阼階西之建鼓應鼙本東縣之鼓西階東之建鼓則北縣之鼓以東西縣例之蓋北縣東上磬鍾鑮鼓以次而西故鼓在西階東也大射注又云應鼙應朔鼙也先擊朔

鼙應鼙鼙應之則東西縣兩鼙相應若北縣不知有鼙與否以無南縣相應故疑闕之又襄十一年左氏傳鄭賂晉侯歌鍾二肆及其鎛磬疏云歌鍾二肆兼有磬編縣之鎛是大鍾磬是大磬皆特縣之據鄭玄禮圖如此也案此則縣中當有特磬但不知每縣有否今唯於北縣著之東西縣且依大射以侯考正又大射疏云周人縣鼓建鼓殷法略於射故用先代鼓則此常縣當用縣鼓張氏惠言云大射鼓在阼階西應鼙在其東注在東便其先擊小後擊大也然則鼓鼙之設必鼙在鼓右又鄉射云縣于洗東者洗當榮則樂縣東於堂鄉射辟射位移階閒之縣於東方定卽判縣位也縣云階東西者遙繼言之云國君無故不徹縣者曲禮云大夫無故不徹縣不言國君鄭以大夫推之知國君亦然也云言縣者爲燕新之者李氏如圭云燕在路寢有常縣之樂今更整理之而已大射在學宮學宮不常縣故前射一日縣且具辨樂縣之位

**設洗篚于阼階東南當東霤罍水在東篚在洗西南肆設膳篚在其北西面**設此不言其官賤也當東霤者人君爲殿屋也亦南北以堂深肆陳也膳篚者君象觚所饌也亦南陳言西面尊之異其文

疏 正義曰設洗篚敖氏云諸

篇於此但云設洗無連言篚者而此有之衍文耳又下別
云篚在洗西則於此言篚文意重複似非經文之體且篚
在洗西亦不可以東霤爲節其衍明矣褚氏寅亮云若果
司宮設之則此經宜云司宮設洗篚下經宜蒙此經而直
云尊于東楹之西矣何以不言司宮而下始言司宮故注
云不言其官賤也集說據大射儀以決司宮設洗但彼亦
無明文也洗篚二字不妨連言何必武斷篚爲衍文。敖
氏云洗與罍蓋瓦爲之下云君尊瓦大則此可知矣盛氏
世佐云賈云洗士用鐵大夫用銅諸侯白銀天子黃金夫
一承棄水之器而以金銀爲之侈矣敖氏說蓋得之矣罍
字從缶亦瓦可知也鄭云尊卑皆用金罍此酒器也以木
爲之而飾以金詩云我姑酌彼金罍是也盛水之罍豈其
比哉又敖氏云先設洗西之篚以爲節故膳篚後設也
注云設此不言其官賤也者賈疏云少牢司宮設罍水大
夫兼官此國君禮或可別人爲之但無文故鄭不細辨敖
氏云設四器亦司宮也見大射與少牢禮此經省文耳云
當東霤者人君爲殿屋也者賈疏云漢時殿屋四向流水
故舉漢以況周言東霤明亦有西霤李氏如圭云霤屋檐
滴水處也殿屋四向流水所謂四阿故有東霤此設洗者
與士禮處同大夫以下無東霤洗當東榮耳云膳篚者君

象觚所飮也者君物而曰膳者以其善於諸臣所用者而言也云亦南陳言西面尊之異其文者韋氏協夢云設洗篚云南肆設膳篚云西面互文也盛氏云此二篚在堂下一盛諸臣飮器一盛君飮器而無堂上篚者蓋堂上之篚所以盛爵燕飮輕獻不用爵故也

**司宮尊于東楹之西兩方壺左玄酒南上公尊瓦大兩有豐冪用綌若錫在尊南南上尊士旅食于門西兩圜壺**司宮天子曰小宰聽酒人之成要者也尊方壺爲卿大夫士也臣道直方於東楹之西子君專此酒也玉藻曰唯君面尊玄酒在南順君之面也瓦大有虞氏之尊也禮器曰君尊瓦甒豐形似豆卑而大冪用綌若錫冬夏異也在尊南在方壺之南也尊士旅食者用圜壺變於卿大夫也旅衆也士衆食謂未得正祿所謂庶人在官者也今文錫爲緆

疏 正義曰校勘記云左玄酒南上南聶氏作東冪用綌若錫冪徐本楊氏作鼏通解敖氏作冪　注云司宮天子曰小宰聽酒人之成要者也者張氏爾岐云諸侯之司宮與天子之小宰所掌同盛氏世佐云司宮卽天子之宮人也周禮宮人職云掌王之六寢之修又云凡寢中之事埽除執燭共爐炭凡勞

事四方之舍事亦如之此燕於路寢六寢之一而設尊筵賓又皆勞事故以司宮爲之下經云司宮執燭于西階上是其執燭之證矣大射於郊而亦用司宮者所謂四方之舍事亦如之也宮人中士則司宮下士也小臣於天子爲上士以小臣設公席以司宮設臣席亦其差也鄭乃以小宰當之誤矣小宰諸侯之小卿也以尊官而執賤役可乎又主人獻卿之時經云司宮兼卷重席設于賓左東上疏云案大射席小卿賓西東上注云席於賓西射禮辨貴賤也以此言之燕禮主歡不辨貴賤小卿與大卿皆在賓東若然則小宰爲小卿之首是時亦當受獻乃爲己設席且爲次於己者設席必無是理豈可以聽酒人之成要而遂當設尊之役乎釋官曰案公食大夫禮注云司宮大宰之屬掌宮廟者疏以周禮宮人當之是也此注釋爲小宰誤矣小宰卿貳之官秩尊職重不得以司宮當之諸侯五大夫司徒下置小宰曾子問明有小宰之官疏諸侯無小宰非矣周禮宮人中士四人下士八人諸侯降天子一等當以下士爲之左傳襄九年令司宮巷伯儆宮杜注孔疏解爲內臣奄人者亦誤吳氏廷華云小宰爲大宰之貳掌六典其職重若行禮陳設不過小臣之事所謂司宮當是宮人及司尊彝之屬耳鄭以司宮爲小宰賈疏舉小宰經文

以解之不知小宰所掌不一宮刑特其一耳烏得遽以司宮比之又下言司宮執燭則直與宮正執燭等烏得以爲小宰至所謂成要卽月要歲會計簿耳受酒正之計卽可以設尊傅會之則太宰掌羞服之式注以羞爲飲食豈亦可以設尊歸之云尊方壺爲卿大夫士也臣道直方於東楹之西予君專此酒也者敖氏云先尊方壺於楹西以爲節乃設公尊與上文後設膳篚之意同臣尊用壺又以方者且無冪爲與君尊相屬亦遠別之也張氏爾岐云公席阼階上西向尊在東楹之西南北竝列尊面向君設之與鄉飲酒賓主共之者不同故注云予君專此酒也胡氏肇昕云臣道直方解經尊用方壺之故易坤卦云妻道也臣道也又云君子敬以直內義以方外注意本此引玉藻者賈疏云欲見尊面向君順君面非賓主共之意李氏如圭云鄉飲酒尊于房戶之間賓主共之此尊近東者君尊專大惠也君西鄉尊東面以君之左爲上故言酒皆在南敖氏云左玄酒據設尊者而言也蓋凡設尊者皆面其鼻玉藻云惟君面尊是尊鼻東向也此設尊者西面故玄酒在南而爲左若以尊言之則爲右矣淩氏釋例云案疏云少儀云尊壺者面其鼻鄭注云鼻在面中言嚮人也據燕禮向君而言少儀又云尊者以酌之左者爲上尊鄉飲酒云

尊兩壺于房戶之閒玄酒在西又鄉射云尊于賓席之東兩壺斯禁左玄酒鄭注云設尊者北面西曰左此皆據酌者北面而言若據設尊之人及尊面而言卽南面以右爲尊詳疏意以爲鄉飲鄉射設玄酒之位與燕禮若有異者考鄉飲鄉射尊面向南則以西爲上燕禮大射尊面向東則以南爲上經例固不異也又案疏云若據酌者不得背君而西面當尊西東面則酌者之右爲上尊是下文媵爵于公者交於東楹北也考燕禮主人酌賓訖二人媵爵于公升自西階序進酌散交于楹北降阼階下皆奠觶再拜稽首注楹北西楹之北也交而相待於西階上旣酌右還而返往來以右爲上注云西楹北而前疏云東楹北據此節疏云二大夫盥手洗爵訖先者升西階由西楹之北向東楹之西東面酌酒訖右還由西楹北向西階上北面後者升西階亦由西楹之北向東楹之西酌酒訖亦由西楹之北向西階上北面相待及次第而降蓋媵爵者二人升降皆由西階故注云交於西楹北而酌酒則在東楹之西往來皆折旋故前疏云交於東楹北不然則前疏東字或是西字之誤也云瓦大有虞氏之尊也者明堂位云泰有虞氏之尊也有虞氏上陶故用瓦大引禮器者證瓦大卽瓦甒也云豐形似豆卑而大者案豐以承尊故卑而大欲

其安穩也云冪用綌若錫冬夏異也者葛之麤者曰綌喪服傳云錫者何也麻之有錫者也錫者十五升抽其半無事其縷有事其布曰錫夏宜綌冬宜錫故云冬夏異也云在尊南南在方壺之南也者朱子曰謂瓦大在方壺之南耳疏云冪未用而陳於方壺之南不襍於方壺瓦大之閒誤也若然則正在二者之閒矣何得言不襍邪云尊士旅食者用圜壺變於卿大夫也者李氏曰圜壺無冪以尊厭卑也敖氏曰此尊士旅食之尊亦當北面與大射同惟設之深淺異耳方圜壺亦皆瓦爲之張氏曰圜壺無玄酒云旅衆也士衆食謂未得正祿所謂庶人在官者也者賈疏云庶人在官者謂府史胥徒盛氏曰士旅食者蓋下士也下士與庶人在官者同祿故謂之士旅食與周禮云旅下士方氏苞云注說非士有不與燕而府史胥徒乃得與獻酬傎矣周官司士職凡會同賓客作士從此經所謂士卽司士之所作也蓋升於司馬而未授官之士雖未受職而已不家食又羣萃而食於公所故謂之旅食也諸子職會同賓客作羣子下經所獻庶子卽諸子所謂羣子也會同賓客皆使觀禮則燕羣臣大射以擇士必使觀禮而習事可知矣升於司馬入於國學乃異日公卿大夫之選也故雖無職事而得獻所以興起之釋官曰士旅食謂未得爵命

之士王制云大樂正論造士之秀者以告於王而升諸司馬曰進士司馬辨論官材論進士之賢者以告於王而定其論論定然後官之任官然後爵之位定然後祿之益上士中士下士此正爵也下士食九人以上此正祿也學校之士升於司馬隸於司士論定後官而未得正爵正祿者則羣食於公謂之旅食檀弓所謂仕而未有祿者司士職所謂以久奠食即此但未得正爵故謂之庶人在官趙注孟子亦云庶人在官者未命爲士者非謂府史胥徒也此士旅食即卿大夫士之子國之俊選之士後日任爲卿大夫士者故特尊以圜壺所以寵異之若府史胥徒官長所除不命於國君當爲燕之所不及安得與諸臣相獻酬乎吳氏廷華云經旅食本不可解據宮伯掌士庶子宿衛諸子掌國子戒令諸子又名庶子則國子即士庶子也無祿而有稍食故謂之士旅食與此及大射皆有庶子一官或率之觀禮又寢其宿衛地外饗有饗士庶子禮其與於燕亦宜案義疏云大射尊士旅食於西鑮之南疏云亦鼓南即燕禮門西案大射辟射位故西繼鑮南燕禮云門西則當塾者或射則當如大射也胡氏肇昕云盛氏以下士當之非方氏說是但不明辨賈疏之誤而反以詆注亦非是云今文錫爲緆者說文緆細布也段氏玉裁注云燕禮注

今文錫爲緆緆易也治其布使滑易也今文緆其本字古文錫其假借字子虛賦被阿錫卽列子之衣阿緆古者布十五升爲最細十五升布成治之使滑易是曰緆若喪服傳則半十五升而治之故錫衰之錫與細布之緆其實不同胡氏承珙云案錫與緆古字通皆取滑易之義同爲細布或作錫或作緆耳鄭注大射儀云錫細布也與說文緆訓同至錫衰乃謂衰之滑易者亦得錫名非錫名專屬之衰故喪服傳注云謂之錫者治其布使之滑易鄭非不知錫衰之非卽此錫也

**司宮筵賓于戶西東上無加席也**筵席也席用蒲筵緇布純無加席燕私禮臣屈也諸侯之官無司几筵也

【疏】正義曰蔡氏德晉云戶西室戶之西牖閒南向賓位也東上席首在東也盛氏世佐云戶西牖前也寢亦有東西房當以牖前爲客位若戶牖之閒則堂之中矣郝氏云室戶西牖閒客位也非據經公席設於將卽位之時與大射儀異敖氏云設賓席當後於公席乃先言之者中言司宮之事耳非注云筵席也席用蒲筵緇布純者敖氏云此以公食大夫及鄉飲鄉射記定之也蔡氏云案詩肆筵設席先儒謂下鋪爲筵上加爲席然筵席亦通稱矣以此節考之其說不易梅氏誕生乃謂重曰筵單曰席者誤也云無加席

燕私禮臣屈也者盛氏曰大射賓有加席而此無之燕禮輕也公食大夫有加席異國之臣得伸也褚氏寅亮云兩君相見各三重席不待言矣其待異國之臣則食禮有加席而燕禮無加席以食爲聘使而燕則以介爲賓也賓無加席故主君亦無加席卽郊特牲所云三獻之介君專席而酢示降尊以就卑是也饗重於食食有加席饗更可知若飲己臣則大射賓有加席禮重也燕賓無加席禮輕也公則仍有加席矣以賓非外臣也莞筵一重加繅席再重合爲三重注云私禮對公食大射而言也方氏苞云燕以閒暇爲須臾之歡故卿重席賓無加一循其常大射辨等威則特加席以致隆於賓示尊賢之義與貴貴同也云諸矦之官無司几筵也者賈疏云對天子有司几筵布席諸矦兼官使司宮設尊幷設席釋官曰注謂諸矦司几筵無專官耳未嘗云以司宮兼之也疏誤申注意燕禮司宮設賓席小臣設公席大射亦然聘禮禮賓宰夫徹几改筵公食大夫禮宰夫設筵加几席不盡司宮掌之也

**射人告具**告事具具於君射人主此禮以其或射也疏正義曰賈疏云大射告具之上有羹定此不言者文不具也敖氏云是時公蓋在阼階東南南鄉射人北面告之張氏爾岐云周禮射人掌三公孤卿大夫之位又以射法治

射儀吳氏廷華云周禮射人祭祀則贊射牲相孤卿大夫之法儀此經以射人主之則相法儀不獨祭祀矣注以或射言之案下文若射之云則射否未定焉有射未定而先用此主射之官邪

## 右告戒設具

**小臣設公席于阼階上西鄉設加席公升即位于席西鄉**

周禮諸侯酢席莞筵紛純加繅席畫純後設公席者凡禮卑者先即事尊者後也

疏 正義曰注諸侯酢席校勘記云酢徐陳集釋楊氏俱作胙嚴閩監本通解敖氏俱作昨○敖氏云加席別言設見其更取而設之也可見設加席之法矣高氏愈云公不南面而西鄉從賓主之禮也賓無加席而公設加席君臣之義辨矣方氏苞云君常南面疑立席雖西鄉而即席仍南面故再言西鄉以著其位焦氏以恕云居主位則不南面故復言西鄉以明之注引周禮者張氏爾岐云司几筵文昨音義如酢酢席祭祀受酢之席也引之者欲見燕席與酢席同云後設公席者凡禮卑者先即事尊者後也者朱子曰此篇與大射雖設席先後不同然皆公先升即位然後納賓非卑者先即事也但

其言偶不同耳不當據此便生異義也盛氏世佐云大射之禮重於燕燕禮之賓卑於大射於加席之有無見之矣惟設席之次亦然大射先設公席後設賓席賓猶得與公序也此設公席在告具之後則不與賓序矣君益尊而賓益卑此其所以異與注說定不爲朱子所取也

**小臣納卿大夫卿大夫皆入門右北面東上士立于西方東面北上祝史立于門東北面東上小臣師一人在東堂下南面士旅食者立于門西東上**

納者以公命引而入也自士以下從而入卽位耳師長也小臣之長一人猶天子大僕正君之服位者也凡入門而右由闑東左則由闑西

【疏】正義曰賈疏云卿大夫入門右北面東上此是擬君揖位君爾之始就庭位士士立於西方東面北上此士之定位士賤不待君揖卽就定位也李氏如圭云立者位於此也西方堂下位也門東門西門內位也凡位堂下東方者西面西方者東面位門內者皆北面小臣師在東堂下南面則東堂下在堂之東　注云納者以公命引而入也自士以下從而入卽位耳者敖氏云納卿大夫之辭蓋曰君須矣二三子其入也卿大夫入

門右之位蓋近庭南而當階士西方之位亦宜於庭少南而東西則當西序門東之位近於門也門西亦如之此北面者東上東面西面面者北上皆統於君韋氏協夢云鄉飲鄉射皆主人既速賓然後賓入燕禮不速賓故小臣出納之埼案義疏云大夫初在門右少進則視入門之位爲少北賓初在大夫中聞命少進禮辭則視前少進之位又北矣蓋由南漸北凡三易位又門外賓位當在門西若卿大夫應入門右則未入時在門東可知又注以納爲引而入則納者當先傳命於門外納面者當西面鄉賓納卿大夫者當東面鄉卿大夫入則少先於賓卿大夫也云師長也小臣之長一人猶天子大僕正君之服位者也者方氏苞云天子小臣四人侯國宜半之特標一人明一正一師也大射禮小臣正相君小臣師佐之此篇相工授瑟者小臣二人在東堂下者師則設公席納卿大夫者必正也無事不升堂故小臣師立於東堂下南面預儗公降立則侍公之右猶大射席孤於阼階北面而侍公之左也公降小臣正宜從降與師竝立東堂下而文畧以公升之後小臣自阼階下北面請事則其位在東堂下可知矣釋官曰案注疏謂諸侯兼官無大僕以小臣當之是矣謂此經小臣師一人爲小臣之長恐非周禮大僕職曰王燕飲則相其灋

諸侯既以小臣之長一人當天子大僕則相君燕飲正其職安得其長反無事在堂下也大射有小臣師又有小臣正周禮宰夫職一曰正掌官灋以治要二曰師掌官成以治凡則師自是正之佐非其長經凡言司馬正司馬師僕人正僕人師者例皆然不當此獨以師爲長而移易其名也經云小臣納卿大夫又云小臣師一人在東堂下大射儀云小臣師納諸公卿大夫又云小臣師從者在東堂下與此異者大射事繁正與師各有其事故在東堂下唯言從者燕禮則戒與者設公席納卿大夫請執冪者與羞膳者請媵爵者請致者以及辭臣下拜之事皆小臣正爲之而小臣師無事故特著其位在東堂下也言一人者據士喪禮諸侯小臣雖有四人以燕禮及大射行禮時考之止一人爲正一人爲師也凡正與師皆隨事分別長貳之稱非其官之本號此言小臣師則上言小臣者爲小臣正明矣例見大射小臣下吳氏廷華云此注以師爲長謂小臣師爲小臣之長大射注又以正爲長謂小臣師爲正之佐二說不同愚謂師固有長義亦有衆義正則止有長義既有正則師止當以衆言大射注以師爲正之佐是也此注又以師爲長是一官有二長矣賈謂此小臣師即小臣正非也張氏惠言云大射儀小臣師從者在東堂下注小臣

師正之佐也正相君出入君之大命與此注不同疏云燕禮小臣師即射禮小臣正大射小臣正相君小臣師佐之常在君之左右不在堂下之位故惟云小臣師者在堂下燕輕官有小臣師及從者相君燕飲小臣正一人無事得在堂下案此云小臣師與射禮小臣師正同射禮小臣正相君小臣師佐之故經分言正與師燕禮皆小臣正爲之故凡事唯言小臣不明爲正小臣正職事皆在阼階下其立位當在階前北面故此及射禮皆小臣師獨在東堂南面之位而正之位不著注爲二說似失之射禮從者在小臣師東此不見從者下經小臣納工相工入者即小臣從者也其位當在西縣北如射禮僕人也下經獻左右正與納小臣于阼階上注云左右正謂樂正僕人正也小樂正立于西縣之北僕人正僕人師僕人士立于其北北上大樂正立于東縣之北此鄭取射禮爲說以校經之左右正者當云小樂正立于西縣之北小臣從者立于其北大樂正立于東縣之北而無僕人正又大射正爲擯擯者遂爲司正又有司射注云射人則小射正也燕禮射人納賓射人請立司正射人遂爲司正下云若射則大射正爲司射然則射人爲司正非大射正疏云或大射正爲擯或小射正爲擯非也射人者小射正小臣師者小臣之佐射燕禮

所用雖異其名不殊獻士時乃薦司正與射人一人此一人當是大射正亦云射人者略之燕禮略於射故射人告具卽射人爲擯至射而後大射正親其事大射主於射故射人告具大射正爲擯遂爲司正以監射也至小臣正君之服位皆正親其事不得有異射人司士獻在觶南其始位亦宜在此云凡入門而右由闑東左則由闑西者賈疏云凡入門而右由闑東者臣朝君之法左則由闑西者聘賓入門之法敖氏云凡己之臣子入門而左右皆由闑東盛氏世佐云士立於西方是入門左矣然亦由闑東曲禮云士大夫出入君門由闑右是也

**公降立于阼階之東南南鄉爾卿卿西面北上爾大夫大夫皆少進**

爾近也移也揖而移之近之也大夫猶北面少前

疏 正義曰曲禮云揖人必違其位故公將揖卿大夫而降立也褚氏寅亮云公立阼階東南而南鄉對卿則卿初位遙直東序而不當東階明矣敖氏云古文爾邇通爾揖之使進而近於己也公俟其入乃降而揖之明降尊之義也大夫不西面自別於卿也君於卿與大夫各旅揖之大射儀

**小臣師詔揖諸公卿大夫**

右君臣各就位次

**射人請賓**命當由君出也疏正義曰校勘記云射人人誤作入○賈疏云不辨射人面位者以其君南面射人北面可知故不言敖氏曰請於君謂使誰爲賓也釋官曰案大射官多辨尊卑有大射正小射正故云大射正擯此燕不主於射無尊卑之分故直云射人其實射人亦大射正以其爲擯同也疏謂司射次於小射正案下云若射則大射正爲司射大射注云小射正司射之佐則疏說非也

**公曰命某爲賓**某大夫也疏正義曰郝氏云卿不爲賓嫌逼也方氏苞云燕義曰不以公卿爲賓而以大夫爲賓爲疑也此一義耳才德之大小不限於名位故春秋時子產叔向自始仕而聞望重於諸卿故以大夫爲賓尊賢之義彰焉天子之宰夫爲下大夫降殺以等則諸侯之宰夫士也使與公卿爲敵者之禮則非所安蓋貴貴之義寓焉饗食燕射國之大政也君卿實共主之故不以公卿爲賓體國之義著焉故曰禮者義之實也釋官曰疏云知大夫非卿者以其賓主相對既以宰夫爲主人是大夫明賓亦是大夫案下記云與卿燕則大夫爲賓與大夫燕亦大夫爲賓賓之爲大夫記有明文其

義則燕義詳之非緣主人爲大夫而賓亦使大夫也此主人爲膳宰非宰夫諸侯宰夫亦上士非大夫疏甚誤

射人命賓賓少進禮辭命賓者東面南顧禮辭辭不敢也疏正義曰注云命賓者東面南顧者盛氏云嫌背君也此時君尚南面射人在君右敖氏云命賓者南面鄉之非云禮辭辭不敢也者敖氏云以士冠之賓辭曰某也不敢故意此賓亦然吳氏廷華云注蓋倣大射命納射器言之所謂東面南顧是也但彼經命之而已此命賓後尚有賓辭之節則當南面向賓也疏以在君右爲說者蓋君南鄉在君之右西也在西則東面說非不合但此命賓與詔辭略有不同

反命射人以賓之辭告於君

又命之賓再拜稽首許諾又復疏正義曰敖氏云公不許其辭故射人復命之賓再拜稽首爲受君命也

射人反命告賓許

賓出立于門外東面當更以賓禮入疏正義曰前大夫以臣禮入此當更以賓禮入故出立於門外也敖氏云大射儀云北面此東字蓋誤也褚氏寅亮云大射辨尊卑故北面燕主歡心仍寓賓主之義故東面敖氏據彼改此亦爲北面泥矣

公揖卿大夫乃升就席揖之人之也疏正義

曰敖氏云揖之乃升禮之也亦異揖之郝氏云公揖卿大夫公將升揖也乃升君一升阼階也就席君先就席也盛氏世佐云此揖揖卿大夫共一揖也蓋略於爾之之時矣敖氏亦異揖之恐未是焦氏以恕云覩下文知惟公升卿大夫未升　注云人之也者謂以人意相存偶也

右命賓

小臣自阼階下北面請執冪者與羞膳者執冪者執瓦大之冪也方圜壺無冪羞膳羞於公謂庶羞乃請之者蓋白之於君然後敢命之也盛〔疏〕正義曰敖氏云士之掌此二事者有常職氏世佐云羞膳執冪皆以士必請之者諸侯兼官士之掌此二事者無常職惟君所命故也焦氏以恕云秦制階下侍衛之士非有命不得上殿執冪羞膳之士雖有常職非由君命不敢升階是以必白於君而命之也胡氏肇昕云焦氏以暴秦之制取以說經非矣盛氏說近是　注云羞膳羞於公謂庶羞者李氏如圭曰羞進也君物曰膳凡薦謂脯醢羞謂庶羞盛氏云羞膳者謂進膳於公者也君物曰膳謂脯醢也知不兼庶羞者下記云凡薦與羞者小膳

宰也則是有常職矣**乃命執冪者執冪者升自西階立于尊南北面東上**以公命於西階前命之也東上玄酒之冪爲上也羞膳者從而東由堂東升自北階房中西面南上不言之者不升堂略之也【疏】正義曰注云以公命於西階前命之也者賈疏云下記曰羞膳者與執冪者皆士也士位在西方東面故知西階前命之云羞膳者從而東由堂東升自北階房中西面南上者李氏如圭云羞膳者無升文以羞在房知由堂東自北階升也士冠禮脯醢在房贊者薦脯醢立于房中西面南上盛氏世佐云房中西面南上者薦脯者在南薦醢者在北也羞膳者不由前堂升以其士賤且所事者在房故也云略之也者吳氏廷華云執冪與羞膳者並命之則二執事當同升升後則執冪者自立於尊南羞膳者自立於房中雖文不具其理可知盛氏云解經不言之故疏云解不由前堂升非**膳宰請羞于諸公卿者**小臣不請而使膳宰於卑者彌略也禮以異爲敬【疏】正義曰賈疏云膳宰卑於小臣故云彌略也釋官曰案諸侯之官降於天子膳宰當是中士請羞諸公使膳宰不使小臣注謂以異爲敬得之疏因此較量尊卑殊未了了且此篇獻賓薦與設俎皆膳

宰大射獻賓及公皆宰胥薦醢庶子設折俎則疏謂禮之大例薦羞者尊於設俎者亦未然矣盛氏世佐云大國之孤曰公君稱公臣稱諸公一字而尊卑辨矣案義疏云射人爲擯請賓擯者事也小臣近臣請執冪與羞膳者近臣事也膳宰具官饌請羞諸公卿具饌者事也又云射人告具射人請賓膳宰請羞於諸公卿經不言面位今皆北面者以小臣請執冪爲準也

## 右請命執役者

**射人納賓** 射人爲擯者也今文曰擯者 疏 正義曰注云射人爲擯者也者李氏如圭云大大射儀大射正擯擯者請賓春秋傳王以鞏伯宴使相告之相相禮者卽擯者也云今文曰擯者者胡氏承珙云此經請賓命賓皆射人若如今文云擯者納賓則嫌異人故鄭從古文耳

**賓入及庭公降一等揖之** 及至也至庭謂既入而左北面時 疏 正義曰注云謂既入而左北面時者李氏如圭云出堂塗時也客入門而左敖氏云一等者階也并堂爲二等矣揖之者使之升也大射儀云賓辟

**公升就席** 以其將與主人爲禮不參

之也疏正義曰宰夫代公爲主人故公升就席

右納賓

賓升自西階主人亦升自西階賓右北面至再拜賓荅再拜主人宰夫也宰夫大宰之屬掌賓客之獻飲食者也其位在洗北西面君於其臣雖爲賓不親獻以其尊莫敢伉禮也至再拜者拜賓來至也天子膳夫爲獻主疏正義曰校勘記云賓右北面右誤作又大宰之屬張氏云巾箱杭本大作人從監嚴本○張氏爾岐云主人亦升自西階者代君爲獻主不敢由阼階也自此至以虚爵降奠于篚主人獻賓賓酢主人主人獻公主人受公酢主人酬賓二人媵觶于公公取媵觶酬賓遂旅酬凡七節此初燕之盛禮也　注云主人宰夫也者燕義云使宰夫爲獻主是也云宰夫大宰之屬掌賓客之獻飲食者也者釋官云案主人當爲膳宰注據燕義訓爲宰夫春秋時膳宰亦通稱宰夫如左傳稱膳宰屠蒯而禮記檀弓載此事云蕢也宰夫也左傳稱宰夫胹熊蹯不熟公羊傳云膳宰熊蹯不熟是其確證禮記襍出於漢儒之手故宰夫亦沿春秋之

稱然鄭注燕義云宰夫主膳食之官則固明以膳宰釋之矣此注及疏引周禮宰夫甚誤周禮宰夫爲大宰之考職掌較尊王燕飲酒則膳夫爲獻主不使宰夫諸侯亦當使膳宰爲獻主文王世子云公與族燕膳宰爲主人此其證也蓋周公設官天子有宰夫又有膳夫諸侯亦有宰夫而稱膳夫爲膳宰玉藻云皆造於膳宰國語云膳宰不致餼是也春秋時宰夫官廢左傳所云宰夫將解黿宰夫和之之類皆指謂膳宰而周禮之宰夫職無聞焉鄭注周禮膳夫引燕義使宰夫爲獻主注大祝云宰夫授祭韋昭注國語云膳宰掌賓客之牢禮以宰夫釋膳宰皆由後世膳宰通稱宰宰夫不能辨別遂誤合爲一不知諸侯別自有宰夫也大射聘禮公食諸篇所言宰夫皆周禮宰夫之職與膳宰異云其位在洗北西面者敖氏云諸侯之宰夫蓋以士爲之其位亦在西方故賓進則主人因從而升也盛氏世佐云宰夫士也初位在西方敖說得之洗北西面乃其受薦之位耳不可援以爲證云君於其臣雖爲賓不親獻以其尊莫敢伉禮也者燕義云設賓主飲酒之禮也使宰夫爲獻主臣莫敢與君伉禮也注本此爲說云至再拜者拜賓來至也者李氏如圭云至再拜者賓至乃拜之有尊卑不敵之義體敵者皆言拜至

**主人降洗洗**

**南面北面**賓將從降鄉之　疏　正義曰李氏如圭云洗南當北面今西北面者當辭賓降也鄉飲酒賓主異階故主人在階下辭賓降宰夫代君爲獻主升降不由阼階與賓同由西階升降故於洗南辭降吳氏廷華云洗南則北面矣爲賓降故兼言西北面**賓降階西東面主人辭降賓對**對荅　疏　正義曰敖氏云階西東面東西亦當序此賓降而主人於洗南辭之則其降之節亦可見矣賓對亦少進旣則復位**主人北面盥坐取觚洗賓少進辭洗主人坐奠觚于篚興對賓反位**賓少進者又辭宜違其位也獻不以爵辟正主也古文觚皆爲觶　疏　正義曰校勘記云奠觚于篚于誤作與　注云賓少進者又辭宜違其位也者敖氏云賓少進者少南行而東面也云獻不以爵辟正主也者以宰夫爲主人非正主故用觚不用爵敖氏云獻公用象觚則此觚乃角觚也張氏爾岐云凡觴一升曰爵二升曰觚三升曰觶四升曰角五升曰散云古文觚皆爲觶者胡氏承珙云案特牲記篚在洗西南順實二爵二觚四觶一角一散盞飲酒之器爵散貴觚次之觶又次之角散爲下故禮器曰貴者獻以爵賤者獻以散尊者舉觶卑者舉角

此獻辟正主不用爵安降一等而用觚故不從古文作觶也 **主人卒洗賓揖乃升** 賓每先升尊也 【疏】正義曰：賓每先升者，以宰夫是士，且非正主也。 **主人升賓拜洗主人賓右奠觚荅拜降盥** 主人復盥爲拜手坋塵也 **賓降主人辭賓對卒盥賓揖升主人升坐取觚** 取觚將就瓦大酌膳○大堉案卒洗降盥俱言賓揖而不言主人揖要之主人亦揖也 **執冪者舉冪主人酌膳執冪者反冪** 君物曰膳膳之言善也酌君尊者尊賓也 【疏】正義曰：郝氏云反冪旣酌反冪於尊上 注云酌君尊者尊賓也者，敖氏云賓者君之所命者也，故主人代君飲之，則酌君尊，蓋達君之意也。酌膳東面 **主人筵前獻賓賓西階上拜筵前受爵反位主人賓右拜送爵** 賓旣拜前受觚退復位 【疏】正義曰：李氏如圭云通言之則觚亦稱爵。敖氏云獻賓蓋亦西北面，與鄉飲酒同，故不著之。高氏愈云主人送爵不於阼階而於賓右，辟君位也。吳氏廷華云賓安東南面受爵拜，則俱西階上北面也。反位亦西階上位也。 **膳宰薦脯醢賓升**

筵膳宰設折俎折俎牲體骨也鄉飲酒記曰賓俎脊脅肩肺【疏】正義曰釋官云上既以主人爲膳宰此文主人獻賓又云膳宰薦脯醢設折俎者蓋天子膳夫上士二人中士四人下士八人諸侯當中士二人爲之長一爲主人而一仍供膳宰之職如此篇射人既爲司正又云乃薦司正與射人一人是也吳氏廷華云膳宰既爲主人不得又設薦俎大射宰胥薦則此兩膳宰皆宰胥也大射庶子設俎此竝使膳宰燕禮輕也蔡氏德晉云賓升時主人亦升自西階賓右故其後也遂以西階賓右爲主人定位　注引鄉飲酒記者鄭以燕禮不言賓牲體之數故引鄉飲酒記以證之明與之同也案敖氏繼公謂公俎似當用肩賓俎用臂與鄉飲酒賓主之俎異說與注殊盛氏世佐從之

賓坐左執爵右祭脯醢奠爵于薦右興取肺坐絕祭嚌之興加于俎坐捝手執爵遂祭酒興席末坐啐酒降席坐奠爵拜告旨執爵興主人荅拜降席席西也旨美也【疏】正義曰注旨美也校勘記云集釋無也字○敖氏云此賓乃大夫也亦絕肺以祭而下文又云公祭如賓禮則是自上至下此禮同

也。舊說謂大夫以上繚祭，惟士絶祭，其不考諸此乎？盛氏世佐云：絶祭、繚祭之分，本周禮大祝職文。康成謂禮多者繚之，禮略者絶絶則祭之，是也。考之此經，祭肺之儀但見其絶，未聞其繚。說者欲以鄉飲酒禮當之，誠誤。然鄉飲酒禮云弗繚，繚明大夫以上固有繚者矣。其繚也必於饗，饗禮雖亾，以類推之可知也。鄉飲、鄉射絶祭，士賤也。燕禮、大射亦絶祭，禮略也。尊於士，詳於燕，其惟大夫以上之饗禮乎？若以此經無繚祭之文，遂謂自上至下同絶祭，則汰矣。鄉飲酒禮疏云：燕禮、大射雖諸侯禮，以賓皆大夫爲之，臣在君前，故不爲繚祭，皆爲絶祭也。此說近之。褚氏寅亮云：當以鄉飲酒疏臣在君前不繚祭皆絶祭之說爲正。下文云公祭如賓禮，祭則皆同，祭肺之繚絶則不同，勿泥。案義疏云：賓拜俱在西階上，拜告旨獨在筵西者，承上降席來，又下始言西階上，則告旨之拜不在階上也。注云降席席西不言面者，賈疏云：前例降席席西拜者皆南面，拜訖則告旨。

**賓西階上北面坐卒爵，興，坐奠爵，遂拜。主人荅拜。**遂拜，拜既爵也。【疏】正義曰：敖氏云：執爵興，主人乃荅拜。凡荅拜皆於所荅者興乃爲之，經或不言其興，文省耳。○高氏愈云：此就席第一爵，賓飲之

右主人獻賓

**賓以虛爵降**將酢主人疏正義曰賈疏云自此以下盡序內東面論賓酢主人之事**主人降**

**賓洗南坐奠觚少進辭降主人東面對**上旣言爵矣復言觚者嫌易之也大射禮曰主人西階西東面少進對今文從此以下觚皆爲爵疏正義曰敖氏云坐奠觚與少進皆西北面主人降立於階西固東面矣乃言東面對者嫌進而對或易鄉也　注云上旣言爵矣復言觚者嫌易之也者以主人獻賓云取觚洗云奠觚至將酢主人云賓以虛爵降嫌爵與觚異故此經又云坐奠觚見觚爵對文則異而散文相通也引大射禮者以經無西階西少進之文故引以補之蓋大射必先行燕禮也云今文從此以下觚皆爲爵者今文以觚卽爵故不復言觚胡氏承珙云爵者飲酒之器之總名今文從散文之通稱鄭所不用**賓坐取觚奠于篚下盥洗**篚下篚南疏正義曰敖氏云此言奠于篚下則鄉者少南奠之矣**主人辭洗**謙也今文無洗疏正義曰敖氏云辭亦宜少進如賓也於賓旣對則反位　注云今文無洗者胡氏承珙云

案鄭從古文有洗者取其文義備　賓坐奠觚于篚興對卒洗及階揖升主人升拜洗如賓禮賓降盥主人降賓辭降卒盥揖升酌膳執冪如初以酢主人于西階上主人北面拜受爵賓主人之左拜送爵賓旣南面授爵乃之左【疏】正義曰敖氏云及階乃揖以己當先升也賓揖主人乃離其位然則賓主人卒洗之時固不待其及階而揖升矣如賓禮謂洗拜酌膳者主人酌此獻賓故賓酢亦如之亦以其代君飲己尊之也執冪執冪者舉反之節也盛氏世佐云酢主人亦於西階上以公在阼也　注云賓旣南面授爵乃之左者賈疏云以旣言主人北面拜受爵明賓於東楹之西東面酌膳訖而西階南面授主人受爵訖乃之主人之左北面拜送爵敖氏云賓酢主人葢亦西南面授之乃之左賓親酢者伸其尊亦以君不親酢故無所辟也胡氏肇昕云案鄉飲酒鄉射酢主皆席前東南面授爵此經雖無明文葢亦與飲射同也經云主人北面拜受爵則賓之南面授爵推之可知敖氏故與鄭異非是案義疏云主卒洗不言主人揖賓盥降不言主人對其揖與對可知主

**人坐祭不啐酒**辟正主也未薦者臣也【疏】正義曰注云辟正主也者例以鄉飲鄉射皆是正主經云祭如賓禮啐酒則主人亦啐酒也下又云不告旨惟主言不告旨則仍啐酒可知也故此不啐酒鄭知是辟正主也云未薦者臣也者李氏如圭云凡獻則薦宰夫代君行禮雖受酢而不薦至獻大夫乃薦於其位張氏爾岐云正主人皆有啐酒唯不告旨賓獻訖即薦脯醢此主人是臣故酢時不薦至獻大夫後乃薦於洗北盛氏世佐云不於此時薦主人者亦辟正主之義且以其士賤也褚氏寅亮云注云未薦者臣也蓋鄉飲鄉射主賓敵故主人受獻後即薦此臣代君爲主故未即薦案義疏云正主酢則必薦此未薦者以主人堂上無位堂下又未定洗北之位無所薦之且公卿未薦不得輒薦主人非但以臣而已**不拜酒不告旨**主人之義【疏】正義曰敖氏云拜酒謂拜謝其以旨酒飲己也酒非賓物則無是二禮可知盛氏世佐云拜酒告旨本是一意上經云降席坐奠爵拜告旨即其禮也凡言不告旨則不拜酒可知此茲著之者文詳也**遂卒爵興坐奠爵拜執爵興賓荅拜主人不崇酒以虛爵降奠于篚**崇充也不以酒惡謝賓甘

美君疏正義曰注不以酒惡謝賓校勘記云徐本集釋俱無惡字似誤胡氏肇昕云通解作不以酒惡充滿謝賓者多充滿者三字考鄉飲酒注云崇充也言酒惡相充實則鄭氏原不作充滿解通解所引葢以意增非注本如是也○敖氏曰不崇酒者無崇酒之拜也酒非己物故是禮亦不可得而行方氏苞云崇酒敵者所以致渥洽也君專大惠而膳宰拜崇酒是代君尸惠故不敢也○高氏愈云此就席第二爵主人飲之也

右賓酢主人

**賓降立于西階西**既受獻矣不敢安盛疏正義曰敖氏云已之獻酢禮畢而主人又將與君爲禮故不敢居堂

**射人升賓賓升立于序內東面**東西牆謂之序大射禮曰擯者以命升賓疏正義曰敖氏云升賓者優之也序內東面鄉君也然則君位亦在東序內明矣吳氏廷華云入序稍淺故曰內注云東西牆謂之序者爾雅釋宮文引大射禮者證升賓亦以君命升之也

**主人盥洗象觚升實之東北面獻于公**象觚觚有象骨飾也取象觚者東面疏正義曰升賓之校勘記云

賓唐石經徐陳集釋通解要義楊氏敖氏俱作實○敖氏云亦酌膳執冪如初不言者可知也酒乃君物主人進之於君而曰獻者以主人爲獻主故也公在席而東北面獻之亦因獻賓之儀而爲之也經言獻酳在席者多矣獨此與大射見獻公之儀若是則其他之獻酳者皆正鄉其席與方氏苞云敖說非也鄉飲酒鄉射主人皆於賓之席前西北面獻賓蓋賓席在西階自空西面公席在阼階自空東面而進獻自席南故皆北面耳　注云象觚觚有象骨飾也者敖氏云注云象骨恐當作象齒案骨爲總名齒乃骨之類也敖氏易之非是蔡氏德晉云象觚觚以象骨爲飾實於膳篚者也主人獻公更用象觚君臣不敢同爵也云取象觚者東面者李氏如圭云南面取則背君膳篚之南有臣篚不得北面取故因自西階來東面取也

**公拜受爵主人降自西階阼階下北面拜送爵士薦脯醢膳宰設折俎升自西階**薦進也大射禮曰宰胥薦脯醢由左房

疏 正義曰賈疏云凡此篇内公應先拜者皆後拜之尊公故也此公先拜受爵者受獻禮重故也敖氏云拜於下者臣也此惟一拜而已蓋荅公拜也一拜則不稽首荅公拜而不稽首亦獻禮然也其他

則否凡臣先拜其君君皆再拜稽首郝氏曰升降不敢由阼辟君位也釋官云獻賓脯醢折俎皆膳宰薦設獻公使士薦脯醢者蓋以異爲敬君尊不敢全以賓主之禮行之也設俎則膳宰之職故不變大射公及賓之脯醢皆使宰胥薦者以士亦與射故紓其力士卽上立於西方東面北上者賈疏因下注云膳宰卑於士遂謂士尊故使士薦非也褚氏寅亮云獻禮之受爵送爵固皆一拜但臣與君行禮無不再拜稽首者且旣下拜矣又何獨不遵再拜稽首之禮乎經不言者可知矣集說謂一拜不稽首未然又案下文自酢兩言再拜稽首獻酢禮均則此豈宐獨異又云公荅再拜則此一拜受之說亦未然矣李氏如圭云賓之薦俎皆使膳宰公之薦俎異人者公尊故也大射公與賓之薦俎同人者略於飲酒主於射也方氏苞云私家燕飲之禮主人親饋故燕禮獻賓脯醢折俎皆膳宰薦設正其爲賓主也獻君則士薦脯醢不敢用賓主之禮而少變之也大射則君及賓之薦設皆使宰胥蓋小膳宰皆君之親臣祭祀有常職焉故息其筋力使得盡志於射自大夫以下皆不獻亦此意也敖氏云升自西階者俎也著之者嫌設公俎宐由阼也膳宰旣設俎則少退東面而俟旣贊授肺乃降　注引大射禮者賈疏云證此脯醢從左房來天子

諸侯有左右房故言左房大夫士無右房故言東房而已公祭如賓禮疏正義曰敖氏云祭謂祭薦祭肺祭酒也其異者於下見之膳宰贊授肺不拜酒立卒爵坐奠爵拜執爵興凡異者君尊變於賓也疏正義曰敖氏云贊授肺者以授肺而贊之也君尊不興取肺未祭則授之旣祭則受之惟言授但見其一耳不拜酒者以其爲己物也不拜酒則亦不啐酒凡男子之坐卒爵者奠爵乃拜婦人之尊者立卒爵而執爵拜此立卒爵而奠爵拜其君禮與公於其臣乃先拜旣者亦獻禮重也主人荅拜升受爵以降奠于膳篚疏正義曰敖氏云奠于膳篚見歸者取之亦在此也吳氏廷華云膳篚西面面取觚者當對面取之故注以爲東面疏謂膳南有臣之篚據上篚在洗西南肆膳篚在其北不得北面隔篚取象觚是也至所以不南面及西面者蓋南面嫌與主同也○高氏愈云此就席第三爵宰夫獻公公飲之

右主人獻公

更爵洗升酌膳酒以降酢于阼階下北面坐奠爵再拜稽

首公荅再拜更爵者不敢襲至尊者古文更爲受疏正義曰賈疏云主人受公酢而自酌者不敢煩公尊君之義楊氏云君尊不酢其臣主人自酢成公意也雖更爵亦酌君之膳酒者明酢之之意出於君也方氏苞云公受爵而拜卒爵而拜主人荅拜皆不稽首循獻禮之常也至代公自酢則賓主之禮臣下所不敢望於君故再拜稽首以比於君賜之爵而不敢以主人自居也　注云更爵者不敢襲至尊也者賈疏云襲因也獻君自酢同用觚必更之者不敢因君之爵亵服傳云君至尊也敖氏云更爵者改取南篚之觚蓋不敢用君器也云古文更爲受者惠氏古義曰周禮巾車云歲時受讀杜子春云受當爲更春秋昭二十九年傳云以更豕韋之後史記更作受知古文更字皆爲受胡氏承珙云更與受聲義皆不相近古文作受者字之誤鄭所不從主人坐祭遂卒爵再拜稽首公荅再拜主人奠爵于篚疏正義曰敖氏云亦興坐奠爵乃再拜稽首執爵興○高氏愈曰此主人飲之第二爵也

右主人自酢於公

主人盥洗升媵觚于賓酬散西階上坐奠爵拜賓賓降筵北面荅拜媵送也讀或爲揚揚舉也酬散者酬方壺酒也於膳爲散今文媵皆作騰

疏正義曰拜賓賓降筵校勘記云賓唐石經敖氏俱不重徐本集釋通解要義楊氏俱重石經考文提要云大射禮當此節曰西階上坐奠爵拜賓西階上北面荅拜不疊賓字例同又云疏無降筵二字　注云媵送也讀或爲揚揚舉也又云今文媵皆作騰者說文倂送也从人灷聲古文以爲訓字段氏玉裁注云倂今之媵字送爲媵之本義以姪娣送女乃其一端耳訓與倂音部既相距甚遠字形又不相似如疋足屮艸丂亏之比今案訓當作揚由揚譌詠由詠復譌訓始則聲誤終則字誤耳據鄭檀弓注知禮經作媵記作揚媵爲古文揚字若今文禮媵作騰騰正與揚義協胡氏承珙云禮經言媵者訓送是其本義說文貝部賸下一曰送也賸與媵聲義並同媵讀爲揚則聲轉而義亦異鄭注檀弓以有謂之杜舉舉與揚義相近故云揚近得之此注云媵送也讀或爲揚則是以送爲媵之本義揚爲禮家異讀賈疏云揚訓爲舉義勝於媵送故讀從之以說檀弓則可以疏此注則非今文媵皆作騰騰義近揚禮記本今文故作揚

觶鄭注儀禮以媵從古文送義爲正故不從今文作騰賈疏又謂騰與媵皆是送義亦非至媵讀爲揚者釋名媵承也承與繩通詩抑子孫繩繩韓詩外傳作承承繩本从蠅省聲方言蠅東齊謂之羊郭注今江東呼羊聲如蠅媵讀爲揚此其聲例段云媵卽古文揚字恐未必然胡氏肇昕云胡說是也古文作媵今文作騰禮記今文竝作騰經師以訓詁字易之爲揚故曰揚觶騰可訓爲揚媵不得訓爲揚注或讀爲揚者讀媵爲騰義得爲揚耳媵送一義揚舉一義注自分明段氏乃合媵揚爲一字誤矣郝氏云媵言酳嗣舉也初獻爲正再酌爲媵媵副也與賸通貳嫡曰媵獻而又酬所以爲媵盛氏世佐云媵送也副也合二義乃備胡氏肇昕云說文訓倂爲送義自賅括諸家拘於媵爲貳嫡之稱遂於送之外更加副義不知禮經多言送爵媵觚者猶云送爵也獻而又酬所以爲媵說雖巧而非經義也褚氏寅亮云凡獻以爵者則酬以觶今獻旣辟正主而不用爵則酬亦不用觶矣安可以改觚爲觶朱大韶曰唐石經作坐奠爵拜賓降筵不重賓字是也禮於獻酬酢但言坐奠爵拜未有言拜主人言拜賓者鄉飲鄉射二禮皆云阼階上北面坐奠觶遂拜執觶興賓西階上荅拜飲射主賓分階燕大射公席於阼故賓主人皆於西階大射儀

與此同儀節盡同作西階上坐奠爵拜賓西階上荅拜亦不言拜賓云酌散者酌方壺酒也於媵爲散者李氏如圭云賓酢主人酌媵不敢卑主人主人酬賓酌散不敢自尊也少儀君之乘車君綏曰良綏副綏曰散綏散義同此

**主人坐祭遂飲賓辭卒爵拜賓荅拜**辭者辭其代君行酒不立飲也此降於正主酬也〔疏〕正義曰朱子曰正主之酬皆坐卒爵此代君酬當降禮而立飲今不立而坐則是不降故辭不敢當也張氏惠言云大射儀注則云比於正主酬也疏各爲之說案正主酬賓坐祭遂飲卒觶興坐奠觶拜無立飲之禮此以公卒爵立飲決主人代君行酒亦宜立飲今坐卒爵故辭之注又言所以坐飲之故乃比於正主酬也大射注爲是此注誤耳敖氏云賓見主人將飲故辭之蓋欲即受此觶不敢復煩主人之更酌已且遠辟媵爵於公之禮也媵爵於公者亦皆先自飲乃更酌之云卒爵拜省文也大射禮曰卒爵興坐奠爵拜執爵興盛氏世佐云賓辭之意敖蓋得之如注說則主人之代君久矣鄉受賓酢亦不立飲賓何以不辭邪褚氏寅亮云注謂辭其代君飲酒不立飲蓋君臣酬酢君立飲而臣坐飲賓以尊君之禮尊代君飲者故辭其坐飲也敖說殊牽强豈有酬而不先自飲者

平下經云酬賓亦立飲可見君當立飲吳氏廷華云正主當指公公立飲主人坐故曰降於正主若鄉飲酒鄉射正主本坐飲與此同何得謂之降焦氏以恕云注解甚當敖說非禮意不可從也○高氏愈云此主人飲之第三爵

**主人降洗賓降主人辭降賓辭洗卒洗揖升不拜洗**不拜洗酬而禮殺【疏】正義曰據獻禮盛則拜洗也**主人酌膳賓西階上拜**拜者拜其酌也【疏】正義曰注拜其酌也校勘記云徐陳集釋通解楊氏也俱作已　云拜者拜其酌也者賈疏云案鄉飲酒鄉射主人酬賓皆主人實觶席前北面賓始西階上拜此及大射主人始酌膳時賓已西階上拜者以其燕禮大射皆是主人代君勸酒其賓是臣承君勸不敢安暇故先拜也案疏說分析甚明而敖氏云拜為將受之是時主人已在筵前北面盛氏謂此與鄉飲酒禮亦同但文有詳略當以敖說為正恐不可從韋氏協夢云賓西階上拜主人立少退卒拜然後授賓爵于筵前吳氏廷華云禮無拜酌之例此言拜下即言受爵則仍是拜受爵非拜酌也**受爵于筵前反位主人拜送爵賓升席坐祭酒遂奠于薦東**遂者因坐

而奠不北面也奠之者酬不舉也疏正義曰敖氏云主人酬賓不奠乃授之者亦與士禮異者也主人拜亦於賓右少牢下篇酬尸酬賓亦皆親授觶方氏苞云鄉飲酒鄉射主人酬賓奠爵而不授以此觶不用不煩賓以親受也燕則君賜故親相授受以致其嚴恭郝氏云賓不飲酬酒猶必坐祭後奠敬君也韋氏協夢云鄉飲酒鄉射旅酬之禮賓主之故主人酬賓奠而不授爲將以此觶舉旅也燕禮公主旅酬之禮故主人酬賓授受如常禮○高氏愈云此飲賓第二爵賓奠不舉李氏如圭云於酌膳時賓卽拜且手受而祭之急承主人之酌重君物也此皆異於鄉飲酬禮褚氏寅亮云授而不奠異於士禮少牢下篇酬尸賓皆然豈此乃大夫以上之酬禮歟又代君行酬卽是尊者之賜矣故尊之而祭與先拜之義一也

**主人降復位賓降筵西東南面立**賓不立於序內位彌尊也位彌尊者其禮彌卑記所謂一張一弛者是之類歟疏正義曰注其體彌卑校勘記云體徐陳集釋通解楊氏俱作禮案大射疏引亦作禮胡氏肇昕云此疏述注亦作禮記所謂一張一弛者一弛釋文作壹弛○主人降復位李氏如圭云下經薦主人于洗北則洗北者主人之位敖氏云位西方東面也此時未有洗北西

面位至既獻大夫而薦乃有之賓降降筵也曩者賓降於階下而君命升之故此時惟降筵而已恐褻禮而重煩君命也李氏微之云東南面立鄉君也敖氏云不立於序內者升降異處以相變爲敬　注云賓不立於序內位彌尊也位彌尊者其禮彌卑者賈疏云賓初得獻立序內此酬訖立席西漸近賓筵是位彌尊酬禮漸殺故云禮彌卑也引記一張一弛者禮記襍記文案義疏云主人復位經不言其方據下胥薦主人于洗北似洗北其位也然經明言復則其初位矣入門時未聞有洗北之位考周禮膳夫上士前入門士在西東面復位當指此言

右主人酬賓

**小臣自阼階下請媵爵者公命長**命長使選卿大夫之中長幼可使者

疏正義曰李氏如圭云媵爵者獻酬禮成更舉酒於公以爲旅酬之始　注云命長使選卿大夫之中長幼可使者張氏爾岐云長幼可使當云年長而可使者敖氏云長謂下大夫之長也此但云命長不言下大夫者其以下大夫媵觶有常職故與盛氏云長官之長非年之長也下大夫五人以屬於司徒者爲長蓋朝廷莫如爵鄉黨莫如齒其義異也

韋氏協夢云如注說則賓乃大夫豈可使卿媵爵乎敖說較長褚氏寅亮云注中卿字衍觀大射儀注卿則尊士則卑鄭君之意便明義疏云賓以大夫則媵爵自無使卿之理長如達官之長之長非以年計也注兼卿言且幷幼以立說非也

**小臣作下大夫二人媵爵**作使也卿爲上大夫不使之者爲其尊

疏正義曰敖氏云以公命作之也二人所謂長也大夫在入門左之位北面則小臣作之者其亦南面與韋氏協夢云小臣作媵爵者宜東南面若南面則背君矣　注云卿爲上大夫不使之者爲其尊者盛氏云注意蓋謂媵爵之事賤不可使尊長爲之也此與命大夫爲賓宰夫爲主人義異韋氏云大夫有三等上大夫卿固不可使而中大夫乃副於卿者大射儀謂之小卿是也惟下大夫爵位稍卑故使之吳氏廷華云獻畢未樂賓卽行旅酬之禮者重歆也南面者大夫在門右少進北面故向之二大夫皆最長者也君命長而使二大夫其爲常法可知

**媵爵者阼階下皆北面再拜稽首公荅再拜**再拜稽首拜君命也

疏正義曰敖氏云北面亦東上方氏苞云主人及媵爵者皆代君行禮而君禮之則異何也膳宰士也且爲獻主職素定矣故臨事無加命

媵爵者大夫也小臣作之必進受命於君故荅其拜也主人獻賓獻公酬酢始畢卽作媵爵者俾主人得暫息然後獻公卿大夫也**媵爵者立于洗南西面北上序進盥洗角觶升自西階序進酌散交于楹北降阼階下皆奠觶再拜稽首執觶興公荅再拜**序次第也猶代也楹北西楹之北也交而相待於西階上旣酌右還而反往來以右爲上

【疏】正義曰賈疏云西面北上者是未盥相待之位序進盥則北面向洗　注云序次第也猶代也者禮記祭義鄉大夫序從注序以次第從也又郊特牲昏禮不賀人之序也注序猶代也案公食大夫禮序進注序猶更也更代同義更代與次第義互相成故兼言之云楹北西楹之北也交而相待於西階上旣酌右還而反往來以右爲上者賈疏云二大夫盥洗訖先者升西階由西楹之北向東楹之西東面酌酒訖右還由西楹北向西階上北面後者升西階亦由西楹之北向東楹之西酌酒訖亦由西楹之北西階上北面相待乃次第而降故云交而相待於西階之上敖氏云序進之節先者旣洗後者乃進也先者旣洗卽升立於西階上以俟後洗者也酌散更言序進明其復

發於西階上也交於楹北交相右也凡經文惟言交者皆謂相右也階上之位退者在東進者在西以相右爲便降時亦先者降三等後者乃降蓋同階而同時俱降之法然耳張氏惠言云下經云序進坐奠于薦南注往來由尊北交于東楹之北疏以爲先者於南西過後者於北東行案大射注云先者旣酌右還而反與後酌者交于西楹北相左俟于西階上乃降往來以右爲上又云旣酌而代進往來由尊北交于東楹北亦相左若如疏說則是相右非蓋誤會注以右爲上之文也凡往來無相右者鄉射禮可證鄭云以右爲上者謂階下並行時來旣上賸居由右及其升堂上賸由階上之東進奠觶右還與進者相左則在西方而降又居右也韋氏協夢云始言序進者以序而盥也後言序進者以序而酌也先者旣洗當退立于階下而立俟後者旣洗與之以序而升也升亦先者升三等後者從之敖氏謂先者旣洗卽升立于西階恐未然褚氏寅亮云前之序進進而盥洗也後之序進進而酌也故兩言之若如敖氏先者立于西階上以俟後洗者則酌散時肩隨而行安得有交于楹北節次凡相交者必相左吉事皆然經不盡言耳吳氏廷華云注云往來以右爲上賈疏合洗南西面及階上北面言之愚謂在洗南時先者旣洗而還後

者又往洗往來相交時先者在東南行後者在西北行之先者在後者之右後者在先者之右賈疏以楹南西面言之不知楹南為暫立之位雖有左右何往來之有至階上亦暫立相待之右亦無往來又云此及下若君命皆致二節凡四言序進其兩序進在洗南者不必言矣其堂上之節據經酌散者升階卽言序進賓觚者旣酌始言序進則酌散者之序進在階上始發步而未酌散之先賓觚者之序進則在旣賓觚將往奠薦南之頃據此則酌散者旣升皆卽序長幼爲先後長者先進少者待于階上長者旣東面酌散乃退由其右西面還視其初進酌之道爲少南初進酌之道則在其北也後者當先者旣酌而退之時卽發步循先者初進酌之道而進當西楹之北轉而東行乃與退者東面相値退者西面以北爲右進者東面以南爲右彼此相爲右所謂交也然後先者待後者反而竝降焉酌散者之序進相交者如此賓觚者升階卽東西竝行當尊乃轉而東行及尊竝賓觚然後序進後者待於瓦大尊所先者由方壺之西轉方壺之北又轉而南當公席乃東面奠于薦南旣奠亦退從其右由西南而北而西還及方壺之北卽東楹之北視初進奠之道亦在其北後者當先者旣奠而退時亦從尊所循先者初進奠觚之道而進轉及方

壺之北亦與退者東西相値而彼此相爲右與酌散者同及階上待後者竝降而拜送實觚者之序進相交又如此合而計之進退先後凡四道也**滕爵者皆坐祭遂卒觶興坐奠觶再拜稽首執觶興公荅再拜**疏正義曰方氏苞云鄉飲酒鄉射滕爵者皆先自卒爵示欲代賓大夫導飲也而賓大夫更卒觶必自致其敬而後安也燕射宰夫代君以獻大夫似可代君以酬而公酬賓亦自卒觶以君之於臣不可以獻而酬以導飲則無妨也至酬賓以後三舉酬不復卒觶則義當有節耳○蔡氏德晉云此下大夫二人滕爵于公各飲一觶以導飲也**滕爵者執觶待于洗南**待君命也疏正義曰敖氏云洗南西面鄉者之位吳氏廷華云待于洗南者以將奠觶于篚也**小臣請致者**請使一人與二人與優君也疏正義曰敖氏云致如致爵之致酒君物也以進于君故謂之致張氏爾岐云或皆致或一人致取君進止吳氏廷華云優字未安大射注云不必君命**若君命皆致則序進奠觶于篚阼階下皆再拜稽首公荅再拜滕爵者洗象觶升實之**

**序進坐奠于薦南北上降阼階下皆再拜稽首送觶公荅再拜**序進往來由尊北交於東楹之北奠于薦南不敢必君舉也大射禮曰媵爵者皆退反位

疏正義曰升賓之校勘記云賓唐石經作賓徐陳集釋通解楊氏敖氏俱作實○敖氏云皆皆二人也言若者不定之辭下文云若命長致與此互見也亦小臣命之乃序進又實之乃云序進見其旣酌而竝立于尊所乃行也此進退皆不相待于西階上蓋急於爲君酌與拜送也　注云序進往來由尊北交於東楹之北者賈疏云前二人酌酒降自西階故交於西楹之北此酌酒奠於君所故交於東楹之北交於東楹北者先酌者東面酌訖由尊北又楹北往君所奠訖右還而反後酌者亦於尊北又於楹北與反者相交先者於南西過後者於北東行奠訖亦右還而反相隨降自西階褚氏寅亮云鄉執角觶待于洗南俟後命也旣得命則先奠觶于薦乃拜命旣拜乃洗象觶禮之次第宜然此經始言序進在奠觶前次言序進在升實後不在西階上立俟明矣又先酌者西行宜在北後酌者東行宜在南如是乃得相左而交於楹北疏似倒說云奠于薦南不敢必君舉也者賈疏云鄉飲鄉射皆云奠者於左將舉者於右是君

鄉飲酒一人舉觶及二人舉觶皆奠于薦右今言媵爵于公是將舉旅當奠于薦右而奠于薦左故云不敢必君舉也江氏筠云二大夫媵爵疏於交于楹北無明文至序進坐奠于薦南疏則謬案大射交于楹北注先者旣酌右還而反與後酌者交于楹北相左于序進奠于薦南則云旣酌而代進往來由尊北交于東楹北亦相左疏云言亦者亦前酬酌自飲時相左于西楹之北時後者南相東向先者北相西向向西階右還北面待後至降也今此二人先升于尊西東面酌訖于東楹之北東向向公前奠之右旋于東楹之北北畔西過後者亦于尊西東面酌訖于東楹之北南過東向于公前奠之是亦交于楹北相左也較燕禮疏爲是也敖氏釋交于楹北云階上之位退者在東進者在西以相右者爲便然由楹北至尊後由尊北至君席前俱南相行爲疾而北相行較緩臣趨君命理宜由疾其先者酌訖奠訖旣得將事其進者方進將事則後者之進先者于時宜少北以便之疏說不如鄭義也李氏如圭云尊在東楹之西以執羃者在尊南故旣酌由尊北楹北往奠于君所薦南君左也盛氏云公席在阼階上西鄉薦南卽其左也奠于薦南與鄉飲酒記所謂將舉者于右之義異故注以不敢必君舉釋之引大射禮者張氏爾岐云見

此二人阼階下拜訖亦反門右北面位也

右二人媵爵於公

**公坐取大夫所媵觶興以酬賓賓降西階下再拜稽首公命小臣辭賓升成拜**興以酬賓就其階而酬之也升成拜復再拜稽首也先時君辭之於禮若未成然【疏】正義曰李氏云此君爲賓舉旅行酬也敖氏云鄉者君與賓各受主人之獻其情意猶未接至是公乃酬賓而與之爲禮也　注云興以酬賓就其階而酬之也者李氏云酬賓就西階降尊以就卑也盛氏云公酬賓于西階上以貴下賤也胡氏肇昕云敖氏云興以酬賓謂興立于席舉觶鄉賓而酬之也酬賓亦不下席君尊也說與注異解禮者多據以駁注方氏苞云凡獻酬主人就賓之階賓就主人之階經皆明著之況以君而就臣之階以酬以拜無不特書之理敖說於文義賂合韋氏協夢云如注說則當云降適西階上酬賓不當祇言興矣且公若降酬賓則於賓之拜公可自辭之不必使小臣矣案經文簡質多互文見義云興云賓降西階下則公之就西階可知

也賈疏云賓降拜不于阼階下而言西階下故知公在賓西階上也不言西階者以公尊空其文也發明鄭義最爲明顯云升成拜復再拜稽首也先時君辭之於禮若未成然者上云再拜稽首此云升成拜是升而復再拜稽首也成蔡氏德晉云謂之成拜者以堂下再拜而君辭之若未成然故復升堂再拜稽首以成之也敖氏云西階下再拜稽首雖爲賓不敢不盡臣禮也辭者不受其拜下之禮賓之也賓升成拜順君賓己之意也堉案小臣以公命辭賓不于阼階遙辭之乃至西階東且西面者準上命執冪者必就其西面方之位又聘禮賓在東則使命東面致命此經賓在西故西面

**公坐奠觶荅再拜執觶興立卒觶賓下拜小臣辭賓升再拜稽首**不言成拜者爲拜故下實未拜也下不輒拜禮殺也此賓拜於君之左不言之者不輒敢敵偶於君

疏 正義曰注云不言成拜者爲拜故下實未拜也下不輒拜禮殺也者敖氏云賓未卒拜而小臣辭之異於初也此不言成拜者未卒拜於下無所成也吳氏廷華云下時將拜未拜君即辭之因而升拜非下後遲回未拜也韋氏協夢云上云升成拜此云升再拜稽首者上降時已再拜稽首特升以成之耳故云成拜此降未拜

升始拜必言再拜稽首者嫌祇升拜而不再拜且稽首也云此賓拜於君之左不言之者不敢敵偶於君者賈疏云上云公酬賓于西階上則此賓升再拜者拜於君之左可知不言者不敢敵偶於君闕其文也盛氏云奠觶荅拜皆于西階上敖云奠于薦右郝云荅于阼階上皆非也君無北面之禮雖就賓階酬之然其面面自若也賓之拜也於其西北面則不得云拜於君之左矣注說亦未是

**公坐奠觶荅再拜執觶興賓進受虛爵降奠于篚**

疏 正義曰敖氏云賓受虛爵于君席之前故云進必就而受之者臣事君之禮也受時蓋東面於薦北方氏苞云觀此則公不就西階益明矣凡經言進體例不一於揖讓行趨而言進者各指其事表其地也於受爵而言進者皆至其席前鄉飲酒賓拜進坐奠觶于薦西鄉射賓進受爵于席前是也於授物而言進者婦見舅姑執笲進拜奠于席是也公酬不言就西階飲不言降席而賓受虛爵曰進則進受于公之席前明矣案盛氏云賓於此云進則拜時于西階上少西矣受虛爵亦北面敖說非公既受觶反位○高氏愈云公復卒觶以導賓飲蓋公飲第二爵矣

**易觶洗**

君尊不酌故也凡爵不相襲者也於尊者言更自敵以下言易更作

新易有故之辭進受虛爵尊君也不言公酬正義曰注賓於西階上及公反位者亦尊君空其文也疏云凡爵不相襲者也於尊者言更自敵以下言易者賈疏云謂受尊者爵與尊者爵皆言更受卑者爵與卑者爵皆言易此公酬賓與卑者爵故言易也案朱子謂更易本無異義敖氏云易觶者謂更取角觶也或言更或言易互文耳張氏爾岐云易猶更也注於更易二義太生分別賈疏援證雖多亦未見確據胡氏肇昕云少牢更爵注亦云更猶易也葢散文則通對文則異鄭以篇中或言更或言易故通校前後經文而分別之如此　**公有命則不易不洗反升酌膳觶下拜小臣辭賓升再拜稽首**下拜下亦未拜凡下未拜有二或禮殺或君親辭君親辭疏正義曰敖氏云命則聞命即升升乃拜是以不言成拜　謂使之仍用象觶也賓則不易之不敢違君意也不洗者嫌也承尊者後而復洗之則嫌若不以爲絜然○注是以不言成拜校勘記云以徐本集釋通解楊氏俱作亦　云凡下未拜有二或禮殺或君親辭者賈疏云禮殺者謂若酬時是也或君親辭者謂若公食大夫云公拜至賓降西階東北面荅拜公降一等辭賓升階上北面再拜稽首是階下未拜不得言

升成拜也公荅再拜拜於阼階上也於是賓請旅侍臣疏正義曰注云於是賓請旅侍臣者李氏如圭云請行酒於羣臣也記曰凡公所酬旣拜請旅侍臣賈疏云大射於此時賓請旅於諸臣此不言者文不具賓以旅酬于西階上旅序也以次序勸卿大夫飲酒疏正義曰方氏苞云公卿先受酬而後獻何也君不可親酌以獻臣若酬則自飲以相導故可親也公卿君之所敬故旣親酬賓因藉手於賓以酬之士爲獻主而媵爵者以大夫何也君親酬賓暨公卿大夫禮重於宰夫之獻也射人作大夫長升受旅言作大夫則卿存矣長者尊先而卑後疏正義曰注云言作大夫則卿存矣者李氏如圭云王制曰上大夫卿通言之則卿亦大夫方氏苞云周有六卿之貳皆中大夫記又云諸侯之上大夫卿也下經分獻公卿及大夫則此大夫包公卿明矣云長者尊先而卑後者吳氏廷華云此經皆卿大夫分言之則上大夫在卿中大夫則惟中下大夫耳此注又以大夫中有卿者蓋經祇言旅大夫不言旅卿故謂卿卽在大夫中下經所謂賓以酬長是也與上下經單指中下大夫異張氏爾岐云卿稱上大夫旅三卿徧次至五大夫敖氏云長如若長之長大夫長謂上卿若諸

公也此惟據受賓酬者而言若有諸公則先酬之

**賓大夫之右坐奠觶拜執觶興大夫荅拜**

賓在右者正義曰注左右者校勘記云左諸本俱作在云賓在右者相飲之位者賈疏云賓在西階上酬卿賓與卿竝北面賓在東卿在西是賓在大夫之右賓位合在西今在東者相飲之位也敖氏曰惟云大夫者諸公與卿亦大夫耳大夫未獻乃先受旅者此酬禮不主于己故無嫌韋氏協夢云敖氏旣謂若有諸公先酬之則此所云大夫惟三等大夫而已且王制云諸侯上大夫卿未聞稱諸公大夫者敖謂諸公亦非是

**大夫賓坐祭立飲卒觶不拜**

酬而禮殺疏正義曰注云酬而禮殺者賈疏云對酢之時坐卒爵拜旣爵是禮盛也敖氏云賓獨祭酬酒者以此酒爲公所酬異之也

**若膳觶也則降更觶洗升實散大夫拜受賓拜送**

言更觶卿尊也疏正義曰注云言更觶卿尊者與卑者爵稱易與尊者爵稱更賓爲大夫卑於卿故言更觶者卿尊也敖氏云公優所酬者或使得用象觶而不可以及乎他是以更用角觶旅酬而洗者亦爲更觶新之也餘則不洗賓旣拜送則就席張氏爾岐曰膳觶本非臣所可

襲以君命故得一用至酌他人則必更矣注釋更字義亦未可信盛氏世佐云此爲公有命則不易不洗者言也若旣易則不更不洗而竟實散矣不復酌媵者異於公所酬也吳氏廷華云所以易觶者蓋君本以不易者優賓賓旣飲訖不敢輕用之大夫也○高氏愈云此賓酌觶自飲而因以導大夫飲蓋賓飲之第二爵也凡諸大夫皆飲一爵

**大夫辭受酬如受賓酬之禮不祭卒受者以虛觶降奠于篚**卒猶後也大射禮曰奠于篚復位今文辭皆作徧疏正義曰辭受酬如受賓酬之禮者敖氏云如射人作升受旅以下之儀也方氏苞云一如公卿受賓酬之禮而無殺也不祭者賈疏云酬禮殺也敖氏云此見其異者也酬酒不祭乃其正禮賓之祭者有爲爲之耳張氏爾岐云辯受酬皆拜受拜送但賓之初酬有坐祭後酬者則不祭爲異卒受者敖氏云下大夫之末者也無所酬獨飲于西階上張氏云大夫辯受酬不及于士也吳氏廷華云下燕時大夫卒受者有酬士之文此亦當然今依經闕之蔡氏德晉云堂上無士席三旅皆自大夫止不及于士至三旅後乃徧及也　注引大射禮者張氏云奠觶復位復門右北面之位

右公舉媵爵酬賓遂旅酬初燕盛禮成

主人洗升實散獻卿于西階上酬而後獻卿別尊卑也飲酒成於酬也【疏】正義曰張氏爾岐云自此至降奠于篚主人獻卿又二大夫媵觶于公公又舉媵酬賓若長遂旅酬凡三節此獻卿而酬燕禮之稍殺也○敖氏云實散降于賓也凡獻于西階上皆西南面韋氏協夢云獻卿實散者非公所命獻之人也凡公命獻者皆酌膳 注云酬而後獻卿別尊卑也飲酒成於酬也者賈疏云此酬非謂尋常獻酬乃是君爲賓舉旅行酬飲酒之禮禮成於酬酬辯乃獻卿以君尊臣卑是以君禮成卿乃得獻故云別尊卑也楊氏曰卿者君之股肱腹心燕禮之所當先也獻禮後卿何也燕義云不以公卿爲賓而以大夫爲賓爲疑也明嫌之義也旣命大夫爲賓故先獻賓獻賓而後獻公又獻禮成於酬禮成而後獻卿此事之序禮之宜非後於卿也褚氏寅亮云凡旅者不洗此洗者爲更爵也吳氏廷華云此燕義所謂公舉旅行酬而後獻卿也卿不與賓同獻者卿與鄉飲遵者等至此乃獻亦待遵者意也胡氏肇昕云卿尊於大夫而親於君不以卿爲賓者如子不爲父尸之例以子親於父也此即燕

義所謂明嫌之義也旣以大夫爲賓則大夫雖卑而爲賓則尊故獻賓必先於獻卿飲酒成於酬旣旅酬則獻賓之禮已成乃特獻卿焉亦以尊卿也注所謂別尊卑者指賓與卿言疏謂君尊卿卑非是

司宮兼卷重

言兼卷則每卿異席也重席重蒲筵緇布純也卿坐東上統於君也席自房來

席設于賓左東上

疏正義曰注云言兼卷則每卿異席也重席重蒲筵緇布純也者敖氏云兼卷卷謂以兩席相重而竝卷之也其卷亦是未執時兼卷是設時亦兼布之矣此固異於設加席之法亦以其二席之長短同故得由便爲之爾張氏爾岐云重席但一種席重設之故注云重蒲筵緇布純也加席則於席上設異席如公食大夫記云司宮具几與蒲筵常緇布純加萑席尋玄帛純是也經義聞斯錄曰經云兼卷則上下長短同其爲一種席可知若上經司宮筵賓于戶西東上無加席賓大夫也下經若有諸公獻之如獻卿之禮席于阼階西北面東上無加席爲近君屈也鄉飲酒禮賓若有遵者席于賓東公三重大夫再重大夫如介禮有諸公則辭加席委于席端無諸則大夫辭加席主人對不去加席鄉射禮大夫若有遵者席于尊東大夫辭加席主人對不去加席皆非一種席矣吳氏廷華云周禮司几筵

大朝覲疏云初在地者一重謂之筵重在上者謂之席上經司宮筵賓疏說亦然此經筵賓無加席是就初在地一重言之故只曰筵鄉射記言蒲筵緇布純公食記蒲筵常緇布純同當俱指在地一重其上一重則據司几筵設莞筵加繅席加次席公食記蒲筵加萑席是加席與下一重之筵加不同此注以重爲重蒲筵非也蓋因鄉飲酒有加席而彼經只言蒲筵故以重蒲筵意會言之要知此經重席當即是加席鄉飲酒禮先曰重後曰加蓋重即加耳堉案義疏曰燕以尊賓爲節故席於中堂卿雖貴於賓而不敢以尊於正禮故後賓獻而位於賓東又布席徹席者須在席之上下爲之乃便於卷布今司宮席卿西面從上布之也卿辭重席者不當在將就席之先則北面近席之時也楊圖皆設敖云拜送不言卿可知又賓東即鄉飲酒之尊東此蓋遵者之位也彼尊在房戶間故以尊爲節而謂之尊東此房戶間無尊故以賓爲節而謂之賓東云卿坐東上統於君也者盛氏曰卿席於賓左猶鄉飲酒禮之遵者席於賓東也惟東上爲異遵席西上遵亦主也故統於賓卿席東上卿亦臣也故統於君鄉飲酒禮尊于房戶之間故遵在賓東實在尊東此雖尊於東楹之西而席卿之處亦如之知不繼賓而東者以賓東戶牖之間爲王設扆之處宓辟

之也三卿之席亦以東爲上司徒最東次司馬次司空也云席自房來者公食大夫云宰夫筵出自東房是也**卿升拜受觚主人拜送觚卿辭重席司宮徹之**徹猶去也重席雖非加猶爲其重累去之辭君也疏正義曰注云重席雖非加猶爲其重累去之辭君也者敖氏云謂徹去上席也卿以重席爲辭故去其上席席爲卿設重席正禮也必辭之者去君差近宜辭之張氏爾岐云以君有加席兩重此雖蒲筵一種重設嫌其兩重與君同也**乃薦脯醢卿升席坐左執爵右祭脯醢遂祭酒不啐酒降席西階上北面坐卒爵興坐奠爵拜執爵興主人荅拜受爵卿降復位**不酢辟君也卿無俎者燕主於羞疏正義曰敖氏云不啐酒則不拜酒不告旨可知此亦降于賓者也卿升降席皆自西方盛氏云復位復堂下西面位也吳氏廷華云此經與大射不同大射爲祭而設賓無專屬故卿與賓同設俎此經如聘賓勞臣賓有專屬卿不得與賓同故無俎也或問上有無事而燕之禮賓亦宜無專屬與大射同而卿亦無俎何也曰有專屬者當以此禮爲準無屬者則可

以大射禮通之如聘使之燕應有戒宿此經請賓但就己臣言蓋經文不能偏具以理爲斷可也　注云不酢辟君也者張氏爾岐云獻公主人酢于阼階下此不酢者嫌與獻公同也韋氏協夢云卿不酢主人者非正賓也主人亦不自酢者嫌與君禮同也云卿無組者燕主於羞者敖氏云無組者燕禮輕於大射故卿遠下賓也方氏苞云大射大夫有脅而燕則卿無脅何也唯食禮有茹牲體饗燕皆祭而不舉大射將祭而辨尊卑義近於饗故備設薦組以見其文燕示慈惠庶羞畢陳以致滋味故公及賓而外不設薦組以見其質也○高氏愈云此主人獻卿而卿各飲一爵也

**辯獻卿主人以虛爵降奠于篚**今文無奠于篚　疏正義曰敖氏云辯獻卿如實散以下之儀惟不洗耳主人既奠爵復位于西方　注云今文無奠于篚者胡氏承珙云上文賓進受虛爵降奠于篚大夫卒受者以虛觶降奠于篚又下獻工云主人受爵奠于篚知此亦當有奠于篚大射儀亦云辯獻卿主人以虛爵降奠于篚鄭以彼決之故從古文

**射人乃升卿卿皆升就席若有諸公則先卿獻之如獻卿之禮**諸公者謂大國之孤也孤一人言諸者容牧有三監　疏

正義曰：注云諸公者謂大國之孤也孤一人言諸者容牧有三監者，張氏爾岐云：鄭司農注典命云一上公得置孤卿一人，後鄭從之，是孤卿本一人也。王制云天子使其大夫爲三監，監于方伯之國，國三人，是方伯之國或有三公，故云諸公也。賈疏又云：立三監是殷法，周使伯佐牧，不置監，其有監者，因殷不改者也，故鄭云容，容有異代之法也。敖氏云：此禮通五等侯國言之，故鄭於諸公云若有，蓋上公之國乃有四命之孤，侯國以下則無之也。褚氏寅亮云：上獻雖先卿，其升席亦必俟射人命舉之，亦與卿序升。敖氏謂獻卽先升，恐未是。吳氏廷華云：公命舉二大夫媵爵者三，上公爲賓舉旅一也，下若賓若長惟君所酬二也，笙入之先公又舉奠三也，外此則舉賓所媵爵者一，下公坐取賓所媵觶興，惟公所賜是也。若無算爵曰酌膳爵者，酌以進公，酌散爵者酌以之公命所賜，二者雖曰公賜，而不言公舉，是二大夫所媵止須三爵，上二人所媵旣有二爵，則此一爵已足，命長之義如此，且可知經言若媵者，雖是無定之辭，實以上須三觶，前媵兩則後媵必一，言前媵一則後媵必兩，故云若，則所謂若者，名曰無定，實則有定耳。注以命長爲優，蓋謂命長則少一觶，少一觶則公少一舉耳，不知三觶皆公舉，何論優與不優乎。又曰：三監之說雖本之王制，然是殷法於周制無考此言諸者當兼致仕者言之盛氏云孤一人而曰諸公者以別於其君之稱公也諸衆也若曰猶是衆臣云爾周禮典命職云公之孤四命以皮帛眡小國之君注云眡小國之君者列於卿大夫之位而禮加于男也惟其禮如子男故亦得稱公惟其列於卿大夫之位故加諸以別之亦有言公而不加諸者鄉飲酒禮云公三重是也以其在鄉里言之也天子之上公亦有稱諸公者曲禮曰諸公東面是也以其在王朝言之也正名之義各有攸當注乃引殷法以釋之誤矣胡氏肇昕云諸公之說各家不同釋官以注說爲允詳鄉飲酒禮今案盛氏說亦明析可備一解蓋對公而言則別之曰諸公此經是也不對公而言則亦曰公鄉飲酒禮是也此亦散文則通對文則異之例耳

**席于阼階西北面東上無加席**

席孤北面爲其大尊屈之也亦因阼階西位近君近君則屈親寵苟敬私昵之坐

疏正義曰注云席孤北面爲其大尊屈之也亦因阼階西位近君近君則屈者敖氏云席之於此以其尊於卿而不與之序也阼階之西於君席爲西南直其左也諸公在君之左卿在君之右蓋以左爲尊也東上者亦統於君也無加席者以太近於君故設時即不敢與之同而不待其辭也上爲卿設

重席而已而於公乃云無加席者明其尊於卿若或於君所而用兩席焉則當有加席而非重也禮加席尊於重席方氏苞云諸公乃天子有加命而禮絕於同僚者也故席於阼階西所以別於卿大夫而并無加席以示下不敢過於賓上不敢儗於君也褚氏寅亮云此同於賓也不設之而待其辭者敖氏謂位近於君是也不言無重席而言無加席者別言之則席同者曰重異者曰加統言之則重亦名加此經是也

右主人獻卿或獻孤

小臣又請媵爵者二大夫媵爵如初又復【疏】正義曰敖氏云上經云皆致是猶有一奠觶未舉也小臣又請之者此媵爵之節耳蓋鄉者公命皆致今猶有一奠觶若惟命長觶則奠觶無矣故於是時不以奠觶之有無皆當媵爵蓋以為節也方氏苞云公若命長致則仍有奠而不舉之爵而再請媵爵者以此為公卿大夫舉酬之始不可仍酬賓未用之爵也曰二大夫媵爵如初見媵爵者始終惟此二大夫也為君行酬則致爵者大夫坐而飲則執爵者士輕重之衡也張氏爾岐云二大夫媵爵自阼階下皆北面再拜稽首至執觶待

于洗南皆與前二人媵爵者同也請致者若命長致則媵爵者奠觶于篚一人待于洗南長致致者阼階下再拜稽首公荅再拜命長致者公或時未能舉自優暇也古文云阼階下北面再拜疏正義曰注古文以下十字今本竝脫徐本集釋通解俱有　注云命長致者公或時未能舉自優暇也者李氏如圭云若者不定之辭前所媵二觶上觶以爲賓舉旅下觶以爲卿舉旅今所媵一觶以爲大夫舉旅所用唯此三觶而言若命長致者優君之辭敖氏云長二人中之尊者命長致云若則或有命皆致者矣蓋脫屨升坐以前君凡三行酬則大夫所致者當有三爵然大夫致爵之節惟止于再故公之命致爵者或前多則後寡或前奇則後偶皆互爲進退以取足于三觶之數使之無過與不及耳此經之所明言者乃前多後寡者也其所不見者則皆言若以包之若然則此時之當致者蓋有定數而小臣猶請之者當由君命而不敢自專也張氏爾岐云前媵爵云若命皆致此媵爵云若命長致皆不定之辭非謂前必二人後必一人也欲互見其儀耳褚氏寅亮云上經云若君命皆致此云若命長致作不定之辭似任公之意乃所以優公也

若論禮意則初命二人致次命一人致乃隆殺之節宜然云古文云阼階下北面再拜者胡氏承珙云案上文媵爵阼階下皆北面再拜稽首注云再拜稽首拜君命也又云若君命皆致則序進奠觶于篚阼階下皆再拜稽首蓋凡拜君無不稽首者此一人致爵與上皆致同爲拜君不應獨無稽首大射儀云長致者阼階下再拜稽首注亦云再拜稽首重君命鄭以彼決之故不從古文

**洗象觶升實之坐奠于薦南降與立于洗南者二人皆再拜稽首送觶公荅再拜**奠于薦南者於公所用酬賓觶之處二人俱拜以其共勸君

疏 正義曰注云奠于薦南者於公所用酬賓觶之處者張氏爾岐云前二人媵觶奠二觶于薦南公取上觶爲賓舉旅下觶仍在今又媵一觶奠于薦南知其在公所用酬賓觶之空處也云二人俱拜以其共勸君者上云媵爵者二大夫媵爵如初是共勸君也敖氏云不致者亦拜以始者並受君命宜終之也亦拜于阼階下

**右再請二大夫媵爵**

公又行一爵若賓若長唯公所酬一爵先媵者之下觶也若賓若長則賓禮殺矣長公卿之尊者也賓則以酬長長則以酬賓

疏正義曰注云一爵先媵者之下觶也者以前二人媵觶其二觶奠于薦南其上觶已爲賓舉旅今爲卿舉旅又行一爵故知爲先媵者之下觶也敖氏云先若二人觶則此一爵乃先致者之下觶先若一人觶則此乃後致者之上觶也云若賓若長則賓禮殺矣者對前爲賓舉旅爲賓禮盛云長公卿之尊者也者有諸公則公爲尊若無則卿爲尊也而諸公三卿中又自有長者云賓則以酬長長則以酬賓者經言若賓若長未定之辭注故兼言之敖氏云長公若卿之尊者也至是云若長者公卿已在堂故君得酬之君酬之是亦賓之也故其爲禮與正賓同此酬主于公若卿乃或又酬賓者容遂尊者之所欲耳公卿既受獻君乃爲之舉酬禮之序也下於大夫之禮亦然旅者賓則以酬長長則以酬賓方氏苞云賓前已受酬矣長之中若有諸公及師保之卿則宜先故所酬無定也公舉酬爵經文凡三變此不曰舉觶而曰又行一爵唯公所酬者前已再卒觶矣能更勝酒則仍親卒觶若不能勝可竟以此觶授賓若長而使自行酬也吴氏廷華云上已酬賓此爲卿舉所謂卿舉

旅行酬而後獻大夫也經兼言賓者明或有加禮義疏曰此之舉旅爲卿也爲卿則以酬長正也而亦或由賓以及長是仍優賓也

以旅于西階上如初大夫卒受者以虛觶降奠于篚

【疏】正義曰賈疏云言如初者一如上爲賓舉旅之節敖氏云在堂者酬訖大夫乃升受旅以辯言大夫卒受以見士不與也楊氏曰經云如初謂如前公爲賓舉旅時禮也前君命二人皆致有兩觶奠于薦南後命長致有一觶奠于薦南前後凡有三觶燕禮自立司正以前凡有三舉旅用此三觶也初酬賓時公坐取所媵一觶以酬賓是行一觶也此公又行一爵若賓若長唯公所酬注云公又行一爵先媵者之下觶也下觶未舉今舉之是行二觶也工歌之後笙入之前公又舉奠觶唯公所賜以旅于西階上如初是行三觶也又主人獻士之後賓媵觶于公公取此觶爲大夫舉旅此又在三觶之外也

右公又行爵爲卿舉旅燕禮之再成

卷十一終

# 儀禮正義卷十二

鄭氏注

受業江寧楊大堉補

主人洗升獻大夫于西階上大夫升拜受觚主人拜送觚大夫坐祭立卒爵不拜既爵主人受爵大夫降復位既盡也不拜之者禮又殺疏正義曰敖氏云主人洗升不言酌散者可知也大夫升拜拜位亦如獻賓郝氏云不祭脯醢至終燕脫屨升席而後祭也降復位反堂下北面東上之位也吳氏廷華云大夫未獻故於此獻之不敢先卿獻也注云既盡也不拜之者禮又殺也者賈疏云前卿受獻不酢已是禮殺今大夫受獻不但不酢又不拜既爵故云禮又殺張氏爾岐云自此下至樂正告公主人獻大夫未及旅而樂作獻工後乃舉旅旅已奏笙閒歌合樂爵樂更作以成三旅旅禮又殺而樂大備所以致和樂之情也

胥薦主人于洗北西面脯醢無脀胥膳宰之吏也主人大夫之下先大夫薦之尊之也不於上者上無其位也脀俎實疏正義曰注云胥膳宰

之吏也者李氏如圭曰胥庶人在官爲什長者薦羞者皆膳宰知胥膳宰之吏也云主人大夫之下先大夫薦之尊之也者釋官曰主人以膳宰爲之是士注云大夫之下正明其士耳大射注云主人下大夫也謂主人之爵下於大夫也吳氏廷華云禮有一時竝行者主人自獻大夫胥自薦主人一時竝行故經特載之獻大夫之中文雖若有先後其實竝行無所謂先後也褚氏寅亮云薦主人不於賓酢時者公未獻也不於獻卿時者爵卑於卿也薦於獻大夫時者亦大夫也同爵而先薦者則如經所云尊之也於此經而知主人之爲大夫也益洩既是大夫而注云上無位者堂上非本無位也案大射儀注云辟正主故不薦於上不薦於上則上無其位矣其始也與大夫同立中庭北面之位至從賓升階後則遂定位於洗北非至薦時方易位也集說亦誤云不於其上者上無其位也者張氏爾岐云此主人是宰夫代君爲獻主君在阼階上則已不得干正主之位而薦之堂下故云上無其位也敖氏云宰夫士也先大夫薦之者以其爲主人異之也不於賓酢而薦之者以其爵本賤也宰夫之位本在西方亦以其爲主人故至是而薦之於洗北因使之易位焉其意與卿大夫士既獻而易位者同洗北於正主阼階東之位爲近主人居之

亦宜也薦西面主人在其東也盛氏云宰夫天子以下大夫爲之在諸侯當爲士也天子膳夫爲獻主膳夫亦是上士敖說得之云胥俎實者賈疏云胥者升也升特牲體於俎故云俎實也敖氏云無胥者賤也自卿已下已無胥矣乃於主人見之者嫌其與賓行禮或當有之

**辯獻大夫遂薦之繼賓以西東上**偏獻之乃薦略賤也

疏 正義曰注而後布席校勘記云後徐葛陳閩監本集釋通解俱作后亦獻而後布席也

○賈疏云凡大夫升堂受獻後獻訖即降獻徧不待大夫升遂薦於其位大夫始升故言遂也　注云偏獻之乃薦略賤也者對上卿與賓得獻即薦爲貴也方氏苞云自大夫以下皆偏獻後同薦省其節以便事也隨獻而薦則費時多矣云亦獻而後布席也者敖氏云辯獻乃布席布席然後薦是皆變於卿者也繼賓以西東上言其薦之次也其席亦如之主人辯獻大夫則降奠爵於篚而立於洗北之位褚氏寅亮云辯獻乃布席布席乃薦之經言卿席設於賓左大夫繼賓以西則賓西無卿與大射禮異孔氏穎達燕義疏謂小卿在賓西者非主人辯獻大夫方有事安得遽薦之經雖言於辯獻大夫之前實待一一獻訖乃薦主人不過在布大夫之席之先耳盛氏云繼賓以西若鄉

射三賓之位然從其類也賓東之席惟三卿小卿亦在賓西言大夫則兼之矣**卒射人乃升大夫大夫皆升就席**疏正義曰校勘記云皆下唐石經徐本集釋楊氏敖氏俱有升字通解無石經考文提要云前主人洗升節疏述經起訖云自此盡皆升就席明有升字案大射亦有升字

**右主人獻大夫兼有胥薦主人之事**

**席工于西階上少東樂正先升北面立于其西**工瞽矇歌諷誦詩者也凡執技藝者稱工少牢饋食禮曰皇尸命工祝樂記師乙曰乙賤工也樂正於天子樂師也凡樂掌其序事樂成則告備疏正義曰敖氏云樂正先升變於射禮也北面立于其西亦與大射儀樂正立于西階東之文互見也方氏苞云燕與鄉飲酒樂正先升大射則後工而升何也此二禮笙入閒歌合樂備舉而後樂正告樂備故先升以示竝監堂上下之樂也大射惟歌鹿鳴故樂正從工師而升旋隨而降以監下管禮略故其辭亦略也鄉射惟合樂而樂正先升卒告樂備何也鄉大夫興賢能故笙歌閒歌竝備舉以厲羣士州長欵射則但舉鄉樂而鄉之正歌亦

可云備矣若大射則國政也禮宜備樂而射事殷繫工歌鹿鳴管惟新宮故不得告樂備耳褚氏寅亮云所主爲燕者或卿或大夫不定故必辯侯其升席後乃以樂樂之禮之序也○注瞽矇校勘記云矇嚴鍾葛本俱从目徐本誤从月　云工瞽矇歌諷誦詩者也凡執技藝者稱工叉引少牢饋食禮與樂記者瞽矇諷誦詩本於周禮執技藝見於王制釋官云鄭引周禮瞽矇解爲瞽無目者引王制少牢解稱工之義引樂記證師與工亦通稱國語工史書世韋注工瞽師官也左傳工誦箴諫孔疏云儀禮通謂樂人爲工工亦瞽也樂官必以瞽矇爲之取其精於音聲周禮大師小師爲瞽矇官之長左傳屠蒯酌以飲工而檀弓云曠也大師也則是大師以下通謂之工也云樂正於天子樂師也凡樂掌其序事樂成則告備者釋官曰周禮無樂正而見於禮記王制文王世子者有大樂正小樂正文王世子云小樂正學干注小樂正樂師也孔疏云諸侯謂之小樂正天子謂之樂師此有大樂正及小樂正周禮有大司樂有樂師故知小樂正當樂師也但此經多有諸侯之禮故謂之大樂正小樂正也今案文王世子所記多文王以前爲諸侯事周公制禮別立大司樂樂師爲天子之官而以樂正爲諸侯之職故此經燕射諸篇竝言樂正而不

言樂師王制襍陳天子諸侯之禮故亦言大樂正小樂正也周禮大司樂樂師同官諸侯樂正兼彼二職小樂正當天子樂師則大樂正當天子大司樂也大射禮重有大樂正監其事故特言小樂正告樂備以別之燕禮輕無大樂正故不言小其實亦小樂正以周禮樂成告備使樂師不使大司樂又饗食諸侯序其樂事燕射帥射夫以弓矢舞皆樂師掌之知諸侯燕禮亦使小樂正也周禮大射王出入令奏王夏及射令奏騶虞皆大司樂掌之知諸侯大射雖小樂正告樂備亦當有大樂正監之也樂正掌教國子及造士其職較尊周禮大司樂中大夫二人樂師下大夫四人諸侯之官降天子一等大樂正當下大夫爲之小樂正當上士爲之又案鄉飲鄉射二篇樂正不言小亦小樂正可知以大射特言小樂正從之則知前三篇升堂者皆小樂正也但對大樂正則稱小不對大樂正則小樂正亦通言樂正例在大射小臣下

**小臣納工工四人二瑟小臣左何瑟面鼓執越內弦右手相入升自西階北面東上坐小臣坐授瑟乃降**

工四人者燕禮輕從大夫制也面鼓者燕尙樂可鼓者在前也越瑟下孔也內弦弦爲主也相扶工也後

二人徒相天子大僕二人也小臣四人祭僕六人御僕十二人皆同官

疏 正義曰注案禮輕校勘記云案徐本集釋通解楊氏俱作燕與疏合　云工四人者燕禮輕從大夫制也者以大射儀工六人爲禮重從諸侯制也賈疏云公羊傳諸公六諸侯四若然知非大射是諸公制此燕禮是諸侯制者案鄉射皆工四人是大夫制則諸侯不得有工四人五等諸侯同六人彼公羊六人四人不同者自是舞人之數不得以彼決此也吳氏廷華云此經工四人大射工六人鄉射工皆四人四與六若有諸侯大夫之分故鄉飲疏謂天子八諸侯六大夫四士二非確有所據也若以此疏引公羊傳舞列例之則此四人正是諸侯之禮大射六人是諸公之禮燕與射或兩舉之所謂互文見義未可知也又云注以面鼓爲燕尚樂之故疏以面鼓較鄉飲後首爲臣降於君之故兩說各別然注說爲近云面鼓者燕尚樂可鼓者在前也者對鄉飲酒左何瑟後首而言也云後二人徒相天子大僕二人也小臣四人祭僕六人御僕十二人皆同官者此周禮序官文釋官云大射云僕人正徒相大師僕人師相少師僕人士相上工此言小臣納工又云小臣左何瑟不別正與師蓋總舉其官之辭鄭引周禮序官諸侯小臣下亦有僕人同官大射小臣事繫

故不相工而專使僕人相工燕禮事省小臣與僕人同相小臣爲官之長故總言小臣以燕燕不主辯尊卑略之也又案此篇單言小臣者唯此爲統舉全官之辭餘皆謂小臣正也胡氏肇昕云此經說者不一如敖氏云此諸侯之小臣乃多於周官所言天子小臣之數亦其異者也郝氏云周禮夏官小臣四人公燕小臣相工四人其他請媵辭賓之類又小臣則諸侯小臣不多於天子乎故禮言難盡合也蔡氏德晉云案周官大僕下大夫二人小臣上士四人而祭僕御僕隸僕中下士凡二十人天子之制也今諸侯之制小臣相工者四人而請媵辭賓之類亦皆小臣則小臣之數幾多於天子矣然以大射儀考之小臣納工工六人四瑟僕人正徒相太師僕人師相少師僕人士相上工既稱小臣又稱僕人則是大僕之屬俱得以小臣稱之其數固未嘗多也盛氏世佐云小臣止四人而盡用之相工鄭疑其不足於他用故引周禮序官之文以見其同官者眾或可兼攝遞換也殊不知此相工之小臣卽鄉之請媵辭賓者蓋小臣之職掌王之小命詔小法儀正燕服位於諸侯當亦不異今以此篇考之其始戒羣臣設公席納卿大夫既而請執冪及羞膳者請媵請致辭賓下拜皆以小臣爲之至是又納工而爲之相前後執事各不相妨雖四

人何慮其不給乎若謂其不止於四人則諸侯設官必無多於天子之理適足以滋後人之惑亦愚所不取也又案小臣相工方行禮之時則然耳非專司其事也專司其事者眂瞭也舊說諸侯無眂瞭使小臣代之非葢瞽者不可一刻無相周禮上瞽中瞽下瞽共三百人眂瞭之數亦如之毎瞽一相必不可少也諸侯之眂瞭雖減於天子亦豈小臣所能充其數乎且眂瞭非官也而小臣則以上士爲之於諸侯亦當爲中士豈得以羣僕侍御之臣而親玆細事乎然則眂瞭職云凡樂事相瞽常職也此篇及大射儀納工之時相以小臣等官以樂賓故重其事也若以暫時之相而廢其常職有以知其必不然矣

小臣降立於西方東面北上士之位也 **工歌鹿鳴四牡皇皇者華** 三者皆小雅篇也鹿鳴君與臣下及四方之賓宴講道修政之樂歌也此采其己有旨酒以召嘉賓嘉賓既來示我以善道又樂嘉賓有孔昭之明德可則效也四牡君勞使臣之來樂歌也此采其勤苦王事念將父母懷歸傷悲忠孝之至以勞賓也皇皇者華君遣使臣之樂歌也此采其更是勞苦自以爲不及欲諮謀於賢知而以自光明也 疏 正義曰校勘記云注可則效也效釋文徐本集釋通解要義俱作傚陸氏云傚本又作詨同更

是勞苦是徐本作自集釋通解要義俱作是○解歌詩與鄉飲酒篇同

右升歌

卒歌主人洗升獻工工不興左瑟一人拜受爵主人西階上拜送爵工歌乃獻之賤者先就事也左瑟便其右一人工之長者也工拜於席

疏正義曰敖氏云此不辯工之爲大師與否皆爲之洗以其取觚於洗西之篚空因而洗之也下洗獻笙其義亦然鄉飲酒鄉射非獻大師則不洗者以其取爵于上篚故不特爲賤者降也盛氏云鄉飲鄉射人臣禮大師之有無未可知故或洗或不洗燕大射人君禮大師無不在故皆洗也韋氏協夢云鄉飲射臣禮可略燕禮則有事公宮不可不敬且燕禮之主人非正主故不妨爲之洗也然亦爲長者一人洗觀拜受爵惟一人則洗亦一人可知主人西階上拜送爵褚氏寅亮云凡不洗者不祭下衆工皆祭酒則皆洗可知皆洗皆祭君禮之異者也獻笙同江氏筠云獻工獻笙疏謂皆爲之洗謬也鄉飲云大師則爲之洗而其羣工羣笙悉皆言祭此經相祭及坐祭之文有一與彼異者乎且疏於彼處

亦引記文彼衆工祭飲注云獻酒重無不祭也疏云得獻酒者無有不祭其正酬亦祭至旅酬以下則不祭而巳故下記云凡旅不洗不洗者不祭注云酬禮殺也不甚潔也此衆工不洗而祭是以云獻酒重無不祭也然則不洗有祭而記所云者不可以例正獻明矣又案此經之所洗獻者恐工與笙俱各於其長一人工之一人則大師也鄉飲大夫無常官必君賜之樂幷樂人與之乃有大師此則諸侯有常官自有大師卒歌後自先得獻大射儀一人拜受爵注云謂大師也是也然其所以爲之洗者卻非如鄉飲酒專以其爲大師而尊之蓋彼是尊君賜此則發端之禮宐然亦以此主非正主故也故其於笙亦洗獻笙之於此宐洗獻者鄉飲工歌獻工笙入獻笙其事相承此則工歌之後笙獻之前閒公爲大夫舉旅一節以其禮更端故與彼異也疏謂羣工衆笙皆爲之洗始末必然方氏苞云鄉飲酒鄉射主人獻工于西階及阼階上拜送爵賓主正禮也獻笙卽拜送爵于西階禮殺也燕大射獻工亦拜送爵于西階工賤代君賜爵不得全用賓主之禮韋氏云鄉飲鄉射主人皆阼階上拜送爵燕禮之主人亦在西階故卽于西階上拜送爵　注云左瑟便其右者李氏如圭云工北面酒從東來故空其右以受獻詩簡兮曰左手執籥右

手秉翟赫如渥赭公言錫爵謂此獻工之爵云工拜於席者以拜必降席經不言降席知拜於席也**薦脯醢**輒薦之變於大夫也疏正義曰注云輒薦之變於大夫也者李氏如圭云禮尚異非謂貴工張氏爾岐云大夫偏獻乃薦此獻一人卽薦禮尚異故變於大夫也方氏苞云公及賓與公卿獻薦相隨而工亦然何也工數少儀略故歌奏獻薦同時而畢事同而義異也盛氏云每獻輒薦自是獻工之常禮注說鑿**使人相祭**使扶工者相其祭薦祭酒疏正義曰李氏云相祭文承薦下則長一人祭薦胡氏肇昕云扶工者卽上文之小臣也小臣坐授瑟乃降使之相則必升經不言升相省文也**卒爵不拜**賤不備禮**主人受爵**將復獻衆工也疏正義曰韋氏協夢云受爵亦工授主人而主人受之也鄉飲酒禮云授主人爵　注云將復獻衆工也者明此爲獻工長一人下乃獻衆工之事**衆工不拜受爵坐祭遂卒爵辯有脯醢不祭主人受爵降奠于篚**遂猶因也古文曰卒爵不拜疏正義曰敖氏云工之長云不與此云坐祭遂卒爵文互見也　注云古文曰卒爵不拜鄭不從者胡氏承珙云上文主人獻工一人拜受爵卒

爵不拜云一人工之長者賤不備禮是工之長者以賤故祗受爵拜卒爵不拜此衆工更賤受爵且不拜矣言遂卒爵無庸更言不拜大射儀亦云衆工不拜受爵坐祭遂卒爵鄭以彼決之故不從古文

右獻工

**公又舉奠觶唯公所賜以旅于西階上如初**言賜者君又彌尊賓長彌卑

疏 正義曰張氏爾岐云奠觶媵爵者奠於薦南之觶也公舉之爲爲大夫旅酬也如初如爲賓爲卿舉旅之節也方氏苞云爲大夫舉旅不於獻後而介於獻工獻笙之閒何也正禮再獻再酢一酬公與賓尚有閒而獻主無時休息雖强力者亦倦矣故别使大夫媵觶以休獻主自是以後公爲賓舉旅而主人獻公卿公爲公卿舉旅而主人獻大夫皆媵觶者與獻主遞代而卽事獻大夫禮略獻工尤略故同時而畢然後公爲大夫舉旅而主人獻笙仍與媵觶者事相閒耳吴氏廷華云此所舉蓋再媵所奠者經不言大夫據燕義大夫舉旅行酬而後獻士此在獻士前故疏以大夫言之褚氏寅亮云言賜者無論卿大夫必先以酬賓乃以次而下 注云言賜者君又彌尊賓長彌卑

者對上爲賓舉旅爲卿舉旅皆言酬不言賜也敖氏云賜與酬其禮同特經之立文異耳方氏云上經云又行一爵唯公所酬或親卒爵或徑以授賓若長不定之爵也此曰唯公所賜則唯舉奠觶以賜受酬之大夫而公不自飲之辭也蓋公既三卒爵矣卽能勝亦不宜多勝以自檢於威儀故下經媵象觶公亦不自卒觶而以賜大夫蓋無算爵之始又不可不自飲以導之故不得不預爲劑度之耳

右公三舉旅以成獻大夫之禮

卒旅畢也疏正義曰盛氏世佐云言此者爲下節也笙入立于縣中奏南陔白華華黍以笙播此三篇之詩縣中縣中央也鄉飲酒禮曰磬南北面奏南陔白華華黍皆小雅篇也今亡其義未聞昔周之興也周公制禮作樂采時世之詩以爲樂歌所以通情相風切也其有此篇明矣後世衰微幽厲尤甚禮樂之書稍稍廢棄孔子曰吾自衞反魯然後樂正雅頌各得其所謂當時在者而復重襍亂者也惡能存其亡者乎且正考父校商之名頌十二篇於周大師歸以祀其先王至孔子二百年之閒五篇而已此其信也疏正義

曰注宏正考父校勘記云宏徐陳集釋通解要義俱作且云縣中縣中央也者賈疏云諸侯軒縣闕南面而已故得言縣中鄉飲酒唯有一磬縣不得言縣中而云磬南注引鄉飲酒者欲見此雖軒縣近北面縣之南也敖氏云此云縣中蓋與鄉飲酒磬南北面之文互見也磬南而云縣中者縣主於磬也餘詳鄉飲酒禮

右奏笙

主人洗升獻笙于西階上一人拜盡階不升堂受爵降主人拜送爵階前坐祭立卒爵不拜旣爵升授主人一人笙之長者也鄉射禮曰笙一人拜于下疏正義曰韋氏協夢云獻笙之爵卽獻工之爵也獻笙爲之洗亦以其有事於公敬之也注引鄉射禮者證一人拜亦拜於下也鄉飲酒注同衆笙不拜受爵降坐祭立卒爵辯有脯醢不祭

右獻笙

乃閒歌魚麗笙由庚歌南有嘉魚笙崇丘歌南山有臺笙由儀閒代也謂一歌則一吹也六者皆小雅篇也魚麗言大平年豐物多也此采其物多酒旨所以優賓也南有嘉魚言大平君子有酒樂與賢者共之也此采其能以禮下賢者賢者纍蔓而歸之與之宴樂也南山有臺言大平之治以賢者爲本也此采其愛友賢者爲邦家之基民之父母旣欲其身之壽考又欲其名德之長也由庚崇丘由儀今亾其義未聞疏正義曰詳見鄉飲酒義遂歌鄉樂周南關雎葛覃卷耳召南鵲巢采蘩采蘋周南召南國風篇也王后國君夫人房中之樂歌也關雎言后妃之德葛覃言后妃之職卷耳言后妃之志鵲巢言國君夫人之德采蘩言國君夫人不失職也采蘋言卿大夫之妻能脩其法度也昔大王王季居於岐山之陽躬行召南之教以興王業及文王而行周南之教以受命大雅云刑于寡妻至于兄弟以御于家邦謂此也其始一國爾文王作邑於豐以故地爲卿士之采地乃分爲二國周周公所食也召召公所食也於是文王三分天下有其二德化被於南土是以其詩有仁賢之風者屬之召南焉有聖人之風者屬之

周南焉夫婦之道者生民之本王政之端此六篇者其教之原也故國君與其臣下及四方之賓燕用之合樂也鄉樂者風也小雅爲諸侯之樂大雅頌爲天子之樂鄉飲酒升歌小雅禮盛者可以進取燕合鄉樂者禮輕者可以逮下也春秋傳曰肆夏繁遏渠天子所以享元侯也文王大明緜兩君相見之樂也然則諸侯之相與燕升歌大雅合小雅也天子與次國小國之君燕亦如之與大國之君燕升歌頌合大雅其笙閒之篇未聞 疏正義曰

校勘記

云葛覃覃宋本釋文作蕈采蘩蘩陳閩監本俱作繁注能脩其法度也盧氏文弨改脩爲循金曰追云脩鄉飲作循詩序亦作循案鄉飲注之循徐本作脩此注之脩諸本無作循者於時文王時誤作是德化被於西土西徐陳集釋通解要義俱作南鍾本西土作南山夫婦之道者集釋無者字然則諸侯之相與燕徐本集釋要義俱無之字通解有○李氏如圭云歌者亦與眾聲俱作而歌之鄉飲酒自歌其樂故不言鄉樂也蔡氏德晉云謂之鄉樂者關雎葛覃諸篇所言皆修身齊家之事自天子至於庶人無異道故鄉飲酒鄉射士大夫家皆得用之而遂以爲鄉樂也餘詳鄉飲酒記

**大師告于樂正曰正歌備** 大師上工也掌合陰陽之聲教六詩以六律爲

爲之音者也子貢問師乙曰吾聞聲歌各有宜也如賜者宜何歌也是明其掌而知之也正歌者升歌及笙各三終閒歌三終合樂三終爲一備備亦成也

疏 正義曰校勘記云大師告樂正告下唐石經徐本集釋要義楊氏敖氏俱有于字通解無注大師以六律大師徐本集釋通解楊氏俱作六詩是也與單疏述注合陳葛俱誤作六師疏同○楊氏云燕禮歌笙閒合四節與鄉飲酒禮同鄉飲酒禮則四節相繼而作燕禮於工歌三終之後公爲大夫舉旅旣舉旅之後乃笙入三終閒歌三終合樂三終而後樂備蓋燕尙飲酒故於工歌之後笙入之前有旅酬之禮注云大師上工也者釋官曰大射有大師又有上工此注云大師上工者散文大師旣通稱工大師爲樂工之長則亦稱上工也云掌合陰陽之聲教六詩以六律爲之音者也者此約周禮大師職文六詩謂風賦比興雅頌也刊本注六詩或誤作六師張氏爾岐據誤本以爲之說云六師周禮磬鍾笙鎛韎籥等六師也謬矣子貢問師乙云云見禮記樂記鄭引以爲證也云正歌者升歌及笙各三終閒歌三終合樂三終爲一備備亦成也者樂必合此四節爲一備周禮樂師職云凡樂成則告備是備亦成也

樂正由楹內東楹之東告于公

**乃降復位**言由楹內者以其立於堂廉也復位位在東縣之北【疏】正義曰注云言由堂廉也者李氏如圭云工席在樂正東故樂正由楹內以適東楹之東也敖氏云由楹內堂上東行者之節也必著之者以其立於堂廉嫌或由便而自楹外過也蔡氏德晉云由楹內樂正立工西工坐階際故由楹內而往堂東也東楹之東東往君阼階上西面之面也云復位位在東縣之北者張氏爾岐云初樂正與工俱在堂廉今告樂備復降在東縣北北面也敖氏云降復位則是反其初位矣初位未詳其處鄉飲酒注云樂正降立西階東北面盛氏云上經不見樂正所立處而此云復位則亦在西方東面北上之位矣蓋樂正於天子爲樂師樂師下大夫則樂正士也士之位已見上故於此言復注蓋出於肊說敖亦未確釋官曰此注姝可疑樂正之位總與工相近鄉飲酒禮云設工席于堂廉東上樂正先升立于西階東鄉射禮及此篇云席工于西階上少東樂正先升北面立于其西是樂正在堂上則位在工西而立於西階東其降也亦立於西階東北面以其工猶在堂上西階東則仍與工相近故鄉飲鄉射樂正告于賓乃降注皆云降立西階東北面是也此經云復位者卽西階東北面之位樂正與工升降俱自西

階其入而未升也當先位於此故降云復位鄉飲鄉射二篇不言者文有詳略耳其實亦與此同燕禮告于公公在阼階上故由楹內轉而之東其降也仍自西階無緣位在東縣之北鄉射將射工遷于下降自西階阼階下之東南堂前三笴西面北上坐樂正北面立于其南射畢工升自西階樂正反自西階東北面然則樂正之位總與工近明矣所以必與工近者以凡樂事皆樂正主其令故也此時工在堂上樂正安得離而位於東賈疏引大射況之不知燕時之射亦與大射異且燕禮止有小樂正無大樂正皆緣下左右正注而誤義疏云由楹內而東其節應爾楹南儘寬非以其窄而無過處也樂正之位不離乎工在堂則北面於工之西樂備而工猶未降則西階東北面乃近之蓋工初入而將升時樂正卽位乎此故云復也注言由以樂正爲有二人故致誤不知大射儀亦無兩樂正也

右歌笙閒作遂合鄉樂而告樂備

射人自阼階下請立司正公許射人遂爲司正　君許其請因命用爲司正君三舉爵樂備作矣將留賓飲酒更立司正以監之察儀法也射人俱相禮其事同　疏　正義曰張氏爾岐云

自此至無算爵皆坐燕盡歡之事旣立司正安賓次主人獻士及旅食次或射以樂賓次賓媵觶于公爲士舉旅酬次主人獻庶子以下諸臣乃行無算爵無算樂凡六節而燕禮備　注云君許其請因命用爲司正者以射人請立司正而公卽命用射人爲司正也蔡氏謂射人卽自爲司正不待君命者以有常職故不知射人無不待君命自爲司正之理蓋經文公許之中卽兼用爲司正之意經未明言故注明之也云君三舉爵樂備作矣將留賓飲酒更立司正以監之察儀法也者李氏如圭云三舉爵者爲賓爲卿爲大夫舉旅也晉語云獻公飲大夫酒令司正實爵與史蘇曰飲而無肴郝氏云初燕禮廢終則易懈初酬賓卿大夫人少終酬士人衆故正之以司正也

**司正洗角觶南面坐奠于中庭升東楹之東受命西階上北面命卿大夫君曰以我安卿大夫皆對曰諾敢不安**

洗奠角觶於中庭明其事以自表威儀多也君意殷勤欲留賓飲酒命卿大夫以我故安或亦其實不主意於賓也　疏　正義曰敖氏云中庭亦南北之中蓋阼階前也司正不位於階閒者以燕亦有時而射空辟之也盛氏曰司正奠觶之處與鄉飲酒

鄉射禮同皆在兩階之閒庭之中也鄉射禮云設楅于中庭南當洗當洗既爲南北之節則中庭爲東西節明矣此惟言中庭則南北之中亦因以可見敖云阼階前非階前爲堂塗何云中庭也若射則司正爲司馬遷位於司射之南說見鄉射鄉飲鄉射司正奠觶皆北面此獨南面者立司正所以監衆君在堂北面嫌於監至尊故南面以示監堂下諸臣也焦氏以恕云鄉飲酒立司正經文云階閒北面坐奠觶鄉射禮此條無注亦主階閒爲東西之節與鄉飲正同燕禮大射云南面坐奠于中庭不別著階閒者已見鄉飲故也敖氏阼階前之說鑿空言之不特與鄭異與經文違背斷不可從○注不主意於賓也校勘記云徐本集釋楊氏俱無也字與單疏標目合通解有　云洗奠角觶於中庭明其事以自表威儀多也者敖氏云洗角觶爲將酌也奠之乃升受命者君命尊不敢執觶由便以受之也云君意殷勤欲留賓飲酒命卿大夫以我故安者張氏爾岐云司正述君之言以命卿大夫我者君自我也言我欲留賓當爲我安坐以留之也吳氏廷華云鄉飲司正執觶升堂蓋以示愆儀有罰之義如屠蒯揚觶是也受命於君不敢以罰爵向君故奠之君曰者舉君命命之也以我安卿大夫者以我命安之也不言賓賓亦大夫也堉案經

言安公卿大夫而不言賓諾亦言公卿大夫而不言賓要之賓重於卿大夫舉輕則重者可知敖氏云以我安云者若曰以我爲司正所以安汝也葢達君之意而自爲之辭大射儀曰命賓諸公卿大夫此不言賓諸公者文省耳方氏苞云立司正恐旣醉而號呶俾謹其禮法也而不可以爲禮辭故曰君命我爲司正乃所以安卿大夫使坐而行酒耳言卿大夫則賓可知矣不及諸公燕禮輕非大射擇士以祭之比或不以煩諸公也胡氏肇昕云敖氏以我爲司正自我與注說異而方氏從之其說非也經文君曰以我安明司正述君之命我爲君自我也下文卿大夫皆對曰諾敢不安因聞君命故對之敬謹如此司正不尊於卿大夫且在君之前而侈然自稱曰以我爲司正所以安汝有是理乎考詩南有嘉魚序云樂與賢也其詩云嘉賓式燕綏之箋云綏安也引燕禮曰以我安又湛露序云天子燕諸侯也其詩云厭厭夜飲傳云厭厭安也皆此經以我安之意也郝氏云以我安即命辭以猶與也我君自謂也賓安則我安望諸臣共留安賓因以安君殷勤誠切之至也盛氏云一獻之禮賓主百拜非强有力者弗能勝故於禮成樂備之後設有請安一節君尊唯恐其臣或以己故而不敢久留也故命司正告之曰子大夫其與我而俱安

乎蓋示以留之之意也於是賓卿大夫不復辭而直應之曰諾敢不敢也敢不安者言君安孰敢不安也詩人之變其君也曰大夫夙退無使君勞君之禮其臣也曰以我安古之君臣藹然家人父子之情一體相關之誼於斯可見矣云或亦其實不主意於賓也者此以以我安兼有二意上言欲留賓飲酒故命卿大夫是意主於賓此言其意亦欲卿大夫共安意不專主於賓故推言之也

**司正降自西階南面坐取觶升酌散降南面坐奠觶右還北面少立坐取觶興坐不祭卒觶奠之興再拜稽首**右還將適觶南先西面也必從觶西爲君之在東也少立者自嚴正慎其位也

疏 正義曰注自嚴正慎其位也校勘記云徐本集釋楊氏俱無也字嚴鍾併無慎字通解有案無也字與單疏標目合○方氏苞云鄉飲鄉射主人作司正故許諾而主人拜焉司正荅焉燕與大射則官事有常故司正自請而不拜也惟卒觶之拜則皆無荅而其義各別飲射之觶將糾旅酬者之儀法而先自飲以爲式若主人與賓荅拜則似與司正共監衆賓故不敢荅示已亦在所糾之列也燕與大射則有司共其常職君無庸荅拜而主人亦不敢荅示

其稟於君命與衆賓同也褚氏寅亮云注疏從觶西往來之説確不可易敖氏謂由觶東則與經文左右適相反矣日月五星右還亦自北向西自西向南也天左還亦自南向西自西向北也如何以右還爲自北而東左還爲自南向東邪其以中庭位爲阼階前南北之中而非階間南北之中誤與鄉飲同阼階前之中庭公立處也臣可立乎吳氏廷華云南面奠觶則在觶北從觶西右還至觶南則又北面卒奠之又從觶西還於觶北故又南面蓋南面者以西爲右故曰右還北面者以西爲左故曰左還洗者洗於阼東南反者反於中庭其所亦中庭也奠觶本在中庭故曰其所右還則右手向外其説是也必從西行者東爲主位當避之故升降皆由西也　注云右還將適觶南先西面也必從觶西爲君之在東也者賈疏云右還謂奠時南面乃以右手向外而西面乃從觶西南行而右還北面若從觶東而左還北面則背君以其君在阼故也敖氏云將於觶南北面則右還於觶北南面則左還皆欲從觶東往來也必從觶東者變於在堂者升席降席之儀而由上也司正之位東上少立者定其位也案敖説故與注異焦氏以恕謂辟君當從觶西古注本無漏義而敖氏不遵用謂變於堂上凡敖氏往往言某禮變於某禮愚謂禮惟其宜

實不須肩肩示變以著其新異敖氏憑肌遈私幾欲自爲一經定分別觀之焉盛氏世佐亦謂敖云從觶東非而謂注爲君在東之說亦未然云於觶南乃北面者爲

左還南面坐取觶洗南面反奠于其所

反奠虛觶不空位也疏正義曰張氏爾岐云司正當取觶而飲鄉堂而拜以示受命於君之意也奠觶取觶皆南面明將監堂下酒儀也北面拜者明監酒出君命也吳氏廷華云虛觶必洗而奠之者葢以待徧儀之罰也

升自西階東楹之東請徹俎降公許告于賓賓北面取俎以出膳宰徹公俎降自阼階以東

膳宰降自阼階以賓親徹若君親徹然疏正義曰敖氏云鄉者司正受命安賓諸公卿大夫賓奉命而不敢辭以俎今司正請徹之所以達其意告於賓亦西階上北面告之既則降燕賓乃執俎而出者臣也出授從者方氏苞云鄉飲酒鄉射賓請而後主人命徹尊賓也君臣之禮則有司要其節而請於君定也盛氏云司正於此不請坐於賓而遽請徹俎於公亦君禮之異者也注云膳宰降自阼階以賓親徹若君親徹然者李氏如圭云鄉飲酒主人取俎還授弟子弟子以降自西階主

人降自阼階燕禮公不降故膳宰降自阼階也郝氏云人臣升降由西階膳宰徹君俎降由阼階重君物别於諸臣也以東歸東壁也盛氏云鄉飲鄉射主人之俎亦降自西階從賓也燕公俎降自阼階君尊得自由其階也釋官曰周禮膳夫職曰凡王祭祀賓客食則徹王之胙俎褚氏寅亮云降字似宜在告於賓下非衍也義疏云此說是也大射云司馬正升自西階東楹之東北面告于公請徹俎公許遂適西階上北面告于賓賓不降案司正告公告賓前後皆在階上不應於徹俎獨降也

**卿大夫皆降東面北上**　以將坐降待賓反也　疏正義曰李氏如圭云降立西階下

**賓反入及卿大夫皆說屨升就席公以賓及卿大夫皆坐乃安**　凡燕坐必說屨屨賤不在堂也禮者尚敬敬多則不親燕安坐相親之心也

疏正義曰校勘記云凡燕燕坐陳本通解俱作座非也相親之心也徐本集釋楊氏俱無也字與單疏標目合通解有　注云凡燕坐必說屨屨賤不在堂也者李氏如圭云不言公降說舄於堂上席側也凡坐於堂者說屨於堂下於室者說屨於戶外少儀曰說屨於戶內者一人而已矣謂尊者也此君尊在堂上說舄於席側可知春秋傳衛侯

與諸大夫飲酒褚師聲子韈而登席公怒蓋古者見君以解韈爲敬也敖氏云賓入少立於卿之北司正升賓賓乃及卿大夫說屨而升也盛氏云大射儀云司正升賓賓諸公卿大夫皆說屨升就席此不言司正升賓者文略也云禮者尚敬敬多則不親燕安坐相親之心也者此釋經燕安坐之義案爾雅安止也又云安定也又妥安坐也詩嘉賓式燕綏之妥與綏古相通是安之義謂止而坐之也今人猶謂設席燕賓請賓入席曰安坐卽是此意饗主於敬燕主於樂樂則相親鄭云燕安坐相親之心也敖氏謂乃安謂賓及卿大夫之心至是乃安也失其義矣敖氏又云自此以後有升降而行禮者皆跣也至醉而退乃屨褚氏寅亮云少儀曰凡祭於室中堂上無跣燕則有之此禮說屨卽跣矣然亦未嘗見膚也淺衣連衣裳爲之而曰短無見膚則姝衣裳者制亦可知吳氏廷華云公以皆坐則就席時未坐也

**羞庶羞**

謂膮肝膋狗胾醢也骨體所以致敬也庶羞所以盡愛也敬之愛之厚賢之道也

【疏】正義曰注云膮肝膋狗胾醢也者李氏如圭云案內則肝膋取狗肝一蒙之以其膋燕禮牲用狗知有肝膋狗胾醢也以經云庶羞知不但胾醢而已方氏苞云牲以狗而羞則庶觀六月韓奕二詩所陳品味惟嘉惟偕可羞無不薦

也此西周之詩可以證周公之典禮敖氏云亦先賓乃及公而後及其餘未獻士而羞此則是不及於在下者矣義疏云肝膋非速致之具此未必有吳氏廷華云周禮膳夫羞與珍並言肝膋爲八珍之一不得襍入庶羞盧氏文弨云庶羞衆羞也必不止於狗胾醢記所云庶羞不踰牲者謂用豕不必以羊爲庶羞若魚鼈之類非所得踰者也

**大夫祭薦**燕乃祭薦不敢於盛成禮也（疏）正義曰李氏如圭云受獻禮成於祭薦五行禮爲盛敖氏云獻時不得祭薦至是乃爲之必祭之者安終此禮然後可以食庶羞也郝氏云初獻大夫於西階上未升席故未祭至是升席乃祭也**司正升受命皆命君曰無不醉賓及卿大夫皆興對曰諾敢不醉皆反坐**皆命者命賓命卿大夫也起對必降席司正退立西序端（疏）正義曰注云皆命者命賓命卿大夫也者以下文云賓及卿大夫皆興知之也案南有嘉魚末章云君子有酒嘉賓式燕又思箋云又復也以其壹意欲復與加厚之據上云嘉賓式燕綏之綏爲安卽此經之無不安下云又又之又卽此經之無不醉也又與侑古音相近通用言其舉酒以相勸侑也又湛露云不醉無歸亦卽此經之無不醉也云司

正退立西序端者，盛氏云注蓋約鄉飲酒禮言之，然非也。西序端者相旅之位，此下方獻士，未須相，況獻士之時司正亦將與焉，則其降復觶南之位以俟可知也。敖氏云惟云受命皆命，又不著其所，如上文可知。旣對則司正降而復位，當以此說爲正。褚氏寅亮云究以注退立西序端之說爲正，蓋旣爲司正，則獻酬時俱當立堂上以察儀，迨其受獻乃降復觶南位，獻訖仍升立序端也。

右立司正命安賓

主人洗，升，獻士于西階上。士長升，拜受觶，主人拜送觶。獻士用觶，士賤也。今文觶爲觚。

疏 正義曰：主人拜受觶，校勘記云：受，唐石經、徐本、集釋、通解、要義、楊氏、敖氏俱作送。○李氏如圭云：士堂上無位，故燕坐乃獻之。郝氏云：樂終而後獻士，士卑也。士長，士之尊者，如司正、司士等是也。注云獻士用觶，士賤也。今文觶作觚者，敖氏云：凡獻無用觶者，當從今文。盛氏云：觴以小爲貴，故獻用爵，其他用觶，鄉飲酒之禮是也。燕禮輕，故獻用觚，觚大於爵也。大夫以上旣用觚，則獻士用觶，禮亦宜之。今文作觚者，以觶字角旁著氏與觚相涉致誤也敖氏定從今文非禮器云貴者獻以爵賤者獻以散夫宗廟之祭獻以散者有之矣燕禮以觶獻士何以決其必無哉胡氏承珙云鄭注特牲饋食記引舊說云爵一升觚二升觶三升角四升散五升此鄭以前儒家治禮經者相承之師說也禮器正義及梓人疏引許氏五經異義云今韓詩說一升曰爵二升曰觚三升曰觶四升曰角五升曰散古周禮說亦與之同許君謹案周禮一獻三酬當一豆卽觚二升不滿豆矣鄭駁之云觶字角旁著氏汝潁之閒師讀所作今禮角旁單古書或作角旁氏角旁氏則與觚字相近學者多聞觚寡聞觗寫此書亂之而作觚耳又南郡太守馬季長說一獻而三酬則一豆豆當爲斗與一爵三觶相應禮器制度云觚大二升觶大三升是故鄭從二升觚三升觶也據此知鄭君所引儀禮舊說與韓詩說古周禮說叔孫通禮器制度馬季長說皆同惟許叔重獨自爲說說文云觶受四升又云觴三升者謂之觚此蓋師承之異鄭以與經不相應故爲此駁至觶觚二字之誤則由觗觚形近易譌言之尤爲明晰儀禮古文多作觶故雖觚字亦爲觶今文多作觚故雖觶字亦爲觚鄭參校古今文以義定之上文獻辟正主不用爵而用觚古文作觶此古文之誤也此獻士用觶者士賤也賈

疏云對大夫已上獻用觚旅酬乃用觶此獻士卽用觶故
云士賤也今文作觚此今文之誤也其他今文多誤觶爲
觚又有古今文皆誤者如燕禮賓降洗升媵觚于公注云
此當言媵觶酬之禮皆用觶言觚者字之誤也古者觶字
或作角旁氏由此誤爾大射儀賓降洗象觚注云此觚當
爲觶此則觶本作觗字形近觚古今文皆因之而誤者也
鄭於注一一是正可謂精審之至矣士坐祭立飲不拜旣爵其他不拜坐祭
立飲他謂眾士也亦升受爵不拜疏正義曰注云他謂眾士也者郝氏云謂長以下卽祝史小臣等云亦
升受爵不拜者李氏如圭云笙長受爵於階上知士亦升受爵奚氏廷華云周官笙師中士二人下士四人此注眾
士大約與笙師等上文獻笙于西階上一人拜盡階不升堂受爵降彼何嘗升堂邪乃薦司正與射
人一人司士一人執冪二人立于觶南東上天子射人司士皆下大夫
二人諸侯則上士其人數亦如之司正爲上疏正義曰李氏如圭云司正在上庭長也此皆有事者故別在觶
南北面而先薦司士士中之尊者敖氏云此皆士也獻與
士序每獻則薦之薦不與士序者亦異之也司士之位正

當觶南射人而下以次而西執冪者旣薦則復立於尊南郝氏云乃薦謂旣獻於西階上乃以脯醢各薦於其位先薦司正等四人先長也司正卽射人爲之故曰一人盛氏云此五人者皆士長也得獻在先故因獻而薦之射人大射正也司士二人此在觶南者又其長也觀司士之先得薦可見士受獻亦以尊卑爲序不以齒矣賈疏云此經三者當官雖多皆取長先薦其餘在於衆位依齒也非褚氏寅亮云司正庭長於獻士時而先薦之益可明薦主人於獻大夫時者亦以爵同也獻司正等仍與士序獻訖卽薦不待辯獻乃薦所以姝之於羣士中其位則司正正當觶南射人而下以次而西俱北面吳氏廷華云司士本不言位而亦薦於此者據周禮司士掌朝儀之位爲之擯據聘禮擯相幣在中庭則司士固有在庭之位經文不具耳則其與司正竝薦宐也執冪固是士位在尊南亦薦於此者或以分卑而近公不敢薦於其位故就堂下近其位之地與司正竝薦之耳方氏苞云司正射人也而稱司正以特薦宐首庭長也鄉射之司正司射司馬皆以州之屬士攝事而假以是稱燕則皆以大射正爲之故下經特標若射則大射正爲司射以明篇首之射人此特薦之司正皆大射正而同薦之射人則小射正也司射反爲司正不見於

經何也以鄉射作相爲司正司正爲司馬司馬反爲司正義可互見也大射正爲司正又爲司射則射畢之後反爲司正者非大射正而誰哉燕而射則不立司馬而凡禮事皆射人主之何也周官射人掌公卿大夫士之朝位詔相其儀法君行必從則燕射之禮事惟射人掌之爲宜 注云天子射人司士皆下大夫二人諸侯則上士其人數亦如之者釋官曰注引天子射人者謂天子射人下大夫二人諸侯以上士爲之長亦有二人一爲司正一仍供射人之職故經云乃薦司正與射人一人又云周禮司士下大夫二人中士六人下士十有二人諸侯司士上士爲之文王世子云其在朝則以官司士爲之注司士亦司馬之屬掌羣臣之版正朝儀之位是諸侯司士所掌與天子司士同左傳成十八年荀賓爲右司士屬焉服注司士主右之官孔疏以爲卽周禮司右與此司士別左傳官名多出於東遷後所增改此亦一證也

**辯獻士士旣獻者立于東方西面北上乃薦士**每巳獻而卽位於東方蓋尊之畢獻薦於其位

疏 正義曰方氏苞云其文正與辯獻大夫遂薦之相明大夫於獻之時遂薦士則辯獻畢立於西方而後同時齊薦也 注云每巳獻而卽位於東方蓋尊之者賈疏云庭

中之位卿東方西面大夫北面士西方東面是東方尊今卿大夫得獻升堂位空士得獻卽東方卿位是尊之也

**祝史小臣師亦就其位而薦之**次士獻之已不變位位自在東方

疏正義曰注云位自在東方者賈疏云上設位之時祝史在門東小臣在東堂下是在東方也

**主人就旅食之尊而獻之旅食不拜受爵坐祭立飲**北面酌南鄉獻之於尊南不洗者以其賤略之也亦畢獻乃薦之主人執虛爵奠於篚復位

疏正義曰敖氏云不洗者因獻士之爵而遂用之不復別取於篚也凡取爵於下篚雖所爲酌者賤亦必爲之洗旅食者與士異尊矣乃繼士獻之而遂因士爵且不姝其長皆略賤也方氏苞云就其尊而獻者在禮侍飲於長者拜受於尊所士旅食者位卑人衆而禮不可廢故體主人之勤而簡其節也褚氏寅亮云當依注尊後北面酌向君之義爲長獻之或西南面敖說可從義疏云惟君面尊酌者於尊背酌之若非君尊則酌者鄉尊而酌之如尊于房戶之閒者尊南面酌者則北面也此門西之尊北面則酌者南面可知義疏云大射注則云主人旣酌西面旅食北面受之不同案燕旅食尊在門西旅食立于其南主人獻之于

尊南有尊在北不嫌背君故得南面大射注云凡授爵向所受者是其正也大射避射位旅食尊設於樂縣之南旅食者位在士南是不當尊南若南面獻則是背君故西面獻而北面受也

右主人辯獻士及旅食

**若射則大射正爲司射如鄉射之禮**大射正射人之長者也如鄉射之禮者燕爲樂卿大夫宐從其禮也如者如其告弓矢旣具至退中與算也納射器而張侯其告請先於君乃以命賓及卿大夫其爲司正者亦爲司馬君與賓爲耦鄉射記曰自君射至龍旜亦其異者也薦旅食乃射者是燕射主於飲酒

疏 正義曰注記曰校勘記曰集釋作云案戴氏以云爲衍文 云大射正射人之長者也者釋官曰司射之爲大射正於此經見矣賈疏以爲大射之時大射正不同爲司射非也說詳大射儀云如鄉射之禮者燕爲樂卿大夫宐從其禮也如者如其告弓矢旣具至退中與算也者敖氏曰此記及鄉射記言君燕射之儀與大射儀略同乃云如鄉射之禮者以其惟一侯侯道五十弓而射器皆在堂西也如是則自君之外凡他禮與鄉射大同小異而於大

射則或有不可以相通者此所以惟蒙鄉射禮也先徹階閒之縣遷於東方乃張麋侯納射器其再射即用樂行之亦其異者案鄉射告弓矢既具是初射時事退中與算是三番射訖時事注舉此者明經如此自初射至射訖皆如鄉射之禮也云納射器而張侯其告請先於君乃以命賓及卿大夫其爲司正者亦爲司馬君與賓爲耦鄉射記曰自君射至龍旜亦其異者也者敖氏曰注云納射器而張侯其爲司正者亦爲司馬君與賓爲耦言其與鄉射同者也云其告請先於君乃以命賓及卿大夫言其與鄉射異者也又云鄉射記自君射至龍旜亦其異者也詳其意蓋謂國中若郊若竟君皆得而燕射如鄉射之禮惟旌與中則異於鄉射者也此意與彼記之注不同疑此爲得之但其前以鄉射禮爲據謂此亦納射器乃張侯似未爲當鄉射於納射器之後云命張侯者謂繫左下綱耳非謂始張侯也恐不必以之爲據此禮則當先徹階前之縣遷於東方乃始張麋侯赤質并繫左下綱其侯道亦惟五十弓而已既張侯乃納射器其節蓋與鄉射不得不異鄭氏於此蓋偶考之不詳耳云薦旅食乃射者是燕射主於飲酒者李氏如圭曰大射主於射大夫未舉旅則射行葦之詩王肅以爲燕射於燕旅酬後爲之春秋傳襄公二十九年晉

范獻子來聘公享之射者三耦亦燕射也張氏爾岐曰若者不定之辭或射或否唯君所命若不射則主人獻旅倉後賓卽媵觶舉酬注云薦旅倉乃射是燕射主於飲酒者對大射主於射未爲大夫舉旅卽射也褚氏寅亮曰亦大判言之如鄉射耳其實異者正多卽注亦略舉其一二端餘則讀者以意求之可也吳氏廷華曰大射先行燕禮此因燕而射乃不行大射禮而如鄉射之禮者蓋大射禮既重且繁不如鄉射之稍省也案義疏曰注據庭中無侯至納射器乃張之非如鄉射之繫左下綱也賈疏以大射納射器無張侯之事故特言之非矣大射始張侯不繫左下綱則納射器後亦必有張左下綱之事文不具耳

右因燕而射以樂賓

賓降洗升媵觚于公酌散下拜公降一等小臣辭賓升再拜稽首公荅再拜此當言媵觶酬之禮皆用觶言觚者字之誤也古者觶字或作角旁氏由此誤爾

疏正義曰李氏如圭曰賓受公賜多矣禮將終故媵觶以序厚意敖氏曰媵觶于公乃下大夫之事而賓於

是時爲之者不敢以賓自處恭敬之至也執觶以下如下大夫媵觶者之爲但拜於西階下異耳公降一等者重其媵觶之禮也賓從命則公升矣淩氏釋例曰前三次舉旅行酬皆二大夫媵此以賓媵觶者禮以相變爲文也吳氏廷華云賓主獻酬不敢亢禮於君也但公旣酬賓賓亦當酬公彼此相酬仍近於亢故於旅酬之末行之不言酬而言媵謙若下大夫之爲亦不敢亢之意案義疏曰媵觚於無算爵之先其禮已殺乃賓必下拜公且降一等辭者尊賓三荅拜俱應降席而經無文則禮漸殺可知據下受公賜者亦就其席坐行之此其證也至受者就席未詳其人要不外卿及大夫耳又鄉飲酒禮受酬者自介右衆受酬者受自左此經士受酬與衆等則受自左也故右大夫執爵者序端蓋待事者司正其準也

注云媵觚爲媵觶者說已見前

**賓坐祭卒爵再拜稽首公荅再拜賓降洗象觶升酌膳坐奠于薦南降拜小臣辭賓升成拜公荅再拜賓反位**反位反席也今文曰洗象觚

疏 正義曰敖氏曰賓坐祭卒爵再拜稽首此拜不下者拜受拜旣本同一節不敢再煩君命也賓降奠角觶于篚乃洗象觶此降拜已再拜

稽首故下云成拜盛氏曰此降拜亦未拜也凡賓下拜之禮無論已拜未拜聞君命卽升升又再拜經於此或言升成拜或言升再拜稽首文互異耳敖說太泥賓於下必再拜稽首而後升成拜者惟初受公酬之時爲然餘則否褚氏寅亮云前公酬賓升成拜與君行禮之始此賓媵公而升成拜與君行禮之終

**公坐取賓所媵觶興唯公所賜**至此又言興者明公崇禮不倦也今文觶又爲觚 疏 正義曰敖氏曰此酬主於士而所賜則不及之以其賤而在下也郝氏曰此君爲士舉旅而不卽賜士由貴逮賤也前此君三舉旅一爲賓再爲卿三爲大夫未及士以下故因賓媵之爵再舉旅以終惠也方氏苞云賓尊獨伸卿大夫莫與之竝故旅酬之終賓媵觶以致敬於君君卽取所媵之觶以賜卿大夫使遞酬以及於士以示君於羣下一視同仁而賓之敬亦達於上下矣 注云至此又言興者明公崇禮不倦也者李氏如圭曰旣燕坐而又言興明不倦矣方氏苞曰二大夫媵觶之始君坐取觶至是復坐取觶禮以嚴終說屨升堂坐而行爵無算易至怠忽故君先自力於禮以敎之肅也

**受者如初受酬之禮** 疏 正義曰敖氏曰初受酬者賓也張氏爾岐曰如其自賓降至進受虛

爵也降更爵洗升酌膳下拜小臣辭升成拜公荅拜乃就席坐行之坐行之若今坐相勸酒疏正義曰敖氏曰鄉者三舉觶其末皆云如初此乃別云更爵洗盞先時公或命之勿易觶此則全不命之亦以禮殺也注云坐行之若今坐相勸酒者韋氏協夢云旅酬禮坐行之者以是時已燕坐也燕坐則飲酒不立行禮有執爵者士有盥升主酌授之者疏正義曰李氏如圭曰前舉旅皆酬者自酌至此有士執爵行之敖氏曰坐而行酒故須有執爵者代酌授之唯受于公者拜公所賜者也其餘則否疏正義曰郝氏曰唯最初一人受公賜爵者拜其餘執爵者所送皆就席坐飲不拜也司正命執爵者爵辯卒受者興以酬士欲令惠均疏正義曰敖氏曰爵辯卒受者興以酬士謂行爵已辯於堂上則告大夫卒受者使之興以酬士司正以是命執爵者也必命執爵者告之者備有未知者也是後則司正不命而執爵者亦不復告之張氏爾岐曰前三舉旅皆止於大夫今爲士舉旅故命之相旅固司正執也執爵者爵辯卒受者興以酬士卽其命之之辭盛氏世佐曰是時司正蓋升于西階西北

面命執爵者命訖退立序端以相旅與吳氏廷華曰執爵者非大夫卒受者乃大夫命命執爵者轉命大夫也使卒受者酬士耳下節卽所命之實也

大夫卒受者以爵興西階上酬士士升

大夫奠爵拜士荅拜興酬士者士立堂下無坐位疏正義曰敖氏曰於是執爵者降以已亦當與旅也

大夫立卒爵不拜實之士拜受大夫拜送士旅于西階上辯祝史小臣旅食皆及焉疏正義曰李氏如圭曰庶子以下未獻故亦未酬無算爵乃及之敖氏曰其旅旅皆如大夫酬士之儀卒受者亦以觶降奠于篚焦氏以恕曰案下章主人獻庶子于阼階上如獻士之禮又獻左右正與內小臣皆于阼階上如獻庶子之禮又鄭氏謂獻正下及內小臣則磬人鍾人鎛人鼓人僕人師僕人正盡獻可知也夫阼階西階所以別外內臣也而均之在堂上則同若拘旅食不升獻亦不升旅之說則凡爲外內之從官皆得升旅於堂上而獨置旅食者恐非爲士舉旅之禮意故鄭說爲不易矣褚氏寅亮曰旅食已得獻則旅酬宜及之故注云皆及焉但細玩經文上云士旅于西階上辯者似專指士故言辯而不言卒至士旅酌卒始

指旅食言耳

士旅酬旅序也士以次序自酬相酬無執爵者疏正義曰焦氏以恕云有疑此節專指旅食之士而言謂旅食當在堂下不與羣士升旅于西階上也愚案無算爵云士旅酬亦如之承上酬士于西階上之文又云士終旅于上如初解者謂徹冪之時士蓋先大夫而降至是升旅于上如初不異也必言此者嫌旣降則宐遂旅於下也觀此則旅食者之旅酬于西階上益明矣

卒疏正義曰盛氏世佐云旅畢司正降復位

右賓媵觶於公公爲士舉旅酬

主人洗升自西階獻庶子于阼階上如獻士之禮辯降洗

遂獻左右正與內小臣皆于阼階上如獻庶子之禮庶子掌正六牲之體及舞位使國子修德學道世子之官也而與膳宰樂正聯事樂正亦教國子以舞左右正謂樂正僕人正也小樂正立于西縣之北僕人正僕人師僕人士立於其北北上大樂正立於東縣之北若射則僕人正僕人士陪於工後內小臣奄人掌君陰事陰令后夫人之官也皆獻於阼階上別於外內臣也獻正下及內小臣則磬人鍾人

鑮人鼓人僕人之屬盡獻可知也凡獻皆薦也疏正義曰校勘記云注立於東縣之北立誤作令鑮人陸氏曰本又作鎛下同案諸本鑮鎛襍出後不悉校凡獻皆薦也薦本誤作爵胡氏肇昕云亦學國子以舞學當作教各本作教

云庶子掌正六牲之體及舞位使國子修德學道世子之官也者此約周禮諸子職之文云而與膳宰樂正聯事樂正亦教國子以舞者以掌正六牲之體是與宰聯事掌舞位使國子修德學道是與樂正聯事也敖氏曰庶猶眾也庶子謂卿大夫士之子周官亦多以庶子繼士而言指此者也燕義以此爲諸子之官似失之獻之于阼階上變於其父所飲之處也庶子未必皆有爵乃先左右正獻之者明不與之序也盛氏曰周禮宮伯職云掌王宮之士庶子凡在版者大司馬職云王弔勞士庶子則相又云大會同則帥士庶子而掌其政令司士職周知卿大夫士庶子之數酒正職共饗士庶子之酒凡此皆以庶子繼士而言謂卿大夫士之支庶也以其貴遊子弟且有宿衞之勞故獻之以其未有爵命故得獻在士後以其爲宮衆故獻手阼階上若燕義所謂庶子官即周禮之諸子也爲其掌庶子之戒令教治故以名其官其職與司士相連其爵爲下大夫於諸侯則上士也其位當在西方東面亦當在西階

上不於此也釋官曰庶子見禮記文王世子及燕義其職與周禮諸子同燕義云古者周天子之官有庶子官職諸矦卿大夫士之庶子之卒掌其戒令與其教治别其等正其位鄭注庶子猶諸子也燕禮有庶子官是以義載此以爲說今案燕義本釋燕禮之事燕禮有庶子執燭及獻庶子之文記人欲釋其義故取天子諸子職解庶子諸庶訓皆爲衆天子之諸子諸矦之庶子皆掌國子國子衆多故云諸或言庶諸庶通名燕義因諸矦言庶子欲見庶子與諸子一耳文王世子云庶子之正於公族者教之以孝弟睦友子愛明父子之義長幼之序諸矦之庶子兼掌公族子弟及卿大夫士之適子詩魏風有公族之官卽此以其主正於公族故又名公族春秋時唯晉有此官而爵爲大夫不如禮也經云如獻士之禮則庶子爲士明矣獻不于西階于阼階上者下云庶子執燭于阼階上則其位在此以庶子主公族同姓之官又設折俎與膳宰聯職故屬主黨也經義聞斯錄曰或疑鄭以此經庶子如周禮之諸子故賈疏云天子謂之諸子諸矦謂之庶子也但考周禮諸子下大夫二人掌國子之戒令教治職旣重而位亦尊矣且其職云大祭祀正六牲之體未嘗云王燕則正六牲之體也使諸矦之官降于天子一等亦當爲上士今乃於士

旅酌卒始獻之而云如其禮大射儀又云士旅酌若命曰復射則不獻庶子是其人更輕於士故與左右正內小臣相次也大射獻賓獻公皆宰胥薦脯醢庶子設折俎獻服不則宰夫有薦庶子諸折俎燕與大射又皆云宵則庶子執燭于阼階上司宮執燭于西階上甸人執大燭于庭閽人執大燭于門外夫府史胥徒庶人在官者內小臣閽人又刑餘之輩耳柰何天子教國子之大夫在矦國者名同職同而位顧下儕於庶人在官及刑餘之輩哉考之周禮宮正宮伯皆宮中之官宮伯職云掌王宮之士庶子後鄭云王宮之士謂王宮中諸吏之適子也庶子其支庶也始即此經之庶子與曰官有長有貳燕與大射禮大事繁故在公者長貳及府史胥徒皆趨事篇中有長貳竝言者大射正小射正大樂正小樂正大史小史司馬正司馬師小臣正小臣師僕人正僕人師是也亦有不竝言者長事多而貳事少則貳別言之如燕禮小臣師一人在東堂下卽知其餘言小臣皆長也燕禮記云羞卿者小膳宰也又云凡薦與羞者小膳宰也禮不備者記補之貳事多而長事少則長別言之如大射庶子正徹公俎卽知其餘言庶子皆貳也考天子諸子下大夫二人中士四人諸矦降等則庶子長當爲上士貳當爲下士下士則獻於獻士之後而

與司宮同掌執燭不亦宜乎況禮有胥有宰胥有宰夫有司有小臣師從者及工人士隸僕人等皆其官之屬吏府史胥徒之類則安知設俎執燭者非庶子之屬吏而文有不備邪庶子非官故獻之在士之後如士禮耳或疑司宮卽周禮之宮正職云宮中廟中則執燭者考宮正有上士二人中士四人下士八人府二人史四人胥四人徒四十人則執燭者或亦其屬爲之故與庶子聯事也褚氏寅亮曰庶子官燕義有明文不知後儒何故必不信禮記而以卿大夫士之子當之卿大夫士之子苟無其位必不與燕旣有列於位獻當從其爵豈宜在旅倉後注是也唯注以左右正爲樂正則未敢深信蓋獻大小樂正亦不應在旅倉後竊疑左右正如宮正等官與內小臣一類夫人之官也庶子爲世子之官左右正內小臣爲夫人之官故不論爵而最在後獻之且不與旅云左右正謂樂正僕人正也小樂正立于西縣之北僕人正僕人師僕人士立於其北北上大樂正立於東縣之北若射則僕人正僕人士陪於工後者李氏如圭曰云左右正則二樂正分居東西各監一縣也僕人亦相工者工席在西階上僕人宜近其事故立於西縣北北統於堂案鄉射禮射時遷樂于下工降阼階下之東南西面北上坐樂正北面立于其南燕禮若射

則是時僕人陪于工後亦在樂正之北也張氏爾岐曰左右正據庭中之位而言大樂正在東縣北故曰左正僕人正在西縣北故曰右正釋官曰此篇以經考之不見有兩樂正注誤賈疏引大射鄉射況之不知燕時或射或否不定未可據爲左右之名鄉飲酒記云衆賓立者東面北上樂正與立者皆薦以齒鄉射記云樂正與立者齒注尊樂正同於賓黨然則樂正之位當在西方不當于阼階上獻之明矣經獻左右正與內小臣同處疑左右正卽小臣僕人之官侍從於君而位在阼階上者周禮有大僕小臣皆僕官諸侯以小臣兼大僕掌正君之服位在君左右故謂之左右正書立政云左右攜僕是其證也又案上云祝史小臣師亦就其位而薦之是小臣既受獻矣此所獻者蓋其工小臣正相君出入君之大命在君左右故于阼階上獻之不然此篇及大射俱云獻小臣師而不及小臣正何與以此益見左右正爲小臣之屬矣胡氏肇昕曰敖氏郝氏說皆與注殊敖氏曰左右正未詳其官然與內小臣同獻則意其亦爲內臣也郝氏曰左右君左右詩曰膳夫左右正長也盛氏亦曰左右者侍御近習之臣而正則其長也左右非一故不言其官然以詩書考之雲漢以膳夫共稱立政與攜僕竝數則其職掌亦略可見矣云內小臣奄

人掌君陰事陰令后夫人之官也者周禮內小臣職文官曰案周禮內小臣與寺人別官諸侯亦有內小臣與寺人別詩秦風云寺人之令毛傳云寺人內小臣非也內小臣又謂之巷伯箋云巷伯內小臣也奄官上士四人掌王后之命于宮中爲近故謂之巷伯是也左傳襄九年令司宮巷伯儆宮杜注孔疏解司宮爲內小臣而以巷伯爲寺人皆誤又案內小臣左傳國語亦單言小臣左傳僖四年云與小臣小臣亦斃晉語說此事云飲小臣酒亦斃韋注小臣官名掌陰事陰令閹士是也又公食大夫禮稱內官之士卽此云皆獻於阼階上別於外內臣也者張氏爾岐曰在鄉遂采地者爲外臣在朝廷者爲內臣庶子以下皆人君近習故云別於外內臣也案張氏惠言曰大射注云三官獻於阼階上別外內臣也是以三官爲內臣別於卿大夫之外臣也此非鄭意盛氏曰庶子以下皆扈衛親近之臣故皆獻之於阼階上經不著其入門位次者以其本在門內故也其位蓋在東方西面北上云獻正下及內小臣則磬人鍾人鑮人鼓人僕人之屬盡獻可知也者周禮磬師中士四人下士八人鎛師中士二人下士四人鼓人中士六人諸侯竝以下士爲之

右主人獻庶子以下於阼階

無算爵算數也爵行無次無數唯意所勸醉而止士也有執膳爵者有執散爵者疏正義曰敖氏曰亦各序進盥洗其觶以升郝氏曰士也謂執爵皆士也膳爵君之爵散爵賓卿大夫之爵方氏苞曰特表其爲士以事之終或疑使無位者代其勤也自大夫以上皆得親與君爲禮士則受酬於大夫竝不得與公卿接故於禮終使二士執無算爵不惟執膳爵者得徑進于公即執散爵亦先進于公而公親命之以賜公卿所以作其志氣而厲其節行也士位在堂下而獻必于阼階上亦此義也獻執爵者無文何也該於上經辯獻士也褚氏寅亮曰上媵觶以大夫此則以士且變文曰執爵禮殺者也執膳爵者酌以進公公不拜受疏正義曰郝氏曰酌以進公酌膳尊不拜送也韋氏協夢曰前大夫媵觶及賓媵觶皆于阼階下再拜稽首公荅再拜然後奠觶于薦南此士不拜送故公亦不拜受不拜送者士賤不敢與公爲禮也執散爵者酌以之公命所賜疏正義曰郝氏曰酌以之公酌方壺往俟君命也所賜者興

受爵降席下奠爵再拜稽首公荅拜席下席西也古文曰公荅再拜【疏】正義曰敖氏曰降降席也此不降階而惟拜於席下者亦別於公所親酬者也　注云席下席西也者李氏如圭曰前受公爵者皆降拜升成拜至此拜下而已席以東爲上統于君注引古文作再拜拜者姜氏曰大射嚴君臣之禮尙有再字燕禮可知當從古文盛氏曰案經但云荅拜者荅一拜也燕禮貴和君于臣皆荅再拜姜說得之胡氏承珙曰案此經注疑有脫誤經文當是公荅再拜注云古文曰公荅拜蓋凡臣再拜稽首公皆荅以再拜有但言公荅拜者省文耳若古文明云公荅再拜鄭不應反從今文去再字又大射儀此節亦云公荅再拜知此經文亦必有再字但賈疏標目已如今本則其誤久矣褚氏寅亮曰古文云公荅再拜注不從者以此時禮殺止荅降席之拜也

受賜爵者以爵就席坐公卒爵然後飮不敢先虛爵明此勸惠從尊者來也【疏】正義曰敖氏曰異觶竝行而代舉君臣之禮受賜爵者不先卒爵而俟者媵酒之酌久矣不必先飮之也士相見禮言卒爵而俟者始飮酒若爲君嘗之者然

執媵爵者受公爵酌反奠之宴歡在於飮酒成其

意疏正義曰敖氏曰未當公飲之節故奠之此不言所奠之處則亦在薦南與士既終旅則君自舉之盛氏云公既卒爵不以降奠于篚而復實之者欲公重舉此觶也不與散爵竝行而反奠于君所者象觶非臣所飲也方氏苞曰此爵公終不舉而奠之何也奠之而公不舉以示飲有秩節而無醉飽之心也

**受賜爵者與授執散爵執散爵者乃酌行之**予其所勸者疏正義曰敖氏曰大射云授執散爵者此脫一者字案戴校集釋補者字○敖氏曰必與授者以鄉者亦與受也非賜爵者受授則皆坐酌者酌散也行之謂每授之於席也受賜爵者若賓也則此觶先以之諸公若卿受賜爵者若諸公若卿若大夫也則此觶先以之賓餘皆以次行之惟己飲賜爵者則不復授之褚氏寅亮曰此禮無算爵止一爵序酬無兩爵鍇酬之儀吳氏廷華曰與授爵者尊君賜也

**唯受爵于公者拜卒受爵者與以酬士于西階上士升大夫不拜乃飲實爵**乃猶而也疏正義曰李氏如圭曰卒受爵者自酌酬士不使執爵者不以己尊孤人也前爲士舉旅時大夫猶拜至此不拜禮又殺義疏曰公所賜諸節亦偕卿席以明之

卒受者經未詳其人據下言大夫故以爲大夫之節敖氏曰大夫自實爵旅酬之禮也於是執爵者降以酬者自酌且已亦與旅也張氏曰此實爵當是大夫自酌與之不使人代

士不拜受爵大夫就席士旅酌亦如之

疏 正義曰敖氏曰如其不拜而飲不拜而受及自酌也張氏爾岐曰亦旅于階上而不拜也

公有命徹冪則卿大夫皆降西階下北面東上再拜稽首公命小臣辭公荅再拜大夫皆辟

命徹冪者公意殷勤必盡酒也小臣辭不升成拜明雖辭正臣禮也不言賓賓彌臣也君荅拜於上示不虛受也

疏 正義曰敖氏曰冪兩無之冪也命徹冪者命執冪者遂徹之也徹之者示與臣下同此酒不自異也在堂者皆降拜謝君意也士不拜賤不敢與君爲禮也云有命又云則見其然否不定也徹冪之節其在大夫就席之時乎辭者辭之使升拜辭之而不敢從命小臣以復于公公乃荅拜卒拜于下而不升成拜臣之正禮也必辭之者以賓在其中也賓與羣臣皆卒拜于下禮宜然也於此云辟者嫌旅拜則不必辟也不言賓及諸公文省凡小臣辭皆公命之經特於始末兩著之以見其餘也褚氏

寅亮曰徹冪在大夫旅畢士初行旅之時韋氏協夢云則者承上之辭見公有命徹冪卿大夫即降拜也敖氏謂見其然否不定之辭似未然方氏苞曰君命徹冪使羣臣盡膳尊而卿大夫降拜反坐不復行爵士終旅是至此士亦酌膳以相酬也蓋賓與卿大夫各受特賜之膳爵脫屨升堂又酌膳坐行以徧故不敢專君之惠而均諸羣士貴臣推賢讓能不敢賴寵之義也燕之初卿大夫獻酬皆以散至末而羣士皆飲膳示君之馭臣名分則親貴不敢假恩義則疎賤不敢遺惟嚴於始乃可以厚終也禮之起教於微渺類如此　注云命徹冪者公意殷勤必盡酒也者李氏如圭曰鄉飲酒賓至則徹冪者酒賓主共之君專大惠其尊恐塵加之故有命乃徹之云小臣辭不升成拜明雖醉正臣禮也者方氏苞曰公不命升成拜何也此禮終而總拜君之賜也異國之賓明日拜賜君不復見而聽其稽首于門外故本國之臣聽其稽首于階下而不復命之升成拜蓋以朝夕君所之人而拜賜于明日是自同於國客也故必變其節而後各明其義焉云不言賓賓彌臣也者以經但言卿大夫不言賓是賓彌自卑同於臣也云君荅荅拜於上示不虛受也者燕義云禮無不荅言上之不虛取於下也是也

**遂升反坐士終旅于**

上如初卿大夫降而爵止於其反席卒之疏正義曰張氏爾岐曰士方酌旅以卿大夫降而遂止及其拜訖反席士復終旅于西階上褚氏寅亮曰上已言士旅酌亦如之矣復言此者見士旅時有公命徹冪卿大夫降拜士暫止爵之事故俟其反坐而終旅也朱子曰案此士方旅酌而大夫降則爵止不行公辭而大夫復升士乃終旅於上也無算樂升歌閒合無數也取歡而已其樂章亦然疏正義曰注云其樂章亦然者明所用者不但鄉樂已也

右燕末無算爵無算樂

宵則庶子執燭于阼階上司宮執燭于西階上甸人執大燭于庭閽人爲大燭于門外宵夜也燭燋也甸人掌共薪蒸者庭大燭爲位廣也閽人門人也爲作也作大燭以俟賓客出疏正義曰校勘記曰閽人爲大燭于門外唐石經無大字案大射亦無大字注云宵夜也者歐陽氏修曰燕禮有宵則設燭之禮是古雖以禮飲酒有至夜者所以申燕私之恩盡殷勤之意

盛氏曰燕禮行於朝退之後而賓主獻酢之節又繁不繼以火則不能盡歡故詩與禮皆有夜飲之事若飲於臣家則不可春秋傳載齊敬仲飲桓公酒而曰臣卜其晝未卜其夜是也云燭燋也者少儀云主人執燭抱燋鄭注未爇曰燋但在地曰燎執之云燭詩庭燎之光傳云庭燎大燭也箋云於庭設大燭周禮司烜氏云凡邦之大事共墳燭庭燎故書墳爲蕡鄭司農曰蕡燭麻燭也賈疏云古者未有麻燭庭燎所作依慕容所爲以葦爲中心以布纏之飴蜜灌之若今蠟燭陳氏奐毛詩傳疏曰賈說非也巷伯傳使執燭放乎旦而薪盡是薪蒸與麻蒸皆爲燭庭燎爲大燭亦猶是爾 吳氏廷華曰注以燭爲燋疏引少儀抱燋注謂未爇曰燋是燋特燭之未爇者耳此云執燭則已爇矣據司烜疏謂人所執者用荆燋爲之案周禮菙人注引士喪禮楚焞證之以楚焞即契所用灼龜燋謂炬其存火則燋是已灼之炬此注以燭爲燋亦指已爇者與少儀未爇之說不符據曲禮注云古未有燭以大炬照夜此疏亦謂古無麻燭而用荆燋則燋當如菙氏燋契蓋樵薪之樵即木耳彼疏謂鄭音爲爵取莊子爝火之義瑩瑩然也荆燋爲可然之木未爇則爲木其名曰燋已爇則爲燭此注以燭爲燋蓋推其未爇者言之要知燭與大燭皆是荆燋之已

爇者但大小有別耳至大燭庭燎之分據此經大燭在庭則門內亦曰大燭不必曰庭燎矣余謂諸經多言執燭不聞有執庭燎者大約燭可執燎不可執司烜墳燭可執之燭也庭燎不可執之燭也在庭故稱庭詩及司烜庭燎是也若在門則亦稱門闇人門燎是也則司烜注門內門外之說固不足憑毛鄭詩說亦有未盡也釋官曰先鄭注周禮云庶子宿衛之官周禮宮正職云國有故則令宿後鄭注引文王世子曰公若有出疆之政庶子以公族之無事者守於公宮正室守太廟諸父守貴宮貴室諸子諸孫守下宮下室是諸侯之庶子掌宿衛與宮正同此經云執燭于阼階上周禮諸子職無執燭之文宮正職曰宮中廟中則執燭然則諸侯兼官庶子又兼周禮宮正之職與云甸人掌共薪蒸者釋官曰左傳云甸設庭燎是執燭于庭其職也周禮甸師掌帥其徒以薪蒸役外內饔之事國語甸人積薪韋注甸人掌薪蒸之官與注合云闇人門人也者釋官曰周禮閽人職曰大祭祀喪紀之事設門燎凡賓客亦如之閽人所掌同鄭注周禮云閽人司昏晨以啟閉者刑人墨者使守門春秋閽弒吳子餘祭公羊以為近刑人左傳鬻拳自刖楚人以為大閽是諸侯閽人亦使刑人為之也

**賓醉北面坐取其薦脯以**

降取脯重得君賜【疏】正義曰郝氏曰賓醉燕以醉爲節衆出以賓爲節也取薦脯榮君惠也盛氏曰詩云厭厭夜飲不醉無歸又曰醉而不出是謂伐德故賓出必以醉爲節也

奏陔陔陔夏樂章也賓出奏陔夏以爲行節也凡夏以鍾鼓奏之

賓所執脯以賜鍾人于門內霤遂出必賜鍾人鍾人掌以鍾鼓奏九夏今奏陔以節己用賜脯以報之明雖醉不忘禮古文賜作錫【疏】正義曰注云必賜鍾人鍾人掌以鍾鼓奏九夏者釋官曰周禮鍾師掌金奏凡樂事以鍾鼓奏九夏諸侯鍾人所掌同云今奏陔以節己用賜脯以報之明雖醉不忘禮者敖氏曰此非擊鍾以奏陔之鍾人乃其黨之在旅食之位者先立於此因過而賜之以其同事也方氏苞曰工笙竝受獻不宜獨遺於金奏故賓以薦脯賜之九夏皆以鍾鼓奏而所賜惟鍾人以鎛師掌金奏之鼓別無鼓人也賓及門內霤則奏陔者尚未離庭中之位所受特其黨之立于門內者耳蓋以爲禮也非飲食之道也一人受則與衆同之矣又云凡薦之實皆不舉則旣徹府史胥徒皆取分焉故以賓脯賜鍾人見其凡焦氏以恕曰賓出奏陔以金聲玉振例之迨其至門內霤之時則終擊而親授之此一說也或賓出至此明言賜之置諸

鐘人之旁側俟其終擊而取之亦一説也鐘人設有從者相之賓過而予之以賜鐘人如敖氏所擬又一説也賓自命從者徐以賜鐘人而已先至于門外亦又一説也經不具説耳胡氏肇昕曰此不過言以薦脯賜掌鐘鼓奏九夏者耳言鐘人以槩其餘也不然奏九夏者非獨一鐘人賓何爲獨用賜脯以報之敖氏擬議過拘焦氏尤爲詞費古文賜作錫者胡氏承珙曰案賜正字錫叚借字

**卿大夫皆出**隨賓出也**公不送**賓禮訖是臣也

疏正義曰敖氏曰公與其臣燕而不送者以其不爲獻主也若於異國之臣雖不爲正賓君雖不爲獻主猶送之郝氏曰賓本臣始無迎終亦無送也淩氏廷堪例曰凡君與臣行禮皆不送燕禮大射儀賓出公不送覲禮侯氏出經不送天子尊故不送也是臣與君行禮皆不送也又士相見禮士見于大夫大夫若嘗爲臣者賓出使擯者還其贄于門外考經文但云還贄于門外不云送是主人不送也士見于大夫賓退送再拜是賓主之禮此嘗爲臣者不送則君臣之禮也又君賜之飧君若降送之則不敢顧辭遂出大夫則辭退下比及門三辭注不敢辭其降於己太崇不敢當也下亦降也疏云士卑不敢辭降大夫之內兼三卿五大夫臣中尊者亦得辭降也竊謂燕禮大射賓入不迎及

庭，公但降一等揖之。然則賓出不送，公亦當降一等揖之。此經之賜食亦是燕類，經云君降送之，蓋亦降一等與。敖氏曰：送之亦當至門。又曰：大夫起而退則君興，下階則君降，及門則君送，於此三節皆辭之，故曰三辭。其說皆非也。經云三辭卽終辭也，終不敢當君之降，及門指大夫而言，非君送至門也。君但降而已，不送至門，證以燕禮、大射，則禮之通例明矣。又士昏禮親迎，賓出，婦從，降自西階，主人不降送。注：主人不降送，禮不參。此因壻與女行禮，故女父不送，非君臣之禮也。

右燕畢賓出

公與客燕，謂四方之使者。疏正義曰：賈疏云此下論與異國臣將燕，使卿大夫就館戒客之辭事，但燕異國卿大夫與臣子同，唯戒賓爲異，故於禮末特見之也。曰：寡君有不腆之酒，以請吾子之與寡君須臾焉，使某也以請。君使人戒客辭也。禮使人各以其爵。寡，鮮也，猶言少德，謙也。腆，善也。上介出請，入告。古文腆皆作殄，今文皆曰不腆酒，無之。疏正義曰：注云禮使人各以其爵者公食大夫云使大夫戒各以其爵是也云上介出請入告者亦約公食大夫之文云腆善也又云古文腆皆作殄今文皆曰不腆酒無之者胡氏承珙曰腆正字殄古文段借字詩新臺籧篨不殄箋云殄當作腆腆善也與此訓同毛詩古文段殄爲腆與禮經古文亦同胡氏肇昕曰此鄭參合古今文而酌用之也古文作殄段借字故從今文作腆今文無之文不備故從古文有之**對曰寡君君之私也君無所辱賜于使臣臣敢辭**上介出荅主國使者辭也私謂獨受恩厚也君無所爲辱賜於使臣謙不敢當也敢者怖懼用勢決之辭【疏】正義曰校勘記曰注謂獨受恩厚也受徐本作有集釋通解俱作受謙不敢當也敢誤作告　云私謂獨受恩厚也者李氏微之曰私之言屬也謙詞也春秋傳載叔孫穆子之言曰邾滕人之私也何故視之茅夷鴻告吳人之言曰魯賦八百乘君之貳也邾賦六百乘君之私也此可見矣敖氏曰客自謙不敢以敵國之使自處故云然云敢者怖懼用勢決之辭者謂聞命怖懼用勢直決之辭也褚氏寅亮曰或晉使聘于邾滕豈有反自稱其君爲私屬之謂敖氏同誤**寡君固曰不腆使某固以請寡君君之**

私也君無所辱賜于使臣臣敢固辭重傳命固如故疏正義曰張氏爾岐曰使者重傳命戒客客重使上介致辭寡君固曰不腆使某固以請某固辭不得命敢不從許之也於是出見主國使者辭以見許爲得命今文無使某疏正義曰張氏爾岐曰使者三請而客許之今文無使某鄭不從者無使某則文不備且上兩請皆有使某也致命曰寡君使某有不腆之酒以請吾子之與寡君須臾焉親相見致君命辭也君貺寡君多矣又辱賜于使臣臣敢拜賜命貺賜也猶愛也敢拜賜命從使者拜君之賜命猶謙不必辭也疏正義曰此賓對使者之辭也敖氏曰賓旣對遂再拜稽首所謂拜賜命也於是大夫還賓遂從之

右公與客燕

記

**燕朝服于寢**朝服者諸侯與其羣臣日視朝之服也謂冠玄端緇帶素韠白屨也燕於路寢相親昵也今辟雍十月行此燕禮玄端而衣皮弁服與禮異也【疏】正義曰注云謂冠玄端緇帶素韠白屨也者此言朝服據士冠禮之文敖氏曰朝服兼君臣而言也玄端玄冠素裳緇帶素韠白屨士之朝服也大夫冠衣之屬皆與士同惟襍帶以玄黃爲異若人君則又朱綠帶也其餘亦與士同玉藻曰大帶四寸襍帶君朱綠大夫玄黃士緇辟二寸再繚四寸是其異也云燕於路寢相親昵也者燕以娛賓取其和樂故饗於廟而燕則於寢相親昵之義也引漢法者見所服者與經所言或異也吳氏廷華曰據士冠禮素裳白屨乃皮弁服之制朝服竝未言白屨也案特牲記朝服玄冠緇帶緇辟可見朝服韠色原無一定玉藻諸侯朝服視朝爲玄冠緇衣素裳鄭主裳屨同色之說故注此云白屨非也

**其牲狗也**狗取擇人也明非其人不與爲禮也【疏】正義曰校勘記曰此節經注今本竝脫經唐石經徐本集釋楊氏敖氏俱有注徐本集釋楊氏俱有通解經注皆無

**亨于門外東方**亨于門外臣所掌也【疏】正義曰賈疏云此與公食皆君禮故言于門外鄉飲亨于堂東北不在外者臣禮宜主人親供也敖

氏曰門外東方爨所在也故於焉亨之古者寢廟之門外皆有爨吉則在東凶則在西

**若與四方之賓燕，則公迎之于大門內，揖讓升。**四方之賓謂來聘者也自戒至於拜至皆如公食亦告餼具而後公即席小臣請執冪請羞者乃迎賓也【疏】正義曰張氏爾岐曰告餼具設執冪等又公食所無凌氏釋例曰凡燕四方之賓客略如燕其臣之禮

**賓爲苟敬，席于阼階之西，北面，有脅不嚌肺，不啐酒。其介爲賓。**苟且也假也主國君饗時親進醴於賓今燕又宜獻焉人臣不敢褻煩尊者至此升堂而辭讓欲以臣禮燕爲恭敬也於是席之如獻諸公之位言苟敬者賓實主國所宜敬也脅折俎也不嚌啐似若尊者然也介門西北面西上公降迎上介以爲賓揖讓升如初禮主人獻賓賓獻公旣獻苟敬乃媵觚羣臣即位如燕也【疏】正義曰校勘記曰注主國君饗時饗徐本作鄉釋文集釋通解楊氏俱作饗陸氏曰或作鄉非案疏亦作鄉然以聘禮記賓爲苟敬注考之作饗爲是彼注與此注文異義同彼言饗食此專言饗者春秋僖二十五年左氏傳曰晉侯朝王王饗醴命之宥是饗有進醴之事與燕同類故對言之且饗食與燕

其事相連若聘後禮賓自爲一事何容相較乎且聘禮注云今文饗皆作鄉則鄉饗古通用此注卽作鄉亦當讀爲饗不當讀爲鄉也今燕又且獻焉且徐本集釋通解楊氏俱作宜○李氏如圭曰饗食在廟燕在寢饗重而燕輕饗旣親獻也故燕以介爲賓而席賓於諸公之坐以介爲賓而後公可以無親獻也苟敬之席在公之左春秋傳宋公與魯叔孫昭子宴飲酒樂宋公使昭子右坐右坐者居公之右改禮坐也不嚌啐如卿之禮苟者聊且粗略之意苟敬猶曰殺敬也敖氏曰苟誠也實也苟敬者國君於外臣所燕者之稱號也其類亦猶鄉飲酒之介遵矣此燕主爲賓而設賓於是時雖不爲正賓而實爲主君之所敬故以賓爲苟敬也此席當有加席與食禮者同而東上公與賓

旣揖讓升公拜至賓荅拜公乃揖賓各就其席公降擯者以命命上介爲賓上介禮辭許再拜稽首公荅拜上介出公乃升就席擯者納賓皆如羣臣爲賓之禮必以上介爲賓者禮君與臣燕其爲賓者不以公卿而以大夫雖燕異國之臣宜亦如之賓卿也上介大夫也此其不以賓爲賓而以上介爲賓也與阼階之西諸公之位也席苟敬於是皆有脊皆尊異之不嚌啐者辟正賓又下記言與卿燕則大夫爲賓與大夫燕亦大夫爲賓此以介爲賓賓固足以明

其卿爲聘使之禮若大夫爲聘使則燕賓其以主國之大夫爲之與盛氏曰苟敬之義敖氏得之而其解以賓爲苟敬以介爲賓之故則非也蓋燕禮輕於饗而外臣與己國之臣又有間若以聘賓爲燕賓公親獻與則賓意旣有所不安且非所以申款曲致殷勤也使宰獻與則與待己國之臣無異又非所以尊賓也於是席之於君側諸公之位不嚌不啐其禮似殺於賓而折俎之設又有非己國諸公所得同者則其敬之也不以文而以實矣故以是名之與必以介爲賓者聘禮云于賓壹食再饗介壹食壹饗其與賓行禮之時介每爲賓所厭而不得以伸我敬焉故必特爲介設食饗之禮至燕則合之而以介爲正賓則其所以待介者亦不薄也此其斟酌尊卑豐殺之宜化裁乎賓主君臣之道洵有非聖人不能爲者蓋禮以義起而義由內出孟子所謂庸敬在兄斯須之敬在鄉人亦此意也豈必卿爲聘使而後以其介爲賓哉褚氏寅亮曰如敖說則反主爲客矣卽以聘使爲賓亦無所嫌但無苟敬之席耳苟敬之席在外臣則聘賓也在本國則諸公也二者之外則無矣若公所與燕者或卿或大夫自各從其本位耳朱子謂所與燕者雖不爲賓亦當如苟敬恐未然倘有諸公位之於何處邪不啐酒則亦不告旨矣胡氏肇昕曰此經苟

敬人各爲說訖無定論鄭注且假之義郝氏極排之而戴氏震別自爲說以爲說文苟自急敕也音棘从羊省與苟且字不同近時說經者如翁氏方綱陳氏壽祺洪氏頤煊等皆從其說而王尚書經義述聞則云敖氏戴氏之說皆非也下文與卿燕則大夫爲賓與大夫燕亦大夫爲賓注曰不以所與燕者爲賓者燕爲序歡心賓主敬也是主人於賓惟主恭敬而少歡心今賓旣辭爲賓而就諸公之位則歡心多而敬少旣不可專事恭敬又不可全不恭敬故謂之苟敬也聘禮記燕則上介爲賓賓爲苟敬注曰燕私樂之禮崇恩殺敬也賓不欲主君復舉禮事禮己於是辭爲賓君聽之從諸公之席命爲苟敬苟敬者主人所以小敬也是苟敬有崇恩殺敬之義命爲苟敬者所以別於正賓之全主敬也若訓爲主君之所誠敬及自急敕而敬賓則與正賓之全主敬者無以異矣非經意也胡氏肇昕曰此解推求經注之義與情事恰合蓋賓席於諸公之位其禮已殺其敬亦殺與鄉飮酒之遵者相等飮酒之禮遵者不嚌肺不啐酒此注云不嚌啐似若遵者然也尊者卽遵者謂此賓似若遵者然也戴氏以說文苟字說之義雖新而與經不合敖氏之說亦牽强至方氏苞謂苟當作茍則益穿鑿矣張氏爾岐曰苟敬者坐近君側而簡於禮儀疑

於苟矣賓則敬之故立以爲名是也**無賸尊無賸爵**降尊以就卑也疏正義曰注云降尊以就卑者郊特牲云三獻之介君專席而酢焉此降尊以就卑也注本於此李氏如圭曰不自尊別於外臣敖氏曰賸尊瓦大也賸爵象觶也所燕者非己臣子故不宐自異然則尊篚之數皆減矣張氏爾岐曰欲敬異國之賓故不自殊異也**與卿燕則大夫爲賓與大夫燕亦大夫爲賓**不以所與燕者爲賓者燕爲序歡心賓主敬也公父文伯飲南宮敬叔酒以路堵父爲客此之謂也君恆以大夫爲賓者大夫卑雖尊之猶遠於君今文無則下無燕疏正義曰注君但以大夫爲賓者校勘記曰但徐本集釋通解楊氏俱作恆與單疏述注合陳本誤作但○賈疏云此謂與己臣子燕法朱子曰公所與燕者雖不爲賓亦當如異國之賓爲苟敬也敖氏曰云與卿燕則大夫爲賓者嫌爲賓或當以所燕者也公與大夫燕亦大夫爲賓者嫌爲賓者或當降於所燕者一等如上例也必以大夫爲賓者賓位於堂且與君爲禮宐用稍尊者也不以公卿爲之者以其太尊於主人故也盛氏曰不以公卿爲賓自是明嫌之義敖云以其太尊於主人似曲賓爲苟敬唯燕四方聘客則然若己國之臣

各有位次阼階西北面之位非諸公莫敢居也朱子之說亦未能以爲然　注引公父文伯者事見魯語今文無則下無燕鄭不從者以其文不備故從古文也吳氏廷華曰聘禮上介鄭注以爲大夫則上介爲賓卽大夫爲賓也方氏苞曰賈疏云不以公卿爲賓者恐逼君古者五十方爲大夫累日積久以至孤卿年必過耆七十不與賓客之事亦量其筋力難勝畏逼則聘賓之受饗本國公卿之禮食君親與爲賓主之禮又何以不畏逼乎

**羞膳者與執冪者皆士也**尊君也膳宰卑於士【疏】正義曰敖氏曰經但云請執冪者與羞膳者耳而不見其爵故明記之　注云尊君也膳宰卑於士者盛氏曰士上上士也諸侯上士二十七人凡位於西方者皆是膳宰卽周禮膳夫也膳夫上士則膳宰非上士明矣故注云膳宰卑於士釋官曰天子膳夫有上士中士下士諸侯之膳宰以中士爲長亦當有下士爲之佐小膳宰蓋下士之屬經不見羞膳者與執冪者之爵故記特著其爲士羞膳者卽膳宰以下云羞卿者小膳宰參之可見羞膳有常職而執冪者無常職故經特言命執冪者而不言命羞膳者下文薦司正射人及執冪而不及羞膳者正以其膳宰故不自薦又下主人亦膳宰得薦者以其爲主人異之褚氏寅

亮曰惟薦則公以士賓以膳宰以見等差至設折俎則同以膳宰矣此言羞膳者士而不別言羞賓之人則亦同君而以士可知下文云凡薦與羞者小膳宰也言凡見自賓而外卿大夫同豈專指大夫以下乎

**羞卿者小膳宰也**膳宰之佐也疏正義曰張氏爾岐曰以經不辨其人故記者指言之　注云膳宰之佐也者方氏苞曰特著小膳宰明羞膳與賓者皆膳宰正也

**若以樂納賓則賓及庭奏肆夏賓拜酒主人荅拜而樂闋公拜受爵而奏肆夏公卒爵主人升受爵以下而樂闋**肆夏樂章也今亾以鍾鑮播之鼓磬應之所謂金奏也記曰入門而縣興示易以敬也卿大夫有王事之勞則奏此樂焉疏正義曰敖氏曰君與臣燕不以樂納賓常禮也其或於此用樂者在君所欲耳及庭而奏肆夏尊賓也未卒爵而樂闋辟君也必於此而樂闋者亦以其爲獻禮一節之終也公受爵而奏以其獻禮始於此也卒爵乃闋獻禮之終也此葢以樂與其禮相爲終始亦足以見尊君之義矣盛氏曰以樂納賓亦謂與四方之賓燕也賓卽其上介也聘賓爲苟敬公迎之于大門內而不以樂其介爲賓則亦擯者

納之及庭公降一等揖之而以樂所以寵異之也注云卿大夫有王事之勞則奏此樂非蓋卿大夫有王事之勞是公所與燕者也賓則他大夫也旣不以所與燕者爲賓何取乎納賓之時而奏此樂以尊之乎肆夏逸詩也周禮大司樂職云尸出入則令奏肆夏又鍾師職以鍾鼓奏九夏其二曰肆夏與此名雖同而音節必異若皆頌之族類必非諸侯所敢用且彼是迎尸送尸之樂歌而王出入於大寢亦用以爲行節燕禮納賓於義何取鄭卽以金奏釋此亦誤拜酒謂賓旣卒酒而拜告旨之時也闋止也樂終日闋必於此時樂闋者升堂而樂闋則嫌於兩君相見也卒爵而樂闋則嫌於獻公也故以是爲節與獻公亦以樂因賓也賓於獻時樂未闋獻公若否則非尊君之義矣卒爵乃闋明此樂爲獻而奏也金氏鶚曰燕聘賓及庭而奏肆夏兩君相見則入大門卽奏肆夏此其異也且樂章亦殊禮謂燕他國大夫奏肆夏而左傳穆叔如晉金奏肆夏之三不拜以爲使臣不敢與聞蓋諸侯燕聘賓唯用肆夏一章而兩君相見及天子享諸侯乃得備三章故左傳不言肆夏而言三夏也外傳謂金奏肆夏繁遏渠肆夏其一繁遏其二渠其三以肆夏統之故曰肆夏之三猶文王大明緜三篇稱文王之三鹿鳴四牡皇皇者華稱鹿鳴之三

也又樂闋亦有異記言賓拜酒主人荅拜而樂闋是賓未卒爵也郊特牲言卒爵而樂闋當兼賓主言葢諸侯爲賓其禮宜隆故樂闋必待卒爵也

**升歌鹿鳴下管新宮笙入三成**新宮小雅逸篇也管之入三成謂三終也

疏正義曰敖氏曰歌鹿鳴之三也大射云三終是也凡升歌皆歌三篇不止一篇而已歌者降而以管奏新宮亦三終大射儀曰大師及少師上工皆降立于鼓北羣工陪于後乃管新宮三終足以明之矣舊說謂管如篴而小併兩而吹之三成謂奏南陔白華華黍也於歌與管但言篇名於笙言三成文互見也褚氏寅亮曰此見納賓以樂之異於常燕也常燕則工歌鹿鳴之三而笙奏南陔三詩此則升歌同而堂所奏之詩所用之器不同故別言之考周官笙師管笙等皆用其所掌則管奏亦屬笙師故笙入取下管之文管指器笙指職一也若謂管新宮後而始入則吹管者何人三成者何詩俱不可通周公時已有新宮其非斯干可知宋公享叔孫昭子賦新宮其有辭可知故注云小雅逸篇吳氏廷華曰或謂新宮乃宮之子聲以之奏南陔白華華黍也將終則和以笙而樂成江氏筠曰經言升歌者四而文有不同此經與鄉飲酒禮皆云鹿鳴四牡皇皇者華大射云乃歌鹿鳴三終此

記云升歌鹿鳴於此無注於大射則謂歌鹿鳴三終而不歌四牡皇皇者華敖氏於此云歌鹿鳴之三也大射云三終是也於大射云謂歌鹿鳴之什三篇篇各一終如春秋傳所謂工歌鹿鳴之三是也鄉飲酒之禮歌鹿鳴四牡皇皇者華而其義曰工歌三終則益可見矣案敖正鄭之失明矣然鄭於大射與敖說異其於此記當與敖說同蓋其所以無注者以記所用之篇數與經不殊注已詳於經則於此不言可知也知鄭意如此者鄭謂大射不歌下二篇略於勞苦與諮事耳此無射事本於樂不略又鄭謂所燕爲卿大夫有王事之勞者而四牡皇皇者華一爲勞使臣之詩一爲遣使臣之詩鄭論用此二詩之義於四牡云采其勤苦王事念將父母懷歸傷悲忠孝之至以勞賓也於皇皇者華云采其更自勞苦自以爲不及欲諮謀于賢知而以自光明也則以用之於賓較諸經所燕之賓尤於事情爲切合有不三詩竝用者乎此記視大射儀竝少三終二字而鄭猶不得岐經記而言而反於彼爲異說則即鄭之於此足以正彼注之非又即此記之文足以明彼文之義矣　此注云新宮小雅逸篇也者李氏如圭曰宋公享叔孫昭子賦新宮與此所笙奏或謂即斯干之詩江氏筠曰樂賓有笙歌閒合四節四節之外別有下管輕言下管者

二此記下管新宮大射乃管新宮三終是也此記樂其四節始升歌次下管次笙入次合樂疏則管笙爲一節云笙入三成者謂笙奏新宮三終申說下管之義也大射升歌後惟下管一節而別無笙入文注云笙從上而入吹簜以播新宮之樂也敖氏謂管與新宮爲二於此云歌者降而以管奏新宮亦三終笙入三成者奏南陔白華華黍也於大射云文承大師少師降立之下明是降者管之春官大師少師職皆云登歌下管是也案敖說是也蓋大射乃管新宮上云大師少師上工皆降立于鼓北羣工陪于後考鄉射禮工之遷樂在司馬命張矦命倚旌後今何以司正猶未立而即行遷樂于下是明爲管故而降堂早也其下云卒管大師及少師上工皆東坫之東南西面北上坐考鄉射禮工于降時即就阼階之東南堂前三笴西面北上坐今何以先立西縣鼓北至卒管而後遷于東是明爲管故而就位遲也又既管後經不云獻注以爲略下樂通考全經凡工於就事訖無不得獻者此燕與鄉飲升歌獻工笙奏獻笙鄉射唯有合樂笙工竝爲亦俱有獻惟得獻訖而後就事者其於事訖之時則不復重獻故此燕與鄉飲閒合不獻然則卽經之不云獻而管者之卽爲大師益明矣蓋自來於下字俱以地言鄭意以此下管之下爲笙入

堂下之下案郊特牲云歌者在上匏竹在下匏指笙竹指管義非無據然就此記文案之於歌言升於管言下於笙言入則所謂下者明是指人言之謂下堂而非堂下也又仲尼燕居云下而管象益可明矣

**遂合鄉樂**

鄉樂周南召南六篇言遂者不閒也疏正義曰李氏如圭曰不閒歌敖氏曰不閒者或以樂已盛於上故於此殺之與獻時不奏肆夏則不下管乃有閒盛氏曰燕樂只四節謂歌笙閒合也此則有管而無閒亦取合四節之數與褚氏寅亮曰此無閒歌亦異常燕經云遂明不用閒之意

**若舞則勺**

勺頌篇告成大武之樂歌也其詩曰於鑠王師遵養時晦又曰實維爾公允師旣合鄉樂萬舞而奏之所以美王侯勸有功也疏正義曰校勘記曰注大武武誤作舞○張氏爾岐曰升歌不盡鹿鳴以下三篇而但歌鹿鳴下管不奏南陔白華華黍而管新宮不用閒歌笙入三終而遂合鄉樂又或爲之舞而歌勺以爲節皆與常燕異初旣以樂納之及作正樂又有此異節以其有王事之勞故特異之也盛氏曰張說歌管之法與敖異當以敖爲正　注云勺頌篇告成大武之樂歌也者周頌酌篇序文鄭以勺卽酌也云旣合鄉樂萬舞而奏之者賈疏引宣八年公羊傳云萬者何干舞也謂秉干以奏勺詩也

盛氏曰內則十三舞勺成童舞象注先學勺後學象文武之次也疏家謂以其年尙幼故習文武之小舞然則勺蓋文舞之小者故燕禮得用之朱子詩集傳云萬者舞之總名武用干戚文用羽籥是舞勺當用羽籥疏引公羊傳以爲干舞蓋非先儒以象爲維淸勺爲酌皆周頌之篇而舞時歌以爲節今亦相承解之然未見其必然也

**惟公與賓有俎** 主於燕其餘可以無俎

疏 正義曰校勘記曰惟徐本作唯單疏通解俱作惟案諸本惟唯鍇出不悉校 注云主於燕其餘可以無俎者李氏如圭曰大射公卿皆有俎敖氏曰經文已明記復言之者嫌所與燕者或當有俎如異國之賓然也

**獻公曰臣敢奏爵以聽命** 授公釋此辭不敢必受之

疏 正義曰敖氏曰奏進也命謂君受與否之命 注云授公釋此辭不敢必受之者賈疏云謂主人獻公賓媵觶于公雖非獻亦釋此辭也盛氏曰主人親授公爵故釋此辭二大夫及賓媵觶皆奠于薦南示不敢必君舉之意無庸釋此辭也疏誤

**凡公所辭皆栗階** 栗蹙也謂越等急趨君命也

疏 正義曰敖氏曰辭之而升其禮則然越等而上曰栗階下曰躇階栗與歷聲相近郝氏曰凡公所辭辭拜下也栗階猶歷階凡升階兩足

並一級更進曰拾一足一級曰歷張氏爾岐曰辭者辭其拜下命之升也

**凡栗階不過二等**

其始升猶聚足連步越二等疏正義曰賈疏云凡堂及階尊者左右足各一發而升堂高而多卑者庳而少案禮器云天子之堂九尺諸侯七尺大夫五尺士三尺士冠禮降三等受爵弁鄭注云降三等下至地則士三等階以此推之則一尺爲一階大夫五尺五等階諸侯七尺七等階天子九尺九等階可知今云凡栗階不過二等言凡則天子九等已下至士三等皆有栗階之法栗階不過二等據上等而言故鄭云其始升猶聚足連步也故曲禮云涉級聚足連步以上鄭注云涉等聚足謂前足躡一等後足從之倂連步謂足相隨不相過也此卽聚足也天子以下皆畱上等爲栗階左右足各一發而升堂其下無問多少皆連步襍記云主人之升降散等鄭注云散等栗階則栗階亦名散等凡升階之法有四等連步一也栗階二也歷階三也歷階謂從下至上皆越等無連步若禮檀弓云杜蕢入寢歷階而升是也越階四也越階謂左右足越三等若公羊傳云趙盾辟靈公躇階而走是也敖氏曰凡凡公所辭者也不過二等明雖急趨君命猶有節也二等階之上二等也以諸侯七等之階言之則至五等左右足乃各一發盡

階則復聚足，然後升堂。淩氏釋例曰：凡升階皆連步，唯公所辭則栗階。考連步是升階常法，猶之平敵相拜也；栗階于君辭則然，猶之再拜稽首也。見諸禮經惟此二節。平敵升階經不云連步者，猶之平敵相拜不云頓首也。若疏所云歷階、越階，皆禮經所無。敖氏曰：越等而上曰栗階，下曰躇階。栗與歷聲相近，竊謂歷階當即是栗階，疏不必強生分別。若趙盾躇階，疑非行禮常法，敖氏乃以下階當之，似未可從。蓋禮經降階無君辭之事也。又襍記「祭，主人之升降散等，執事者亦散等。雖虞附亦然」，鄭注：散等，栗階。此言練祥及虞附之祭。考士虞禮升降本不散等，以有兄弟之戚，故鄭云略威儀也。以栗階爲略，與燕禮不同。經義聞斯錄曰：案注意將至堂二等乃栗階，其下如天子堂九尺，階九等，則七等以下仍連步；諸侯堂七尺，階七等，則五等以下仍連步。故云左右足各一發而升堂也。考古人升堂止二法：曲禮「拾級聚足，連步以上」，注云：涉等聚足，謂前足躡一等，後足從之併。連步，謂足相隨不相過也。此尋常之法。若急趨君命則栗階。栗猶歷也，左足升一等，則右足升二等，左足升三等，則右足升四等，足不相併，閱歷而上，故曰栗階。但不得超越而過，故曰不過二等也。疏謂升降有四種，非也。

凡公所酬既拜請旅侍

臣既拜謂自酌升拜時也擯者阼階下告於公還西階【疏】
下告公許旅行也請行酒於羣臣必請者不專惠也
正義曰敖氏曰凡凡四舉旅之禮請請於擯者侍臣侍飲
之臣也其禮見大射儀　注云既拜謂自酌升拜時也者
張氏爾岐曰賓受公虛爵自酌升拜公荅
拜於是時請之擯者已下約大射之文　凡薦與羞者小
膳宰也謂於卿大夫以下也上特言羞卿　正義曰校勘
者小膳宰欲絶於賓羞賓者亦士【疏】記曰凡薦與
羞者通解無與字注小膳宰宰下徐本集釋通解俱有者
字案有者字與疏引注合　注云謂於卿大夫以下也上
特言羞卿者小膳宰欲絶於賓羞賓者亦士者敖氏曰謂
於大夫以下者也上言羞卿者小膳宰者釋經文也此無
所釋故并薦言之文法宜然也然則經言羞卿之類
亦并薦言之明矣盛氏曰經云羞庶羞不言其人故記著
之凡凡公賓卿大夫也士以下無羞薦進也與猶以也或
曰衍文凡羞庶羞羞也謂以庶羞進者皆小膳宰也獻禮重故
薦脯醢者異之脫屨升坐以後禮益殺故薦庶羞者同之
觀此則經記中所謂羞膳羞卿者皆專指薦脯醢言之明
矣經於賓云膳宰薦脯醢于公云士薦脯醢記亦云羞膳
者士士尊於膳宰也於卿之薦經不言其人而記著之曰

羞卿者小膳宰也小膳宰卑於膳宰也經於主人云胥薦胥又卑於小膳宰也於大夫以下皆不言薦之人記亦不著之者以胥是最卑主人既用胥則薦在主人之後者可知也薦脯醢者尊卑之差如此釋官曰上言羞卿者小膳宰所以别于賓見羞賓與君者皆膳宰也此復言凡薦與羞者小膳宰又推而廣之見大夫以下與卿同也

**有內羞**謂羞豆之實酏食糝食羞籩之實糗餌粉餈 疏 正義曰敖氏曰內羞即房中之羞也祭禮尊者之庶羞內羞同時進之注云羞豆之實酏食糝食者周官醢人文羞籩之實糗餌粉餈者籩人文敖氏曰注以周官醢人籩人職所言羞豆羞籩之實爲此內羞禮恐或然但未必其皆用之也郝氏曰內羞自中饋女工出者外庖所煎和曰庶羞盛氏曰周禮籩人醢人皆以奄及女奴爲之此郝說之所本也

**君與射則爲下射袒朱襦樂作而后就物**君尊 疏 正義曰敖氏曰言與射則君於燕射或時不與矣

**小臣以巾授矢稍屬**君尊不搢矢 疏 正義曰敖氏曰稍屬者稍與發矢時相連續也每於將發之節則授之郝氏曰稍屬四矢稍稍連屬不絕以授君也張氏爾岐曰稍屬者發一矢復授一矢也盛氏曰稍猶漸也屬

猶付也稍稍屬謂以四矢稍稍付公不并授也張說得之蓋以下記及大射儀考之公既發一矢必使人執弓以俟其耦耦亦一發而后公再發則以爲接續而授者誤矣

**不以樂志**

辟不敏也疏正義曰敖氏曰古文志識通不以樂志者言其每發不以樂之節爲識而必欲應之也此亦優君也盛氏曰不以樂志者謂雖不與鼓節相應亦得釋算也凡射者不鼓不釋而君獨否所以優之也

**既發則小臣受弓以授弓人**

俟復發也不使大射正燕射輕疏正義曰敖氏曰受弓以授弓人蓋卒射之事也記於既發言之未詳其或有脫文與郝氏曰凡射俟同耦揖降發畢弓猶在手惟君既發小臣卽受弓以授弓人不俟同耦也盛氏曰大射儀云公既發大射正受弓而俟拾發以將乘矢此以弓人代大射正之役故注云燕射輕也必由小臣授之者弓人疎且賤不敢親受之於君也然則其授弓也亦小臣受之於弓人以授弓與每發必使人執弓而俟亦君禮之異者也敖疑此有脫文非既發發一矢也郝以爲發畢亦非釋官曰弓人注疏未詳其職以周禮膳人考之疑卽其官繕人職云掌王之用弓弩矢箙矰弋抉拾掌詔王射贊王弓矢之事注贊授之受之疏案大僕職已授之受之此又焉者大僕

尊大僕贊時此官助贊也諸侯以小臣當大僕之官此云旣發則小臣受弓以授弓人故知弓人卽周禮繕人考工記有弓人爲弓不預射事與此別也

**上射退于物一笴旣發則荅君而俟**荅對

疏 正義曰校勘記曰注荅對徐本集釋俱有此注通解無各本竝脫　注云荅對者張氏爾岐曰面鄉君也

**若飲君燕則夾爵**謂君在不勝之黨賓飲之如燕媵觚則又夾爵也

疏 正義曰賈疏云夾爵者將飲君先自飲及君飲訖又自飲爲夾爵胡氏肇昕曰鄉射記云若飲君如燕則夾爵據注云賓飲之如燕媵觚則經文燕上當亦有如字

**君在大夫射則肉袒**不纁襦厭於君

疏 正義曰鄉射大夫與士射則袒纁襦此對君則肉袒故云厭於君

**若與四方之賓燕媵爵曰臣受賜矣臣請贊執爵者**受賜謂公鄉者酬之至燕主人事賓之禮殺賓降洗升媵觶於公荅恩惠也

疏 正義曰注謂公卿者酌之校勘記曰卿諸本俱作鄉唯嚴鍾楊氏與此同酌徐本集釋通解楊敖俱作酬案此本雖作卿而仍載許亮反之音明係鄉字偶失校耳○敖氏曰賓謂介爲賓者也執爵似指鄉之媵觶者而言贊猶佐也盛氏

曰賓媵觶于公之時則釋此辭也吳氏廷華曰不敢斥言媵觶于公故謂贊執爵者蓋若執爵者媵公而賓贊之耳　注云至燕主人事賓之禮殺者張氏爾岐曰賓媵爵在坐燕之後故云事賓之禮殺也

**相者對曰吾子無自辱焉**　辭之也對荅也亦告公以公命荅之也　疏　正義曰敖氏曰此下當有賓再請而相者許之之辭記不備見之也

**有房中之樂**　弦歌周南召南之詩而不用鐘磬之節也謂之房中者后夫人之所諷誦以事其君子　疏　正義曰注弦歌校勘記曰絃徐本作弦與單疏標目合○陳氏暘曰周禮磬師教縵樂燕燕樂之鐘磬詩云窈窕淑女鐘鼓樂之然則房中之樂非無鐘磬也毛萇侯苞孫毓皆云有鐘磬是已鄭康成王肅謂弦歌周南召南而不用鐘磬蕭純云婦人尙柔以靜爲體不宜用鐘磬是不深考關雎磬師之過也賈公彥亦謂以祭祀則有鐘磬以燕則無鐘磬是以文先儒之過又從而爲之辭也唐禮書房中之樂不用鐘鎛以十二大磬代之是不知一音不備不足以爲樂也敖氏云奏之于房故云房中之樂蓋别於堂上堂下之樂也郝氏曰房中之樂所謂縵樂也無鐘鼓而有管弦奏之房中詩云左執簧右招我由房周禮春官旄人掌散樂賓客以舞其燕樂卽房

中之樂也又曰席中之樂繫之末簡其非盡雅樂可知鄭必以二南當之亦非也張氏爾岐曰疏云承上文與四方之賓燕乃有之愚謂常燕有無算樂恐亦未必不有也盛氏曰鄭氏樵云古之達禮三一曰燕二曰享三曰祀所謂吉凶軍賓嘉皆主此三者以成禮古之達樂三一曰風二曰雅三曰頌所謂金石絲竹匏土革木皆主此三者以成樂禮樂相須以爲用禮非樂不行樂非禮不舉然則作樂以行禮舍風雅頌莫由也頌爲郊廟祭祀之樂歌大雅之體亦肅穆宏達諸侯以下用者鮮焉其上下通用者不過小雅鹿鳴南陔以下十二詩及二南耳詩云以雅以南以籥不僭非是則不免於僭也湛露彤弓亦屬小雅而諸侯歌以燕客猶取譏焉矧其他乎燕禮升歌笙閒以小雅合以二南若以樂納賓升歌管笙以小雅亦合以二南以是差之則房中之樂其爲二南無疑也程子曰二南之詩爲教于衽席之上閨門之內上下貴賤之所同也故用之鄉人用之邦國而謂之正風朱子亦謂周公制禮作樂采文王之世風化所及民俗之詩被之筦弦以爲房中之樂而又推之以及于鄉黨邦國所以著明先王風俗之盛而使天下後世之修身齊家治國平天下者皆得以取法焉其旨益深遠矣郝氏乃謂其非盡雅樂是以後世之黄帳外

樂疑聖人也何其陋哉至其用鐘磬與否則先儒之説各有異同今又後之數千載音樂久失傳將何以定其孰非而孰是然以義推之則康成王肅之論亦未可盡非也蓋古者樂縣之制必視其人以爲之等是故天子諸侯鐘磬鎛俱有大夫以下無鎛諸侯之士又無鐘其卿大夫之有金石必待有功而後賜之誠以樂主乎散而地道尚靜故也后夫人之德尤以幽閒貞靜爲主其於金石之樂似非所宜一也樂之設也各有其地歌者在上匏竹在下琴瑟在堂鐘鼓在庭皆一定之謂毋相亂也此樂奏之于房房非設縣之所二也梁書曰周備六代之樂至秦餘韶房中而已漢書亦云房中祠樂高祖唐山夫人所作也周有房中樂至秦名曰壽人孝惠二年使樂府令夏侯寬備其簫管更名曰安世樂然則漢之安世即房中之遺響也史臣但云備其簫管而不及其他此亦無鐘磬之一證矣或謂安世房中歌有云高張四縣樂充宮廷何以知其無鐘磬邪曰安世樂蓋用之於禱祠此特序其祭祀之時張此樂縣耳非謂歌此詩者必奏此樂也且其言曰樂充宮庭則又可見其宮縣之在庭而不在房矣然則周禮所謂燕樂鄭即以房中之樂釋之何邪曰燕樂有鐘磬有舞敎於磬師掌於旄人皆謂在庭之樂非房中也特是祭祀賓客之

時房中之弦歌既作則在庭之樂皆應之而舞者亦取節於是焉猶合鄉樂之意也以其因燕而作故皆謂之燕樂燕之爲樂也既有在庭之樂又有房中之樂其羞也既有庭羞而又有內羞此可以見君之厚其臣者益有加而無已矣內羞與房中之樂皆不見於經而記著之以其爲禮樂之小者也且云有者見其出於君之加厚非常典也關雎之卒章曰鐘鼓樂之者詩人以既得淑女而狀其懽欣和悅之意耳先儒以朝廷贄見之際釋之是已若援以爲房中之樂之證則出於傅會而陳氏取之過矣唐人采蕭統之說去鐘而用磬亦一偏之見也

卷十二終

# 儀禮正義卷十三

鄭氏注

受業江寧楊大堉補

## 大射儀第七

鄭目錄云名曰大射者諸侯將有祭祀之事與其羣臣射以觀其禮數中者得與於祭不數中者不得與於祭大射儀於五禮屬嘉禮大戴此第十三小戴及別錄皆第七

【疏】正義曰大射儀第七校勘記曰陳閩監葛俱無儀字與單疏合釋文唐石經徐本俱有儀字目錄以觀其禮戴校集釋本以觀其德者也云案今注疏本脫也字據宋本補案校勘記不言諸本有異未知戴校何據　云名曰大射者諸侯將有祭祀之事與其羣臣射以觀其禮數中者得與於祭不數中者不得與於祭者此射義文鄭本之以爲說也孔氏穎達禮記正義曰凡天子諸侯及卿大夫禮射有三一爲大射是將祭擇士之射二爲賓射諸侯來朝天子與之射或諸侯相朝與之射三爲燕射射謂息燕而與之射天子諸侯大夫三射皆具士無大射其賓射燕射皆有之此三射之外有鄉射有主皮之射凡主皮之射有二一是卿從君田獵班餘獲而射書傳云凡祭取

餘獲陳于澤然後卿大夫相與射也鄭注鄉射云主皮者無侯張獸皮而射之主於獲也二是庶人主皮之射鄭注周禮云庶人無侯張獸皮而射之是也又有習武之射司弓矢云弧弓以授射甲革椹質者是也敖氏曰此諸侯與其羣臣飲酒而習射之禮也言大射者別於賓射燕射也盛氏世佐曰射義云諸侯之射也必先行燕禮又云諸侯君臣盡志於射以習禮樂此篇所陳是也葢古者天子以射選諸侯卿大夫士即有虞氏侯以明之之遺法貢士之取舍諸侯之黜陟皆繫焉故諸侯與其臣相與盡志於此以求安譽而免流亾也將祭而擇士習之於澤試之於射宮唯天子之制則然篇內無擇士之意鄭乃引射義所言天子之制釋之誤矣亦曰大射者別於鄉射也鄉大夫與其民習射於鄉學謂之鄉射諸侯與其臣習射於大學謂之大射其與賓射燕射異者彼是因賓燕而射射否惟欲主於序歡情也此則射而燕主於習禮樂也胡氏肇昕曰盛氏之說分晰明確考大射之禮周禮司裘職云王大射則共虎侯熊侯豹侯設其鵠諸侯則共熊侯豹侯卿大夫則共麋侯皆設其鵠是諸侯卿大夫皆有大射也此篇所言皆諸侯之禮諸侯將有祭祀之事與其羣臣習射此特大射

之一事耳褚氏寅亮曰聖王之重射義有二選諸侯也擇士也禮記射義曰射者射爲諸侯也射中則得爲諸侯射不中則不得爲諸侯此所謂選諸侯也其曰天子之制諸侯歲獻貢士於天子天子試之於射宮其容體比於禮其節奏比於樂而中多者得與於祭其容體不比於禮其節奏不比於樂而中少者不得與於祭此所謂擇士也又云數與於祭而君有慶數不與於祭而君有讓數有慶而益地數有讓則削地以所貢者之得人與否定其君之賞罰此則於擇士之中而即寓黜陟操諸侯之微權也因幷令在朝諸臣共有事於射以習禮樂而觀盛德序賓以賢序賓以不侮豈獨在會同時乎至諸侯大射取士則上以貢天子下以助己祭而即於其時令羣臣共習焉故逸詩大夫君子凡以庶士小大莫處御于君所以燕以射則燕則譽而射義所云君臣盡志於射以習禮樂可以免流亾之患者也乃論者疑必射中始得與祭卽大臣中容有不得與贊襄者不知擇士助祭不過如後世所謂陪位者耳並無職司非若百執事者之有一定而不可缺若贊玉幣者奉玉齍者奉六牲者之等在朝諸臣各揚其職廢職則有常刑奚待於擇之哉亦安得以擇之哉葢百官衆矣除祭祀有

常職外其餘固不能一一入廟也於是焉射以擇之令其陪位固非專擇夫所貢之士而諸侯大射亦非專擇夫所欲貢之士也明乎此然後知擇士以助祭與夫駿奔走執豆籩之士各有司存者固竝行而不悖矣然則祭祀有常職者與射否乎曰射人戒公卿大夫司射司士戒士射經文明言之矣安得不與特不專爲助祭而擇耳此篇鄭注所云得與祭者蓋亦指陪位言敖氏謂諸侯飲酒而習射之禮則仍是燕射而非大射矣蔡氏德晉曰諸侯凡有朝覲會盟諸大事亦當與羣臣習射擇士以從不特祭爲然是也

**大射之儀** 疏 正義曰敖氏曰他篇於此言禮是乃言儀者以其儀多於他篇故特顯之言禮者總名儀則其節文也郝氏曰不曰禮曰儀射主儀也射者爭之器行之以揖讓故貴儀子曰射者何以聽何以射循聲而發發而不失正惟賢者乎射有儀所以難也盛氏曰不曰禮而曰儀以其威儀之法比鄉射尤詳也**君有命戒射**將有祭祀之事當射宰告於君君乃命之言君有命政教宜由尊者 疏 正義曰張氏爾岐曰自此至羹定皆射前戒備之事戒諸官張射侯設樂縣陳燕具凡四節○蔡氏德晉曰戒射預告有司以將射也高氏愈曰古人臨

事而懼，故必戒。戒則人心警惕，執事虔共矣。盛氏曰：考工記云：「張皮侯而棲鵠，則春以功。」然則王大射以春矣。諸侯大射之時未聞。吳氏廷華曰：射爲祭設，將祭先擇與祭者，與祭者定，乃於祭前旬有一日卜日，遂戒，次第如此。賈疏以此戒爲祭前旬有一日，誤矣。

**宰戒百官有事于射者。**

宰，於天子家宰，治官卿也。作大事，則掌以君命戒於百官。

疏 正義曰：注「家宰」，校勘記曰：「家」，徐本作「家」，誤。云「宰於天子家宰治官卿也」者，賈疏云：周禮大宰職云：「掌百官之誓戒。」此言宰戒百官，其事同，故鄭以天子家宰言之也。其實諸侯無家宰，立地官司徒以兼之。云「作大事，則掌以君命戒於百官」者，大宰職云：「作大事，則戒于百官，贊王命。」是鄭所本也。釋官曰：案崔氏靈恩云：「諸侯三卿，立司徒兼家宰之事，立司馬兼宗伯之事，立司空兼司寇之事。」本鄭氏。內則「諸侯幷六卿爲三」，及聘禮「諸侯謂司徒爲宰」之注推之，孔、賈疏禮俱用其說。今以尚書、戴記、左傳所言卿制考之，自確。諸侯三卿，本無家宰之官，特上卿執政者亦以宰稱之，如左傳稱蔿敖爲宰，武請于家宰，國語使鮑叔爲宰之類，皆謂執政之稱，非實設此官。周禮六卿，大宰爲長；諸侯三卿，司徒爲長，遂以宰爲長卿之號。詩孔疏云：「經傳單稱宰者，皆大宰，若小宰、宰夫之屬，無單言宰者故鄭以此宰比天子冢宰也春秋時宋鄭吳楚諸國皆有大宰之官而宋之大宰在六卿下鄭之大宰石㚟爲良霄之介楚以令尹執政而有大宰子商大宰伯州犂見於傳則是別立其官非此經言宰之義以侯國三卿律之皆僭也

**射人戒諸公卿大夫射司士戒士射與贊者**

射人掌以射法治射儀司士掌國中之士治凡其戒命皆司馬之屬也殊戒公卿大夫與士辨貴賤也贊佐也謂士佐執事不射者

【疏】正義曰注凡其戒命校勘記曰命閩監俱作令與疏合案周禮原文亦作令○賈疏云上文宰官尊總戒此射人司士區別重戒之注云射人掌以射法治射儀者夏官射人文云司士掌國中之士治凡其戒命者司士職文射人司士皆屬於夏官司馬故云皆司馬之屬也殊戒者謂射人與司士分戒之也云贊佐也謂士佐執事不射者方氏苞曰曰戒士射則知贊者不射矣觀此則士旅食乃升于司馬掌于司士而未受職者作之以贊射事明矣用此推之鄉射贊者有司之類射皆不與吳氏廷華曰此言贊者下公射則曰小臣正贊袒贊襲則凡量人樂人司宮小臣師之屬皆所謂贊者也

右戒百官

**前射三日，宰夫戒宰及司馬、射人宿視滌。**宰夫，冢宰之屬，掌百官之徵令者。司馬於天子政官之卿。凡大射，則合其六耦。滌謂溉器埽除射宮。

【疏】正義曰：敖氏曰：宰夫戒此三官以當宿視滌也。宿謂前射一日爲之。張氏爾岐曰：前者宰已戒百官，至此宰夫又以射期將至來告於宰，上下交飭也。又及司馬者，此日量道、張矦，司馬職也。射人宿視滌，埽除濯溉。又在前射三日之前一夕，故云宿。盛氏曰：復戒此三官者，以宰是百官之長，司馬、射人皆於射有職守故也。六卿分職，故司馬言及，射人不言及者，以其卽司馬之屬也。量道、張矦皆射前一日事。張云卽此一日，非。韋氏協夢云：前射三日亦空一日也。宿則射前一日，與樂人設縣同日也。張氏以宿爲前射三日之前一夕，非是。注云「宰夫，冢宰之屬，掌百官之徵令」者，釋官云：周禮宰夫職云：「凡朝覲會同賓客，以牢禮之法掌其牢禮、委積、膳獻、賓賜之飧牽，與其陳數。」注云：「凡此禮陳數存可見者，惟有行人、掌客及聘禮、公食大夫。」案聘禮宰夫設飧，歸乘禽。公食大夫禮：凡宰夫之具，饌于東房。宰夫設黍稷膳稻。然則諸矦之宰夫掌賓客飮食之事與周禮正同又聘禮命宰夫官具周禮宰夫職凡禮事贊小宰比官府之具旣夕公使宰夫贈玄纁束帛周禮宰夫職凡邦之弔事掌其幣器財用是此經之宰夫即周禮之宰夫與膳宰無涉燕義因春秋時膳宰通稱宰夫遂云使宰夫爲獻主鄭注亦承其說不知儀禮一經有膳宰有宰夫其職各不相亂也周禮宰夫下大夫則諸侯宰夫是士當以下宰夫有司疏爲正聘禮歸饔餼卿饋賓下大夫饋上介宰夫饋士介皆以同爵者致之足證宰夫爲士矣周禮宰夫四人而襍記禭禮云宰夫五人舉以東者周禮宰夫下尙有上士八人中士十有六人旅下士三十有二人諸侯之宰當上士爲之其下亦有中士下士也云司馬於天子政官之卿凡大射則合其六耦者周禮大司馬掌邦政又云若大射合諸侯之六耦是也此謂諸侯之卿職兼宗伯者云滌謂溉器埽除射宮者釋官云周禮射人職不掌視滌此云射人視滌者以其主於射胡氏肇昕曰案射人無視滌之事此經當以宰夫戒宰及司馬射人爲句宿視滌爲句宿視滌承上宰夫而言亦宰夫事也張氏以射人宿視滌爲句非是知視滌爲宰夫事者盛氏曰周禮宰夫職云從太宰而視滌濯是也此惟宰夫視之宰不親者射異於祭也必視之者以學中器具房舍皆不

常用故也燕於寢則無庸視矣方氏苞曰此篇主於射而言視滌則燕燕視不待言矣戒三官之地所滌之器滌之之法滌者之儀皆不載必已見於祭禮也

**司馬命量人量侯道與所設乏以貍步大侯九十參七十干五十設乏各去其侯西十北十**

量人司馬之屬掌量道巷塗數者侯謂所射布也尊者射之以威不寧侯卑者射之以求爲侯量侯道謂去堂遠近也容謂之乏所以爲獲者之禦矢貍之伺物每舉足者正視遠近爲發必中也是以量侯道取象焉鄉射記曰侯道五十弓考工記曰弓之下制六尺則此貍步六尺明矣大侯熊侯謂之大者與天子熊侯同參讀爲糝糝襍也襍侯者豹鵠而麋飾下天子大夫也干讀爲豻豻侯者豻鵠豻飾也大夫將祭於己射麋侯士無臣祭不射

疏 正義曰校勘記曰注掌量道巷塗數者塗釋文作涂案塗涂古今字正視遠近正陳閩監葛通解楊氏俱作止徐本聶氏俱作正案周禮射人注云貍善搏者也行則止而擬焉其發必獲近誤作所大侯熊侯大侯下通解有者字 云量人司馬之屬掌量道巷塗數者周禮量人職文釋官曰周禮量人下士二人諸侯當士旅食爲之云侯謂所射布也者以

三侯皆以布爲之而以皮爲鵠旁又飾以皮也云尊者射之以威不寧侯卑者射之以求爲侯者周禮梓人云毋或若汝不寧侯不屬于王所故抗而射汝禮記射義云射侯者射爲諸侯也射中則得爲諸侯射不中則不得爲諸侯是注所本也云容謂之乏所以爲獲者之御矢者以周禮射人作容此云乏知容乏同物也云貍之何物每舉足者止視遠近爲發必中也是以量侯道取象焉者射人注云貍善搏者也行則止而擬焉其發必獲者此注所以明量侯道取象之意云鄉射記曰侯道五十弓考工記弓之下制六尺則此貍步六尺明矣者先鄭注射人云貍步謂一舉足爲步於今爲半步鄭不從故引考工記以非之明貍步爲六尺也敖氏云侯道去物之步數也所畫物在兩楹間正當楣也此時未有物當以楣間爲節也步者蓋量器長六尺者之名如丈尺尋引之類刻畫貍形於其上以爲識故云貍步盛氏曰量侯道之法鄭得之蓋不數堂上也云大侯熊侯謂之大者與天子熊侯同者賈疏云司裘職云王大射則共虎侯熊侯豹侯設其鵠諸侯則共熊侯豹侯彼畿內諸侯二侯以熊侯爲首此畿外諸侯亦得用三侯其數上同於天子而非畿內諸侯所可比故於熊侯加大以別之然不嫌於逼上者天子三侯則虎侯熊侯豹侯

諸侯不得用虎侯而以熊侯糝侯豻侯爲三侯若畿內則但有熊侯豹侯此其所以別也敖氏曰大侯者以其大於二侯名之也大侯熊侯也司裘職言諸侯大射共熊侯豹侯射人職云諸侯以四耦射二侯亦謂熊侯豹侯也其侯數少於此則侯道未必有九十步者矣蓋作經有先後故禮制有隆殺所以異也舊說謂周官言畿內之諸侯非也周官凡言諸侯皆謂畿外者耳畿內安得有諸侯之國哉盛氏曰此與司裘職文異者彼是畿內諸侯法則此畿外也畿內亦有諸侯乎曰有王制云天子縣內諸侯祿也是也祭伯凡伯之類見於春秋者多矣豈鄭氏一人之私言哉外諸侯設三侯者以遠尊得伸也君射熊侯謂之大者別於臣所射也云參讀爲糝糝襍也襍侯者豹鵠而麋飾下天子大夫也者周禮射人鄭注同敖氏云參讀如毋往參焉之參謂介於二者之閒也參侯以其參於二侯名之也參侯其豹侯與郝氏曰參謂參於二侯之閒卽孤卿大夫所射之麋侯盛氏曰參讀如字以其參用豹侯麋侯之制而名之也不敢純用豹者辟天子也亦不純用麋者以是諸侯之卿大夫所射又當下天子之卿大夫也敖郝二說皆非胡氏肇昕曰參侯襍用豹侯麋侯之制故注易參爲糝以其義較明顯也敖以爲豹侯郝以爲麋侯皆失參

字之義矣云干讀爲豻豻矦者豻鵠豻飾也者射人以三耦射豻矦注大射禮豻作干讀爲宜豻宜獄之豻豻胡犬也士與士射則以豻皮飾矦蓋豻正字干假借字鄭以周禮決之故讀干爲豻敖氏曰九十七十五十其步數也君至尊而矦道反遠於卿大夫士者蓋位尊則所及者遠位卑則所及者近故諸矦象之以見其義也設乏之處各去其矦之北十步者以其當二矦相去之中故以爲節也去其矦之西亦十步者則因其北之成數而用之亦以公宮之庭寬廣故耳張氏爾岐曰三矦共道遮近以二十步爲率尊者射遠卑者射近矦遠則鵠大矦近則鵠小設乏西十北十十西與北各去其矦六丈也方氏苞曰筋力不可強而矦道之遠近壹以貴賤爲差何也皋陶陳謨以六德三德爲有邦有國之差蓋居君卿之位而德器才識不能及遠則無以馭其衆臨其屬故寓其義於射傳曰爲人君者以爲君鵠爲人臣者以爲臣鵠志力不足以中鵠則君卿與有司同罰以示才德不足以稱位則不足以任國社而亦無以安於四民之上矣此義明則苟非至愚必將撫躬而自懼求賢以自助尚敢荒寧以自恣於民上乎位卑者雖力能中遠而非其鵠不獲亦教以職思其居而無越志也傳所謂射者各射己之鵠繹者各繹己之志其此義也

夫○吳氏廷華曰二侯三侯所以異者蓋司裘止言卿大夫而不言士其言諸侯之熊侯與卿大夫所射之豹侯而不言士之豻侯射人所謂豻侯蓋以補司裘所不及其實兩經無不同也然則此經之大侯固是司裘之熊侯參侯亦當是司裘之豹侯干之言豻又不必言矣案賓之初筵詩傳以大侯爲君侯天子諸侯皆君也在天子以虎侯爲大侯在諸侯則以熊侯爲大侯注疏謂其與天子熊侯同故稱大其說是也豹侯謂之參者敖氏云卽曲禮毋往參之參據下言大侯之鵠見于參參見鵠于干蓋三侯疊張豹侯在二侯之中故謂之參也

**遂命量人巾車張三侯大侯之崇見鵠于參參見鵠于干干不及地武不繫左下綱設乏西十北十凡乏用革**

巾車於天子宗伯之屬掌裝衣車者亦使張侯侯巾類崇高也高必見鵠鵠所設之主射義曰爲人君者以爲君鵠爲人臣者以爲臣鵠爲人父者以爲父鵠爲人子者以爲子鵠言射中此乃能任己位也鵠之言較較直也射者所以直己志或曰鵠鳥名射之難中中之爲俊是以所射於侯取名也淮南子曰鳱鵠知來然則所云正者正也亦鳥名齊魯之閒名題肩爲正正鵠皆鳥

之捷點者考工記曰梓人爲侯廣與崇方參分其廣而鵠居一焉則大侯之鵠方六尺糝侯之鵠方四尺六寸大半寸豻侯之鵠方三尺三寸少半寸及至也武迹也中人之足長尺二寸以豻侯計之糝侯去地一丈五寸少半寸大侯去地二丈二尺五寸少半寸凡侯北面西方謂之左前射三日張侯設乏欲使有事者豫志焉 疏 正義曰注一丈五寸少半寸校勘記曰徐本寸下有也字通解無○賈疏云上文直命量人量侯道及乏之遠近之處此經論張侯高下之法也敖氏曰張侯之序以大侯爲先參次之干爲後乃云某見鵠于某者蓋先以尺寸計而張之及既張之後則遠侯之鵠自各見於近侯之上謂先張近侯乃張遠侯也二侯之高俱見鵠而不盡見其鵠下之中是射者唯以貫鵠爲中而其外則否於此見之矣此張侯之法大而遠者則高小而近者則下乃其勢之不得不然者而尊卑之義亦存焉禮意之妙大抵類此郝氏曰再言西十北十前言量此言設也乏之用革用皮蔽矢也張氏爾岐曰設乏西十北十西與北各去侯六丈也云凡乏之三侯各有乏之也褚氏寅亮曰陳氏祥道云鄭衆馬融王肅以正在鵠內賈逵以鵠在正內說皆無據要之大射之侯棲鵠賓射之侯設正燕射之侯畫獸此其別也 注云巾車於天子宗

伯之屬掌裝衣車者亦使張侯侯巾類者釋官曰周禮巾車下大夫二人上士四人中士八人下士十有六人諸侯當上士爲之鄭注周禮云巾猶衣也巾車車官之長周禮又有車僕其職云大射供三乏此經命巾車張侯幷設乏然則諸侯之巾車或兼車僕之職歟引射義者欲明射以鵠爲主也云鵠之言較較直也射者所以直己志者明鵠取義於直故射義云射者內志正外體直爾雅釋詁曰較同訓爲直梏與鵠皆諧告聲其義亦相近也又引或說以爲鳥名者以正鵠皆鳥之捷黠者名正名鵠之或亦取象於此備異說也引考工記梓人之文者欲明鵠之義當先知侯鵠廣狹之度也云大侯之鵠方六尺糝侯之鵠方四尺六寸大半寸豻侯之鵠方三尺三寸少半寸者吳氏廷華曰鄉飲酒記及考工記侯制有中有躬有舌中以侯道爲準侯道以弓計中以寸計侯道每弓得二寸爲侯中大侯九十弓侯中丈八尺糝侯七十弓侯中丈四尺豻侯五十弓侯中一丈以侯中三分之一爲鵠大侯鵠六尺糝侯鵠四尺六寸六分有奇干侯鵠三尺三寸三分有奇上下各一分侯中之上爲躬躬上爲舌各高二尺下躬下舌亦如之上舌之上爲上綱下舌之下爲下綱合三侯較之躬舌相等惟侯中及下綱去地高卑不同若以侯中論則大侯

之中高糝侯四尺糝侯之中高干侯四尺其數有定若武之去地則經惟言干不及地武義蓋以干侯下綱去地如武之數注以武爲尺二寸是也以尺二寸合上下二躬二舌共八尺侯中一丈則干侯上綱及地共一丈九尺二寸大侯糝侯去地之數雖無明文然經明言大侯見鵠于參參見鵠于干則當由干侯上舌去地之數意會言之蓋所謂見鵠者疏以爲糝鵠下半與干侯上綱齊大侯鵠下半與糝侯上綱齊也案大侯鵠六尺鵠上六尺上躬上舌共四尺則高於糝侯當一丈六尺參侯鵠四尺六寸六分鵠上四尺六寸六分上躬上舌共四尺則高於干侯當一丈三尺三寸二分但干侯高一丈九尺二寸則參侯自鵠以下至地亦應有一丈九尺二寸掩於干侯之後而參侯鵠下只四尺六寸六分下躬下舌則四尺共八尺六寸六分尚少一丈五寸四分此即糝侯下綱去地之數注所謂參侯去地一丈五寸少半寸也參侯本高二丈二尺又下綱去地一丈五寸四分共高三丈二尺五寸四分則大侯自綱此以下至地亦應有三丈二尺五寸四分掩於參侯之後而大侯鵠下則六尺下躬下舌共四尺共一丈尚少二丈二尺五寸四分此即大侯下綱去地之數注所謂大侯去地二丈二尺五寸少半寸是也又去鄉射乏參侯道居侯

纛之一西五步注謂去侯北十丈西三丈是也此經又言乏去侯西十北十兩說不一大約鄉侯卑遠則報捷難故須近大侯參侯高乏可遠視故一侯與三侯之乏遠近不同也干與鄉侯等侯等則報獲乃不至於差錯乏之去侯當亦如之經特連類及之其實干侯之乏獨近也又云量人主量道路故命之計侯道若巾車與侯道無涉而竝命之者或謂周禮車僕大射共三乏疏謂車用皮乏亦用皮故車僕爲之然可見共乏爲車人之職也巾車車僕之長使巾車者使之命車僕也案義疏云大侯之舌長七丈二尺下舌長五丈四尺殺於上舌一丈八尺兩植漸殺而下當鵠之處約長六丈餘其躬出於參侯上舌之外者左右約各五六尺參侯上舌長五丈六尺下舌長四丈二尺殺於上舌丈四尺兩植漸殺而下當鵠之處約長四丈八九尺其躬出於干侯上舌之外者約各長三四尺雖三侯相去各二十步其躬出之舌隱然可見也云前射三日張侯設乏之者鄭以此文皆承上前射三日也胡氏肇昕曰注是也此數節皆承上前射三日之文因宰夫戒司馬射人司馬遂命量侯道張侯設乏而宿視滌宿縣皆射前一日事故以宿字別之以宿視滌廁於量侯道之前者以視滌亦是宰夫事承上宰夫而言下則司馬之事也

右前射三日戒宰視滌量道張侯

樂人宿縣于阼階東笙磬西面其南笙鍾其南鑮皆南陳

笙猶生也東爲陽中萬物以生春秋傳曰大蔟所以金奏贊陽出滯姑洗所以脩絜百物考神納賓是以東方鍾磬謂之笙皆編而縣之周禮曰凡縣鍾磬半爲堵全爲肆有鍾有磬爲全鑮如鍾而大奏樂以鼓鑮爲節

【疏】正義曰注姑洗校勘記曰姑釋文徐本俱作沽○敖氏曰宿縣謂前一日縣之也明日當射故此日云宿宿縣者亦重其事也然則國君平常日用之縣皆於其日縣之明矣大司樂職曰大祭祀宿縣遂以聲展之盛氏曰燕禮縣與燕同日此亦於射前一日爲之者大射一重於燕也張氏爾岐曰諸侯軒縣三面各有一肆此其東一肆也褚氏寅亮曰東爲陽中萬物以生故東方曰笙鍾笙磬西爲陰中萬物以成故西方言其成功曰頌鍾頌磬聖人取名之義精矣因其在東故以之應笙震爲竹也因其在西故以之應歌兌爲言也因又名歌鍾磬之鼓與股皆就一面言蓋磬如句股形其不鼓者謂之股其鼓處謂之鼓股短而闊其長二其闊一鼓長而狹其長視股一而有半其博則三分股之

二其股與鼓之厚則各得鼓博三分之一其方積則均故縣之而無敂側敂氏分股鼓爲兩面誤鑮大於編鍾而小於特縣之鍾葢特縣鍾中又自有大小也竝非小於編鍾江氏筠曰敂氏謂笙是與笙相應者頌之言誦與歌樂相應者如所說則鄉飲禮是特縣將應笙則不能應歌應歌則不能應笙豈以在階閒之故而兩者俱應邪抑以大夫士之制異而於兩者俱不應邪案此說本諸宋葉氏見書戛擊鳴球節蔡傳中葢宋人都不識字止知頌有誦音不知頌有容音說文云頌皃也籒文作額又云皃頌儀也然則頌本是古之容皃字又詩敘頌者美盛德之形容以其成功告于神明者也則頌又兼成義故注云言成功曰頌又云古文頌爲庸可見頌與庸意義皆同也又尚書云笙庸以閒鄭注亦引此經以說是也　注云笙猶生也東爲陽中萬物以生者賈疏云陽氣起于子盛于午故東方爲陽中也萬物以生以其正月三陽生大蔟用事故萬物生焉引春秋傳者國語伶州鳩對周景王辭鄭引以證東方鍾磬名笙之義也云大蔟所以金奏贊陽出滯者韋昭注引賈唐云大蔟正聲爲商故爲金奏所以佐陽發出滯伏明堂月令曰正月蟄蟲始震云姑洗所以脩絜百物考神納賓者韋注云三月曰姑洗乾九三也管長七寸一分律

長七寸九分寸之一姑絜也洗洗濯也考合也言陽氣發生洗濯枯穢改柯易葉也於正聲爲角是月百物脩絜故用之宗廟合致神人用之燕享可以納賓也是二律爲東方陽管取發生之義故東方鐘磬謂之笙也敖氏曰笙磬笙鐘皆與笙相應者也義本陳氏暘與注說異盛氏曰笙磬笙鐘以其在東而名之頌磬頌鐘以其在西而名之鄭解葢得之矣獨是編縣十二枚備十有二律之數度鄭乃引春秋外傳以證此似東縣獨協大蔟姑洗二律西縣獨協夷則無射二律所以啟後人之疑耳陳氏以笙磬爲應笙之磬頌磬爲應歌之磬諸儒多右其說竊恐亦未的也葢樂以人聲爲貴故歌者在上匏竹在下就堂下樂中亦有差等笙管聲之發乎人者也磬鐘之屬聲之發乎器者也故有時以笙爲主而磬以下應之所謂笙奏也詩所謂笙磬同音是也有時以管爲主而磬以下應之所謂下管是也詩曰嘒嘒管聲旣和且平依我磬聲是也下經云乃管新宮三終則大射樂以管爲主矣何以但有應笙之鐘磬而無應管之鐘磬邪且歌者在上西方安得有歌而云頌磬歌乎西是亂上下之列矣至於合樂之時歌瑟與衆音竝作亦豈唯而縣爲與歌相應也云皆編而縣之者磬師云掌教擊磬擊編鐘注云磬亦編於鐘以其與鎛同十六

枚而在一虡也案陳氏暘謂編磬在西而以頌磬名之特
磬在東而以笙磬名之以特磬編磬爲頌笙之別其說與
注異盛氏非之而引詩毛傳云笙磬東方之樂也則鄭說
傳之有自矣引周禮者小胥職文云鑮如鐘而大奏樂以
鼓鑮爲節者郊特牲注亦云鑮如鐘而大又周禮鑮師云
掌金奏之鼓注云謂主擊晉鼓以奏其鐘鑮也敖氏曰鐘
鑮皆南陳亦以其北上也其面有二故不言面面而擊者
亦與磬同也盛氏曰南陳謂向南陳之以虡首在北也皆
皆鐘磬鑮也陳之於堂爲縮

**建鼓在阼階西南鼓應鼙在其東南鼓**建猶樹也以木貫而載之樹之跗也南鼓謂所伐面也應鼙應
朔鼙也先擊朔鼙應鼙應之鼙小鼓也在東便其先擊小
後擊大也鼓不在東縣南爲君也

疏 正義曰注應鼙應之校勘記曰徐本無應鼙二字通解楊敖俱有○云建
猶樹也以木貫而載之樹之跗也者賈疏曰明堂位云殷
楹鼓周縣鼓注云楹爲之柱貫中上出也縣縣之於簨
也周人縣鼓今言建鼓則殷法也主於射略於樂故用先
代鼓陳氏祥道曰楹鼓蓋爲一楹而四棱貫鼓于其端周
官大僕建路鼓于大寢之門外莊子曰負建鼓而止建鼓
可負則以楹貫之可知方氏苞曰建鼓卽楹鼓以木貫而

建之遂以建名若以樹詁則下云一鼓在其南一鼓在西階之西篛在鼓西可矣皆特標建鼓義無所處於文爲贅胡氏肇昕曰注以樹訓建者以建鼓之名取於樹也鄭固亦以建鼓爲楹鼓也以明堂位注證之可知方氏駁之非也云應鼙應朔鼙也先擊朔鼙應鼙應之鼙小鼓也者爾雅釋樂大鼓謂之鼓小者謂之應詩有瞽應田縣鼓毛傳應小鞞也鞞與鼙古字通陳氏奂傳疏云應鼙在東面以應西面之朔鼙故謂之應又先擊小鼓乃擊大鼓小鼓爲大鼓先引故亦謂之應云鼓不在東縣南爲君也者張氏爾岐曰此鼓本在東縣之南與磬鐘鑮共爲一肆移來在此者鄭以爲爲君以君在阼階上近君設之故云爲君也下建鼓言一此不言一因移竝言之敖氏曰此鼓鼙乃在東縣南者也以君當於阼階東南揖卿大夫且主人之位亦在洗北皆當鑮之南故移鼓鼙於此以辟之也鼓鼙若在東縣南則鼓在左鼙在右今設於此乃反之者明其變位也盛氏曰注說似迂當以敖說爲是

**西階之西頌磬東面其南鐘其南鑮皆南陳一建鼓在其南東鼓朔鼙在其北**言成功曰頌西爲陰中萬物之所成春秋傳曰夷則所以詠歌九則平民無貳無射所以

宣布哲人之令德示民軌義是以西方鐘磬謂之頌朔始也奏樂先擊西鼙樂爲賓所由來也鐘不言頌鼙不言東鼓義同省文也【疏】正義曰張氏爾岐曰此西一肆也注古文頌爲庸 云西爲陰中萬物之所成者西方爲秋陰氣始盛故曰西爲陰中尚書堯典曰平秩西成萬物成熟之時故曰萬物之所成引春秋傳者亦國語文云夷則所以詠歌九則平民無忒者國語忒作貳貳當爲貣之誤韋注曰七月爲夷則乾九五也管長五寸六分律長五寸七百二十九分寸之四百五十一夷平也則法也言萬物旣成可法則也故可以詠歌九功之則成民之志使無疑貳也云無射所以宣布哲人之令德示民軌義者韋注曰九月曰無射乾上九也管長四寸九分律長四寸六千五百六十一分寸之六千五百二十四宣徧也軌道也義法也九月陽氣收藏萬物無射見者故可以徧布前哲之令德示民道法也是二律爲西方陰管取成功之義故西方鐘磬謂之頌云奏樂先擊西鼙樂爲賓所由來也者賈疏云賓向外來位在西其樂主爲樂賓故先擊朔鼙應之也云鐘不言頌鼙不言東鼓義同文省也者以上東方言笙鐘應鼙言南鼓此不言者省文耳義同於上也云古文頌爲庸者胡氏承珙曰周禮大司樂疏引鄭注尚書笙庸以

閒云東方之樂謂之笙笙生也東方生長之方故名樂爲笙也西方之樂謂之庸庸功也西方物熟有成功亦謂之頌頌頌亦是頌其成功也眂瞭職云擊頌磬笙磬注云磬在東方曰笙笙生也在西方曰頌頌或作庸庸功也是尚書二禮三注略同賈疏云古文頌爲庸此雖疊古文不從義亦通是也胡氏肇昕曰周禮大師注頌之言誦也容也史記周本紀成王名誦竹書紀年作名庸是頌誦容三字古義通用故今文作頌古文作庸鄭君參考古今文訓笙爲生訓頌爲言成功其義致精後儒謂鐘磬之應笙者曰笙鐘笙磬應歌者曰頌鐘頌磬緣文生訓義不可通如以頌爲歌樂以釋今文之作頌可也而古文之作庸又何說乎此以見舊說之不可輕改也

**一建鼓在西階之東南面**言面者國君於其羣臣備三面爾無鐘磬有鼓而已其爲諸侯則軒縣

【疏】正義曰軒縣三面皆縣北面合有一肆以其與羣臣射故闕之以辟射位猶設一建鼓者姑備三面耳故言南面與笙磬頌磬同例而與上文之自東縣移來者異文也敖氏曰國君合有三面樂東方西方與階閒也階閒之縣東上其鼓則西上與在東方西方者之位相類也大射盛於燕宜備樂乃以辟射之故去其階閒之縣但設其鼓於故位而已上言

南鼓東鼓惟此言南面蓋闕其中縣則不擊此鼓故異其文以見之此鼓不擊乃設之者明有爲而去其縣非禮殺也盛氏曰此闕其北一肆辟射也猶設鼓者别於判縣也北縣南面故此鼓亦南面不云南鼓者見其當一面也旣設之亦須擊敖云鼓不擊非旣因辟射雖賓射亦當闕之若不爲射雖於其臣亦當設注說非燕禮縣法宜與此同爲燕亦有時而射也韋氏協夢曰敖謂以辟射之故去其階閒之縣是也若然則大射及賓射皆當闕一面注謂其爲諸侯則軒縣賓射輕於大射烏有賓射備縣而大射不備者乎蓋射禮之縣以主射者而别不以所與射者而别注以所與射者之尊卑而定縣之闕與不闕誤矣胡氏肇昕曰案上文於笙磬言西面面於頌磬言東面故於建鼓言南鼓東鼓不言面此無鐘磬惟有鼓故於鼓言南面明鼓之在北也敖氏因經不言鼓遂謂此鼓不擊穿鑿甚矣褚氏寅亮曰注云君於其臣備三面耳此卽降尊就卑之義階閒之縣何妨於射而必徹之乎且賓射亦軒樂又何獨不徹乎案義疏云樂之差次以用樂者之尊卑而殊不以賓客之尊卑也此闕一縣自爲辟射至屆射時而遷樂者所遷者工與瑟而已不聞并其縣而遷之也

**簜在建鼓之閒**簜竹也謂笙簫之屬倚於堂 疏

正義曰注云簜竹也謂笙簫之屬者下文乃管新宮注云管謂吹簜是簜謂管也管與笙簫皆用竹故云笙簫之屬云倚於堂者敖氏曰簜即工之所管者故近工位設之盛氏曰建鼓之間即兩階之間也設於此者以管爲堂下樂之主也胡氏肇昕曰案阼階之西西階之東各一建鼓故云建鼓之間管爲工所執以吹者於階間設之故知倚於堂也

**鼗倚于頌磬西紘**

鼗如鼓而小有柄賓至搖之以奏樂也紘編磬繩也設鼗於磬西倚於紘也王制曰天子賜諸侯樂則以柷將之賜伯子男樂則以鼗將之

疏 正義曰注云鼗如鼓而小有柄賓至搖之以奏樂也者周禮小師注云鼗如鼓而小持其柄搖之旁耳還自擊又眡瞭職云凡樂事播鼗擊頌磬笙磬是鼗亦所以節樂也上經注云奏樂先擊西鼙樂爲賓所由來也以賓在西故先擊西鼙此鼗亦在西故知賓至搖之以奏樂也云紘編磬繩也設鼗於磬西倚於紘也者郝氏曰鼗小鼓有耳有柄搖擊之不縣設倚置於頌磬東紘鼗兩旁縣耳繩如冠之有紘鼗倚于磬簴東故其紘西委也盛氏曰西紘之說郝氏爲長若從注說則經西紘二字當乙編磬繩不可言東西也以聶氏三禮圖考之可見胡氏肇昕曰案經云倚以東西言不以南北言編磬繩可言南北不

可言東西且縆亦非可倚之物也注設鼗於磬西倚於紘則鼗在磬後鼗所以節奏賓至先擊鼗則鼗當在磬前郝謂倚于頌磬東其紘西委說最確陳氏奐毛詩傳疏謂紘維也維亦縆也古者鍾磬縣鼓皆不縣惟鼗鼓乃縣之東西兩肆皆有磬鍾鑮建鼓自北而南陳之則西肆不得多設一器鼗鼓在西肆頌磬之西而特縣之所以象西方功成禮器曰廟堂之下縣鼓在西其義證也胡氏肇昕曰陳氏以鼗當縣鼓考詩有瞽云應田縣鼓鞉磬柷圉言縣鼓又言鞉則鞉非縣鼓明矣毛傳云縣鼓周鼓鞉鞉鼓也亦不以爲一物也葢詩之應即此經之應鼙詩之田即此經之朔鼙詩之縣鼓即此經之建鼓鞉即鼗也以田爲即朔鼙者田與陳同音陳與引同訓先擊朔鼙有引導之義焉陳氏以詩之田爲即此經之建鼓而以縣鼓爲此經之鼗盡翻前儒舊說別立新義未見其有當也且此經云倚于頌磬以其非縣故云倚若如陳說則經之倚字尤難通矣引王制者證鼗鼓所以爲節樂之器也○張氏惠言曰經云樂人宿縣則左右正久在縣北矣僕人庶子內小臣皆內臣宿衞當先君君入故不見其位射人小臣恆在君左右君入則隨而入君至阼階射人告具大射正當先就觶南之位俟公升射人亦當退中庭位也小臣正無常位恆在

階前向君其小臣師初入亦隨小臣正至納公卿大夫後乃就東堂下位故經特著之膳宰官是時已在堂東主人亦是膳宰之長堂先在其位

右射前一日設樂縣

厥明司宮尊于東楹之西兩方壺膳尊兩甒在南有豐冪用錫若絺綴諸箭蓋冪加勺又反之皆玄尊酒在北膳尊君尊也後陳之尊之也豐以承尊也說者以爲若井鹿盧其爲字從豆曲聲近似豆大而卑矣冪覆尊巾也錫細布也絺細葛也箭篠也爲冪蓋卷辟綴於篠橫之也又反之爲覆勺也皆玄尊二者皆有玄酒之尊重本也酒在北尊統於君南爲上也惟君面尊言專惠也今文錫或作緆絺或作綌古文箭作晉

【疏】正義曰校勘記曰冪用錫若絺陸氏曰絺劉作綌音郤盧氏文弨曰疑綌爲綌誤注爲冪冪蓋卷辟綴于篠冪宋本釋文作鼏○張氏爾岐曰諸侯將射先行燕禮故此下皆陳燕具蔡氏德晉曰此設尊也厥明設樂之明日射之朝也　注云膳尊君尊也後陳之尊之也

者兩方壺爲臣尊故知膳尊爲君尊也韋氏協夢曰設器之法尊者先設卑者次之此臣尊設在君尊之前者先尊方壺于東楹之西以爲節乃設膳尊與燕禮同注謂後陳之尊之非是云豐以承尊也說者以爲若井鹿盧其爲字從豆曲聲近似豆大而卑矣者賈疏云此謂上形下聲之字年和穀豆多有故從豆爲形也曲者承尊之器象形也是以豐年之字曲下著豆今諸經皆以承尊爵之曲不用本字之曲而用豐年之豐故鄭還依豐字解之胡氏承珙曰曲不成字儀禮多古文當本作豊戴侗六書故引唐本說文豐从豆从山丯聲蜀本云丰聲从山取其高大古文豊不从山汗簡亦只作豊蓋丯卽丰字說文丰訓艸盛黃公紹韻會云說文本作丯據此知古文豊字本從丯丯亦兼取盛義許鄭竝同但鄭以古文豊不從山故但云丯聲傳寫誤加山作曲賈疏遂謂別有曲字象形爲承尊之器以此豐爲豐年字又以穀豆多有增成其義皆肌說也胡氏肇昕曰賈疏說中豐字其謬不一而足近儒解此經鄭注者亦人各一說段氏玉裁謂注聲是衍字案以鄉射鄭注校之疑注聲當是形之譌也考鄉射注豐形蓋似豆而卑此注云說者以爲若井鹿盧其爲字從豆曲聲近似豆大而卑矣聲近似豆大而卑當作形近似豆大而卑卽鄉射

注之豐形蓋似豆而卑也從說文豐豆之豐滿也从豆象形从豆者其義象形謂曲象豐形也說文之例成字者則曰从某不成字者則譬之曰象形此象形之字非諧聲之字六書故所引唐本蜀本不足爲據注云若井鹿盧正謂曲之形也惟其若井鹿盧故其字從豆曲而其形則近似豆大而卑矣校者疑注謂豐从豆曲聲遂改形爲聲而不知曲本不成字且未卽鄉射注參考之也古文作豊卽豐之省古瓦作井又豊之省要皆非諧聲之字也云錫細布也者喪服記曰錫者十五升抽其半無事其縷有事其布曰錫是錫爲細布也云箭篠也爲冪蓋卷辟綴於篠橫之也又反之爲覆勺也者敖氏曰冪橫綴於箭而從蓋於瓦甒勺亦從加於冪上西枋與箭而于乃以餘冪反蓋於勺亦如塵之著於勺也蓋以君飮此酒故謹重之如是張氏爾岐曰綴諸箭者綴錫若絺於箭而張之以覆也蓋冪加勺又反之此覆尊之法勺加冪上復撩冪之坐者以覆勺盛氏曰郝氏以綴諸箭蓋爲勺非當從張氏云酒在北尊綴於君南爲上也者敖氏曰燕禮曰尊南上此云酒在北文互見爾云今文錫或作緆絺或作綌古文箭作晉者錫見燕禮胡氏承珙曰葛之精者曰絺麤者曰綌燕禮冪或用綌敖氏曰見其貶於大射鄭不從今文作綌始爲此歟

釋文給劉作給音郤盧氏文弨曰給字無考云音郤疑即給字之譌承珙案劉本葢仍從今文作給非是今文箭作晉者周禮職方氏其利金錫竹箭注箭篠也故書箭如晉杜子春曰晉當爲箭書亦或爲箭段氏玉裁曰吳越春秋晉竹十廋晉竹正謂箭竹所謂會稽竹箭也箭矢竹也本小竹竹之名中矢因名矢爲箭説文木部曰榗木也从木晉聲書曰竹箭如榗案此當云周禮曰竹榗讀如箭今本傳寫譌亂也許所見周禮故書字从木惠氏棟曰古讀晉如箭故搢紳一作薦紳承珙案周禮典瑞王晉大圭鄭司農云晉讀如薦申之薦

**尊士旅食于西鑮之南北面兩圜壺**旅衆也士衆食未得正祿謂庶人在官者圜壺變於方也賤無玄酒【疏】正義曰敖氏曰鑮南言東西節也鑮南有鼓此不以鼓爲節者鼓高而鑮下圜壺在地取節於其下者宜也燕禮旅與其尊皆在門西此旅食者在西方之南於燕位爲少西則此尊之南北亦宜近之郝氏曰士旅食者之尊燕禮設於門西旅食者立門西也大射較鄉射侯道遠逼近門旅食者皆立堂下士南避射也故尊改設堂下西鑮之南盛氏曰鑮南有鼓此又在鼓南金鼓而取節於鑮者以鼓之在西者有二故以鑮爲識也敖云取節於其下非

**又尊**

于大侯之乏東北兩壺獻酒爲隸僕人巾車糝侯豻侯之獲者獻讀爲沙沙酒濁特泲之必摩沙者也兩壺皆沙酒郊特牲曰汁酒涗於醆酒服不之尊俟時而陳於南統於侯皆東面

【疏】正義曰注云獻讀爲沙沙酒濁特泲之必摩沙者也兩壺皆沙酒郊特牲曰汁酒涗於醆酒者胡氏承珙曰郊特牲注云謂泲秬鬯以醆酒也獻讀當爲莎齊語聲之誤也秬鬯者中有煮鬱和以盎齊摩沙泲之出其香汁因謂之汁莎鄭蓋以記義定周儀二禮故於周禮司尊彝鬱齊獻酌注云獻讀爲摩莎之莎齊語聲之誤也煮鬱和秬鬯以醆酒摩莎泲之出其香汁也與此經注義略同明堂位獻尊鄭亦讀爲娑古音元寒與歌戈兩部多通轉如司尊彝獻尊鄭司農讀爲犧獻酌鄭司農讀爲儀犧本讀如莎儀本讀如俄也張又詩東門之枌原與娑韻谷風悲與萎韻亦其聲類也張氏爾岐曰注引郊特牲以證沙酒之義涗泲也泲沙酒者和以醆酒而摩沙之以出鬱鬯之汁也以其祭侯故用鬱鬯云服不之尊俟時而陳於南統於侯皆東面者張氏曰設服不之尊在飲不勝者以後故注云俟時時此尊不爲服不氏設也案此節後儒多不從注說敖氏曰此尊俟時而設經蓋因上禮而連言之耳獻酒獻三侯之獲者及巾

車僕隸人之酒也於此獨三獻者嫌其爲祭矦且見不他用也壺亦圜壺盛氏曰下經云司宮尊矦於服不之東北卽此尊也是時未設而先言之者從其類而備舉之以見尊卑之差也如諸公卿大夫之席亦皆未設而先言之是其徵矣獻酒之解亦當從敖説舊以爲鬱鬯非也鬱鬯之酒天子以爲摯諸矦未賜圭瓚不敢爲豈宜以獻僕隸下人乎郎云祭矦亦非所宜也且酌鬱齊以彝不以尊方氏苞蔡氏德晉韋氏協夢説皆略同吳氏廷華曰注以獻爲沙不確蓋鬱鬯止嚌卒而不飲下旣云卒爵其非鬱鬯可知則獻當如字敖説是也又云下云司宮尊矦于服不之東北兩獻酒東面南上司馬洗散實爵獻服不又云司馬師獻僕隸人與巾車獲者皆如大矦之禮鄭以司宮尊爲獻服不之尊故以此爲獻僕隸人等之尊又謂服不之尊待時而陳蓋經兩言尊其文似複故爲解之如此不知經明言尊于大矦之乏服不爲大矦獲者居大矦之乏則焉有設尊於此反舍服不而言隸僕之理若如下疏謂不必君射故不於初設之是以君若不射則無服不之尊故此注不言服不耳不知君苟不射不但無服不之尊亦且無大矦之乏此經文義作何著落敖氏謂此尊特連類及之尚未設尊至獻服不時始設耳其言是也褚氏寅亮曰細

案之東北止有二尊無四尊也敖氏說可從祭矦而神之不妨用鬱鬯獻酒獻字依鄭讀爲是**設洗于阼階東南罍水在東篚在洗西南陳設膳篚在其北西面**或言南陳或言西面異其文也【疏】正義曰注云異其文者以互文見義也蔡氏曰此設洗篚也**又設洗于獲者之尊西北水在洗北篚在南東陳**亦統於矦也無爵因服不也有篚爲奠虛爵也服不之洗亦俟時而陳陳於其南【疏】正義曰敖氏曰此云又設洗亦因上禮而連言之其實未設也獲者即服不之屬惟云水是不用罍也君禮而水不用罍以所獻者賤故爾郝氏曰膳篚西向以君席在東也獻獲者之洗水篚皆東向以獲者在西也張氏爾岐曰此篚中不設爵將因獻服不之爵而用之也盛氏曰獲者之尊即設於大矦之乏東北者下經云設洗于尊西北即謂此洗也篚中所實者一散也亦未設而先言之注以此與服不之洗分爲二而張氏從之非高氏愈曰尊兩壺于矦東爲獻獲者故也復爲設洗者洗以致潔雖於獲者賤人亦不取略也吳氏廷華曰爵在篚言篚則有爵可知注以爲奠虛爵而設非也**小臣設公席于阼階上**

西鄉司宮設賓席于戶西南面有加席卿席賓東東上小卿賓西東上大夫繼而東上若有東面者則北上席工于西階之東東上諸公阼階西北面東上惟賓及公席布之也其餘樹之於位後耳小卿卿命於其君者也席於賓西射禮辨貴賤也 疏 正義曰蔡氏曰此設席也敖氏曰賓有加席亦蒲筵加莞席也諸公大國有孤卿一人與君論道亦不典職如公矣公不言設加席如燕禮可知亦蒙有加席之文也射禮重於燕故賓有加席方氏苞曰大射之賓大夫也以爲賓而加席與卿同猶燕主人士也以爲獻主而與大夫偕薦也卿之重席陳而不設以卿終辭且諸公無加席而卿之加席文設於其位非所負也若有東面則北上者敖氏曰東面者在西序下少北此言若有者國有大小則大夫亦有衆寡也方氏曰惟大射卿大夫在國者無不與小卿位於賓西五大夫繼之戶西不足以容其席位故有東面者燕則無此文衰老及有事於國中者可不與也 注云惟賓及公席布之也其餘樹之於位後耳者敖氏曰此惟公席及賓席布之其餘猶在房俟時乃設言之於此者亦因設

公席賓席而遂及之耳韋氏協夢曰燕禮設卿席注云席自房來此云樹於位後彼燕禮輕臨時乃設大射重於燕故先設卿位而樹席於其後以爲識也不卽設之者貶於公與賓也焦氏以恕曰席自房來原其始也樹於位後記其中也也俟時乃設要其終也故兩說皆通云小卿命於其君者也者釋官曰案王制云次國之上卿位當大國之中中當其下下當其上大夫小國之上卿位當大國之下卿中當其上大夫下當其下大夫諸侯三卿分爲上中下執政一人爲上卿亦曰冢卿其次爲小卿亦曰介卿左傳冢卿無路介卿以葬是也然三卿下五大夫亦謂之小卿公羊傳云古者上卿下卿何注云古者諸侯有司徒司空上卿各一下卿各二司馬事省上下卿各一故崔氏云司徒下置小卿二人一是小宰一是小司徒司空下置二小卿一是小司寇一是小司空也司馬下惟置一小卿小司馬也案經上云卿席賓東東上則卿非一人此云小卿賓西東上則小卿亦非一人若以小卿爲命於其君之卿則諸侯卿止三人經不當皆云東上然則小卿卽謂三卿下五大夫明矣五大夫爲卿之副貳故謂之小卿經又云大夫繼而東上若有東面則北上者諸侯大夫不止五人惟三卿下五大夫謂之小卿其餘大夫不稱小卿故云大夫繼

而東上通言之小卿亦曰大夫也下文主人獻卿司宮兼卷重席設于賓左東上繼大夫繼賓以西東上若有東面者則北上更不見小卿之文又獻大夫直云繼賓以西東上不云繼小卿是大夫即兼小卿言之足證此小卿為大夫矣注非是諸公說詳鄉飲酒禮褚氏寅亮曰燕禮至獻卿後始云司宮兼卷重席設于賓左而于設公賓席下無設卿大夫席文故彼注云席自房來此禮於設賓席後即繼以卿席賓東云云至獻卿後復云司宮兼卷重席設于賓左明此時席雖未設已先定其位故注云樹之於位後見兩禮微異也敖氏俟時而設之說存參有加席專指賓不兼公蓋對燕禮賓無加席而言若公與己臣燕而有加席不待言矣注以命於其君者為小卿所以別於天子命卿也集說言中大夫為小卿非是卿可通稱大夫大夫不得稱卿經文大夫繼而東上蒙小卿在賓西文極明不必於繼而下添西字

**官饌** 百官各饌其所當共之物 疏 正義曰敖氏曰官各饌之於其所也燕禮曰膳宰具官饌于寢東與此互見其先後之節耳盛氏曰此亦膳宰總具之於堂東而官乃分饌之於其所也所饌之物見燕禮注吳氏廷華曰此注以百官言之賈疏謂非獨宰可知燕禮所謂官者亦是百官此經官饌亦是膳宰具之故褚

氏寅亮曰射宮無寢故闕其餼所而不言**羹定**烹肉孰也射義曰諸侯之射也必先行燕禮燕禮牲用狗

右射日陳燕具席位

**射人告具于公公升卽位于席西鄉小臣師納諸公卿大夫諸公卿大夫皆入門右北面東上士西方東面北上大史在于矦之東北北面東上士旅食者在士南北面東上小臣師從者在東堂下南面西上**大史在于矦東北士旅食者在士南爲有矦故入庭深也小臣師正之佐也正相君出入君之大命

疏　正義曰校勘記曰大夫在于矦之東此夫字釋文唐石經徐本通解楊敖俱作史石經考文提要云釋文大史音泰足以證夫字之誤注大夫在于矦東北夫字徐本通解楊氏俱作史是也與單疏標目合故入庭深也徐本通解楊氏俱無故字與疏合○張氏爾岐曰自此至南面反奠于其所北面立皆將射先燕之事公命賓納賓以來主人獻賓賓酢主人主人獻公主人受公酢主人酬賓二人舉觶

公取觶酬賓遂旅酬主人獻卿二人再舉觶公爲卿舉旅
酬主人獻大夫工入奏樂凡十二節皆與燕禮同容有小
異主於射故也　注云大史在侯東北士旅食者在士南
爲有侯故入庭深也者敖氏曰大史在干侯東北爲有事
故深入東上小史在西也不著祝位者與史異處故略之
其位自在門東士旅食者在士南者爲辟射也門西之位
其東西稍近於侯盛氏曰大史與士旅食者之位皆與燕
禮異者辟射也大史釋獲故移於干侯之東北近其事也
云東上謂與祝序也不言祝者以其無事略之也敖云祝
位自在門東非士旅食者移於士南從其類也觀此則士
旅食者即周禮旅下士蓋可見矣云小臣師正之佐正相
君出入君之大命者賈疏云下有小臣正正長也故以師
爲佐小臣正小臣中尊如天子大僕故引大僕職解之也
釋官曰注疏謂諸侯無大僕以小臣兼之周禮大僕職曰
王燕飲則相其法王射則贊弓矢此燕射二篇不見有大
僕之官皆小臣掌其事則注疏之說信矣周禮小臣下有
祭僕其職云大喪復于小廟喪大記君夫人之喪小臣復
則諸侯小臣又兼祭僕之職矣諸侯無大僕而左傳云韓
獻子將新中軍且爲僕大夫杜注以爲大僕則東遷後所
添設不如古也周禮大僕下大夫二人小臣上士四人諸

侯以小臣兼大僕則亦上士爲之也士喪禮君視斂小臣二人執戈先二人後喪大記君之喪浴小臣四人抗衾然則諸侯小臣亦四人也又云燕禮小臣師無事故云小臣師一人在東堂下此篇小臣師納諸公卿大夫故惟小臣師從者在東堂下據士喪禮小臣雖有四人以燕禮及此篇考之正與師止各一人也周禮司士職曰大僕從者在路門之左注云大僕從者小臣祭僕御僕隸僕然則此小臣師從者蓋亦僕人之屬與胡氏肇昕曰盛氏謂小臣師及其從者皆立于東堂下非是褚氏寅亮曰燕射朝服記言之大射經無文據天子大射與享先公同鷩冕則五等諸侯亦各服其祭宗廟之冕服也又司士職有大僕從者其屬也此從者小臣之屬也

**公降立于阼階之東南南鄉小臣師詔揖諸公卿大夫諸公卿大夫西面北上揖大夫大夫皆少進**詔告也變爾言揖亦以其入庭淺也上言大夫誤衍耳

疏 正義曰注云變爾言揖亦以其入庭淺也者以燕禮言爾卿爾大夫此變爾言揖以其入庭淺揖之使近也云上言大夫誤衍耳者以下云揖大夫則上止揖公卿故燕禮亦上止言爾卿無大夫以彼決此知上文公卿下兩誤

衍大夫字也郝氏曰言揖諸公卿大夫又言揖大夫者卿爲上大夫也胡氏肇昕曰卿爲上大夫經旣云云卿不得復云大夫蓋卿可稱上大夫不得連稱卿大夫也郝說非是

**大射正擯**大射正射人之長【疏】正義曰韋氏協夢曰大射重於燕燕禮用射人擯故此用射人之長大射正爲射人之長則燕燕禮之射人其大射正之佐與釋官曰大射正亦射人也大射正對小射正爲長不對射人爲長賈疏謂大射正對射人爲長失之

**擯者請賓公曰命某爲賓**某大夫名**擯者命賓賓少進禮辭**命賓者東面南顧辭辭以不敢**反命**以賓之辭告於君**又命之賓再拜稽首受命**又復**擯者反命賓出立于門外北面**【疏】正義曰燕禮云東面此北面者盛氏曰大射辨尊卑故賓于門外執臣禮也

**公揖卿大夫升就席小臣自阼階下北面請執冪者與羞膳者**請士可使執君兩甒之冪及羞脯醢庶羞於君者方圜壺獻無冪【疏】正義曰吳氏廷華云脯醢是薦而非羞**乃命執冪者執冪者升自西階立于尊南**

北面東上命者於西階前以公命命之東上執玄尊之冪爲上羞膳者從而東由堂東升自北階立於房中西面南上不言命者不升堂略之膳宰請羞于諸公卿者膳宰請者異於君也疏正義曰盛氏云下經主人獻公之時云宰胥薦脯醢則羞膳者非士矣執冪及羞羞於諸公卿者經無明文以類求之蓋亦宰胥也是與燕禮請雖同而所命者則異擯者納賓賓及庭公降一等揖賓賓辭及至也辭逡遁不敢當盛疏正義曰敖氏曰凡受公禮者皆辭經不盡見之也方氏苞曰公之降揖同而燕則賓不辭何也燕主溥惠於羣臣而立一人以爲賓禮猶輕大射擇士以祭賓有加席與卿同升奏陔夏與異國之賓同尊爵執爵興而樂闋且上擬於君初接見時逡辭以見其不敢當禮也胡氏肇昕曰案大射之禮重於燕而燕射之賓皆臣也臣受公禮未有不辭者燕不言賓辭可知也經不著賓辭於燕而著於射者大射之賓禮隆於燕禮愈盛而賓愈肅不敢以客禮自處大射如是則燕更可知也公升即席以賓將與主人爲禮不參之

右命賓納賓

奏肆夏肆夏樂章名今亡呂叔玉云肆夏時邁也時邁者大平巡守祭山川之樂歌其詩曰明昭有周式序在位又曰我求懿德肆于時夏奏此以延賓其著宣王德勸賢與周禮曰賓出入奏肆夏

【疏】正義曰注云肆夏樂章名今亡者賈疏云周禮鍾師云以鍾鼓奏九夏杜子春引呂叔玉以爲肆夏時邁也繁遏執競也渠思文也後鄭云以文王鹿鳴言之則九夏皆詩篇名頌之族類也此歌之大者載在樂章樂崩亦從而亡是以頌不能具鄭彼注足破呂叔玉此注亦云肆夏樂章名今亡又引呂叔玉於下者以無正文叔玉或爲一義故兩解之胡氏肇昕曰時邁肆于時夏鄭箋云樂歌大者稱夏思文陳常于時夏箋同服子愼注左傳云車鄰駟鐵小戎之歌與諸夏同風故曰夏聲是樂章名夏之證故周禮有九夏也引呂叔玉者解時邁所以用於延賓之意詩序云時邁巡守告祭柴望也故以爲大平巡守祭山川之樂歌敖氏曰周官言九夏次曰肆夏春秋言肆夏之三曰肆夏樊遏渠然則每夏之中各有篇數如肆夏之類乃其首篇名耳穆叔聘于晉晉侯享之金奏肆夏之三穆叔曰肆夏天子所以享元侯也使臣不敢與聞此惟奏肆夏而不及樊遏渠其辟天子之享禮與胡氏肇昕曰敖說是也國語云金奏肆夏繁遏渠

是肆夏樊遏渠合爲肆夏之三所謂三夏是也賓出入奏肆夏而穆叔譏之者孔氏廣森經學卮言謂諸侯惟用肆夏一章天子享元侯乃得備昭夏納夏非謂僭肆夏謂僭肆夏之三耳本合奏肆夏今幷奏樊遏渠猶本合歌鹿鳴今幷加歌文王穆叔故從而譏之也盛氏曰鄭引周禮易尸爲賓非天子宗廟之中尸出入以鍾鼓奏之詩云鼓鍾送尸是也周禮謂之金奏此及燕禮但云奏肆夏不聞以金蓋卽賓出鼓陔之意明與天子異矣傳言晉侯金奏肆夏之三是僭天子也胡氏肇昕曰此說非也天子與諸侯異者在於肆夏之三與肆夏耳不在於金奏也左傳言金奏肆夏周禮言以鍾鼓奏九夏則奏肆夏者必以金奏之可知也禮經於賓出入言奏肆夏故鄭引周禮易尸爲賓以此禮亦同於尸出入也賈疏曰燕禮記云若以樂納賓則賓及庭奏肆夏鄭云卿大夫有王事之勞則奏此樂焉此亦同彼注也若臣無王事之勞則如常燕無以樂納賓法也盛氏曰燕禮經故不以樂納賓惟與四方之賓燕則奏之大射禮重故雖以己之臣子爲賓而納之必以樂豈問其有王事之勞與否哉疏誤矣方氏苞曰燕以云慈惠宐略於儀節故納賓公卽席及受獻皆不用樂大射以辨尊卑別賢能宐詳於度數故公卽席受獻皆以樂尊尊也

納賓以樂賢賢也大夫以下無脅而獲者釋獲有脅報勤也肆夏之詩曰明昭有周式序在位又曰我求懿德肆于時夏與大射辨尊卑別賢能之義相應燕而撕用肆夏以納賓其必臣有動勞功伐而加隆焉以厲羣臣與案此說與疏合

**賓升自西階主人從之賓右北面至再拜賓荅再拜**主人宰夫也又掌賓客之獻飲食君於臣雖爲賓不親獻以其莫敢抗禮 疏 正義曰韋氏協夢曰主人從之從之升西階也燕禮言主人亦升自西階與此文互備也方氏苞曰主人從賓之後既升堂則北面而立俟賓就席然後拜其至故不曰拜至而曰至再拜也 注云主人宰夫也者釋官曰主人膳宰也注誤辨見燕禮

**主人降洗洗南西北面**賓將從降鄉之不於洗北辟正主 疏 正義曰注云不於洗北辟正主者以鄉飲酒鄉射主人降洗洗北南面是正主此不於洗北是辟正主也

**賓降階西東面主人辭降賓對**對荅

**主人北面盥坐取觚洗賓少進辭洗主人坐奠觚于篚興對賓反位**賓少進者所辭異宐違其位也獻不用爵辟正主

**主人卒洗賓**

揖乃升賓每先升揖之疏正義曰校勘記曰乃升唐石經徐本通解敖氏俱無乃字注揖之徐本通解俱作尊也主人升賓拜洗主人賓右奠觚荅拜降盥賓降主人辭降賓對卒盥賓揖升主人升坐取觚取觚將就瓦甒酌膳執冪者舉冪主人酌膳執冪者蓋冪酌者加勺又反之反之覆勺疏正義曰敖氏曰舉冪之儀當與蓋冪者相類蓋主人取觚而適尊所執冪者則進而發其冪之反者主人取勺執冪者乃舉冪也又反之亦執冪者也筵前獻賓賓西階上拜受爵于筵前反位主人賓右拜送爵賓旣拜於筵前受爵退復位疏正義曰注云賓旣拜於筵前受爵者以經文受爵於筵前爲倒句法也燕禮曰筵前受爵宰胥薦脯醢宰胥宰官之吏也不使膳宰薦不主於飲酒變於燕疏正義曰敖氏曰宰胥宰之屬也薦賓者與公同亦盛之盛氏曰宰胥膳宰之吏也周禮序官膳宰下云胥十有二人是已燕禮膳宰薦賓胥薦主人今薦賓乃使胥者主於射而略於燕也韋氏協夢曰觀下設折俎亦

不以膳宰而以庶子則宰胥庶子特攝膳宰之事耳釋官曰下獻公亦宰胥薦脯醢不使士薦亦爲變於燕**賓**

**升筵庶子設折俎**庶子司馬之屬掌正六牲之體者也鄉射記曰賓俎脊脅肩肺不使膳宰設俎爲射變於燕疏正義曰庶子司馬之屬掌正六牲之體者也者周禮諸子職文釋官曰諸侯庶子與諸子同云不使膳宰設俎爲射變於燕者燕禮設賓俎亦膳宰此用庶子變於燕也**賓坐左執觚右祭脯醢奠爵于薦右興取肺坐絶祭嚌之興加于俎坐捝手執爵遂祭酒興席末坐啐酒降席坐奠爵拜告旨執爵興主人荅拜**降席席西也旨美也**樂闋**闋上也樂止者尊賓之禮盛於上也疏正義曰張氏爾岐曰惟盛得有樂也燕禮記云賓及庭而奏陔夏賓拜酒主人荅拜而樂闋亦謂啐酒告旨時此燕己臣子法郊特牲云賓入大門而奏肆夏卒爵而樂闋彼燕朝聘之賓法也吳氏廷華曰盛於上謂堂上飲酒之禮盛不以堂下之樂爲盛故樂闋也**賓西階上北面坐卒爵興坐奠爵拜執爵興主人荅**

拜疏正義曰：韋氏協夢曰凡奠爵拜者皆執爵興然後荅拜者荅拜之經或不言執爵可以側見之也

右主人獻賓

賓以虛爵降既卒爵將酢也主人降賓洗南西北面坐奠觚少進辭降主人西階西東面少進對賓坐取觚奠于篚下盥洗篚下篚南疏正義曰敖氏曰西階西非主人之正位以從降暫立於此耳主人既對不言反位亦文省方氏苞曰禮與燕同而於賓增北面於主人增西階然後賓主所立之位愈明主人辭洗賓坐奠觚于篚興對卒洗及階揖升主人升拜洗如賓禮賓降盥主人降賓辭降卒盥揖升酌膳執冪如初以酢主人于西階上主人北面拜受爵賓主人之左拜送爵賓南面授爵乃於左拜凡授爵鄉所受者主人坐祭不啐酒啐正主也未薦者臣也不拜酒主人之義燕禮曰不拜酒不告

旨疏正義曰此不云不告旨者不拜酒則不告旨矣**遂卒爵興坐奠爵拜執爵興**

**賓荅拜主人不崇酒以虛爵降奠于篚**不崇酒辭正君也崇充也謂謝酒惡相充實疏正義曰注正君校勘記曰君徐本作主**賓降立于西階西東面**既受獻矣不敢安盛**擯者以命升賓賓升立于西序東面**命公命也東西牆謂之序疏正義曰方氏苞曰燕禮射人案節而升賓不復請於君也此曰以命蓋君重其禮而特命之胡氏肇昕曰燕禮注引此經則鄭於燕禮亦謂以命升賓也特文省耳方說非

右賓酢主人

**主人盥洗象觚升酌膳東北面獻于公**象觚觚有象骨飾也取象觚東面不言賓之變於燕疏正義曰注觚有象骨飾也校勘記曰飾下徐本通解俱有者字**公拜受爵乃奏肆夏**言乃者其節異於賓疏正義曰注云其節異於賓者賓及庭奏君受爵乃奏也**主人降自**

西階阼階下北面拜送爵宰胥薦脯醢由左房庶子設折俎升自西階自由也左房東房也人君左右房鄉射記曰主人俎脊脅臂肺也疏正義曰敖氏曰凡堂上之薦皆由左房特於君見之耳公祭如賓禮庶子贊授肺疏正義曰盛氏曰燕禮士薦膳宰設且贊授肺此皆與之異者亦爲主於射而略之也不拜酒立卒爵坐奠爵拜執爵興凡異者君尊變於賓疏正義曰謂不拜酒立卒爵等皆變於賓也主人荅拜樂闋升受爵降奠于篚

右主人獻公

更爵洗升酌散以降酢于西階下北面坐奠爵再拜稽首公荅拜更易也易爵不敢襲至尊古文更爲受疏正義曰敖氏曰此亦當酌膳云酌散誤也郝氏曰燕禮酌膳此酌散燕禮主飲故叨君惠大射主禮不敢同於君也姜氏曰酌方壺酒曰酌散燕禮酌膳而此酌散者燕

禮賓主之情大射君臣之義也方氏苞曰燕禮酌膳志恩禮渥洽而不敢怠也大射酌散示等級分明而不敢苟也案後三說皆與敖異吳氏廷華曰上文賓酢主人酌膳此主人自酢于公所以達公意亦酌膳也敖說得之公荅拜燕禮作公荅再拜姜氏曰此下燕禮多荅再拜而大射但荅拜義亦如之**主人坐祭遂卒爵興坐奠爵再拜稽首公荅拜主人奠爵于篚**

**右主人受公酢**

**主人盥洗升媵觚于賓酌散西階上坐奠爵拜賓西階上北面荅拜**媵送也散方壺之酒也古文媵皆作騰〔疏〕正義曰注古文媵皆作騰胡氏承珙曰此注古文疑當作今文傳寫誤耳鄭注檀弓云禮揚作媵禮郎禮經謂禮經古文皆作媵若禮記則今文其作揚與與禮經今文作騰者義合故知此作騰者必今文也**主人坐祭遂飲賓辭卒爵興坐奠爵拜執爵興賓荅拜**辭者辭其代君行酒不立飲也比於正主酬也**主人降洗賓**

降主人辭降賓辭洗卒洗賓揖升不拜洗不拜洗酬而禮殺也主人酌膳賓西階上拜受爵于筵前反位主人拜送爵賓升席坐祭酒遂奠于薦東遂者因坐而奠之不北面也奠之者酬不舉也【疏】正義曰方氏苞曰凡奠于薦東之觶不飲何也燕與大射公卿皆未得獻賓已受獻且隨當受君之酬故不飲主人之酬爵以示不敢再先於公卿俟受君之酬而以酬公卿大夫然後事順而情安也主人之酬爵君不可用以酬賓故別舉媵觶而薦東之觶又不得他用則俟禮終而徹之可矣鄉飲鄉射不用薦東之觶義與此同其舉薦西之觶以旅則以事各不同而節文亦少異耳主人降復位賓降筵西東南面立賓不立於序內位彌尊

右主人酬賓

小臣自阼階下請媵爵者公命長命之使選於長幼之中也卿則尊士則卑【疏】正義曰方氏苞曰長謂五大夫爵列之尊者故小臣以次作二大夫而不復請於君也公爲公卿舉旅曰若賓若長

則非以長幼言可知小臣作下大夫二人媵爵作使媵爵者阼階下皆北面再拜稽首公荅拜再拜稽首拜君命媵爵者立于洗南西面北上序進盥洗角觶升自西階序進酌散交于楹北降適阼階下皆奠觶再拜稽首執觶興公荅拜序次第也猶代也先者旣酌右還而反與後酌者交於西楹北相左俟於西階上乃降往來以右爲上古文曰降造阼階下

疏正義曰皆奠觶再拜稽首方氏苞曰上稽首拜媵爵之命也此稽首拜飲觶之賜也賓未酬而先賜媵爵者飲何也凡酬必先自飲而後致爵於人媵爵者之飲乃代君也酬爵四舉非有代者君豈能勝褚氏寅亮曰燕禮及此注俱云往來以右爲上各居右卽相左矣故凡往來相交通例無論堂上堂下經或言相左或不言相左俱無有不相左者其向西者必在北向東者必在南向南者必在西向北者必在東自不至履錯然矣賈氏此經疏及鄉射司馬司射相交疏甚明燕禮疏誤集說言經不言相左者俱相右故以此爲退者在東進者在西則尤非經於往來相交之儀無二例惟凶

事則變於吉而相右故鄭注既夕禮云吉事交相左凶事交相右如敖說則混吉于凶矣可乎　注古文曰降造阼階下鄭不從者胡氏承珙曰案說文適之也造就也義本相近故小爾雅造適也造亦訓適然禮經多用適少用造惟士喪禮新盆槃瓶廢敦重鬲皆濯造于西階下注云造至也猶餼也以造言之喪事遽是鄭意以造字義別故於此不從古文與

媵爵者皆坐祭遂卒觶興坐奠觶再拜稽首執觶興公荅再拜

疏正義曰姜氏曰此亦荅再拜者葢重祭也方氏苞曰燕禮主人自酢賓受酬二大夫媵觶公皆荅再拜大射皆荅一拜惟此荅再拜何也燕主慈惠故過禮以明恩大射辨名分主人士也君於士不荅拜以爲獻主而拜荅焉禮已過矣賓與媵觶大夫也本當荅拜故一循其常而於二大夫卒觶時閒荅再拜以別於士賓則公飲射爵而夾爵及媵觶于公升荅再拜以別於衆大夫又所以稱禮之輕重而爲之降殺也胡氏肇昕曰二說皆不足據盛氏世佐曰此云荅再拜衍一再字耳韋氏協夢曰凡臣拜君再拜者君亦荅再拜上兩公荅拜不言所拜者文不具

媵爵者執觶待于洗南待待君命小臣請致者請君使一

人與二人與不必君命

若命皆致則序進奠觶于篚阼階下皆北面再拜稽首公答拜媵爵者洗象觶升實之序進坐奠于薦南北上降適阼階下皆再拜稽首送觶公答拜既酌而代進往來由尊北交於東楹北亦相左奠於薦南不敢必君舉

疏 正義曰注云既酌而代進往來由尊北交於東楹北亦相左者賈疏云言亦者亦相酬酌自飲時相左於西楹之北時後者南相東向先者北相西面向向西階右旋北面待後至降也今此二人先者於尊西東面酌訖於東楹之北東向向公前奠之右旋於東楹之北北畔西過後者亦於尊西東面酌訖於東楹之北南過東向於公前奠之是亦交於楹北相左也韋氏協夢曰交於楹北有相右相左二義賈疏燕禮以相右言此因注有相左之文又以相左言二說相兼而旨始備焦氏以恕曰上注言先者既酌右還而反與後酌者交於西楹北相左俟於西階上乃降往來以右爲上考鄉射大射凡射者升降皆言相左而燕禮媵爵則交相右明係二禮互變可知敖氏以經不言相左但言交者皆相右而燕射不變者良爲允矣鄭於禮學最精必

審諦而後出之況射者之交相左見於前後者非一恐非卒爾釋此當可兩通云

**滕爵者皆退反位**反門右北面位疏正義曰郝氏曰反位反庭中北面之位大夫初與卿皆入門右北面及公揖卿西面面北上揖大夫少進則大夫北面進至庭中矣鄭云反門右北面之位非也

**右二人滕觶將爲賓舉旅酬**

**公坐取大夫所滕觶興以酬賓賓降西階下再拜稽首小臣正辭賓升再拜**公起酬賓於西階降尊以就卑也正長也小臣長辭變於燕升成拜復再拜稽首先時君辭之疏正義曰賓升成拜校勘記曰案顧炎武於禮若未成然張爾岐俱云唐石經拜誤作敗然石經實作拜○正長也小臣長辭變於燕者鄭以燕禮使小臣辭此使小臣正辭爲變也釋官曰燕禮亦小臣正辭注云變於燕非也燕禮所行事皆小臣正掌之而小臣師無事故不須言正此篇正與師皆有事故須言正以別之前此設公席請執冪者與羞膳者請滕爵者作下大夫二人滕爵請致者皆直云小臣不別言正者以前此小臣事省但

於小臣師別之曰小臣師納諸公卿大夫小臣詔揖諸公卿大夫而其餘單言小臣者爲小臣正可知射時小臣事繁若設楅委矢設中公射贊袒贊襲拂矢授矢之類正與師皆同時有事故必須別之曰正曰師此時公酬賓小臣雖無事而亦必別言正辭者以射時飲公侍射者降拜別之曰小臣正辭故此亦著其爲正以見辭下拜之事前後皆小臣正主之此經文屬詞之義敖氏曰小臣正辭亦公命之方氏苞曰拜下禮也故主人獻公大夫媵觶皆聽其稽首於階下而不辭惟於賓則略君臣之分而執賓主之禮故命小臣辭而升成拜且始猶拜於下而後辭旣則不待其拜而升之皆異敬也公以賓所媵觶賜人亦不待其拜而升之蓋所賜必諸公若諸卿之長或君之師保故與賓同禮然君雖有異敬而臣宜守常禮故至君命徹冪則賓與公卿大夫皆降拜稽首公雖命辭而終不升成拜

**公坐奠觶荅拜執觶興公卒觶賓下拜小臣正辭賓升再拜稽首**不言成拜者爲拜故下賓未拜也下不就拜禮也下亦降也發端言降拜因上事言下拜【疏】正義曰下不就拜禮也校勘記曰就徐本通解俱作輒禮下徐本通解俱有殺字○韋氏協夢曰上言賓降西階下再拜

稽首此言賓下拜降與下特記者偶異其文耳注謂發端言降因上事言下拜則賓媵觶于公何以發端言下拜繼言降拜乎又曰此下凡言小臣正辭者亦不俟公命卽辭之也知不俟公命者上賓降拜公命小臣正辭小臣正受公命然後降辭賓則賓已再拜稽首矣故升以成之此賓甫降小臣卽辭之故降而未拜遂升再拜稽首若俟公命則賓亦已再拜稽首矣何以直言下拜乎褚氏寅亮曰上經公于媵爵者或言荅拜或言荅再拜則皆再拜可知不言再省文耳此經公荅賓亦同疏謂大射辨尊卑故公荅一拜恐未然

**公坐奠觶荅拜執觶興賓進受虛觶降奠于篚易觶興洗**賓進以臣道也君受虛爵君不親酌凡爵不相襲者於尊者言更自敵以下言易更作新易有故之辭也不言公酬賓於西階上及公反位者尊君空其文也【疏】正義曰注賓進以臣道也校勘記曰也徐本通解俱作就陳閩監葛俱無○敖氏曰言興洗見洗則立也張氏爾岐曰公授賓爵卽反位

**公有命則不易不洗反升酌膳下拜小臣正辭賓升再拜稽首公荅拜**不易君義也不洗臣禮也【疏】正義曰張氏爾岐曰君荅拜於

阼階上旅命也賓欲以次序勸諸臣酒

賓告于擯者請旅諸臣擯者告于公公許旅命也賓欲以次序勸諸臣酒疏正義曰敖氏曰旅旅酬之也賓因君所賜請旅諸臣所以廣君賜也公許擯者又以告賓乃旅也方氏苞曰祭祀賓客獻酬本無或遺而燕射舉旅必使賓請者自賓言之則不敢專惠自君言之則推惠於賓而使浹於上下也公卿之請所以推惠於公卿而使浹於諸大夫也大夫之請所以推惠於大夫而使浹於羣士也士舉旅而後獻庶子有司則士之請又推惠於士而以浹於庶子有司也惟賓之請見於經而燕禮記曰凡公所酬旣拜請旅侍臣蓋據爲公卿大夫士舉旅受爵者皆曰如初請酬之文惟見大射何也大射禮重於燕於燕舉之或疑大射辨尊卑簡賢能一稟於君命或無此節於大射舉之則燕不待言矣以告於擯者以射者無自請於君之儀也

賓以旅大夫于西階上擯者作大夫長升受旅作使也使之以長幼之次先孤卿後大夫疏正義曰校勘記曰注卿後大夫四字今本脫徐本通解俱有

賓大夫之右賓在右相飲之位疏正義曰校勘記曰今本脫注徐本通解俱有案釋文有相飲二字

坐奠觶拜執

觶興大夫荅拜賓坐祭酬而禮殺疏正義曰校勘記曰今本脫注徐本通解俱有立卒觶不拜若膳觶也則降更觶洗升實散大夫拜受賓拜送言更觶尊卿尊卿則賓禮殺疏正義曰校勘記曰今本脫注徐本通解俱有遂就席疏正義曰盛氏曰賓初立於西序東面旣乃於筵西東南面立至是始就席禮以漸而殺也燕禮無此三字文略耳大夫辯受酬如受賓酬之禮不祭酒卒受者以虛觶降奠于篚復位卒猶已也今文辯作徧疏正義曰校勘記曰今本脫注徐本通解俱有

右公取媵觶酬賓遂旅酬

主人洗觚升實散獻卿于西階上酬賓而後獻卿飲酒禮成於酬疏正義曰校勘記曰洗酬酬唐石經徐本通解敖氏俱作觚注今本脫徐本通解俱有司宮兼卷重席設于賓左東上言兼卷則每卿異席重席蒲筵緇布純席卿言東上統於君席自房來疏正義曰校勘記

曰今本脫注徐本通解俱有案釋文有布純二字卿升拜受觚主人拜送觚卿辭重席司宮徹之徹猶去也重席雖非加猶爲其重累辭之辟君疏正義曰方氏苞曰賓有加席而卿轉辭因其辭而遂徹之何也上則體君之意以致隆於賓下則不敢過諸公也乃薦脯醢卿升席庶子設折俎卿折俎未聞蓋用脊脅臑折肺卿有俎者射禮尊疏正義曰薦脯醢不言其人盛氏曰蓋亦宰胥也　注云卿折俎未聞蓋用脊脅臑折肺者賈疏云若有諸公　公用臑卿宜用肫也盛氏云注云卿用臑謂上卿耳其下二人者則又折以上卿之餘體也云卿有俎者射禮尊者盛氏曰卿有折別之於大夫也亦辯尊卑之義　卿坐左執爵右祭脯醢奠爵于薦右興取肺坐絕祭不嚌肺興加于俎坐捝手取爵遂祭酒執爵興降席西階上北面坐卒爵興坐奠爵拜執爵興陳酒肴君之惠也不嚌啐亦自貶於君疏正義曰校勘記曰注不嚌啐陳閩監葛俱誤作肺亦自貶於君徐本通解俱作事在射臣之意與單疏標

目合○姜氏曰祭肺不嚌猶祭酒不啐皆降於賓也不言不啐酒蓋省文韋氏協夢曰此禮詳於燕者燕無俎而射有俎也旣祭酒卽執爵興則亦不啐酒不告旨可知**主人荅拜受爵卿降復位**復西面位**不酢**辟君**辯獻卿主人以虛爵降奠于篚擯者升卿卿皆升就席若有諸公則先卿獻之如獻卿之禮席于阼階西北面東上無加席**公孤也席之北面爲大尊屈之也亦因阼階上近君近君則親寵苟敬私昵之坐

疏 正義曰燕與大射諸公皆無加席與卿辭重席之意同以戚君致隆於賓之義也又位在阼階若加席則上儗於君故設席時本無加席不待其辭

**右主人獻卿**

**小臣又請媵爵者二大夫媵爵如初請致者若命長致則媵爵者奠觶于篚**命長致者使長者一人致也公或時未能舉自優暇**一人待于洗**

南不致者長致者阼階下再拜稽首公荅拜再拜稽首拜君命洗象觶升實之坐奠于薦南降與立于洗南者二人皆再拜稽首送觶公荅拜奠于薦南先媵者上觶之處也二人皆拜如初共勸君飲之

右二人再媵觶

公又行一爵若賓若長惟公所賜一爵先媵者之下觶也若賓若長禮殺也長孤卿之尊者也於是言賜射禮明尊卑以旅于西階上如初賜賓則以酬長賜長則以酬賓大夫長升受旅以辭大夫卒受者以虛觶降奠于篚

右公又行一觶爲卿舉旅

主人洗觚升獻大夫于西階上大夫升拜受觚主人拜送觚大夫坐祭立卒爵不拜既爵主人受爵大夫降復位旣盡

也大夫卒爵不拜賤不備禮胥薦主人于洗北西面脯醢無脀胥宰官之吏主人下大夫也先大夫薦之尊之也不薦於上辟正主脀俎實辯獻大夫遂薦之繼賓以西東上若有東面者則北上卒擯者升大夫大夫皆升就席辯獻乃薦略賤也亦獻後布席也疏正義曰注云辯獻乃薦略賤也者張氏爾岐曰每獻一人訖降階獻徧擯者乃總升之就席就席訖乃薦之

右主人獻大夫

乃席工于西階上少東小臣納工工六人四瑟工謂瞽矇善歌諷誦詩者也六工大師少師各一人上工四人四瑟者禮大樂衆也疏正義曰敖氏曰大射差重於燕又加瑟者二人然則諸侯之祭饗歌與瑟者各四人與以是推之天子之制其隆殺之數亦可知矣盛氏曰工六人諸侯之正禮也然則天子蓋用八矣春秋隱五年左傳云公問羽數于衆仲對曰天子用八諸侯用六大夫四士二亦其例也敖說

非

僕人正徒相大師僕人師相少師僕人士相上工徒空手也

僕人正僕人之長師其佐也士其吏也天子視瞭相工諸侯兼官是以僕人掌之大師少師工之長也凡國之瞽矇正焉杜蒯曰曠也大師也於是分別工及相者射禮明貴賤

【疏】正義曰敖氏曰上工即上瞽周官上瞽百人盛氏曰上工即堂上之工也對下羣工爲堂下之工而言敖云即上瞽非案釋官亦云周禮瞽矇有上瞽中瞽下瞽此上工當彼上瞽也　注云僕人正僕人之長師其佐也士其吏也天子視瞭相工諸侯兼官是以僕人掌之者盛氏曰僕人正僕人師皆相於天子爲大僕也周禮大僕下大夫二人諸侯則上士也一爲正其一爲師僕人士則祭僕以下與以此等官相工重其事也分別相之辨尊卑也燕禮皆以小臣注云以僕人掌視瞭非也釋官曰案周禮小臣下有御僕此經僕人與小臣聯職疑即御僕之官左傳晉魏絳授僕人書杜注僕人晉侯御僕國語韋注云僕人掌傳命又魯語宣公使僕人以書命季文子周禮御僕職云掌羣吏之逆及庶民之復鄭司農云復謂奏事逆謂受下奏又云掌王之燕命是左傳國語所言僕人其職與周禮御僕正合天子有大僕小臣祭僕御僕皆同官諸侯無大

僕惟有小臣及僕人亦當同官共府史胥徒周禮御僕下士此注以僕人士爲吏則正與師當是士以諸侯小臣下無祭僕故僕人正僕人師亦以下士爲之也又曰僕人小臣皆侍從之官與僕馭官別周禮大僕注云僕侍御於尊者之名周禮有大僕小臣等官又別有大馭中大夫與戎僕齊僕道僕田僕馭夫皆掌馭車左傳諸侯有僕人又別有戎御等官其職各不相通漢書百官公卿表云大僕秦官掌輿馬注應劭曰周穆王所置蓋大御衆僕之長中大夫也是秦制以大僕掌輿馬而後之言官制者遂誤合兩職爲之矣云大師小師工之長也凡國之瞽矇正焉者釋官曰案論語有大師摯少師陽是諸侯亦有大師少師之官凡言工皆瞽矇也大師少師亦瞽者爲之故通稱工注云大師少師工之長最確大師樂工之長非樂官之長周禮春官敘官有司樂樂師同官其職掌教國子與尙書典樂官同非瞽者爲之鄭注云大師樂官之長是也又別有大師少師瞽矇皆同官鄭注云凡樂之歌必使瞽矇爲焉命其賢知者以爲大師少師故周禮大史職注云大師瞽官之長是也韋昭注國語曰大師樂官之長杜預注左傳云大師掌樂大夫皆由㕣卻大師上尙有掌樂之官天子謂之大司樂諸侯謂之樂正也云杜蒯曰曠也大師也

者禮記檀弓文引之以證大師爲樂工之長也云射禮明貴賤者以燕禮皆小臣相工不分別工及相者與此異也吳氏廷華曰僕人士無考大概大僕之屬如上中下士耳注以爲吏疏以爲府史胥徒若然則烏得與僕人正等同在相者之列邪**相者皆左何瑟後首內弦挎越右手相**謂相上工者後首主於射略於此樂也內弦挎越以右手相工由便也越瑟下孔所以發越其聲者也古文後首爲後手〔疏〕正義曰注云後首主於射略於此樂也者韋氏協夢曰燕禮面鼓執越此後首挎越者蓋變於燕也大射之必變於燕者亦猶鄉射之必變於鄉飲也但鄉飲後首挎越鄉射面鼓執越此燕面鼓執越大射後首挎越二者相反耳云古文後首爲後手者胡氏承珙曰鄭此注云後首主於射略於此樂鄉飲酒二人皆左何瑟後首注後首者變於君也燕禮小臣左何瑟面鼓注云燕尚樂可鼓者在前也鄉射禮相者皆左何瑟面鼓注面前也鼓在前變於君也案鼓即首也瑟可鼓之處近首不鼓之處近尾故當作首不作手春秋曹公子首公羊穀梁作曹公子手漢書古今人表數手說文作數首此古文首爲手者假借字鄭所不從吳氏廷華曰鄭知瑟在前者鄉飲禮所謂瑟先也**後者徒**

**相入**謂相大師少師者也上列官之尊卑此言先後之位亦所以明貴賤凡相者以工出入〔疏〕正義曰上列官之尊卑此言先後之位亦所以明貴賤者謂上先言僕人正與大師後言僕人士與上工是列官之尊卑此言上工與瑟在前大師少師在後是先後之位所以明尊卑也盛氏曰賤者先就事工之通禮也燕禮亦然但文有詳略耳注說似曲云凡相者以工出入者賈疏云欲見入時如此出時亦然**小樂正從之**從大師也後升者變於燕也小樂正於天子樂師也〔疏〕正義曰注云從大師也後升者變於燕也者賈疏云燕禮樂正先升又不使小樂正彼主於樂此則略於樂故也敖氏曰諸侯之小樂正下士也前三篇不言小以此見之也此樂盛於彼且用小樂正則彼可知矣大射乃亦不使大樂正者其餘祭饗之類與盛氏曰周禮序官云樂師下大夫四人上士八人下士十有六人然則諸侯之樂正上士小樂正下士明矣燕禮使樂正此乃云小樂正者疏以爲略於樂是也工用六人以示其禮之重樂正使下士以示其樂之略意各有主也從大師而升者以其卑也其序又與工相變也鄉飲酒鄉射皆使樂正者彼是大夫之樂正也大夫之樂正皆以下士爲之無大小之別故射與飲酒禮同也釋官曰

案燕禮亦使小樂正以無大樂正故不須言小以別之疏未昀**升自西階北面東上**工六人**坐授瑟乃降**相者也降立於西縣之北疏正義曰相者降位蓋亦在西方盛氏曰僕人正以下皆士也其位當在西方注說非褚氏寅亮曰注謂立於西縣北者取近其事敖氏云西方大遠矣**小樂正立于西階東**不統於工明工雖衆位猶在此疏正義曰張氏爾岐曰燕禮工四人樂正升立於工之西在西階東此工六人數衆疑位移近西乃樂正猶立西階東不變是統於階而不統於工也盛氏曰燕禮樂正北面立於工西此云立於西階東亦文互見也吳氏廷華曰上言從此言立敖氏以爲後升是也此禮重於燕而樂正乃後升則正禮先工也**乃歌鹿鳴三終**鹿鳴小雅篇也人君與臣下及四方之賓燕講道修政之樂歌也言己有旨酒以召嘉賓與之飲者樂嘉賓之來示我以善道又樂嘉賓有孔昭之明德可則傚也歌鹿鳴三終而不歌四牡皇皇者華主於講道略於勞苦與諸事疏正義曰注可則傚也校勘記曰傚釋文作詨云亦作傚云歌鹿鳴三終而不歌四牡皇皇者華主於講道略於勞苦與諸事者四牡勞使臣皇皇者華言諮謀諮諏諮度諮

詢此不用之是略也敖氏曰三終謂歌鹿鳴之什三篇篇
各一終如春秋傳所謂工歌鹿鳴之三是也鄉飲酒之禮
歌鹿鳴四牡皇皇者華其義曰工歌三終則益可見矣韋
氏協夢曰凡歌詩皆連歌三篇無止歌一篇者況射重於
燕燕歌三篇而射歌一篇此必無之事也注謂歌鹿鳴三
終而不歌四牡皇皇者華非是胡氏肇昕曰射略於燕故
祇歌鹿鳴三終就鹿鳴一篇而三次歌之也經不云歌四
牡皇皇者華可證也下文乃管新宮三終亦就新宮一篇
而三次以管奏之也燕禮記亦云下管新宮笙入三成未
聞於新宮之外別有二詩也韋氏說非是褚氏寅亮曰若
謂兼歌四牡皇皇者華則鄉射記
之騶虞五終果何詩乎其謬顯然

**主人洗升實爵獻工工不興左瑟**工歌而獻之以事報之也洗爵獻工辟正主也獻不用觚工賤異之也工不興不能備禮左瑟便其右大師無瑟於是言左瑟者節也

疏 正義曰注云洗爵獻工辟正主也者賈疏云鄉飲酒鄉射云大師則
爲之洗其餘工不爲之洗是正主法此工六人皆爲之洗
故云辟正主也方氏苞曰鄉飲酒鄉射惟爲大師洗以衆
工不過族黨中知音樂者或國之中瞽下瞽耳燕與大射
則歌者必大師少師師卽上工亦異日之大師小師也故皆

洗以獻而竝及於笙大射禮繁故省獻笙之節耳盛氏曰洗者亦以其大師敬之也此惟爲大師一洗耳疏非韋氏協夢曰下云一人拜受爵則此爲之洗者亦僅一人而已其餘工五人卽以此一人之爵遞獻之不别爲之洗賤也胡氏肇昕曰盛韋二説是也下一人拜受爵注云謂大師也是亦大師則爲之洗也經不明著之者文省耳云獻不用觚工賤異之也者以獻賓獻卿大夫皆用觚而獻工則用爵是異之也敖氏曰爵卽觚也不言觚者可知耳韋氏曰爵者觚觶之通稱禮器謂貴者獻用爵賤者獻用散豈工賤而轉獻以貴者之爵乎敖説是也云大師無瑟於是言左瑟者節也者敖氏曰謂獻大師之時瑟者猶未受獻而其左瑟則以此時爲節也盛氏曰謂工四人之左瑟皆以主人實爵獻工爲節非必受獻乃然也

一人拜受爵謂大師也言一人者工賤同之也工拜於席

主人西階上拜送爵薦脯醢輒薦之變於大夫使人相祭使人相者相其祭薦祭酒卒爵不拜主人受虛爵衆工不拜受爵坐祭遂卒爵辯有脯醢不祭相者相其祭酒而已主人受爵降奠于篚復位疏正義

曰敖氏曰位洗北之位也○盛氏曰燕禮於升歌之後卽爲大夫舉旅此篇乃移在射後者急於射而緩於飲酒也方氏苞曰燕禮爲大夫舉旅在獻工之後笙入之前以其事與無算樂獻士相連故使媵爵者遲進而代獻以息獻主大射爲大夫舉旅退於旣射之後獻主之事至獻大夫獻工而中止則連而舉之可也

**大師及少師上工皆降立于鼓北羣工陪于後**

鼓北西縣之北也言鼓北者與鼓齊面餘長在後也羣工陪于後三人爲列也於是時小樂正亦降立於其南北面工立僕人立於其側坐則在後考工記曰鼓人爲臯陶長六尺有六寸

【疏】正義曰方氏苞曰旣無閒歌合樂則堂上之事畢矣故大師少師上工皆降也注云鼓北西縣之北也者賈疏云以下文大師少師始遷向東明此降者降在西縣之北敖氏曰鼓北北鎛南也不云鎛南者嫌與尊旅食者之意同也不取節於鼙者鼓大鼙小也盛氏曰立者謂大師以下六丁爲一行北面東上也知北面者以鄉飲酒及燕禮笙入之位推之可見鼓北西面階東建鼓之北也立於此者以當奏管近其事也注云西縣之北非若在西縣之北何得近舍頌磬而遙取節於鼓邪疏云取形大又面向東皆飾說也知亦不在鎛南者以

鼓鑮閒有鼙設縣之時鱗次櫛比其閒未必有餘地就有餘地豈能容此眾工及相者之位哉且鼗在建鼓之閒卽大師之所管者亦不宜舍之而遠立他所也胡氏肇昕曰敖說必不可通考下文接言乃管新宮三終則立於鼓北者當以盛說爲是鄭以鼓北爲西縣之北者蓋欲取節於西階之建鼓以建鼓面向南不向北也故云言鼓北者與鼓齊面餘長在後也張氏惠言曰蓋鼓長六尺六寸設之後與縣齊則前出於縣五尺許工之稍前於縣故以鼓爲節餘長在後者餘長其地使後空也云羣工陪于後三人爲列也者賈疏云大師少師二人上工四人今若立時三人爲列則大師有工二人少師後亦有工二人也張氏惠言曰此言大師少師爲一列羣工爲一列經文所以特立上工疏誤案敖氏郝氏亦皆以羣工爲上工敖云羣工卽上工謂瑟者四人也陪于後者其以鼓鑮之閒不足爲一列與前列二人後列四人皆當北上郝云大師立與鼓齊少師及四工皆陪列于後以俟奏管惟盛氏方氏謂羣工爲堂下之工卽眾管者案此之降立爲奏管故也大師少師上工皆堂上之工上工兼包四瑟者其羣工則眾管者也經不言笙之入卽此羣工是也其行列之數不可考盛氏謂立者大師以下六工爲一行陪于後者亦六人爲一

行知亦六人者以上三篇歌瑟四人堂下笙者亦四人推之可見但大師少師幷瑟者四人笙者四人止十人不得每行六人也疑十人爲三行大師少師一行四瑟者一行四笙者一行或十人爲三行上工六人爲一行羣工四人陪于後爲一行疑不能明也云於是時小樂正亦降立於其南北面者謂小樂正立於上工六人之南也盛氏曰小樂正降立於西北面云工立僕人立於其側坐則在後者僕人相工者故立與坐皆不離工也引考工記者證與鼓齊面餘長在後後之說也賈疏云彼云韗人爲皋陶先鄭云韗書或爲鞠後鄭謂鞠者以皋陶名官鞠郎陶字從革今云鼓人者誤當作鞠人鞠人掌鼓後人誤言鼓鼓人自在地官掌教六鼓矣褚氏寅亮曰自堂而降則立於西縣北自西而東則坐於東縣北皆在縣北也安有立於縣中鎛南鼓北之理如敖氏所云鄭鎛南鼓北餘地無幾焉能容兩列之位至謂歌工降而下管其誤也尤不待言

**乃管新宮三終**管謂吹簜以播新宮之樂其篇亾其義未聞笙從工而入旣管不獻略下樂也立於東縣之中【疏】正義曰注云管謂吹簜以播新宮之樂者敖氏曰此承上文言之是降者管之明矣春官大師少師皆云登歌下管簜一而已其太師管之與三終者管新宮幷及

其下二篇也二篇之名未聞書曰下管鞉鼓詩曰鞉鼓淵淵嘒嘒管聲旣和且平依我磬聲則管時亦奏此西方之樂以應之矣此不笙不合鄉樂者爲射故略於樂也不略小雅者小雅爲諸侯之正樂故不略其正亦如鄉射之不略鄉樂矣盛氏曰管之者大師諸人也管數未聞然以鄉射記三笙一和吹之則管亦不止於一矣管奏則堂下諸樂竝奏以應之故但云奏西方之樂非書曰下管鞉鼓合止柷敔笙鏞以閒奏管之時亦吹笙經不見笙入之文者以其不爲樂主略之也或云上經云簜在建鼓之閒注云簜笙簫之屬然則笙與管葢竝設也愚謂笙是匏屬不可云簜或說恐未是又案疏引燕禮記云下管新宮笙入三成以爲吹管者亦吹笙之證非也彼是管畢而後吹笙此則笙管竝奏管畢而樂終矣証與燕禮記同乎云笙從工而入旣管不獻略下樂也者盛氏曰旣管不獻者以奏管者旣受獻羣工賤又不奏管故也胡氏肇昕曰案注云旣管不獻略下樂也則以管之者非大師諸人也上云笙從工而入始以奏管者亦吹笙也云立於東縣之中者張氏爾岐曰注此句可疑案燕禮笙入立于縣中注云縣中縣中央也鄉飲酒禮曰磬南北面疏云諸侯軒縣闕南面而已故得言縣中鄉飲酒唯以磬縣而已不得言縣中而云

磬南注引鄉飲酒者欲見此雖軒縣近北面縣之南也此經初設樂無北面縣但移東縣建鼓在阼階西又設一建鼓在西階東正當北面一縣之處鼗在建鼓之閒注云鼗謂笙簫之屬倚於堂又與燕禮笙入所立之位同疑設之在此奏之亦於此至此管新宮三終注乃云立於東縣之中不知於經何據若云辟射位射事未至無可避也且上文大師立於鼓北亦當是此建鼓之北注以爲西縣之北不知西縣何以單名爲鼓竊疑大師等立此或亦以將奏管故臨之非徒立也至下管三終乃相率而東耳既從工而入工升堂笙卽立堂下亦其宜也胡氏肇昕曰張氏所論是也經云羣工陪于後羣工正指衆笙與大師諸人同立於建鼓之北近鼗之處春官大師少師職皆云登歌下管則管之者大師而吹笙者笙四人也燕禮記下管新宮笙入三成證以書下管鞉鼓合止柷敔笙鏞以閒是管與笙閒奏此經不言笙入不言笙入三成皆略耳非與燕禮記有異也鼗設而笙不必設以笙四人自執笙與瑟者何瑟相同盛氏及或說皆非是新宮三終亦就新宮一篇而三管之敖氏謂別有二篇姝屬無據

卒管大師及少師上工皆東坫之東南西面北上坐不言縣北統於堂也於是時大

樂正還北面立於其南

疏 正義曰：注「於是時」，校勘記曰：「于」誤作「工」。〇賈疏云：不言去堂遠近，當如鄉射遷工阼階之東南，堂前三笴，西面北上。敖氏曰：坫東南，當在東縣之東北。射事未至，工既管，乃不復升，而遂遷於此者，堂上之樂畢故也。郝氏曰：坫，堂下閣物處。冠禮有西坫，是堂東西皆有坫也。盛氏曰：東坫之東南，蕃在東縣之東也。注與敖說似非。注云「於是時大樂正還北面立於其南」者，盛氏曰：注「大樂正」當是「小樂正」之譌。樂終而不告備，亦以其略也。敖氏曰：於是小樂正北面立于其南，相者退立于西房。吳氏廷華曰：坫在堂角，此則東南角之坫也。

右作樂娛賓射前燕禮備

卷十三終

# 儀禮正義卷十四　鄭氏注

受業江寧楊大堉補

擯者自阼階下請立司正三爵既備上下樂作君將留羣臣而射宜更立司正以監之察儀法也疏正義曰敖氏曰君再舉旅而卽請立司正爲射故也公許擯者遂爲司正公許其請因命用之不易之者俱相禮其事同也疏正義曰褚氏寅亮曰擯者卽大射正也鄉射司正至射時轉爲司馬諸侯更有司馬正司馬師等官故司正始終不變其職下文司射亦以大射正爲之故敖氏謂諸侯之大射正二人司正適洗洗角觶南面坐奠立于中庭奠觶者著其位以顯其事威儀多也疏正義曰吳氏廷華曰中庭當在中堂下南北之中升東楹之東受命于公西階上北面命賓與諸公卿大夫公曰以我安賓諸公卿大夫皆對曰諾敢不安以我安者君意殷勤欲留之以我故安也疏正義曰敖氏曰此羣臣皆

爲射而來是時猶未射固無嫌於不安而司正乃受命以安之者緣其意若不敢必君之終行射事然也受命亦北面與請徹俎同張氏爾岐曰公曰以我安卽司正命衆之辭言公有命如此也司正降自西階南面坐取觶升酌散降南面坐奠觶奠於中庭故也疏正義曰校勘記曰南面坐奠觶奠石經補鈌敖氏俱誤作取注云奠於庭故也也徐本通解楊氏俱作處興右還北面少立坐取觶興坐不祭卒觶奠之興再拜稽首左還南面坐取觶洗南面反奠于其所北面立皆所以自昭明於衆也將於觶南北面則右還於觶北南面則左還如是得從觶西往來也必從觶西往來者爲君在阼不背之也疏正義曰校勘記曰南面坐取觶洗六字石經補鈌脫注得從觶西往來也從通解作於○敖氏曰北面立亦在觶南

右將射立司正安賓察儀

司射適次袒決遂執弓挾乘矢于弓外見鏃于弣右巨指

**鉤弦**司射射人也次若今時更衣處帳幃席爲之耦次在洗東南袒左免衣也決猶闓也以象骨爲之著右巨指所以鉤弦而闓之遂射韝也以朱韋爲之著左臂所以遂弦也方持弦矢曰挾乘矢四矢弣弓把也見鏃焉順其射也右巨指右手大擘以鉤弦　弦正義曰校勘記曰袒在旁挾由便也古文挾皆作接　疏　決遂袒唐石經作祖誤注帳幃席爲之帳徐本通解楊敖俱作張案張是也所以遂弦也所聶氏作裹弣弓把也把釋文楊氏俱作把○張氏爾岐曰此下方及射事有三耦不釋獲之射有三耦眾耦釋獲之射有以樂射共三番射亦略如鄉射之節自此至左右撫之與反位皆言三耦不釋獲之射司射納器比耦司射誘射三耦乃射射已取矢凡四節　注云司射射人也者敖氏曰亦大射正也燕禮曰大射正如司射是其徵矣諸侯之大射正蓋上士二人盛氏曰大射正與射人尊卑蓋有閒矣燕射以大射正爲司射此以射人爲司射不同者燕本不爲射故其初但以射人爲擯又爲司正及射而後以大射正爲司射此禮專爲射故其初卽以大射正爲擯爲司正至是則以射人爲司射也敖引燕禮釋此誤案盛氏駁敖說非也釋官亦云司射當亦大射正爲之云耦次在洗東南者賈疏云此無正文案鄉射記設楅

南北當洗此下三耦拾取矢出次西行又北行鄉楅則次在洗東南也云弣弓杷也見鏃焉順其射也者敖氏曰執弓左手執弣也挾乘矢矢于弓外謂挾四矢而矢在弦弣之外也見鏃于弣明其方執而左鄉及指間前後之節也

**自阼階前曰爲政請射**爲政謂司馬也司馬政官主射禮　疏　正義曰姜氏曰鄉射先請賓次請主人主於尊賓大射不請賓但請公主於尊君注云爲政謂司馬也者敖氏曰爲政爲射政者也言此者亦示己不敢擅其事也階前北面自於公方氏苞曰爲去聲言爲政典而請射主于事非指其人也國之大事在祀與戎故於禮辭特著其義曰爲政若鄉射以教學士燕射以樂賓無庸及此注以爲司馬之稱則司馬當自請於君不宓使司射請且君前臣名不宓隱其名而曰爲政也案爲政當以方說爲長

**遂告曰大夫與大夫士御于大夫**因告遂三耦於君御由侍也大夫與大夫爲耦不足則士侍於大夫與爲耦也今文於爲于　疏　正義曰校勘記曰遂告曰曰石經補缺誤作于注猶侍也猶陳閩監葛通解俱作由　注云因告遂三耦於君者敖氏曰此以在堂上者爲耦之法告公也張氏爾岐曰旣請射得命遂告君以比耦也盛氏曰敖說得

之注非云大夫與大夫爲耦不足則士侍於大夫與爲耦也者敖氏曰此大夫亦兼諸公卿而言不言士與士者略賤也方氏苞曰侯國三卿五大夫或從王事或交于友邦或疾或喪不能成耦故以士御之公卿不能成耦者亦以大夫御可知敖云不言士與士略賤非也與尊者作耦自宜特文以見之上經云戒士射則皆與射而自爲耦不待言矣韋氏協夢曰大夫與大夫爲耦常禮也但耦必兩人若餘一大夫則以大夫爲上射而以士爲下射故曰士御于大夫諸公不得稱大夫説已見燕禮此大夫亦祇謂三等大夫也不言諸公者諸公非常有若有諸公亦諸公爲上射大夫爲下射與胡氏肇昕曰此言在堂上者爲耦之法在堂上者不足則以在堂上者之士御于大夫故特告之曰若公卿大夫之耦在堂上者其爲耦自有一定之法無待告矣褚氏寅亮曰敖氏以此爲堂上爲耦之法告公似較注告選三耦之義爲長蓋三耦以士爲之而所貢之士容與其中故司射誘射有教之之意未必以大夫爲也且此時大夫已就席矣下此三耦而不著大夫降文可見三耦之爲士也吳氏廷華曰三耦當是鄉遂所貢士必無用士大夫之理鄉射與此經三耦外俱別有士大夫之耦則不當混而一之矣此方在請射之初不但未比士大夫

之耦且未比三耦烏得遂有大夫與大夫士御于大夫之說且如鄉射請射後即命弟子納器然後比三耦則此二語自不應在請射納矢之間疑此當在下文第二番射比耦節中諸公卿皆未降之下蓋錯簡耳注謂告遻三耦於君不知三耦未比烏得以所遻告君

遂適西階前東面右顧命有司納射器

納內也 疏 正義曰賈疏曰言有司則前文司士戒士射與贊者注云謂士佐執事不射者是也鄉射西階前西面命弟子納射器此言東面者君在阼宊向之右顧者以有司是士士在西階南東面是以右顧向之敖氏曰東面而右顧者爲有司在南也此有司其旅食者與上經云士旅食者在士南北面東上命之之儀如是者以其賤也盛氏曰東面右顧者示命出於君也有司敖說近是

射器皆入君之弓矢適東堂賓之弓矢與中籌豐皆止于西堂下衆弓矢不挾總衆弓矢楅皆適次而俟

中閭中算器也籌算也豐可奠射爵者衆弓矢三耦及卿大夫以下弓矢也司射矢亦止西堂下衆弓矢不挾則納公與賓弓矢者挾之楅承矢器今文俟作待 疏 正義曰注司射矢亦止西堂下

校勘記曰案疏所據本矢上似有弓字故賈氏辨其誤然述注仍無弓字未詳○敖氏曰總謂以物合而束之也眾弓眾矢異束之賓之弓與矢皆不在堂上遠下君也眾弓矢不挾亦以其多也中籌豐在堂西楅在次各近其所設處也俟者兼指射器之在三處者也盛氏曰東堂謂東序東也弓倚于東序矢在其下北拓　注云中閭中者賈疏云鄉射記云于郊則閭中據此大射故知閭中敖氏曰此射于公宮則中乃皮樹中也鄉射記曰君國中射皮樹中盛氏曰大射在郊敖說非云司射矢亦止西堂下者賈疏云下文云司射卒誘射遂適堂西改取一个挾之是也云今文俟作待者胡氏承珙云俟當本作竢說文人部俟訓大與此無涉竢部云竢待也彳部云待竢也二字義相轉注聲亦同部故可通用然禮經多用竢少用待故鄭從古文

**工人士與梓人升自北階兩楹之閒疏數容弓若丹若墨度尺而午射正莅之**工人士梓人皆司空之屬能正方圓者一從一橫曰午謂畫物也射正司射之長

疏 正義曰校勘記曰射正莅之莅陳閩監葛俱作蒞案莅蒞莅涖諸本錯出後不悉校注一從一橫曰午釋文一作壹○敖氏曰北階北堂之階也兩楹之

閒言當楅也疏數猶廣狹也言二物從畫相去廣狹之度也射正升階蓋自西階郝氏曰莅臨視也方氏苞曰南堂之前射正司禮事者掌射政者其獻薦者樂器射器皆陳焉工人士梓人司宮畫物外別無所共之事故竝立北階下升自北階自北堂由東房以至於堂也宗廟之祭婦人由北堂以入東房冠之日贊者入北堂以洗爵而酌于房中則東房與北堂相通明矣　注云工人士梓人皆司空之屬能正方圓者釋官曰左傳諸侯有工正之官工人士疑卽其屬考工記云梓人爲侯謂侯有采畫之事故與工人士主畫物也云一從一橫曰午謂畫物也者賈疏云度尺者卽鄉射記從如笴三尺橫如式尺二寸是也王氏引之述聞曰案度尺者其度一尺也度尺而午者從度一尺橫度亦一尺也大射爲諸侯之禮故不與鄉射同若仍以鄉射之物解之則經文何不云從三尺橫尺二寸而但云度尺邪考工記玉人之事璧羨度尺鄭注羨猶延其袤一尺是度尺爲度一尺之明證再以設乏例之鄉射之乏去侯北十丈西三丈從長而橫短猶物之從三尺橫長尺二寸亦從長而橫短也大射之乏去侯西北皆十步十步爲六丈從與橫等猶物之度尺而午亦從與橫等也大射之物與鄉射異度猶大射之乏與鄉射異度也鄭注鄉射記

不引度尺而午注大射儀不引物長如笴距隨長武則其不同可知賈氏未達鄭意耳案王氏解度尺是也云一從一横曰午者史記律書云午者陰陽交故曰午是午爲陰陽交互因之縱横交互亦謂之午也午與五聲同古相通用周禮壺涿氏則以牡橭午貫象齒而沈之注故書午爲五又左氏成十七年傳晉夷羊五晉語作夷羊午故五亦有交午之義說文五五行也从二陰陽在天地閒交午也五字古文作乂象陰陽交午之形一從一横曰午正五字古文之形也古之物象蓋取諸此說者謂若十字形非是褚氏寅亮曰工人士與梓人非内官北堂下恐無其位注俟考一從一横曰午從畫爲射者兩足閒之界横畫爲射者兩足立處卽距隨也二物皆然疏數容弓乃指二物横畫兩端中閒空地言容六尺則司馬往來不礙矣敖氏指爲從畫相去之數不太偏乎射正疑卽司射畫物以前尚仍本官之稱至西面誓耦則改稱司射猶擯者之改爲司正也

**卒畫自北階下司宮埽所畫物自北階下**

埽物重射事也工人士梓人司宮位在北堂下【疏】正義曰注云埽物重射事也者郝氏曰埽畫物處使分明張氏爾岐曰旣畫復埽之取略辨從横而已云工人士梓人司宮位在北堂下者賈疏云

其人升降自北階明位在北堂下盛氏曰工人士梓人司宮蓋皆下士也其位當在士南注云在北堂下非天子宮人以中士爲之則諸矦司宮爲下士明矣工人士梓人與司宮皆升降于北階知其亦賤矣

**大史俟于所設中之西東面以聽政**

中未設也太史俟焉將有事也鄉射禮曰設中南當楅西當西序東面

［疏］正義曰注云中未設也大史俟焉將有事也者敖氏曰鄉射禮曰設中南當楅西當西序又曰乃設楅于中庭南當洗是時中與楅皆未設大史蓋南當洗西直西序之西而立也政卽司射所誓之事張氏爾岐曰中尚未設而云所設中之西謂其擬設中之地之西也周禮春官大史職云凡射事飾中舍算執其禮事

**司射西面誓之曰公射大矦大夫射參士射于射者非其矦中之不獲卑者與尊者爲耦不異矦大史許諾**

誓猶告也古文異作辭

［疏］正義曰敖氏曰釋獲之事未至乃誓之欲其豫識之也郝氏曰時司射立西階前轉向大史誓之張氏爾岐曰矦以尊卑異同耦則卑者得與尊者共矦也　注云古文異作辭者胡氏承珙曰案異與辭雖聲可通而形義皆不

相近經言同耦則同射一侯故鄭從今文作不異案義疏曰鄉射初張侯不繫左下綱將射則命弟子繫之此張侯之初亦云不繫左下綱及將射經不言繫可知也

**遂比三耦**

比選次之也不言面者大夫在門右北面士西方東面　疏　正義曰賈疏云天子大射賓射六耦三侯畿內諸侯二耦四侯畿外諸侯三耦三侯若燕射則天子諸侯同三耦一侯而已卿大夫士例同一侯三耦盛氏曰周禮云以四耦射二侯內諸侯之賓射也此以三耦射三侯外諸侯之大射也其賓射亦當用四耦春秋襄二十九年左傳云范獻子來聘公享之射者三耦蓋與他國之臣射故爾疏誤又案周禮大司馬職云若大射則合諸侯之臣六耦此諸侯大夫射不使司馬比耦而使司射者遠下天子也　注云大夫在門右北面士西方東面者盛氏曰是時大夫在堂注云在門右非張氏惠言曰注以三耦大夫爲之司射就門東比耦不足乃就西方比士案大夫皆升就席門東無大夫經言遂比三耦明西面比士也吳氏廷華曰鄉射三耦爲習射之弟子與賓主及衆射者不同此經三耦儀節位次與鄉射等豈澤宮亦有習降之弟子與敖氏則以三耦爲士但西方諸士下所謂大夫之耦等自入卿大夫射中不在三耦之列或初試爲士者使習射

於此是未可知要之與射人六耦四耦各異也即如射人言諸侯四耦此大射固諸侯禮而經第言三耦其不同可知矣據傳不能備二耦說本指正射者言則射人所謂六耦四耦者正射者也此及鄉射所謂三耦者習射者也注乃以大夫士言之以門右北面等說釋不言面之義蓋據鄉射三耦南面司射北面相向比之則此比大夫當南面比士當西面面也不知上經明言三耦西面面北上則非北面東面之大夫士可知且三耦旣西面面則司射東面又可知乃以大夫士之位爲說不惑甚乎

**三耦俟于次北西面北上**未知其耦今文俟爲立

疏正義曰注云未知其耦者張氏爾岐曰但知爲三耦未知孰與孰耦也敖氏曰三耦皆士也亦司射前戒之故未先立於此以待比也俟于次北便其入也此乃未比時之位若旣比則位於次中矣郝氏曰三耦始誘射皆士次在堂下東南士立次外之北西鄉以俟鄉射三耦立堂西此立堂東者大射射器在東統於君也鄉射射器在西統於賓也盛氏曰大夫自受獻之後皆升就席至此經不見其其降而直云三耦俟于次北則三耦以士爲之明矣且鄉射三耦使弟子大射使士亦其宜也案注以三耦有大夫故云未知其耦考司射之誓云公云大夫云十則三耦宜

有大夫但經未明著大夫降席或初射之三耦皆以士爲之與**司射命上射曰某御于子命下射曰子與某子射卒遂命三耦取弓矢于次**取弓矢不拾者次中隱蔽處 疏 正義曰注云取弓矢不拾者張氏爾岐曰鄉射堂西取矢則拾取拾取更迭而取也敖氏曰亦命之讓取弓矢拾經文省耳盛氏曰注說非也於顯露處則修儀於隱蔽處則廢禮豈聖人制作之意哉當以省文之說爲正敖氏曰此下當有三耦袒決遂拾取弓矢之事亦文不具也三耦既取弓矢遂立于次中而西面北上褚氏寅亮曰注蓋言非不拾也拾而人不見之故不著其文

**右請射納器誓射比耦**

**司射入于次搢三挾一个出于次西面揖當階北面揖及階揖升堂揖當物北面揖及物揖由下物少退誘射**搢扱也挾一个挾於弦也个猶枚也由下物而少退謙也誘猶教也夫子循循然善誘人 疏 正義曰方氏苞曰大射有次非

獨以國君具官有張耦次者也州長會民于序習射尚功以角材力習威儀與射者皆少壯强有力之士無所用次大射則公卿大夫皆與焉老者立而待事必有所休息以安其筋骸貴者降于階庭必有所隱蔽以肅其體貌又鄉射舉於春秋而擇士以祭則兼冬夏嚴風烈日勢不可以無次若鄉射禮亦宜然則黨共射器何難具幄幙帟案哉敖氏曰既搢挾則立于三耦之北而後出次出次乃西面是由次北出矣此射三侯故不言視侯中不在物故不言俯正足　注云由下物而少退謙也者敖氏曰由下物少退以其亦射大侯故不敢履下物辟君也引論語又以證誘之義也吳氏廷華曰敖氏謂不履下物爲辟君但據下經上射亦履下物何也自當以注說爲是案義疏云鄉射三耦初在堂西且未取弓矢故誘射之先有取弓矢及進立于射位之節此比耦入次即取弓矢又次即射位司射位亦在次與彼經先立于所設中之西南後又就射位于三耦之北者不同故亦止以入次出次爲節

射三侯將乘矢始射干又射參大侯再發　將行也行四矢象有事於四方詩云四矢反兮以禦亂兮　疏　正義曰始射干誘射主於三耦也三耦士也故先射士侯乃次及其上大侯再發以其尊異之

也盛氏曰始射干亦以司射士也**卒射北面揖**揖於當物之處不南面者爲不背卿疏正義曰敖氏曰北面揖者爲下射與君同物不可南面揖于楹閒嫌也郝氏曰卒射北面揖敬君事殊於鄉射揖南面也盛氏曰此北面者執臣禮也雖爲上射亦然觀下經三耦卒射之儀可見矣注說固曲說後二說亦未爲得也方氏苞曰卒射大節故北面揖示爲誘射而射君之侯如復於君也鄉射之主人州長也故司射南面而揖大射君在阼司射在堂而南面對君以揖則義必不可蓋臣在君所奉命而執事時或南面司馬揚弓筮人抱著之類是也行禮則未有不北面者故雖聘賓啐醴必降筵北面注謂不背卿則鄉射公卿之位亦在尊東而南面揖敖氏曰爲下射與君同物不可南面然司射少退乃不敢踐君之射位非北面揖之正義也褚氏寅亮曰誘射者南面而射卽南面揖亦可而必北面者鄭謂不背卿是也如敖說則三耦射時上射不履君物何以亦北面揖**及階揖降如升射之儀遂適堂西改取一个挾之**改更也不射而挾矢示有事也疏正義曰敖氏曰如升射之儀爲堂上所不見之揖言也降而遂適堂西則不由其所立位之南矣此射者不在堂西射位

又不在西方故其儀與鄉射異盛氏曰如升射之儀者如其堂上三揖堂下三揖也每至故揖處皆北面揖及將折而北行適堂西則東面揖歟若然則降階亦南行當洗南而後西向北折以適堂西也經不以其位爲節者此時司射未有位也云遂者見其閒無他事也若自階下適堂西則堂下祇有二揖矣且非所以教衆耦威儀之法也敖說恐未是而階西有樂縣豈得由縣閒往來乎鄉射注云南面揖揖如升射故每至故揖處皆南面揖及北折而適堂西則西面揖皆與此異

**遂取扑搢之以立于所設中之西南東面**

扑所以撻犯教者也於是言立著其位也鄉射記曰司射之弓矢與扑倚于西階之西

疏 正義曰遂取扑校勘記曰盧文弨曰唐石經初竝作朴後改作才○敖氏曰遂取扑則扑亦在堂西矣所設中之西南其南北亦南于洗而東西則直西霤與此禮三耦之位在東方故司射至是乃得定其位於此與鄉射異也方氏苞曰鄉射無次故司射先立於中之西南使三耦先立於西南以俟射大射先比三耦於次北面命取弓矢俟誘射畢然後定位於中之西南也

## 右司射誘射

司馬師命負侯者執旌以負侯司馬師正之佐也欲令射者見侯與旌深志於侯中也負侯獲者也天子服不氏下士一人徒四人掌以旌居乏之待獲析羽爲旌

疏正義曰校勘記曰注欲令射者通解無欲字深志與侯中也與徐本通解楊氏俱作於掌以旌居乏之待獲旌陳閩監葛俱誤作族云司馬師正之佐也者盛氏曰司馬師蓋軍司馬之佐也釋官詳下司馬正注云負侯侯獲者也天子服不氏下士二人徒四人掌以旌居乏之待獲者賈疏云引天子服不氏者欲見諸侯亦三侯亦使服不氏與徒爲獲者也釋官曰周禮服不氏職曰射則贊張侯以旌居乏而待獲服不主唱獲故經文謂之獲者據下注負侯與獲者是二人但對文有異散文則其事均主於獲負侯亦謂之獲者是以注云負侯獲者也盛氏曰負侯者主負侯及取矢之事於天子射鳥氏也周禮射鳥氏職云射則取矢矢在侯高則以幷夾取之是其徵矣諸侯蓋以庶人在官者爲之三侯各一人注以爲即獲者非胡氏肇昕曰服不氏職有射則贊張侯以旌居乏而待獲之文而射鳥氏僅云射則取矢不足爲此經之證當

以注說爲是云析羽爲旌者周禮司常文敖氏曰旌謂翿旌鄉射記曰君國中射以翿旌獲盛氏曰凡獲者所持皆謂之旌司常職曰凡射共獲旌是也三侯之旌各不同大侯之旌以析羽爲之鄉射記云于郊則以旌獲是也參侯干侯之旌以襍帛爲之鄉射記曰旌各以其物是也其旌杠之長短亦異約鄉射記言之鄉侯上綱去地丈九尺二寸而旌杠長三仞依鄭說七尺曰仞則旌蓋出侯尺八寸矣由斯而推干侯與鄉侯同參侯去地三丈二尺五寸少半寸其旌當長三丈四尺三寸少半寸爲五仞而弱也大侯去地四丈八尺五寸少半寸其旌當長五丈三寸少半寸爲七仞而張也旌必出于侯尺八寸者欲射者見而識之且以爲別也敖以旌爲翿旌固非鄭統以析羽釋之而不知其別於經豈盡得哉褚氏寅亮曰命時立位亞在西階前南北之中大射在郊學中以閭獲以旌敖氏欲與注異而幷違經埴案義疏云鄉射命張侯遂命倚旌此上經未聞有倚旌之命下經言適侯執旌則旌固在侯上經不言命倚旌文省耳又三耦不言袒決遂可知也

**負侯者皆適侯執旌負侯而俟司射適次作上耦射**作使也

疏 正義曰敖氏曰東面作之盛氏曰鄉射射位在西故作射者西

面太射次在東故作射者東面也韋氏協夢曰作上耦亦當上下射之閒而作之也**司射反位上耦出次西面揖進上射在左竝行當階北面揖及階揖上射先升三等下射從之中等**上射在左便射位也中猶閒也疏正義曰注云上射在左便射位也者張氏爾岐曰發位竝行及升上射皆居左履物南面上射乃在右右物爲上也盛氏曰鄉射三耦東面北上上射本在下射之左大射三耦西面面北上立時上射在右及發位竝行則上射轉居左必居左者以便其就右物也下射在右就左物亦便褚氏寅亮曰鄉射耦東行上射在左則居北此耦西行上射在左則居南及階則上射總在西**上射升堂少左下射升上射揖竝行**竝併也併東行**皆當其物北面揖及物揖皆左足履物還視侯中合足而俟**視侯中各視其侯之中大夫耦則視參中參中十四尺士耦則視干中干中十尺疏正義曰校勘記曰還視侯中視視通解誤作侯注則視參中視誤作射○敖氏曰侯中干侯之中也盛氏曰三耦皆士皆當射干敖說是**司馬正適**

**次袒決遂執弓右挾之出升自西階適下物立于物間左執弣右執簫南揚弓命去矦**司馬正政官之屬簫弓末揚弓者執下末揚猶舉也適下物由上射後東過也命去矦者將射當獲也鄉射禮曰西南面立于物間疏正義曰命去矦校勘記曰矦石經補鈌閩監葛本俱誤作矦案提要云監本沿唐石經之誤今石經已鈌後人所補不足憑矦得舊本攷之注云司馬正政官之屬者賈疏云案天子有大司馬卿一人小司馬中大夫二人此雖諸矦禮亦應有小司馬號爲司馬正也敖氏曰司馬正與司馬師乃射時所立之官如司射之類也盛氏曰周禮序官云政官之屬大司馬卿一人小司馬中大夫二人軍司馬下大夫四人諸矦司馬卿小司馬下大夫各一人軍司馬蓋上士二人矣此云司馬正卽軍司馬之長也上云司馬師卽其佐也司射以射人爲之則司馬二人皆以士爲之亦其亞也知非司馬及小司馬者以三卿五大夫之位皆在堂不在下故也司馬正袒而決遂且挾弓大射禮重也鄉射禮云司射適堂西不決遂袒執弓方氏苞曰周官一曰正掌官法以治要二曰師掌官成以治凡謂六官之正與貳也此經司馬正與司馬師敖氏

以爲射時所立之官經旨始明注義亦可通周官大司馬教振旅辨鼓鐸鐲鐃之用伍長與二十五人之長皆得假以公司馬兩司馬之名則因射而立監得假以正與師之名明矣知非司馬之卿與貳者卿貳席位在堂上此正與師射時與司射聯事而終獻獲者則非卿貳決矣周官軍司馬下大夫四人與司馬上士八人行司馬中士十有六人侯國脅制雖降員數雖減而職司必具司馬正宜取諸軍司馬司馬師宜取諸輿司馬行司馬釋官曰案諸侯五大夫有小司馬疏謂號爲司馬正非也此司馬正司馬師射時所使監射事者正與師皆臨事設立之名非其官之本號諸侯小司馬卿貳之官席位在堂上卽經云小卿賓西東上者是此正與師射時與司射聯事又主獻服不不以卿貳爲之周禮小司馬下有軍司馬輿司馬行司馬左傳晉有中軍司馬上軍司馬國語又有元司馬輿司馬然則諸侯亦當有軍司馬與司馬之官以士爲之正與師蓋取諸此也又案鄉射以司正爲司馬止一人此篇別有司馬之官不以司正爲之又正與師各一人與鄉射異也云適下物由上射後東過也者敖氏曰適下物由上射後而少南行也此行而立於物間乃云適下物者下言司馬正出於下射之南還其後故於此惟據下物而言

負侯

**皆許諾以宮趨直西及乏之南又諾以商至乏聲止**宮爲君商爲臣其聲和相生也鄉射禮曰獲者執旌許諾古文聲爲磬

疏正義曰敖氏曰宮商皆謂諾聲也宮大商小趨直西至乏之南乃折而北不自侯西北行者不敢由便也古人步趨有法雖賤者猶謹之而不苟如此則其上者可知矣先宮後商乃止亦有漸也注云宮爲君商爲臣者樂記文引鄉射禮者證與此不同之意古文聲爲磬者胡氏承珙曰古文聲爲磬者字之誤

**授獲者退立于西方獲者興共而俟**大侯服不氏負侯徒一人居乏之相代而獲參侯干侯徒負侯居乏之不相代鄉射禮曰獲者執旌許諾聲不絕以至于乏坐東面偃旌興而俟古文獲皆作護非也

疏正義曰注云大侯服不氏負侯徒一人居乏之相代而獲參侯干侯徒負侯居乏之不相代者張氏爾岐曰授獲者謂以旌授代已而獲之人指大侯也餘二侯則負侯獲者本一人但偃旌而俟如鄉射所云也釋官曰案鄉射止一侯負侯者以一人爲之大射三侯大侯則服不負侯其徒代負參侯干侯則負侯獲者亦一人與大侯異也敖氏曰授獲者以旌也或曰者下當有旌字蓋文脫耳授旌而退三侯者皆然則其負侯

居乏者之相代亦宜同也退立于西方各當其乏之西與獲者旣偃旌於地乃興盛氏曰獲者大侯服不也周禮服不氏職云射則以旌居乏而待獲諸侯其以庶人在官者爲之與參侯于侯則其徒二人也孟子云庶人在官者其祿以是爲差則其尊卑亦微有辨矣負侯者各以其旌授獲者而退事畢也立于西方蓋在士南東面南上與知在士南者不敢與士序也東面異於士旅食者也南上統於侯也以負大侯者爲上負侯者位在西方獲者位在乏不相侵也舊說負侯居乏之相代恐未然鄉射以獲者兼負侯臣禮省也云古文獲皆作護非也者胡氏承珙曰古文獲作護者聲之誤

**司馬正出于下射之南還其後降自西階遂適次釋弓說決拾襲反位**拾遂也鄉射禮曰司馬反位立于司射之南

疏 正義曰注引鄉射禮者證此反位立處與之同也褚氏寅亮曰上云適下云反位其位蓋近于次然在次外非卽次中也下經大夫立于三耦之南諸公卿繼三耦以南俱次外之位三耦最北其南諸公卿其南大夫也又言諸公卿取弓矢于次中明從次外而入若先在次中則經不言于次中矣又經於三耦之拾取矢而退也曰釋弓矢于次說決拾襲反位于諸公

卿之卒射也文亦同盆可決次自次而位自位矣敖氏以三耦及公卿大夫士俱於次中有所立之位不知設次止以隱蔽袒襲且以委弓矢楅等豈有位乎自此一誤凡遇射者於入次出次之節無不誤矣

**司射進與司馬正交于階前相左由堂下西階之東北面視上射命曰毋射獲毋獵獲上射揖司射退反位**射獲矢中乏也從旁爲獵【疏】正義曰交于階前校勘記曰于陳閩監葛俱誤作與○張氏爾岐曰司射位在所設中之西南東面

**乃射上射旣發挾矢而后下射射拾發以將乘矢**拾更也將行也

**獲者坐而獲**坐言獲也【疏】正義曰謂射者中則獲者坐而言獲也敖氏曰此指在干侯之乏者也大侯參侯者亦坐而不獲盛氏曰此時大侯參侯之獲者其立自如不唱獲不坐也敖云亦坐非

**舉旌以宮偃旌以商**等言獲也【疏】正義曰注等言獲也校勘記曰等徐本楊氏俱作再通解作等

**獲而未釋獲**但言獲未釋算古文釋爲舍

**卒射右挾之北面揖揖如升射**右挾之右手挾弦【疏】正義

曰郝氏曰卒射右挾之謂矢發盡左手執弓右手大二指挾弓弦就物內轉向北揖異於鄉射也方氏苞曰鄉射皆執弓不挾而此右挾擇士以祭儀彌謹也

**上射降三等下射少右從之中等竝行上射于左與升射者相左交于階前相揖適次釋弓脫決拾襲反位**

上射于左由下射階上少右乃降待之言襲者凡射皆袒 疏 正義曰校勘記曰上射降二等二唐石經徐本通解楊敖俱作三是也石經考文提要曰疏明釋三等及下文中等之義上射于左于陳閩監葛俱誤作與○敖氏曰位次中之位也亦西面北上下凡言三耦之位皆放此盛氏曰案上經云司射適次作上耦射司射反位上耦出次則三耦位在次中明矣郝氏云反次北西面北上之位非吳氏廷華曰必少右者爲竝行計耳既竝行則亦竝降可知何降而待之之有

**三耦卒射亦如之司射去扑倚于階西適阼階下北面告于公曰三耦卒射反搢扑反位**

疏 正義曰敖氏曰去扑者與尊者言不敢佩刑器也姜氏曰鄉射卒射告于賓者尊賓也此不告于賓者公尊也鄉射

賓揖司馬乃降揖升反位

此不揖者君非賓比也

右三耦射

**司馬正袒決遂執弓右挾之出與司射交于階前相左**出出於次也袒時亦適次疏正義曰注云袒時亦適次者賈疏云凡袒襲皆於隱處敖氏曰不言司馬正適次者以下言出則適次可知亦以上有成禮故於此省文也**升自西階自右物之後立于物閒西南面揖弓命取矢**揖推之疏正義曰揖弓揖楊氏作挾注同注推之之誤作也**負侯許諾如初去侯皆執旌以負其侯而俟**俟小臣取矢以旌指教之

疏正義曰敖氏曰此負侯卽獲者也如初去侯謂許諾以宮商至乏之聲止也惟去未異耳三耦所射于侯而已而三侯之負侯者皆執旌以往者卑統於尊且矢亦或有遠近故也張氏爾岐曰負侯許諾如初去侯如去侯時之諾以宮又諾以商也盛氏曰此負侯卽立於西方者云如初去侯則諾聲起於乏自西方至乏不諾也如初之下復云

去矦者以別於初負矦之時不諾也云皆執旌則獲者又以旌授之矣褚氏寅亮曰每矦負矦者獲者固各有一人矣然獲者常居於乏負矦者則去矦而之乏自乏之而趨矦各司其事似未可謂之代前經云授獲者退立于西方獲者興共而俟此不相代之明證又注謂參于無代以服不官止一人耳然亦可使徒爲之似三矦皆有二人之說爲長如初言其聲之宮商同耳其實則以宮趨直南至乏之西又諾以商朱氏大韶曰案經言如初皆事在上如初在下如敖說則當云去矦如初今案去矦二字似衍下第二次射云司馬命去矦負矦許諾如初司馬命取矢負矦許諾以旌負矦如初蓋未射則負矦者執旌負其矦而俟將射則去矦取矢又執旌以負矦三番射皆然上文司馬命去矦負矦皆許諾以宮趨直西及乏南又諾以商至乏聲止授獲者退立于西方此旣射司馬命取矢負矦者從乏之西進而負矦以俟不得云去矦故疑爲衍

**司馬正降自西階北面命設楅**此出於下射之南還其後而降之

疏正義曰鄉射禮曰司馬出於左物之南還其後降自西階注本之以爲說也敖氏曰北面於所設楅之南郝氏曰設楅中庭南與洗齊故司馬正北面立其南使設者止勿過南也

**小臣師設**

楅司馬正東面以弓爲畢畢所以教助執事者鄉射記曰乃設楅于中庭南當洗東肆

【疏】正義曰：校勘記曰：東面，面通解誤作南。注鄉射記曰，浦鏜云禮誤記。乃設楅，楅誤作幅。○敖氏曰：司馬正東面立于所設楅之西也。此楅亦南面生設之。郝氏曰：小臣師設楅，司馬正又轉西東面立，使設者勿偏西也。注云畢所以教助執事者，賈疏云：畢是助載鼎實之物，故司馬執弓爲畢以指指授，若周禮投殳以爲鞭庭然。敖氏曰：畢所以指畫處置之器，以木爲之，其長三尺。此以弓指畫設楅之處，象畢之用，故曰以弓爲畢。云凡以畢指教者，皆立於所設器之側。郝氏云：畢，竹簡笏類，形如畢星，卽今如意，執以止物曰畢，與蹕通，止也。臣當君前不敢指撝，故以當笏止其處。張氏爾岐曰：以弓爲畢，謂以弓指授，如載鼎之用畢然。胡氏肇昕曰：特牲饋食禮宗人執畢先入，注畢狀如叉，蓋爲其似畢星取名焉。禮記襍記曰：畢用桑，長三尺。注畢所以助主人於載者。是畢長三尺，狀如叉，又有似於弓。畢叉所以助主人於載者，故以弓爲畢指授執事者，如載鼎之用畢然。此鄭氏注意也。司馬正以弓爲畢者，指示小臣師以設楅之處。畢有止義，郝氏謂執以止物曰畢，其說亦通。韋氏協夢曰：鄉射不言以弓爲畢，此君禮威儀盛，彼臣禮

可略也引鄉射禮者張氏曰證此設楅之處也旣設楅司馬正適次釋弓說決拾襲反位小臣坐委矢于楅北括司馬師坐乘之卒乘四四數之

疏 正義曰卒字今本脫校勘記曰唐石經徐本通解楊敖俱有卒字○盛氏曰鄉射禮曰司馬襲進當楅南北面坐左右撫矢而乘之此文省耳釋官曰此當云小臣師坐委矢于楅疑經脫師字上云小臣師設楅則委矢于楅者亦小臣師可知鄉射禮曰命弟子設楅乃設楅于中庭又曰弟子取矢北面坐委于楅北括乃退然則設楅與委矢卽一人爲之明矣以經文考之此篇射時凡設楅委矢設中退楅之事皆小臣師主之而小臣正則惟公射時贊袒贊襲及飲公時辭賓下拜而已蓋小臣正位在君之左右掌正君之服位出入君之大命故凡請命贊公釋拜之事皆正掌之而設楅委矢之事以使小臣師也後言小臣委矢者皆當有師字亦沿此而脫耳

若矢不備則司馬正又袒執弓升命取矢如初曰取矢不索乃復求矢加于楅卒司馬正進坐左右撫之興反位左右撫分上下射此坐皆

北面〔疏〕正義曰敖氏曰又袒執弓不言決遂右挾之可知也司馬師眂乘矢其備若否皆以告于正若不備則正命取矢若備則正亦進撫之也左右撫者左手撫其左右手撫其右以審定其數耳盛氏曰司馬師眂乘之矣司馬復進而撫之慎其事也

右三耦射後取矢射禮第一番竟

司射適西階西倚扑升自西階東面請射于公倚扑者將卽君前不敢佩刑器也升堂者欲諸公卿大夫辯聞也〔疏〕正義曰張氏爾岐曰此下言三耦衆耦之射其北方射時者有命耦有三耦取矢于楅有三耦再射釋獲有公與賓射有卿大夫士皆射凡五節其在射以後者有取矢有數獲有飲不勝者有獻服不隸僕巾車獲者有獻釋獲獲者亦五節射之二番也注云升堂者欲諸公卿大夫辯聞也者敖氏曰請射乃升者以其後有告耦等事宜在上爲之故也東面亦與他儀異下經云司正東楹之東北面告于公

公許遂適西階上命賓御于公諸公卿則以耦告于上大

夫則降卽位而后告告諸公卿於堂上尊之也疏正義曰卽位而後告校勘記曰後唐石經徐陳監葛通解楊敖俱作后○敖氏曰耦者謂公卿自爲耦也以耦告亦如命三耦之辭大夫則降卽位而後告見其貶於諸公卿也下文所云是其事已若卿與大夫爲耦則其告亦當有上下之别諸公卿大夫爲耦亦各以其次爲之郝氏曰命賓御于公以公命命也

司射自西階上北面告于大夫曰請降司射先降搢扑反位大夫從之降適次立于三耦之南西面北上適次由次前而北西面立疏正義曰敖氏云於此云北面則是命賓及告諸公卿皆鄉其位也三耦士也而在大夫之上者以其先射尊之三耦之南大夫之北宜有閒地以待諸公卿之降胡氏肇昕曰三耦在大夫之上以射之先後爲次也三耦先射次及大夫敖謂尊之非公卿之降宜立於大夫之南以射又後於大夫也謂在三耦之南大夫之北亦非注云適次由次前而北西面立者賈疏云上云司射等適次謂入次中此適次者大夫降自西階東行適次所過向堂東西面立因過次爲適次非入次也敖氏曰適次亦謂進而至於次也盛氏曰

是時三耦位在次中之北，大夫適次，亦謂入於次也。注疏說誤。焦氏以恕曰：以經文證之，納射器節云「總衆弓矢楅皆適次」，而俟有司亦在次內，則一次之所容不爲小矣。於是一切袒決遂執弓者及釋弓矢脫決拾襲者皆入次中隱處爲之，故曰次之設猶之更衣處也。若合諸公卿大夫士盡改其位於次中，恐不足以容焉。凡禮之改必有所爲，位於次外整齊畫一，恐無失碍，而必次中之更變者，其意云何？敖之臆說恐不足據也。胡氏肇昕曰：以上文證之，遂比三耦，三耦俟于次者西面北上，是未比之先、比耦之時皆在次外。又云「遂命三耦取弓矢于次」，是取弓矢在次中也。至司射作射，射者方出次，故又云「司射適次，作上耦射，司射反位，上耦出次」，經文節次分明。敖氏盡改鄭說，而盛氏從之，非是。此時大夫立于三耦之南，爲未比之先，下文司射命之而遂比衆耦，皆在次外也。

**司射東面于大夫之西比耦，大夫與大夫，命上射曰：「某御于子。」命下射曰：「子與某子射。」卒，遂比衆耦。**衆耦，士也。

疏 正義曰：于大夫之西北耦，校勘記曰：北，釋文、唐石經、徐本俱作比，通解、楊、敖俱作北。許宗彥云：比誤也。下云耦大夫與大夫，有與大夫三字，則句首不必有比字可知又司射居大夫之西北不正向大夫者大夫尊也○敖氏曰司射東面亦在次中不言適次者可知也盛氏曰司射東面向大夫也大夫之西北蓋與諸公卿之虛位必於此者命當自上下也合耦曰耦耦大夫與大夫者謂大夫與大夫射司射命之以定其耦也其命之之辭如下文所云案大夫之西北盛氏謂當諸公卿之虛位說本上文敖氏非也司射於大夫其位已降無自居公卿之位之理許氏謂不正向大夫者大夫尊也其說近是韋氏協夢曰士之爲大夫耦者立於命大夫後卽命之其辭亦當曰子與某子射　注云衆耦士也者敖氏亦曰士耦也士與大夫爲耦者亦存焉盛氏曰是時司射少南東面於衆耦之西北比之

衆耦立于大夫之南西面北上若有士與大夫爲耦則以大夫之耦爲上爲上居羣士之上

疏 正義曰敖氏曰立于大夫之南則在次可知故經亦不言適次若士與大夫爲耦亦其長者也乃著其爲上者意與鄉射同大夫之耦雖爲上射猶立于大夫之後者射事未至明其不竝立也及將射乃轉居右而竝立云郝氏曰大國諸侯臣一孤三卿五大夫三耦自有餘而時或有與有不與故大夫不足則以士比之盛氏自

曰經云若有者亦兼亥國以下無諸公而言無諸公則有大夫與卿爲耦者有士與大夫爲耦者以一大夫爲賓故也大夫之耦惟一人耳鄉射禮云大夫雖眾皆與士爲耦與此異吳氏廷華或云鄉射大夫爲遵故與士耦爲下射以明其謙若此經士與大夫爲耦不過上節大夫耦大夫之外有無耦之大夫則下與士耦非於大夫中擇其尊者使與士耦也蓋此大夫不居尊東而居賓西眾賓之位則與遵不同自應以大夫爲上射士爲下射其說亦是但下拾取矢明言士東面大夫西面則大夫爲下射矣

**命大夫之耦曰子與某子射告于大夫曰某御于子** 士雖爲上射其辭猶尊大夫 疏 正義曰注云士雖爲上射其辭猶尊大夫者指告于大夫曰某御于子而言某謂士也子謂大夫也命大夫之耦大夫與大夫爲耦者也告于大夫士與大夫爲耦者也

**命眾耦如命三耦之辭諸公卿猶未降** 言未降者見其志在射 疏 正義曰敖氏曰諸公卿尊宜事至乃降也此時之降者爲比耦也鄉者旣以耦告公卿于上則耦定矣故可以未降

右將射命耦

遂命三耦各與其耦拾取矢皆袒決遂執弓右挾之此命入次之事也司射既命而反位不言之者上射出當作取矢事未訖疏正義曰敖氏曰司射既于次中東面以次命之卽反西方之位不言者亦以其可知也司射於取矢者惟命之而不復作之者以其取矢亦發于次中與鄉射異盛氏曰三耦歸在次矣 注云此命入次之事非鄉射比耦位在堂西射位在司馬之西南故司射於取矢者既於堂西命之又於司馬之西南作之大射惟有次中位故司射命取矢訖卽及中西南之位而使小射正作之也以下經證之此處蓋有闕文方氏苞曰鄉射命三耦拾取矢後司射反位此經無之注疏推說義皆無據蓋未詳繹上下經文而考其事義也大射三耦眾耦位皆在次大夫立於三耦之南司射東面於大夫之西以命眾耦一人取矢未畢司射不得反庭中之位及眾耦皆還反次中以俟射則司射作之以升遂適阼階下請釋獲于公備命射事直至命上射不貫不釋之後然後退反庭中之位中閒實無反位之事安得有此文哉鄉射始命三耦取矢司射卽反位

者司馬之位在司射之南三耦之位在司馬之西南衆耦繼三耦而立司射適堂西比衆耦命三耦取矢後必反其庭中之位乃可作三耦衆耦取矢于楅而次第作之以升其所立之位命事之地絕不相同而欲以彼例此室乎皆不得其義也案義疏云三耦既比矣何待司射命之而後入次又下經云小射正作取矢如初則此亦當有小射正作之文脫耳

**一耦出西面揖當楅北面揖及楅揖**

三耦同入次其出也一上射出西面立司射作之乃揖行也當楅楅正南之東西

疏 正義曰校勘記曰注一上射出徐本重一字通解不重○韋氏協夢曰此出次取矢于楅之儀也盧氏文弨曰上射二字必傳寫之譌細玩注意以入次則三耦同而出次則一耦先出耳舊皆以爲鄭誤鄭不應若是

**上射東面下射西面上射揖進坐橫弓卻手自弓下取一个兼諸弣興順羽且左還毋周反面揖**

橫弓者南踣弓也卻手自弓下取矢者以左手在弓表右手從裏取之便也兼幷也幷矢於弣當順羽既又當執弦順羽者手放而下備不整理也左還反其位毋周右還而反東面也君在阼還周則下射將背之古文且

爲正義曰校勘記曰注右手右誤作有幷矢于弣弣誤阻〔疏〕作跗○韋氏協夢曰福南面上射東面下射西面則上射在福之右下射在福之左也　注云左還反其位毋周右還而反東面也君在阼還周則下射將背之者敖氏曰既順羽則鉤弦而左還也自西面而東面若皆左還則謂之周此先左還而後右還也必毋周者以相變爲容盛氏曰鄉射未還而順羽故云順羽且與此則既與而順羽故云順羽且左還其節亦小變也毋周威儀多也注説似迂褚氏寅亮曰上射本東面下射本西面惟還時稍背至本位則各如初故云反面且見毋周之義也鄉射左還而周故直云東面揖吳氏廷華曰福在中庭君在堂上爲中庭之東北上射左還由南而西之頃其身已西南向爲背君若下射西面左還西面由西而北之頃原未嘗背君至若還由東面而南由南而西之頃則西南向背君是惟上射不可左還而不可周下射則不但不當周且不當右還也乃經上下射俱言右還毋周則背君之説非矣案義疏云進坐橫弓時皆北面與則上射已東面矣不因而遂揖又左還毋周而後東面者以順羽故因而爲之儀也始取矢時鏃在右手則羽逆轉括之一端於右手而以鏃向外乃順矣毋周變於鄉射之周者也君在堂上取矢

者在堂下固無背之之嫌且司射司馬師亦時有南面者不嫌也注言不背君亦隨義耳云古文且爲阻者胡氏承珙曰案且本古文阻字惠氏棟曰古鍾鼎文祖皆作且如祖乙酉盉和鍾文王命癘鼎師毀敦皆然承珙案孟祖辛彝作且瞿祖丁卣作且且二文尤與今且字相合至小篆始从示作祖尚書黎民阻飢今文作祖飢孟康曰古文言阻蓋尚書本作且故今文家作祖古文家作阻此儀禮古文與尚書古文同鄭以當文易曉故從今文

**下射進坐橫弓覆手自弓上取一个兼諸弣興順羽且左還毋周反面揖** 橫弓亦南踣弓也人東西鄉以南北爲橫覆手自弓上取矢以左手在弓裏右手從表取之便也

疏 正義曰反面自東面而反西面韋氏協夢曰敖氏橫弓之說詳見鄉射禮此注謂人東西鄉以南北爲橫若橫弓之時東西鄉則上射左還南面折而右還乃北面下射左還北面折而右還乃南面烏得相鄉而揖乎案義疏曰橫弓時上射下射皆北面以楅上之矢鏃鄉南必北面乃可取也旣取乃東西鄉耳人北面則弓以東西爲橫矣注說非也

**旣拾取矢梱之** 相齊等之也古文梱作魁

疏 正義曰梱徐陳唐石經本俱作梱○郝氏

曰棞叩也扣四矢使齊也張氏爾岐曰棞疑當作捆孟子注捆猶叩椓也叩椓有取齊之義若棞則門橛耳胡氏承珙曰棞與捆同說文無捆字秖當作梱孟子作捆淮南修務訓梱纂組字仍作梱高注云梱叩椓下文梱復之梱亦當訓叩叩擊也謂矢擊矦不中激而還射也魁與棞一聲之轉古文同聲叚借鄭所不從胡氏肇昕曰說文梱門橛也亦叚借字本字當作棞說文梡棞木薪也棞梡木未析也一切經音義四引通俗文曰合薪曰棞又十二引纂文曰未判爲棞爾雅釋木髡棞郭注云未詳攷爾雅之髡棞即說文之梡棞梡棞爲合薪之義此注云齊等之者謂合四矢使齊等之與合薪同義棞捆聲相近古通用棞字或譌作捆或譌作捆張氏正棞爲捆是也而盛氏反譏之非矣

**兼挾乘矢皆內還南面揖** 內還者上射左下射右不皆右還亦以君在阼嫌下射故左還而背之也上以陽爲內下以陰爲內因其宜可也

疏 正義曰敖氏曰亦揖乃皆內還經文不具也上射左還下射右還皆向內故總以內言之皆內還者由便也盛氏曰內還者先以身向堂而還也上射東面左還則向堂下射西面右還則向堂必皆內還者取其相向且威儀之法不敢由便也注說似迂晦敖氏由便之說尤非凡敖氏

所解左旋右還皆與注疏相反不可從方氏苞曰觀此南面揖則司射卒射北面揖之義益顯著矣司射在堂君在阼階雖不正對君而揖則君見之故不可以南面君在阼階上射耦在庭中雖南向而揖君不見其面又揖後始適楅南則出次時在楅北進而及楅面必南故因之南面而揖也吳氏廷華曰此亦上注意姑卽其說論之下射左還則由西面將南未南之頃向西南而背東北固爲背君矣若上射左還由東面而北面而西面而南面其將南未南之頃何嘗不向西南而背東北邪且下射西面初何向君之有

**適楅南皆左還北面揖搢三挾一个**楅南鄉當楅之位也**揖以耦左還上射于左**以猶與也言以者耦之事成於此意相人耦也上射轉居左便其反位也上射少北乃東面

疏正義曰注以猶與也言以者耦之事成於此意相人耦也者以經云以者見其相與爲耦也相與爲耦有相親之意相人耦猶言相親也云上射少北乃東面者賈疏云次在楅東南北面揖時已在次西故知上射少北乃東面得東當次也敖氏曰以如以賓射之以謂上射以其耦左還也此左還上射先而下射後故言以盛氏曰上射自楅西下射自楅東皆南行適楅南上射在右至是

將轉南居左故云以耦左還能左右之曰以言易位之事上射賓主之也鄉射記云皆左還不云以耦者上射仍在右不須易位也鄉射射位在西故其反位也上射于右爲便大射次在東故其反位也上射于左爲便蓋西行者以北爲右東行者以北爲左也敖云于左當作于右非吳氏廷華曰此轉而東行反次也初上射在西南面以西爲右此當東行東行以南爲右上文三耦立于次北上此時下射讓上射於北東行以北爲左又注所謂上射轉居左便其反位者蓋次中之位北上東行以北爲左上射位在此今東行居左與北上之位相當故曰便也賈又以次北西面言之謂居左便於右還西面何弗思之甚邪又注所謂上射少北乃東面者蓋上下射向南竝行上射在西爲右下射在東爲左折而東面則右在南左在北不便於反位故必轉而居左居左便矣而又必少北者蓋將東折時下射尚在左若卽東面則下射仍在北故必下射少南行上射乃東至下射行處稍立俟下射旣南然後竝轉而東乃得上射在北下射在南所謂少北者蓋待下射南行之頭言之耳褚氏寅亮曰上射位在北下射位在南兩禮同也但鄉射位在楅西從楅向西則北爲右故云上射于右大射次在楅東從楅向東則北爲左故云上射于左敖氏乃

改左字爲右字謂與鄉射同亦昧於東西之別矣義疏曰左字是也鄉射上射于右此于左者鄉射之耦位于右乃當其位此則在東于左乃當其位也

**退者與進者相左相揖還退釋弓矢于次說決拾襲反位**

疏 正義曰相揖還退校勘記曰唐石經徐本通解楊敖俱無還字○相左謂退者由進者之南也反位位反次中西面北上位方氏苞曰鄉射三耦及衆耦自始至終皆拾取矢執弓立而俟大射之初則取矢於次而不拾再射三射皆取矢於楅退釋弓矢反位何也有司教射則立使久立待事以固其筋骸將祭而擇士則立休其神氣使盡志於當射之時也鄉射之終賓主人大夫獨釋弓矢反位待事至旋取以升大射至再諸公卿皆取矢於次中三射雖取矢於楅與大夫同而隨升就席則釋弓矢臨事而後取以優尊者明矣於尊者優則於衆耦爲休其神氣而使盡志於射益明矣案義疏曰退者東行以北爲左進者西行以南爲左此進退相左是進者在北退者在南也意次中迫狹出者一途入者一者一途上耦所出之途次耦卽經之以出而已其退者反位又爲一途故次耦進者得在上耦退者之北也

**三耦拾取矢亦如之後者遂取**

誘射之矢兼乘矢而取之以授有司于次中皆襲反位有司納射器因畱主授受之疏正義曰張氏爾岐曰三耦反位反次北西面北上之位

右三耦拾取矢於楅

司射作射如初一耦揖升如初司馬命去矦負矦許諾如初司馬降釋弓反位疏正義曰司射作揖校勘記曰揖唐石經徐陳通解楊氏敖氏俱作射○司射作射如初敖氏曰如初亦適次作上耦射也其異者三耦於既作乃袒決遂取弓矢也司射既作即反位不俟之一耦揖升如初盛氏曰謂自出次至合足而俟之儀皆如初射也司馬命去矦負矦許諾如初敖氏曰司馬司馬正也盛氏曰如初謂自司馬正適次至負矦者還立於西方皆如初命去矦之儀也是時獲者亦與其而俟釋官曰此司馬亦司馬正自後凡單言司馬者皆是與上宰夫戒宰及司馬司馬命量人量矦道者別據經文則射時命去矦命負矦命取矢命設楅撫矢獻服不命退楅解綱者司馬正也命負矦乘矢獻隸僕人巾車參矦干矦之獲者

命獲者以旌與薦俎退者司馬師也司馬正經亦稱司馬亦稱正**司射猶挾一个去扑與司馬交于階前適阼階下北面請釋獲于公**猶守故之辭於此言之者司射既誘射恆執弓挾矢以掌射事備尚未知當教之也今三耦卒射衆以知之矣猶挾之者君子不必也疏正義曰注衆以知之矣校勘記曰以誤作已徐本通解以上俱有足字**公許反搢扑遂命釋獲者設中以弓爲畢北面**北面立於所設中之南當視之也鄉射禮曰設中南當楅西當西序疏正義曰敖氏曰太史前立於所設中之西於是司射當之西面命之西面命之既則少西南行而北面以弓爲畢指畫以示其處郝氏曰北面示設中者不得過南也盛氏曰北面於所設中之南示設中者以南北節也鄉射禮曰北面立于所設中之東北面命釋獲者此命釋獲者亦北面不西面西面立者以大史既立于所設中之西東面則設中東西之節可見矣不須司射更示之也**大史釋獲**疏正義曰敖氏曰言此者明上所謂釋獲者之爲大史也**小臣師執中先首坐設之東面退大史實八算于**

中橫委其餘于中西興共而俟先猶前也命太史而小臣師設之國君官多也小臣師退反東堂下位鄉射禮曰橫委其餘于中西南末

疏正義曰此不言執算者又不言大史受算則是大史自執算矣實算則坐故於後言與是時大史位於中西小史之位亦宜近之

注云先猶前也者張氏爾岐曰中形爲伏獸竅其背以置獲籌執之則前其首設之則東其面面首一也盛氏曰首據中言也面據設中者言也執之先首設之東面則中之東西設而其在東也明矣云命大史而小臣師設之國君官多也者方氏苞曰鄉射一人執算以從而大射無之何也事輕人微鄉射獲者自執中尚有執算以從者太史釋獲小臣師執中則別有一人執算不待言故文略耳云小臣師退反東堂下位者釋官云篇首惟言小臣師從者在東堂下不言小臣師者以小臣師納諸公卿大夫故也但小臣師無事時其位亦在此燕禮云小臣師一人在東堂下此篇云小臣師在東堂下互見也引鄉射禮證算亦南末也

司射西面命曰中離維綱揚觸梱復公則釋獲衆則不與離猶過也獵也矦有上下綱其邪制躬舌之角者爲維或曰維當爲絹絹綱耳揚觸者爲矢中

他物揚而觸矦也梱復謂矢至矦不著而還復復反也公則釋獲優君也衆當中鵠而著古文梱作魁【疏】正義曰校勘記曰注躬舌之角射誤作射絹綱耳綱上通解有爲字爲矢至矦不著爲徐本通解楊敖俱作謂公則釋獲則誤作而○敖曰西面亦於中東　注云離猶過也獵也矦有上下綱其邪制躬舌之角者爲維或曰維當爲絹絹綱耳者朱子曰綱耳即籠綱以布爲之梓人謂之縜而此謂之絹字雖異而音則同敖氏曰離麗也中而離于維綱言其去鵠遠也或曰維謂躬與舌也躬舌所以維持未知是否案注之絹字恐是縜字之誤梓人云縜寸焉郝氏曰矦舌曰維繫矦繩曰綱盛氏曰維當以敖氏所引或說爲正麗于維去鵠猶近麗于綱則尤遠矣維與綱矦之上下皆有之而大矦參矦則惟見其上耳校勘記曰敖謂注絹字是縜字之誤是也釋文於周禮縜字不云與絹同於此絹字復不云與縜同而音則無異又此疏引周禮處單疏本皆作縜至述注則仍作絹似縜與絹爲二物者皆足以滋後人之疑不可以不辨胡氏承珙曰鄭司農注梓人云縜讀爲竹中皮之縜說文糸部云縜持綱紐也从糸員聲周禮曰縜寸是此字以縜爲正此注縜當爲絹應本作縜不作絹然周禮釋文縜于貧反或尤紛反劉矦犬反或古

犬反矦犬古犬二反皆昌聲是劉昌宗所見本縜字必已有作絹者矣鄭注儀禮破維爲縜云或曰者猶疑不能定之辭蓋維與綱皆用繩爲之者說文綱网紘也紘者网之大繩名綱故持綱之大繩亦名綱說文又云纗維綱中繩也从糸巂聲讀若畫或讀若維是綱爲大繩纗爲持綱之繩儀禮之維蓋所以維持矦者鄭云其邪制躬舌之角爲維疏云維持矦者持矦與持綱微有別但維之名不見梓人故又引或說破維爲縜以縜爲綱耳縜乃籠綱者籠綱言貫綱縜蓋如環綱貫其中故周禮注謂之籠綱儀禮注謂之綱耳其實一也賈疏儀禮云縜以布爲之籠綱又云絹綱耳者以絹爲綱耳則似謂縜與絹有用布用絹之別故云鄭更爲一解不知鄭引或說者謂維與縜別非謂縜與絹別賈因字或作絹而有布爲絹爲之說於經無徵恐不可從云揚觸者謂矢中他物揚而觸矦也梱復謂矢至矦不著而還復復反也者盛氏曰梱猶款也扣也人物出入多扣觸之則梱有扣觸之義矣復如雨星不及地尺而復之復梱復謂矢扣觸矦而還復也或曰梱謂矢觸矦之左右如梱之門兩旁也復謂矢至矦而還復也方氏苞曰梱謂植之横于上者仰觸于梱下仰而經正鵠也王氏引之述聞曰注梱復謂矢至矦不著而還復注內至字正釋

梱字廣雅曰悃至也悃與梱同聲梱之爲至也疏及釋文皆不之及葢未達注意胡氏肇昕曰中離維綱揚觸梱復二句爲四事中而麗于維麗而綱爲二句揚觸一事梱復一事也離維綱言中者維綱皆所以持矦者離於維綱雖不中鵠而中於維持矦者矣故曰中揚觸梱復皆至矦而不中者蓋揚觸矢著他物揚而觸於矦梱復矢射至矦抑矦不著激而還復也古文梱亦作魁則與上文梱之義不相遠合矢而齊等之爲梱然必先抑擊而始可合而齊之故梱又有抑擊之義此梱復之義正取抑擊也有此四事而公則釋獲者所以優君異於衆也張氏惠言曰注葢謂矢絹繞於綱謂中綱也耳字語辭梓人繫後於植者字作縜非絹也疏誤以縜爲絹字謂絹則維也又以耳爲耳目字謂以絹爲綱耳謬甚

**惟公所中，中三矦皆獲。**值中一矦則釋獲。

疏正義曰：敖氏曰此愈優君也中亦兼離維綱與揚觸梱復者而言皆獲者中一矦則其矦之獲者主獲之也此命亦傳告於獲者故以獲言之上云釋獲下云獲互文也郝氏曰君射不拘大矦參矦干矦中皆釋獲衆射非其矦中不算盛氏曰上經云射者非其矦中之不獲所以辨其等者嚴矣此則告以優尊之義亦爲上得兼下也胡氏肇昕曰惟公所中與惟

公所命惟公所所賜句法正同中三矦皆獲正以申明上句也姜氏乃以惟公所中中爲句失之遠矣　**釋獲者命小史小史命獲者**　傳告服不使知此司射所命　疏　正義曰釋官曰春秋列國皆有大史之官左傳南史氏聞大史盡死執簡以往孔穎達謂南史是佐大史者當是小史是諸矦有小史也周禮大史職曰凡射事飾中舍算執其禮事大史於射禮主釋算故經又謂之釋獲者小史則凡事主佐大史故傳命服不也盛氏曰釋獲者謂大史也必以此命傳告獲者以其唱獲與釋獲聯事故須使其閒之不親往告者獲者賤且方有事不可暫離中側也　**司射遂進由堂下北面視上射命曰不貫不釋上射揖司射退反位**　貫猶中也射不中鵠不釋算古文貫作關　疏　正義曰方氏苞曰以耦告則先公卿大夫而後及三耦尊卑之序也取矢以射則三耦先公卿并先君仍前誘射之義也不貫不釋賓與公卿之所同而於三耦命之之言各有當也　**釋獲者坐取中之八算改實八算興執而俟**　執所取算　**乃射若中則釋獲者每一个釋一算上射于右下**

射于左若有餘算則反委之委餘算禮貴異又取中之八算改實八算于中興執而俟三耦卒射

右三耦再射釋獲

賓降取弓矢于堂西不敢與君竝俟告取之以升俟君事畢疏正義曰注云不敢與君竝俟告者張氏爾岐曰君待告乃取弓矢云取之以升俟君事畢者賈疏云下云公將升則賓降適堂西袒決遂執弓搢三挾一个升自西階俟君事畢君事畢賓降袒決遂乃更升若然賓於此不即袒決遂者去射時遠不可即袒也敖氏曰此言降而不言升似有闕文賓降取弓矢以升者明其將侍君射郝氏曰賓與君爲耦君將射賓先自堂上西序東面降立階西東面也盛氏曰賓降謂自其席而降也公爲賓舉旅之時賓旣就席矣郝云自堂上西序東面降非不言其升者俟於堂西未升也取弓矢之儀詳見下文先言之者與下爲節也諸公卿則適次繼三耦以南言繼三耦明在大夫北疏正義曰敖氏曰不言降者可知也郝氏曰初納射器賓弓

矢在堂西諸臣弓矢在東次故賓適堂西諸公卿適次取弓矢張氏爾岐曰此適次亦過次前至堂東三耦之南西面立也韋氏協夢曰諸公卿不言降承上賓降之文也蓋賓降諸公卿俱從之降賓適堂西諸公卿則適次非諸賓旣取弓矢升然後諸公卿降也

**公將射則司馬師命負侯皆執其旌以負其侯而俟**君尊若始焉 疏 正義曰此云皆執其旌則旌之不同益可見矣亦獲者授之於乏之

**司馬師反位** 疏 正義曰郝氏曰侯在西階下東面司馬正之南也

**隸僕人埽侯道**新之 疏 正義曰隸僕人周禮司隸之屬盛氏曰隸僕人卽周禮隸僕也隸僕下士二人屬夏官掌五寢之埽除糞灑之事故使之給埽侯道之役諸侯蓋亦以庶人在官者爲之也司隸掌五隸之法屬秋官郝氏乃引以當之誤矣釋官曰此卽周禮隸僕之職諸侯當士旅食者爲之注云新之者爲君將射也旣夕云隸人涅廁則秋官司隸之屬與此異也

**司射去扑適阼階下告射于公公許適西階東告于賓**告當射也今文曰阼階下無適 疏 正義曰告當射也校勘記曰也通解作之〇敖氏曰告射輕於請射故不

升堂盛氏曰此時賓在堂西故適西階東告之郝云賓立西階下西東面非告公北面告賓蓋西面面歟○注云今文曰阼階下無適鄭不從者胡氏承珙曰案鄉射云司射去升倚于西階之西升堂北面告于賓曰三耦卒射此經上文云司射去升倚于階西適阼階下告于公曰三耦卒射又云司射適西階西倚升升自西階東面請射于公蓋凡去升皆倚于西階西則至阼階下當有適字故鄭從古文吳氏廷華曰上賓降取弓注謂取之以升則賓已反中堂之位故於西階東向賓告之亦東階下之東

**遂搢升反位小射正一人取公之決拾于東坫上一小射正授弓拂弓皆以俟于東堂**授弓當授大射正拂弓去塵

疏 正義曰敖氏曰云小射正一人又云一小射正則小射正亦多矣周官射人下大夫二人上士四人然則諸侯之大射正上士亦二人小射正中士亦四人與盛氏曰東堂東序東也俟者俟公就物則一小射正奉決拾以從一小射正以弓授大射正大射正惟爲司正者一人其餘皆小射正也敖云大射正二人非釋官曰此篇大射正司射小射正擯者司正皆是射人特因事異名以別尊卑耳周禮射人職曰王射立于後以矢行告

此篇云大射正立于公後以矢行告于公則大射正卽射人也又射人職曰與大史數射中此篇云司射適階西釋弓去扑襲進由中東立于中南北面視算則司射卽射人也燕禮云若射則大射正爲司射則司射大射正爲之此篇云大射正擯又云擯者請立司正公許擯者遂爲司正則司正亦大射正爲之燕禮注云天子射人下大夫二人諸侯則上士其人數亦如之然則諸侯當上士二人爲長謂之大射正一爲司正一爲司射其下亦當有中士下士之屬謂之小射正也鄭注大射正云射人之長注司射云射人注小射正云司射之佐然則司射非小射正爲之明矣　注云授弓當授大射正者敖氏曰授當作受受弓者受於有司也受弓亦於東堂盛氏曰初納射器君之弓矢適東堂至是小射正受而拂之與奉抉拾者同俟於此授當從敖氏作受蓋受之於弓人也胡氏肇昕曰言授弓則先受弓於有司可知也言授不言受文省敖氏謂經當作受非是鄭云當授大射正者以下文大射正執弓以袂以授弓知此授弓爲小射正授於大射正也云拂弓去塵者韋氏協夢曰拂弓者大射正也小射正旣授之大射正卽拂之案經先言授後言拂則授者小射正拂者大射正注云當授大射正爲經文補其義也褚氏寅亮曰小射正授

大射正大射正執之以從經文甚明何必改授爲受**公將射則賓降適堂西袒決遂執弓搢三挾一个升自西階先待于物北北一笴東面立**不敢與君併笴矢幹東面立鄉君也疏正義曰賈疏云前文賓降適堂西取弓矢無賓升堂之文但文不具其實郎升矣是以此文云賓降郝氏曰賓郎前取弓矢降再言以明待君之儀疏非盛氏曰此當以郝說爲主蓋三耦卒射則公將射矣公將射則賓及諸公卿皆降自司馬師命負矦至小射正俟于東堂皆一時事也觀此經復言公將射則賓降亦是復言可知必復言之者見其與上諸事同節也舊說前降取弓矢此降又爲袒以下諸儀則經何以前言降而不言升宐後儒疑其有闕文也夫一弓矢也既取之而升復以之而降降而又升其儀不亦繁複乎此云袒決遂執弓搢三挾一个郎取弓矢之儀也鄉者取弓矢以升其儀當復何如且公之弓矢尚俟於東堂而賓乃先取之以升亦無是理也以是數者推之則其謬誤顯然矣胡氏肇昕曰盛氏推闡郝氏之說以明賓降郎前賓降其意甚精但以注說繹之則鄭意亦如此其誤賓始於賈疏也此注云不敢與君併與上賓降注正同則鄭以兩賓降

爲一也上云不敢與君竝俟告取之以升謂俟司射告射而後取弓矢以升也升即指此經升自西階而言自賈說不得其說而說者多誤矣案義疏云賓之弓矢在堂西上經云未降賓先降取弓矢而不言升及將射又言賓降故賈疏謂前賓降即升文不具也由此言之則賓之弓矢前已取之升堂又降乃言搢三挾一者蓋前此只取弓矢而未袒決遂至是乃復攜弓矢適堂西故執弓挾矢與袒決遂竝行也　注云笴矢幹者周禮矢人矢幹長三尺北一笴敖氏曰物北空一笴地也必退於物北一笴者遠下君亦爲司馬當由物後而適物閒也褚氏寅亮曰司馬適物閒時必不由此所空一笴之地當以注不敢與君竝立之說爲正

**司馬升命去侯如初還右乃降釋弓反位**還右還君之右也猶出下射之南還其後也今文曰右還【疏】正義曰敖氏曰還右謂圍右物也既命去侯則由右物之南適其右乃降來由物北去適物右是還還之也不還左物者以君將爲下射故也是時君未立於物而先辟之敬之至也郝氏曰司馬命去侯還右乃降者賓物居右司馬出右物南即西轉下堂不還左物也盛氏曰還右言於如初之下見其異於初也敖說得之位司射之南也　注云今文曰右還者賈

疏云若右還則右還還於上射不得還君故不從也盛氏曰今文曰右還還義似長蓋由右物之南適西階郎右還也胡氏承珙曰敖氏云還還右謂圍右物也旣命去侯則圍右物之南適其右乃降來由物北云適物右是還之也詳敖意蓋以上射西就右物下射東就左物司馬升堂初由右物之後立於物間以命獲者旣乃出下射之南由物左以還其後乃降凡升皆然此經公爲下射當就左物司馬在物間命去侯時原在公右若依常節出下射之南還其後則還在公左不得謂之還右故以還右爲圍右物蓋初從右物之後至物間旣又從右物之前還其右以降以君將爲下射故先避之不敢仍如出下射南還其後之常節也承珙案敖說非也此時君未就物蓋猶在阼階上西面之位司馬命揚侯詭由君之北而東而南然後西鄉降自西階故曰還右謂由君之右而還也此與初射時出下射之南而還其後者有別賈疏以出下射之南還其後爲圍下射之後繞下射之東南行而適西階語亦誤鄭云猶者謂去侯之命本不專爲上射故鄉射司馬出於下射之南還其後注云圍下射者明爲二人命去侯此君爲下射更當明爲君命去侯故云猶也仍以注疏爲正敖說似不可從矣氏廷華曰還右謂還於下物之南乃右而西也若去君之

右則物閒矣褚氏寅亮曰右還者我自右而還也還右者還人之右也有彼我之分君立下物南鄉其面爲右司馬從物閒向南出而東過以繞其後是還其右也故注云猶出於下射之南還其後同義也疏未甚分明若敖氏云來猶物北去適物右則何以謂之還

**公就物小射正奉決拾以笥大射正執弓皆以從于物**笥萑葦器大射正舍司正親其職

疏 正義曰注云笥萑葦器者敖氏曰笥葢竹器決拾在坫上時亦宜用笥至是始見之耳云大射正舍司正親其職者射時大射正爲司正如故至是暫舍其職而爲君執弓重其事也弓射器之主也張氏爾岐曰大射正初爲擯者復自擯者立爲司正至是又舍司正來執弓也案義疏曰上云一小射正授弓拂弓即公射時大射正執以授公者東堂之俟尙未授也又小射正受弓以下別無與大射正授受之文此乃云大射正執弓則其授之小射正可知

**小射正坐奠笥于物南遂拂以巾取決興贊設決朱極三**極猶放也所以韜指利放弦也以朱韋爲之三者食指將指無名指無極放弦契於此指多則痛小指短不用

疏 正義曰敖氏曰拂者拂決極與拾也贊設決與

極者爲君設之也下言贊者放此君極朱而用三若臣則用二其物色亦未聞士喪禮曰纊極二蓋然時變用纊而數則與生時同陳氏祥道曰生者以韋所以致其用也然者以纊所以明其不用也極亦謂之韘詩童子佩韘是也

**小臣正贊袒公袒朱襦卒袒小臣正退俟于東堂小射正又坐取拾興贊設拾以笥退奠于坫上復位**旣袒乃設拾拾當以韛襦上

【疏】正義曰敖氏曰此袒於設決之後亦異於臣郝氏曰小射正復位與小臣正同立俟於東堂也盛氏曰俟者俟公卒射當贊襲也小射正復位者亦俟公卒射以笥受決拾也釋官曰案經不著小臣正之位此云退俟于東堂則小臣正無事時其位在此矣蓋小臣主相君須在君左右東堂與君相近也　注云旣袒乃設拾拾當以韛襦上者賈疏云鄉射云袒決遂以其無襦故遂與決同時設若大夫對士射袒纁襦設遂亦當在袒後盛氏曰此言設拾而不言遂者以君不肉袒故取斂衣之義

**大射正執弓以袂順左右隈上再下壹左執弣右執簫以授公公親揉之**順放之也隈弓淵也揉宛之觀其安

危也今文順爲循古文揉爲紐【疏】正義曰注云順放之也隈弓淵也者敖氏曰隈者弓之曲處也考工記曰凡角之中恆當弓之畏畏也者必撓是也順之者所以審其厚薄而驗其詳略也詳上而略下以其上下之厚薄均郝氏曰袂衣袖順即拂也以衣袖順弓上下兩隈之示整潔也弓仰執故上隈之裏左右再拂下隈之背一拂之盛氏曰順之以袂亦拂拭之意郝得之前小射正旣於東堂拂之矣至是大射正又順之者敬君物也隈分左右則弓之仰執明矣上再下壹左右各三也上弓裏下弓表胡氏肇昕曰考工記故書畏作威杜子春云威謂弓淵玄謂畏讀如秦師入隈之隈此云隈弓淵也是注以此隈即考工記之畏釋名簫弭之間曰淵淵宛也言曲宛也敖氏謂弓人之曲處是也云揉宛之觀其安危也者賈疏云考工記弓人云其弓安其弓也危以弓弱者爲危强者爲安則此云觀安危者謂試其弓之强弱云今文順爲循古文揉爲紐者胡氏承珙曰順循聲竝同莊子天下篇己之大順釋文云順本作循揉爲紐者揉當本作煣說文火部煣屈申木也易揉木爲耒漢書食貨志作煣古今人表公山不狃顔師古曰即公山不擾史記索隱又作蹂皆以聲同而通者也鄭以揉爲宛之觀其安危宛猶屈也故不從古文作紐

**小臣師以巾內拂矢而授矢于公稍屬**內拂恐塵及君也稍屬不搢矢疏正義曰注云內拂恐塵及君也者敖氏云授矢亦以巾也燕禮記曰小臣以巾授矢凡授弓矢皆畱於公右釋官曰周禮大僕職王射則贊弓矢此篇大射正授弓小臣師授矢實與天子異也云稍屬不搢矢者張氏爾岐曰稍屬者發一矢乃復授一矢授屬而授也

**大射正立于公後以矢行告于公**若不中使君當知而改其度疏正義曰方氏苞曰不中而以其矢告俾君自省以勉於後也人君於事物之理不中常苦不自知射失其宜而不中則易明於心亦所以示君當繹思己過也凡此皆所以防縱弛養德性事近而義深矣

**下曰畱上曰揚左右曰方**畱不至也揚過去也方出旁也疏正義曰注云方出旁也者敖氏曰左右曰方者左則曰左方右則曰右方也盛氏曰方與旁通矢行或左或右皆曰旁敖說非

**公旣發大射正受弓而俟拾發以將乘矢**公下射也而先發不畱尊也疏正義曰注云先發不畱尊也者敖氏曰云拾發以將乘矢則是賓先公後亦如其他上下射之爲也盛氏曰敖說非燕禮記於

公既發之後乃云上射退而物一笴既發則答君而俟是亦公先發之證矣案韋氏焦氏皆以敖爲是褚氏寅亮曰君尊故於其射也事事不同鄉射記曰上射既發而後下射射拾發以將乘矢拾發在上射發之後此拾發在公既發之後兩處立文迥别安得以此爲上射先發

**公卒射小臣師以巾退反位大射正受弓**受弓以授有司於東堂 疏 正義曰盛氏曰小臣師反東堂下之位 注云受弓以授有司於東堂者釋官曰燕禮記君射既發則小臣受弓以授弓人此大射正受弓者大射與燕射之射又異也注有司蓋即謂弓人胡氏肇昕曰大射正受弓亦當授小射正小射正以授有司於東堂也上云小射正授弓此云大射正受弓文互見也

**小射正以笥受決拾退奠于坫上復位大射正退反司正之位小臣正贊襲公還而后賓降釋弓于堂西反位于階西東面**階西東面賓降位 疏 正義曰小射正復位者盛云小射正位郝云於東堂竊謂諸侯之小射正蓋中士下士也其位本在西方東堂乃其將射俟事之位上經云皆以俟於東堂是也事畢則仍反西方之位

與大射正退反司正之位者敖氏曰云反司正之位是射時其位自若也然則此司正之位不當東西之中而與鄉飲酒異者明矣盛氏曰此時司正之位蓋亦遷於司射之南如鄉射禮也經不言者文不具耳敖氏據此而改經中庭爲阼階前泥矣釋官曰上注云大射正舍司正親其職即以此經知之大射正初爲擯者又爲司正君射時又舍司正親其職至是仍反爲司正是此篇所言大射正擯者司正實一人也公還而後賓降者敖氏曰公退云還是其進退亦不由物前也賓因降而不敢即升若以是時未有上事也方氏苞曰諸公卿降反位皆如三耦惟君初曰就物事畢曰還凡要節而揖君皆無之也蓋惟燕食賓初入君揖而進之大射之賓亦然及正射則無爲對羣臣而揖亦無爲向物而揖也君不揖而賓揖則疑於揖君故不揖與君同若兩君好會而射則揖當各循其節矣　注云階西東面賓降位者以上文賓受獻訖賓降立于階西東面決之也

**公即席司正以命升賓**

**賓升復筵而后卿大夫繼射**疏正義曰韋氏協夢曰司正以命升賓尊賓也賓必俟命然後敢升尊君也卿大夫必俟賓升復筵而后射者以賓在階西難以爲儀也

## 右君與賓耦射

諸公卿取弓矢于次中袒決遂執弓搢三挾一个出西面揖揖如三耦升射卒射降如三耦適次釋弓說決拾襲反位衆皆繼射釋獲皆如初諸公卿言取弓矢衆言釋獲互言也疏 正義曰敖氏曰反位亦在次於取弓矢之處爲少北耳衆謂大夫而下此不分別士與大夫爲耦之儀是如三耦也其以君在故耦不得盡其尊大夫之禮與釋獲皆如初亦指君以下言也褚氏寅亮曰上經言諸公卿適次繼三耦以南至此始言取弓天下次中則射位在次外明矣吳氏廷華曰公卿同在次又言次中者嫌如賓取於堂西也

卒射釋獲者遂以所執餘獲適阼階下北面告于公曰左右卒射司射不言告者釋獲者於是有事宜終之也餘獲餘算也無餘算則無所執古文曰餘算疏 正義曰注司射不言告者 校勘記曰徐本通解俱無言字 注云古文曰餘算鄭不從者胡氏承珙曰鄉射云卒射釋獲者遂以所執餘獲升

自西階盡階不升堂告于賓曰左右卒射鄭以彼決此故從今文反位坐委餘獲于中西興共而俟

右公卿大夫及衆耦皆射

卷十四終